凝聚隧道及地下工程领域的
先进理论方法、突破性科研成果、前沿关键技术，
记录中国隧道及地下工程修建技术的创新、进步和发展。

"十四五"时期国家重点出版物出版专项规划项目

中国隧道及地下工程修建关键技术研究书系

城市轨道交通小净距隧道设计与施工关键技术

刘健美 农兴中 王 晖 徐加兵 编著

KEY TECHNOLOGY OF
DESIGN AND CONSTRUCTION FOR
URBAN RAIL TRANSIT TUNNELS WITH SMALL DISTANCE

人民交通出版社
北京

内 容 提 要

本书总结了近年来城市轨道交通小净距隧道工程的建设经验,对不同类型的小净距隧道设计与施工关键技术问题开展了深入研究,尤其是对城市轨道交通工程的超小净距隧道、大断面隧道、浅埋隧道、群洞隧道、多种施工工法组合隧道等的创新技术成果进行了总结提炼。本书分为10章,内容涵盖了小净距隧道围岩力学特征及荷载模式研究,城市轨道交通小净距隧道的总体设计要点,小净距矿山法、盾构法和顶管法隧道的设计和施工关键技术等。

本书可供从事城市轨道交通隧道工程设计、施工及建设管理工作的专业技术人员参考,也可供高等院校相关专业师生学习使用。

图书在版编目(CIP)数据

城市轨道交通小净距隧道设计与施工关键技术/刘健美等编著. —北京:人民交通出版社股份有限公司,2025.1

ISBN 978-7-114-19056-8

Ⅰ.①城… Ⅱ.①刘… Ⅲ.①城市铁路—铁路隧道—隧道工程—工程设计②城市铁路—铁路隧道—隧道施工 Ⅳ.①U459.1

中国国家版本馆 CIP 数据核字(2023)第 217101 号

"十四五"时期国家重点出版物出版专项规划项目
中国隧道及地下工程修建关键技术研究书系
Chengshi Guidao Jiaotong Xiaojingju Suidao Sheji yu Shigong Guanjian Jishu

书　　名:	城市轨道交通小净距隧道设计与施工关键技术
著 作 者:	刘健美　农兴中　王　晖　徐加兵
责任编辑:	李　梦
责任校对:	卢　弦
责任印制:	张　凯
出版发行:	人民交通出版社
地　　址:	(100011)北京市朝阳区安定门外外馆斜街3号
网　　址:	http://www.ccpcl.com.cn
销售电话:	(010)85285857
总 经 销:	人民交通出版社发行部
经　　销:	各地新华书店
印　　刷:	北京博海升彩色印刷有限公司
开　　本:	787×1092　1/16
印　　张:	20.25
字　　数:	468 千
版　　次:	2025 年 1 月　第 1 版
印　　次:	2025 年 1 月　第 1 次印刷
书　　号:	ISBN 978-7-114-19056-8
定　　价:	138.00 元

(有印刷、装订质量问题的图书,由本社负责调换)

本书编审委员会

主 任 委 员： 刘健美　农兴中　王　晖　徐加兵

副主任委员： 卢晓智　易诗轩　顾美湘　章邦超

审 查 人 员： 史海欧　郑　石　王　睿　张晓光　孙　菁
　　　　　　　　郑　翔　徐文田　陈晓丹　麦家儿　毛武峰
　　　　　　　　顾　锋　刘　涛

委　　　员： 邹成路　朱能文　郝鹏飞　周　智　王海君
　　　　　　　　王顺生　袁　杰　韩道灵　赖鹏邦　叶宇航
　　　　　　　　王明敏　施博伦　杜卓琴　罗　坚　赵　锴

编 写 单 位： 广州地铁设计研究院股份有限公司
　　　　　　　　中铁建华南建设有限公司

前言

传统的矿山法隧道工程按照不同的净距分为分离式隧道、小净距隧道和连拱隧道三种形式,不少学者对小净距隧道的设计与施工关键技术问题开展了研究。然而,当前的研究成果大多是基于公路隧道和铁路隧道领域的小净距隧道,所研究的小净距隧道主要是采用矿山法施工的山岭隧道,甚少涉及城市轨道交通工程领域。在城市轨道交通工程中,除矿山法之外,盾构法和顶管法也是常用的小净距隧道施工工法,城市轨道交通工程的隧道设计受到线路布设、行车运营需求、车站功能需求、限界、周边环境、隧道施工工法和工程投资造价等诸多因素的制约,在一些情况下,采用小净距隧道是最为合理的方案。城市轨道交通小净距隧道的设计与施工相比于公路隧道和铁路隧道领域的山岭隧道面临更大的挑战,随着城市轨道交通工程建设环境日趋复杂,很多关键技术问题需要解决。

基于本书作者团队多年来对城市轨道交通小净距隧道的工程实践,本书开展了小净距隧道围岩力学特征及荷载模式研究,梳理了城市轨道交通小净距隧道总体设计的关键技术问题,针对城市轨道交通工程中采用矿山法、盾构法和顶管法等不同工法的隧道,解决小净距隧道设计与施工的关键技术问题,尤其是对城市轨道交通工程的超小净距隧道、大断面隧道、浅埋隧道、群洞隧道、多种施工工法组合隧道等小净距隧道的创新技术成果进行了总结提炼,形成了适用于新时代复杂环境下城市轨道交通小净距隧道设计与施工的关键技术体系,希望借此提升我国隧道工程领域的技术水平。

  本书共分为 10 章。第 1 章为绪论,介绍了小净距隧道的定义,通过对分离式隧道、小净距隧道和连拱隧道三种隧道形式进行比选,论述了小净距隧道的适用条件,并对城市轨道交通工程小净距隧道的发展方向和面临的主要技术问题进行了分析。第 2 章对小净距隧道围岩力学特征及荷载模式开展了理论研究,从单洞圆形和椭圆形隧道围岩应力理论解析解扩展到双洞圆形、双洞马蹄形和双洞矩形小净距隧道围岩应力数值解的研究,这三种隧道对应的就是盾构法、矿山法和顶管法的小净距隧道,通过分析围岩应力分布特征,为不同施工工法的小净距隧道设计与施工提供理论依据。第 3 章阐述了城市轨道交通小净距隧道总体设计的关键技术问题,总结了常见的多线换乘站和不同配线形式对应的小净距隧道设计思路,分析了限界、周边环境等因素对小净距隧道设计方案的影响,介绍了适用于不同的隧道施工工法、断面形式、线路布置方案和车站功能的小净距隧道布置形式。第 4 章介绍了小净距矿山法隧道的设计关键技术,根据隧道围岩级别、隧道跨度、隧道净距等因素提出小净距矿山法隧道支护体系选取对策,说明了对拉锚杆、小导管注浆等中夹岩墙加固技术原理,并通过实际工程案例剖析了大跨度小净距矿山法群洞隧道和软弱围岩浅埋暗挖法小净距群洞隧道的设计关键技术问题。第 5 章从超前支护技术、中夹岩加固技术、开挖工法和微扰动开挖技术等四个方面介绍了小净距矿山法隧道施工关键技术,对相关的施工技术原理、施工工艺流程、施工参数和施工注意事项进行了说明,并阐述了全断面法、台阶法、中隔壁法(CD 法)和交叉中隔壁法(CRD 法)等不同开挖工法的小净距隧道施工工序和适用情形。第 6 章介绍了小净距盾构隧道设计关键技术,论述了小净距盾构隧道衬砌断面设计和计算方法,以及隔离桩、洞内支撑、洞内注浆等常用的加固保护技术,并通过实际工程案例剖析了小净距盾构群洞隧道、大断面小净距盾构隧道、浅覆土小净距盾构隧道的设计关键技术问题。第 7 章介绍了小净距盾构隧道施工关键技术,通过小净距盾构隧道的施工案例论述了小净距盾构隧道的盾构选型、掘进控制、始发技术、接收技术、掘进方向控制技术、盾构机纠偏技术等关键技术，并介绍了盾构隧道与矿山法隧道并行的小净距隧道施工、小净距盾构隧道洞内解体等施工技术创新应用案例。第8章介绍了小净距顶管隧道设计关键技术，通过实际工程案例说明小净距顶管隧道除了可应用于常规的区间隧道和车站站台隧道，还可以在车站站厅隧道、"车站站厅+站台"一体化隧道中创新应用零净距顶管组合隧道设计。第9章介绍了小净距顶管隧道施工关键技术，对小净距顶管施工控制技术、顶管始发与接收技术等施工技术的工艺流程和关键参数进行介绍，并介绍了应用于建造车站站台隧道的大断面矩形顶管装备和应用于建造"车站站厅+站台"一体化隧道的超大断面零净距组合顶管装备。第10章阐述了小净距隧道监控量测、信息化设计与施工技术以及施工风险管理及控制等内容，通过将三者有机结合，对小净距隧道的施工风险进行有效管控。

本书由刘健美、农兴中、王晖、徐加兵编著，在本书编写过程中，得到了广州地铁建设管理有限公司、中铁建华南建设有限公司等单位的大力支持和帮助，在此向所有编写人员的辛勤付出表示衷心感谢！

由于作者水平有限，书中难免存在疏漏和不足之处，敬请各位专家和读者不吝赐教，多提批评指导意见，以利修正。

作　者
2024 年 11 月

目录

第 1 章　绪论 ········· 001
　　1.1　小净距隧道的定义 ········· 003
　　1.2　隧道结构形式特点分析 ········· 005
　　1.3　小净距隧道设计及施工重难点 ········· 006

第 2 章　小净距隧道围岩力学特征及荷载模式 ········· 009
　　2.1　围岩应力分布 ········· 011
　　2.2　荷载模式 ········· 021
　　2.3　中夹岩墙力学特征 ········· 044
　　2.4　隧道净距与稳定性分析 ········· 048
　　2.5　本章小结 ········· 054

第 3 章　城市轨道交通小净距隧道总体设计 ········· 057
　　3.1　设计输入条件 ········· 059
　　3.2　隧道施工工法 ········· 071
　　3.3　小净距隧道断面设计 ········· 076
　　3.4　小净距隧道接口设计 ········· 081
　　3.5　本章小结 ········· 084

第 4 章　小净距矿山法隧道设计关键技术 ········· 085
　　4.1　隧道支护设计 ········· 087
　　4.2　中夹岩墙加固设计 ········· 101
　　4.3　施工步骤及工序设计 ········· 104
　　4.4　数值模拟分析 ········· 105

4.5 大跨度小净距矿山法群洞隧道设计 ……………………………… 112
4.6 软弱围岩浅埋暗挖法小净距群洞隧道设计 …………………… 121
4.7 本章小结 ……………………………………………………… 129

第5章 小净距矿山法隧道施工关键技术 …………………………… 131

5.1 超前支护施工技术 …………………………………………… 133
5.2 中夹岩墙加固技术 …………………………………………… 139
5.3 小净距矿山法隧道开挖工法 ………………………………… 140
5.4 小净距隧道微扰动开挖技术 ………………………………… 145
5.5 本章小结 ……………………………………………………… 150

第6章 小净距盾构隧道设计关键技术 ……………………………… 151

6.1 隧道衬砌设计 ………………………………………………… 153
6.2 先行洞隧道保护设计 ………………………………………… 159
6.3 小净距盾构群洞隧道设计 …………………………………… 162
6.4 大断面小净距盾构隧道设计 ………………………………… 171
6.5 浅覆土小净距盾构隧道设计 ………………………………… 177
6.6 小净距隧道端头加固设计 …………………………………… 184
6.7 本章小结 ……………………………………………………… 187

第7章 小净距盾构隧道施工关键技术 ……………………………… 189

7.1 小净距盾构隧道掘进模式选择 ……………………………… 191
7.2 小净距盾构隧道掘进控制 …………………………………… 193
7.3 管片拼装 ……………………………………………………… 205
7.4 衬砌背后注浆 ………………………………………………… 206
7.5 隔离桩施工 …………………………………………………… 210
7.6 小净距盾构隧道与矿山法隧道并行施工 …………………… 214
7.7 小净距隧道盾构洞内解体 …………………………………… 215
7.8 本章小结 ……………………………………………………… 226

第8章 小净距顶管隧道设计关键技术 ……………………………… 227

8.1 小净距顶管隧道设计总体介绍 ……………………………… 229

8.2　区间小净距顶管隧道设计 ·· 233
　　8.3　车站站台大断面小净距顶管隧道设计 ····························· 236
　　8.4　车站站厅零净距顶管组合隧道设计 ································ 241
　　8.5　"车站站厅+站台"一体化零净距顶管组合隧道设计 ······ 247
　　8.6　本章小结 ··· 249

第9章　小净距顶管隧道施工关键技术 ·· 251
　　9.1　小净距顶管施工控制技术 ··· 253
　　9.2　顶管始发和接收技术 ·· 262
　　9.3　小净距顶管机装备 ··· 268
　　9.4　本章小结 ··· 274

第10章　小净距隧道监控量测与风险管控 ··································· 275
　　10.1　小净距隧道监控量测技术 ··· 277
　　10.2　动态设计及信息化施工 ·· 289
　　10.3　施工风险管理及控制 ··· 291
　　10.4　本章小结 ·· 306

参考文献 ··· 307

第 1 章 绪 论

随着城市的发展和扩大,人口密度越来越大,土地资源紧张,交通拥堵、汽车尾气排放导致的环境污染等问题日趋严重。城市轨道交通具有占用土地少、环境影响小、无尾气排放、方便快捷等多种优势,是开发和利用城市地下空间、缓解或解决人口增长对城市环境造成的压力和威胁的有效措施。近年来,我国城市轨道交通工程建设规模和运营里程都持续增长。截至 2023 年底,我国大陆地区开通城市轨道交通运营线路 338 条,运营线路总长度 11224.54km,2023 年在建线路总规模 5671.65km。城市轨道交通有地铁、市域快线、轻轨、有轨电车等多种形式,其中地铁和市域快线大多采用地下敷设方式,因此隧道工程的应用非常广泛。

在隧道工程中,当受到线路线形或周边环境等因素限制时,需在线路间距较小的条件下修建两孔或多孔隧道。在这种情况下,目前主要采用连拱隧道和小净距隧道等特殊隧道结构形式。铁路工程中采用小净距隧道结构形式较早,已建成的小净距铁路隧道有内昆线青山隧道,湘黔铁路娄底至怀化段新坪渠隧道、新坪口隧道、新柳潭隧道,宝成复线须家河隧道、株六铁路复线关寨隧道、内昆铁路杨柳湾隧道、渝怀铁路板桃隧道等。宝成复线合站并行线位使得新老两座须家河隧道同处于嘉陵江陡岸的一个山嘴上,两座隧道分别在 $R=400$m 和 $R=405$m 的同向曲线上,线间距进口端为 7.9m,出口端为 7.5m,两隧道之间的中夹岩墙厚度仅为 1.9~2.3m。板桃隧道是渝怀铁路十大控制工程之一,隧道进口段 I、II 线两隧道开挖净距为 6.14m。在公路隧道方面,近年来也有采用小净距隧道结构形式的工程,如宁波镇海招宝山隧道是一座新建双线公路隧道,由上下行分离的两座独立且平行的隧道组成,单孔长 169m,单洞开挖宽度为 14.15m,高 12.35m,两隧道间净距仅为 2.98~4.20m。都汶高速紫坪铺隧道的净距为 3.73~12.36m。京福高速公路联南隧道和金旗山隧道的净距为 5~5.1m。金鸡山隧道由主路连拱隧道和辅路隧道组成,形成四孔群洞隧道,隧道最小净距约 1.29m。

小净距隧道在城市轨道交通工程中也有不少应用案例。随着城市轨道交通线网不断加密,为实现多线换乘、快慢线越行、出入场线接入等功能,或为了避让周边建(构)筑物,线路无法拉开线间距,就需要采用小净距隧道形式。北京地铁 2 号线西直门站—车公庄站区间隧道最小净距仅为 0.6m。上海地铁 2 号线黄陂南路站—徐家汇站区间隧道最小净距仅为 0.7m。广州地铁 1 号线与 2 号线的换乘节点公园前站,两条线路的联络线在公园前站—纪念堂站区间接驳,同时在区间左右线之间设置存车线和交叉渡线,于是形成单线、双线和三线隧道;由于开挖断面多次转换,所形成的双洞并行隧道最小净距仅为 0.85m。广州地铁 2 号线越秀公园站和江南西站采用了 3 孔隧道方案,3 孔隧道最小净距仅为 2.7m。南京地铁南北线一期工程菊花台 2 号隧道出口和南北线南延支线左、右线隧道进口呈三洞相邻并排布置,正线隧道与左、右线隧道净距分别只有 5.27m 和 1.69m。

1.1 小净距隧道的定义

在广义上,小净距隧道是指应力场和位移场存在相互影响的双洞或多洞隧道,包括在同一平面设置的并行隧道、重叠隧道或者水平布置但高程错开的隧道,这三种隧道的围岩力学特征有明显差异。而在狭义上,小净距隧道通常只指平面并行的隧道,本书所述的小净距隧道是狭义上的平面并行隧道。

城市轨道交通相关的标准规范并未对小净距隧道作出明确定义,《地铁设计规范》(GB 50157—2013)指出"采用盾构法施工的并行隧道的间距,不宜小于隧道外轮廓直径"。该规范的条文说明引用了日本规范和苏联地下铁道设计规范,日本规范指出"平行设置的隧道无论是在水平方向还是垂直方向,只要其相隔距离小于隧道外径 D,就有必要对其进行充分的论证,尤其是净距小于 $0.5D$ 时,就有必要进行详细的论证"。苏联地下铁道设计规范规定"在软土地层中,当平行隧道净距大于 $1.0D$、在岩石地层和硬黏土地层中不小于 $0.5D$ 时,无须考虑相互影响,可各自按单线隧道设计"。

《公路隧道设计规范 第一册 土建工程》(JTG 3370.1—2018)对小净距隧道作出明确定义,小净距隧道是"并行的两隧道间净距较小、两洞结构彼此产生有害影响的隧道",并且给出了公路双洞四车道小净距隧道支护措施加强原则建议,见表1-1。该规范条文说明进一步指出,小净距隧道的判定原则要考虑两洞间是否产生有害影响,需要综合考虑隧道断面大小、围岩级别、地层岩性、地质构造、施工方法、开挖顺序等因素。

由此可见,《地铁设计规范》(GB 50157—2013)虽然未明确指出小净距隧道的定义,但建议盾构隧道的间距不宜小于隧道外轮廓直径,由此推断小净距隧道判断依据为隧道间距小于1倍洞径。而《公路隧道设计规范 第一册 土建工程》(JTG 3370.1—2018)对矿山法小净距隧道的定义则是根据隧道断面跨度 B、围岩级别和相互影响程度进行综合判断,若按照隧道之间相互影响级别达到中等影响来定义双洞四车道小净距隧道,Ⅲ级围岩小净距隧道的净距为 $(0.375\sim0.75)B$,Ⅳ级围岩小净距隧道的净距为 $(0.5\sim1.0)B$,Ⅴ级围岩小净距隧道的净距为 $(0.75\sim1.5)B$,这种小净距隧道的定义方式更为合理。

公路双洞四车道小净距隧道支护措施加强原则建议　　表1-1

双洞影响程度			严重影响	中等影响		轻微影响	
围岩级别	Ⅲ级	隧道净距	$\leq 0.375B$	$(0.375\sim0.75)B$		$(0.75\sim2.0)B$	
	Ⅳ级		$\leq 0.5B$	$(0.5\sim1.0)B$		$(1.0\sim2.5)B$	
	Ⅴ级		$\leq 0.75B$	$(0.75\sim1.5)B$		$(1.5\sim3.5)B$	
支护措施加强原则	初期支护	喷射混凝土	Ⅲ级 增厚3~8cm Ⅳ级 Ⅴ级	Ⅲ级	增厚2~5cm	Ⅲ级	增厚2~5cm
				Ⅳ级	增厚3~8cm	Ⅳ级	
				Ⅴ级	增厚3~8cm	Ⅴ级	
		系统锚杆	Ⅲ级 加长50cm Ⅳ级 加密10~20cm Ⅴ级	Ⅲ级	不加固	Ⅲ级	不加强
				Ⅳ级	加长50cm	Ⅳ级	
				Ⅴ级		Ⅴ级	
		钢架	Ⅲ级 增设格栅钢架 Ⅳ级 加密10~20cm Ⅴ级	Ⅲ级	软岩地段局部增设格栅钢架	Ⅲ级	不加强
				Ⅳ级	加密10~20cm	Ⅳ级	
				Ⅴ级		Ⅴ级	

续上表

双洞影响程度		严重影响		中等影响		轻微影响
支护措施加强原则	二次衬砌	Ⅲ级	加厚0~5cm	Ⅲ级	不加强	Ⅲ级
		Ⅳ级	加厚0~5cm钢筋混凝土	Ⅳ级	加厚0~5cm钢筋混凝土	Ⅳ级
		Ⅴ级	加厚5~10cm钢筋混凝土	Ⅴ级	加厚5~10cm钢筋混凝土	Ⅴ级
						不加强
	中夹岩墙加固	Ⅲ级	对拉(预应力)锚杆	Ⅲ级	6m以下,对拉锚杆;6cm以上,加长系统锚杆	Ⅲ级
		Ⅳ级	小导管注浆加固辅助对拉预应力锚杆	Ⅳ级	加长预应力系统锚杆	Ⅳ级
		Ⅴ级	小导管注浆加固辅助加长预应力系统锚杆	Ⅴ级	加长预应力系统锚杆	Ⅴ级
						不加固

1.2 隧道结构形式特点分析

隧道结构形式按照不同的净距可分为分离式隧道、小净距隧道和连拱隧道三种,基本特征见表1-2。

三种隧道结构形式基本特征　　　　　　　表1-2

隧道类型	分离式隧道	连拱隧道	小净距隧道
双洞最小净距	$(1.5~5)B$	0	$0~1.5B$
占地宽度	$(3.5~7)B$	$2B$	$2B+(0~1.5B)$
接线难度	较大	较小	较小
结构和受力	结构简单,受力稳定	结构复杂,受力不稳定	结构较简单,受力较稳定
围岩扰动次数	少	多	一般
地下空间利用	差	最好	较好
施工难度	较小	较大	中等
工程造价	较低	较高	中等
质量控制难易	较易	难	中等
爆破振动控制	基本控制	控制	控制
适用隧道长度	各种长度隧道	短隧道	短隧道或围岩条件较好的中长隧道

注:B为隧道断面跨度。

从表1-2可见,三种结构形式各有特点。

(1)分离式隧道

分离式隧道结构简单,受力稳定,优先采用。但城市建筑密集地区或线路布设受到其他因素制约需缩小线间距时,只能采用连拱隧道或者小净距隧道。

(2)连拱隧道

连拱隧道位置选择自由度大,适用于地形和周边环境复杂、线路布设极为困难的情况,其线路布线方便,隧道占用地下空间较少。在城市地区采用连拱隧道可以大大减少拆迁量,降低工程造价。但根据全国各地已建成的连拱隧道工程实施情况,连拱隧道存在一些缺点,如:

①由于开挖总断面较大、扁平率较低、施工工序较复杂,施工中易产生塌方,施工期间存在一定的安全风险。

②由于隧道结构复杂,中墙顶部连接处的防水问题很难解决,建成后容易渗漏水,严重影响隧道的使用性能和耐久性。

③连拱隧道结构对变形敏感,衬砌易出现裂缝,破坏结构整体性,安全性较差。

④绝大部分连拱隧道都是采用矿山法施工,施工机械化水平较低,采用爆破开挖技术对周边环境影响较大。

(3)小净距隧道

小净距隧道结构形式介于分离式隧道和连拱隧道之间,在某种意义上,是一种兼具两者优点的隧道布置形式。相较于分离式隧道,小净距隧道可更好地满足特定地质和地形条件、线路布设方式,在环境保护、减少占地等多方面优势明显。相较于连拱隧道,小净距隧道施工工序简单,工期短,施工质量更有保证。在城市地区修建隧道时,通常会遇到土地资源紧张的情况,采用小净距隧道可提高对土地的利用率。当地面道路狭窄、建(构)筑物密集、采用常规隧道结构形式难以布设线路时,采用小净距隧道可尽量避开建(构)筑物基础,最大限度地满足线路选线要求。在多线换乘或者设置复杂配线的车站接口,采用小净距隧道方案与车站衔接可以减小车站规模,从而减少车站的征地拆迁规模,降低工程费用。小净距隧道施工工法的选择更为灵活,既可以采用传统的矿山法,也可以根据线路、限界、工程地质和周边环境的要求采用盾构法、顶管法等机械开挖工法。

1.3 小净距隧道设计及施工重难点

由于城市轨道交通车站的运营、行车、换乘等功能需要,小净距隧道的应用越来越广泛。随着工程建设环境日趋复杂,城市轨道交通隧道也逐渐朝着超小净距、大断面、浅埋、群洞隧道、多种隧道施工工法组合应用等方向发展,这给隧道的设计和施工带来许多挑战。本书将结合近年来城市轨道交通小净距隧道工程案例来剖析隧道设计与施工技术的重难点。

1)超小净距隧道

在城市轨道交通工程中,大部分小净距隧道都是出现在与车站衔接等配线设置较为复杂的部位。为了减小复杂线路明挖车站的建设规模,节省工程投资费用,线路设计方案会尽量减小并行线路的线间距,由此带来的问题是与车站衔接的隧道线间距很小,只能采用小净距隧道的结构形式,而隧道的净距反过来又决定了车站内部线路的线间距,从而影响着车站的规模和工程投资费用。城市轨道交通隧道相较于公路隧道和铁路隧道而言,线路布设更为复杂,线路受到诸多因素制约导致隧道净距越来越小。公路隧道工程将Ⅲ级围岩隧道净距小于 $0.375B$ 判定为隧道相互影响严重。对于跨度 6~8m 的隧道,净距 $0.375B$ 相当于 2.25~3m。而在城市轨道交通工程中,净距小于 2m 的超小净距隧道并不少见,在一些工程中甚至会采用零净距隧道。对于这种超小净距隧道,其围岩力学特征、中夹岩墙稳定性、先行洞保护措施等都是设计和施工的重难点。

2)大断面小净距隧道

常规的城市轨道交通单洞单线区间隧道断面跨度一般为 6~8m,但在一些线路布设方案较为复杂的工程中,多线并行的线路需要采用单洞双线的大断面小净距隧道方案,大断面隧道的跨度基本在 10m 以上。一些车站由于受到周边环境条件制约,也采用了暗挖法小净距隧道方案,为了满足限界和站台宽度等功能要求,隧道断面尺寸也大于普通的单洞单线隧道。大断面小净距隧道的施工相比于常规小净距隧道对围岩稳定性的影响更大,需针对地质条件、周边环境和不同净距等综合因素采取不同的预加固措施和施工方法,以提高围岩承载能力,减小塑性区,保证中夹岩墙的稳定性和施工安全。随着隧道跨度增大,后行洞隧道与先行洞浅埋暗挖隧道塑性区发生重叠,塑性区重叠范围也可能进一步加大,需采取一定的加固措施提高围岩的稳定性,以减小隧道围岩变形,降低隧道施工风险。

3)浅埋小净距隧道

浅埋小净距隧道穿越的围岩相对较差,隧道开挖后围岩的受力相互交叠,特别是中夹岩墙受力复杂,使得这类隧道的设计和施工存在一定的困难。对于浅埋小净距隧道,采用荷载-结构法进行计算时需要考虑隧道结构的相互影响、中夹岩墙的作用及抗力等因素,比一般的单洞隧道和深埋隧道计算更为复杂。在设计中为了考虑小净距等因素的影响,一些设计人员会放大荷载的取值,或者减小中夹岩墙的弹性抗力,但目前对浅埋小净距隧道尚无完善的围岩压力计算理论,荷载放大有一定随意性,因此城市轨道交通浅埋小净距隧道相比于公路工程和铁路工程的深埋山岭隧道,其围岩的稳定性大大降低,这给隧道的设计、施工、运营和维护造成很大的困难。

4)小净距群洞隧道

为实现城市轨道交通多线换乘、快慢线越行、出入场线接入以及其他功能,城市轨道交通多条线路并行的情况越来越多,为了适应线路布设要求可能采用小净距群洞隧道的方案。小净距群洞隧道的施工是一个多维的动态过程,在群洞施工过程中各条隧道之间的应力场和位移场相互影响,施工力学行为复杂,不同的开挖顺序、施工方法、隧道净距等会造成隧道之间的相互影响不同。群洞隧道对地面和建(构)筑物的扰动更为严重,如何将地面和建(构)筑物的最终沉降值控制在预期设定的范围内,是小净距群洞隧道设计与施工的难题。

5)多种工法组合应用的小净距隧道

城市轨道交通隧道的施工工法有明挖法、暗挖法,暗挖法又分为矿山法、盾构法、顶管法等。隧道施工工法的选择取决于地质条件、周边环境条件、隧道断面功能需求等因素，某些情况下采用多种工法组合施工小净距隧道是较为合理的方案。例如在两条正线之间设置一条存车线形成三条线路并行的情况下，可以采用一个单洞双线的矿山法隧道和一个单洞盾构隧道组成的小净距隧道。又如某暗挖法车站，车站站厅隧道采用零净距顶管组合小净距隧道，站台隧道采用大断面小净距盾构隧道，站厅隧道与站台隧道之间再通过矿山法斜通道连接。总而言之，城市轨道交通小净距隧道设计与施工可以根据不同工法的适用性，结合线路、限界和工程实施条件等选择合理的工法，并可采用多种施工工法灵活组合的方案。

第 2 章

小净距隧道围岩力学特征及荷载模式

小净距隧道的围岩应力分布特征比单洞隧道更为复杂，隧道开挖后围岩的受力相互交叠，特别是中夹岩墙受力非常复杂。本章针对城市轨道交通隧道常用的矿山法、盾构法、顶管法等不同工法的典型断面分析小净距隧道的围岩应力分布特征，研究小净距隧道的荷载模式和围岩压力，分析中夹岩墙的力学特性，通过对不同净距的隧道进行围岩应力的解析解和数值解研究，分析围岩的受力与净距之间的变化规律，为设计和施工提供参考。

2.1 围岩应力分布

在隧道工程的建设过程中，围岩的应力重分布情况以及由此引发的围岩荷载与支护结构之间的相互作用模式，是进行稳定性分析、支护结构设计以及施工方法优化不可或缺的依据。通过全面评估现有的围岩压力与荷载计算方法，开展对小净距隧道围岩荷载模式及压力计算的研究。隧道工程开挖引起的围岩应力重分布对其稳定性有很大影响。因此，隧道开挖后的应力集中情况以及它对围岩的作用是稳定性评估的关键内容。影响隧道围岩应力分布的因素很多，比如岩石的性质、初始的地应力场、开挖断面的几何形态等。在此仅对其中几个关键因素进行探讨，分别以盾构法、矿山法小净距隧道为研究原型，简化后分圆形和椭圆形两种情况进行研究，其中圆形断面对应盾构法隧道，椭圆形断面则是对矿山法隧道马蹄形断面进行简化得到，便于进行理论分析。在考虑了简化后的圆形和椭圆形隧道的平面应变条件下的应力状态后，主要研究了侧压力系数以及净距对隧道围岩应力分布的影响。

2.1.1 应力分布解析解

1）单洞圆形隧道应力分布特征

弹性条件下单洞圆形隧道力学计算模型如图2-1所示。Panck、Denkhaus、Obe Y 等人对半径为 r_0 的圆形隧道开挖后围岩的二次应力分布状态进行了详细的研究，表达式如下：

$$\begin{cases} \sigma_r = \dfrac{P}{2}(1+\lambda)\left(1-\dfrac{r_0^2}{r^2}\right) + \dfrac{P}{2}(1-\lambda)\left(1-4\dfrac{r_0^2}{r^2}+3\dfrac{r_0^4}{r^4}\right)\cos2\theta \\ \sigma_\theta = \dfrac{P}{2}(1+\lambda)\left(1+\dfrac{r_0^2}{r^2}\right) - \dfrac{P}{2}(1-\lambda)\left(1+3\dfrac{r_0^4}{r^4}\right)\cos2\theta \\ \sigma_r = \dfrac{P}{2}(1-\lambda)\left(1+2\dfrac{r_0^2}{r^2}-3\dfrac{r_0^4}{r^4}\right)\sin2\theta \end{cases} \quad (2-1)$$

式中：r_0——隧道半径（m）；

r——所求点的半径（m）；

λ——侧压力系数；

θ——圆心和所求点连线与竖直轴的夹角（°）；

σ_r——径向应力（kPa）；

σ_θ——切向应力(kPa);

P——围岩应力(kPa)。

特征点切向应力集中系数 C 随侧压力系数 λ 的变化曲线如图2-2所示。洞周应力集中程度随着围岩侧压力系数的增大而减小,而隧道底部的应力集中情况在一般侧压力系数条件下均大于顶部,在 $\lambda > 1/3$ 时隧道顶部不出现拉应力。

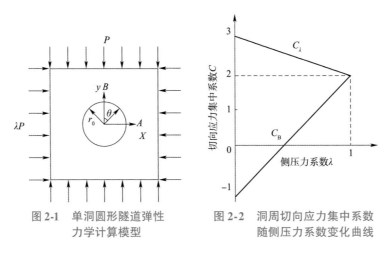

图2-1 单洞圆形隧道弹性力学计算模型　　图2-2 洞周切向应力集中系数随侧压力系数变化曲线

洞周围岩切向应力集中系数 C 为:

$$C = \frac{\sigma_\theta}{P} = \frac{1}{2}(1+\lambda)\left(1+\frac{r_0^2}{r^2}\right) - \frac{1}{2}(1-\lambda)\left(1+3\frac{r_0^4}{r^4}\right)\cos2\theta \tag{2-2}$$

由式(2-2)可得,在弹性状态下:

(1) 当 $\lambda = 0$ 且 $0 < r < 2.67 r_0$ 时,洞周切向应力不小于初始应力的1.1倍;当 $\lambda = 0$,且 $2.67 r_0 < r < 3.16 r_0$ 时,洞周切向应力不小于初始应力的1.01倍。

(2) 当 $\lambda = 1$ 且 $0 < r < 3.16 r_0$ 时,洞周切向应力不小于初始应力的1.1倍;当 $\lambda = 1$,且 $3.16 r_0 < r < 10 r_0$ 时,洞周切向应力不小于初始应力的1.01倍。

越靠近隧道开挖区域,应力集中度越高,越远离则集中度越低,且半径越大应力集中度的弱化速度越快。隧道开挖仅引起一定范围内的围岩产生应力重分布。

在隧道开挖后,部分围岩区域的应力会超过岩体的强度,导致其物理力学状态发生改变,进入塑性或破坏状态。对于单一的圆形隧道,开挖后围岩塑性区的二次应力状态可以分为弹性区域和塑性区域,如图2-3所示。1区是塑性区内圈,也被称为松动区,这个区域的围岩应力低于初始应力;2区和3区合称为围岩承载区,这个区域内的围岩应力高于初始应力;而4区的岩体仍保持原始的应力状态,被称为原岩应力区。

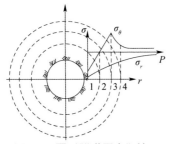

图2-3 圆形隧道围岩塑性区应力分布状态

当围岩进入塑性状态时,切向应力的最大值 σ_θ 会从隧道壁转移到弹性区和塑性区的交界处。随着开挖距离的增加,围岩逐渐恢复到原始应力状态。塑性区的出现使得切向应力从弹性和塑性区域的交界处开始向开挖隧道的边界逐渐降低。侧压力系数对塑性区的分布范围也有很大的影响,当侧压力系数较大时,塑性区主要分布在隧道开挖区域周围,而当侧压力系数较小时,塑性区则呈现出向深处扩展的 X 形。

2) 单洞椭圆形隧道应力分布特征

由于隧道边界上切向应力最大,因此在隧道稳定性计算中必须考虑隧道洞壁处的切向应。Inglish 和 Neuber 已经解出了双向应力场中椭圆形孔表面的应力分布,Dhar、Geldart 和 Udd 对椭圆孔边界应力分布状态进行了详细分析,并推导了双向受压状态下的应力分布方程。切向应力在边界上的表达式为:

$$\sigma_\theta = \frac{P(\lambda-1)[(k+1)^2\cos^2\theta - 1] + 2kP}{(k^2-1)\cos^2\theta + 1} \tag{2-3}$$

式中: k ——椭圆形隧道开挖跨度 B 与隧道高度 H 的比值,即 $k = B/H$;

其他符号含义与式(2-1)相同。

针对以下三种不同初始应力场($\lambda = 0$、$\lambda = 1/3$ 和 $\lambda = 1$)条件下四种 k 值($B/H = 0.25$、$B/H = 0.5$、$B/H = 2$、$B/H = 4$)的椭圆形隧道切向应力集中系数(C)的分布情况,徐志英等进行了有关研究,并绘制出了洞周切向应力集中系数的分布曲线,如图 2-4 所示。

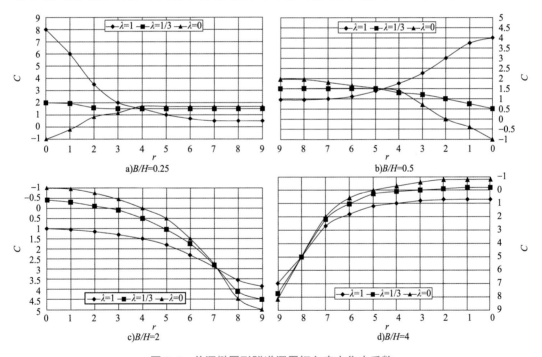

图 2-4 单洞椭圆形隧道洞周切向应力集中系数

当 $\lambda = 0$ 时,椭圆形隧道拱顶 A 点处始终表现为拉应力,应力集中系数为 1,且矢跨比变化对其没有影响;当 $\lambda = 1$ 时,随着隧道矢跨比减小,拱顶 A 点处应力集中系数迅速减小,且随之出现压应力;当 $0 < \lambda < 1$ 时,拱顶 A 点处应力状态随着矢跨比的减小而由压应力逐渐转化成拉应力,且矢跨比越小,拱顶受拉越严重。这是因为岩石的抗拉强度远小于抗压强度,所以此种情况对围岩稳定性最为不利。

此外，由式(2-3)可得，当 $\lambda = k$ 时：

$$\lambda = \frac{B}{H} \tag{2-4}$$

由此可得：

$$\sigma_\theta = \frac{1+k}{P} \tag{2-5}$$

此时，椭圆形隧道洞周切向应力相同。由此可知，对于任何不同地应力情况，假如椭圆形隧道的高宽比与其侧压力系数一致，则隧道周围的切向应力分布是均匀的，从强度角度考虑围岩受力状态最佳。

2.1.2 应力分布数值解

为了研究矿山法、盾构法、顶管法等不同工法典型断面的小净距隧道围岩应力分布特征，分别建立双洞圆形、双洞马蹄形和双洞矩形小净距隧道的有限元分析模型，地层参数采用V级围岩的典型参数，即重度 $=22\mathrm{kN/m^3}$、杨氏模量 $=1.0\times 10^9 \mathrm{Pa}$、泊松比 $=0.3$、内摩擦角 $=20°$、黏聚力 $=300\mathrm{kPa}$。

1) 双洞圆形小净距隧道应力分布特征

双洞圆形小净距隧道力学计算模型如图2-5所示，以开挖跨度 $B=8\mathrm{m}$、隧道埋深8m的双洞圆形小净距隧道为研究对象，按照隧道净距为 $0.1B$、$0.3B$、$0.5B$、$0.75B$、$1B$ 等情况分别建立双洞圆形小净距隧道的三维有限元模型。地层本构模型采用莫尔-库仑模型，初始应力平衡后模拟隧道开挖，分析在未施加隧道支护结构的工况下围岩的应力状态。

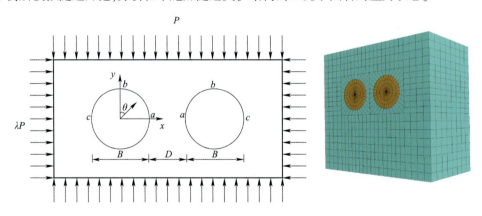

图2-5 双洞圆形小净距隧道力学计算模型
D-隧道净距

不同净距的隧道开挖后围岩的水平和竖向应力云图如图2-6所示。自重平衡后水平应力和竖向应力分布具有对称性。最大水平和竖向应力绝对值分别分布在模型底部和隧道之间的中夹岩墙。土体的竖向应力主要集中在中夹岩墙处，而且在隧道间上下均出现拱效应。由于开挖后的应力释放，土体有上移的趋势，导致隧道底部出现较小的竖向应力和中夹岩墙的最大应力，应力分布在隧道上方形成"带状"，隧道间则呈现拱的形状。双洞圆形隧道洞周切向应力随着净距变化的曲线如图2-7所示。隧道两侧切向应力均随着净距减小而增大,中夹岩墙一侧增大程度稍大于另外一侧,隧道拱顶附近切向应力受净距变化影响不显著,数值较小,同时随着净距的减小,隧道两侧切向应力逐渐增大。

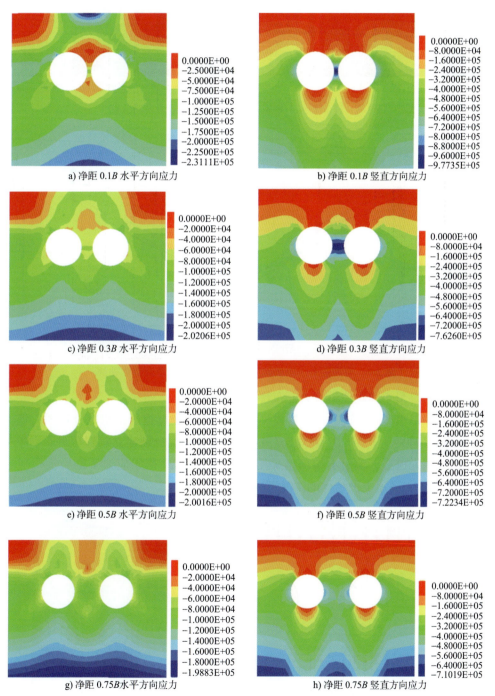

图 2-6

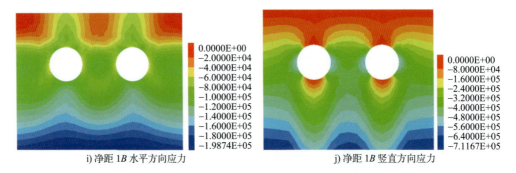

i) 净距1B 水平方向应力   j) 净距1B 竖直方向应力

图 2-6　双洞圆形小净距隧道无支护状态围岩应力云图

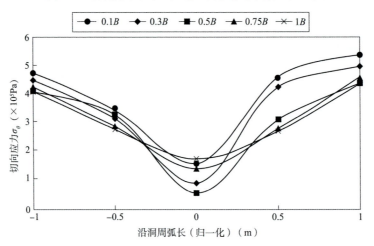

图 2-7　双洞圆形小净距隧道洞周切向应力随净距变化曲线

2) 双洞马蹄形小净距隧道应力分布特征

双洞马蹄形小净距隧道开挖计算模型如图 2-8 所示,隧道开挖跨度 B 取 8m,埋深为 8m。按照隧道净距为 $0.1B$、$0.3B$、$0.5B$、$0.75B$、$1B$ 等情况分别建立双洞马蹄形小净距隧道的三维有限元模型。地层本构模型采用莫尔-库仑模型,初始应力平衡后模拟隧道开挖,分析在未施加隧道支护结构的工况下围岩的应力状态。

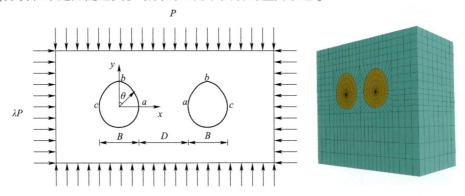

图 2-8　双洞马蹄形小净距隧道力学计算模型

双洞马蹄形小净距隧道的水平和竖向应力云图如图 2-9 所示。双洞马蹄形小净距隧道的应力分布形式与双洞圆形小净距隧道一致,具有对称性,数值上不同,而且也出现隧道间的拱效应和隧道顶部的"带状"应力分布。竖向应力在中夹岩墙位置出现集中现象，且净距越小，应力集中现象越明显；随着净距增大，应力集中慢慢往隧道内侧壁移动，最后消失。双洞马蹄形小净距隧道的洞周切向应力随净距变化情况如图 2-10 所示，隧道两侧切向应力均随着净距减小而增大，且靠近中夹岩墙一侧增加程度大于另外一侧；隧道拱顶附近应力变化不显著且数值均小于隧道两侧的值。

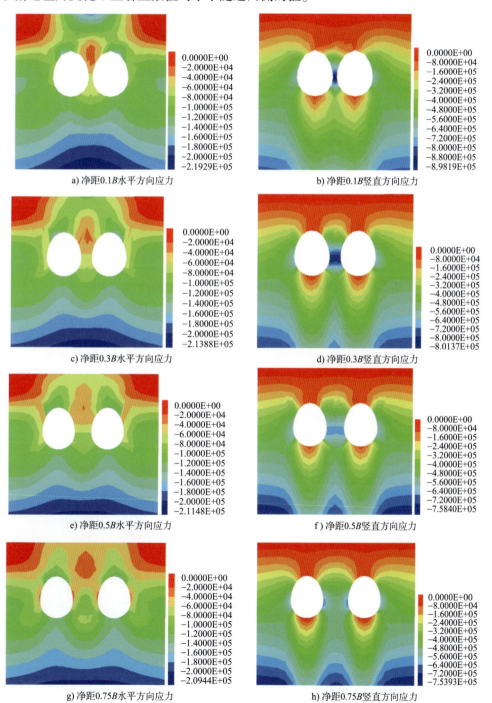

图 2-9

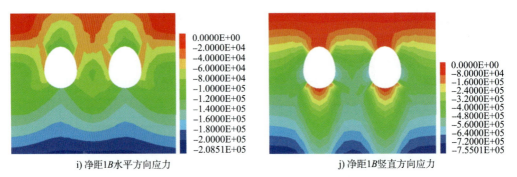

i) 净距1B水平方向应力　　　　　　　　j) 净距1B竖直方向应力

图 2-9　双洞马蹄形小净距隧道无支护状态围岩应力云图

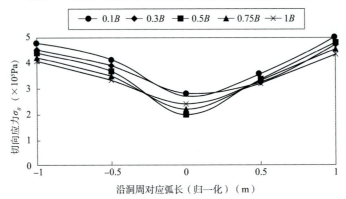

图 2-10　双洞马蹄形小净距隧道洞周切向应力随净距变化曲线

3）双洞矩形小净距隧道应力分布特征

双洞矩形小净距隧道力学计算模型如图 2-11 所示，开挖跨度 B 取 8m，高宽比 $H/B = 0.5$，隧道埋深为 8m。按照隧道净距为 $0.1B$、$0.3B$、$0.5B$、$0.75B$、$1B$ 等情况分别建立双洞矩形小净距隧道的三维有限元模型，在隧道洞周设置 5 个特征点分析围岩应力特征。地层本构模型采用莫尔-库仑模型，初始应力平衡后模拟隧道开挖，分析在未施加隧道支护结构的工况下围岩的应力状态。

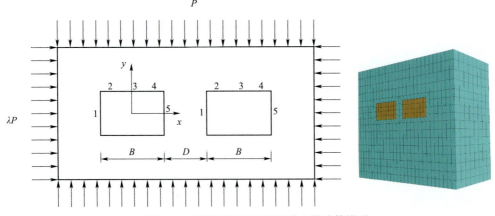

图 2-11　双洞矩形小净距隧道力学计算模型

双洞矩形小净距隧道的水平和竖向应力云图如图 2-12 所示。水平方向应力最大处出现在隧道外侧的转角处，随着净距增大，水平方向应力随之减小。竖直方向应力在中夹岩墙位置出现应力集中现象,且净距越小,应力集中越明显,随着净距增大,应力集中往隧道内侧壁移动,在隧道外墙处也会出现一定程度的应力集中现象。双洞矩形小净距隧道的洞周特征点切向应力随净距变化情况如图 2-13 所示。由图可知,围岩切向应力在特征点 2 和 4 附近(即转折处)达到最大;在特征点 3 处(拱顶处)最小,接近于 0。

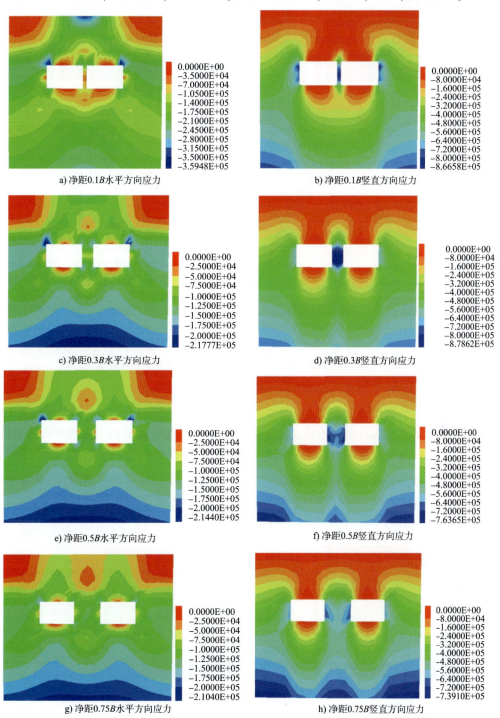

a) 净距0.1B水平方向应力　　　　　b) 净距0.1B竖直方向应力

c) 净距0.3B水平方向应力　　　　　d) 净距0.3B竖直方向应力

e) 净距0.5B水平方向应力　　　　　f) 净距0.5B竖直方向应力

g) 净距0.75B水平方向应力　　　　h) 净距0.75B竖直方向应力

图 2-12

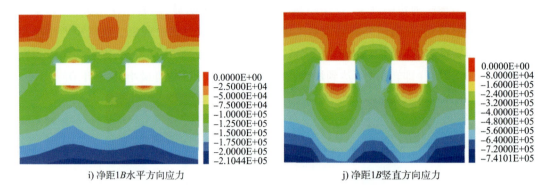

i) 净距1B水平方向应力　　　　　　　j) 净距1B竖直方向应力

图 2-12　双洞矩形小净距隧道无支护状态围岩应力云图

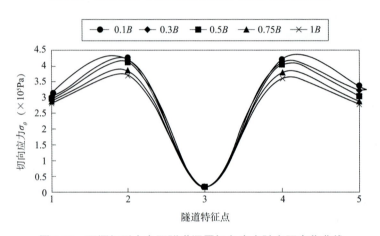

图 2-13　双洞矩形小净距隧道洞周切向应力随净距变化曲线

4) 后行洞隧道施工对先行洞隧道应力的影响

以双洞圆形小净距隧道为例,对隧道的相互影响进行数值分析。图 2-14 和图 2-15 所示为先行洞隧道和后行洞隧道施工完成后的水平和竖直应力云图。由图可知,后行洞隧道的施工会使得先行洞隧道洞周的水平应力增大,尤其是拱顶和侧壁明显增大;竖直应力变化最大的是靠近中夹岩墙的侧壁处,产生了非常明显的应力集中现象,这对围岩的稳定性有很大的影响,所以在后行洞隧道施工前应做好先行洞隧道的支护措施,加强其衬砌结构。

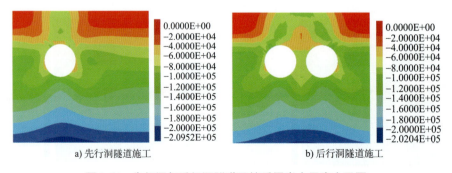

a) 先行洞隧道施工　　　　　　　　b) 后行洞隧道施工

图 2-14　先行洞与后行洞隧道开挖后围岩水平应力云图

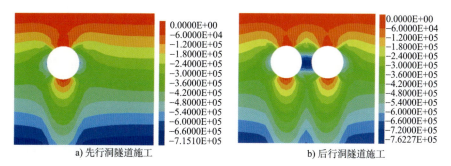

a) 先行洞隧道施工　　　　　　b) 后行洞隧道施工

图 2-15　先行洞与后行洞隧道开挖后围岩竖直应力云图

2.2　荷载模式

由于隧道工程围岩条件复杂,围岩压力的计算尚未形成完善的理论体系,因此基于大量工程资料、围岩分级体系或围岩级别来确定围岩压力的经验公式法备受广大工程技术人员喜爱。该方法可以简单快捷地计算出围岩压力的分布模式和大小。该方法大致分为两类:一类是基于 RMR 或 Q 围岩分级体系的指数类公式,另一类是基于太沙基理论、普式围岩压力理论和我国规范的形式。基于 RMR 或 Q 围岩分级体系的指数类公式考虑因素较多,指标也较全面,但选取时存在很大的主观性,因此计算结果因人而异,差异性较大。而基于太沙基理论、普式围岩压力理论和我国规范的模式则考虑因素单一,应用方便,在我国隧道及地下工程行业中得到了广泛应用。

在小净距隧道设计中,通常采用荷载-结构法来计算衬砌的内力。首先根据规范要求的压力计算公式求得荷载值,考虑到小净距等因素的影响,我们须要对荷载进行适当的放大或减小中夹岩墙的弹性抗力。然而,小净距隧道的围岩压力计算理论尚未完善,因此在按照相关规范计算时,对荷载的放大程度具有一定的随意性。本节将在总结以往围岩压力计算理论的基础之上,对小净距隧道的围岩压力进行深入研究。

2.2.1　常用计算方法

围岩是指因人为开挖而改变了原应力状态的岩体部分。隧道开挖后,围岩会发生二次应力分布,这种应力分布可分为弹性分布和弹塑性分布。当岩体的二次应力小于其自身强度时,应力分布是弹性的;当二次应力大于岩体自身强度时,应力分布则呈现弹塑性状态。在理想情况下,岩体不需要进行支护,自身就能达到稳定状态。但在实际工程中,隧道开挖后很少有不采取支护措施的,作用在支护上的荷载就被视为狭义上的围岩压力。经过岩体理论的发展,大量现场监测结果表明,不能简单地将围岩和支护视为两个相互独立的系统。实际上,岩体本身也是支护结构的一部分。因此,在实际情况中,应该将支护结构和岩体视为一个整体,将其看作一个系统,共同承担开挖引起的全部二次应力分布的作用,这种作用被称为广义上的围岩压力。围岩压力的大小是隧道支护结构设计的重要理论依据,它直接影响到支护结构的设计和施工。因此,正确理解和评估围岩压力对保证隧道工程的安全和稳定至关重要。围岩压力的计算是很复杂的问题,因为它涉及许多复杂的因素,如围岩的物理性质、破坏机制以及围岩与支护之间的相互作用。此外,隧道开挖方法和技术的选择也会对围岩压力产生一定的影响。了解围岩压力的构成和破坏机制以及其影响因素,对于保障隧道施工的安全和可靠非常重要。通过研究围岩支护变形和破坏机理,我们可以将围岩压力的影响因素归纳为以下两个方面。

一方面是地质因素,例如初始地应力、岩体结构和围岩强度等。围岩材料具有非均质不连续的性质,其稳定性受到地质构造影响,结构面的产状、发育程度以及间距和填充物等都会影响围岩压力的大小和特征。此外,岩体的力学特征包括岩性、抵抗变形的程度和围岩强度等也是影响因素之一。初始地应力过大会导致岩体处于潜在塑性状态,从而产生大的塑性区和形变压力。

另一方面,人为建设的工程因素也会影响围岩压力,这些因素包括隧道开挖断面尺寸及形状、施工工法、隧道埋深、支护时机及支护强度等。其中,隧道断面跨度增大对围岩压力分布特征的影响较大。开挖断面形状和尺寸会影响围岩二次应力分布,如拱形、圆形或椭圆形对围岩压力的影响较小,而矩形和梯形等形状则容易在转角处产生应力集中导致围岩压力增大。此外,支护结构、支护刚度和支护时机也会对围岩压力产生影响。开挖后围岩应力二次分布使围岩塑性区扩大,从而减少所需的支护作用力。柔性支护体系可以使围岩压力减少,而当塑性区进一步扩大时,则主要以松动压力为主,这时需要较大的支护刚度并且支护结构封闭成环以承担更大的围岩压力。目前,隧道埋深对围岩压力的影响规律还没有明确的表达方式,但统计研究表明围岩压力随着隧道埋深的增大而呈现增加的趋势,同时侧压力系数也随着埋深的增大而增大。

隧道支护结构的设计参数的依据在于确定围岩压力的大小、围岩压力的性质以及其分布特征。当前,针对围岩压力计算方法的研究已取得了一定的成果。然而,隧道的埋深会对围岩压力的大小产生影响,因此计算方法的选择也要随之调整。在理论计算方面,围岩压力的计算方法包括岩柱理论、太沙基理论、普氏围岩压力理论等。

1)岩柱理论

岩柱理论的基本理念是,对于埋深较浅的隧道,开挖后顶部松散岩体会向隧道内移动或塌落。由于自重作用,这些岩体向下移动须克服岩体两侧的摩擦力,剩余作用在洞顶的围岩压力就是我们用岩柱理论进行计算的围岩压力。在采用岩柱理论计算围岩压力时,我们假定岩体之间的黏聚力 $c = 0$,并考虑岩体的自重,同时扣除摩擦力的部分,剩余部分作为围岩压力。岩柱理论围岩压力的基本计算公式为:

$$q = \gamma H \tag{2-6}$$

式中:q——洞顶支护结构上的围岩压力(kN/m^2);

γ——岩体重度(kN/m^3);

H——隧道埋置深度(m)。

由式(2-6)可以看出,围岩压力只与隧道埋深和岩体重度有关,而与隧道断面跨度无关,如果按照此公式计算则与实际情况相差过大,这时我们应当考虑到应力传递,将围岩压力的计算公式修正为:

$$q = \gamma H K \tag{2-7}$$

$$K = 1 - \frac{H}{2a_1}\tan^2\left(45° - \frac{\varphi}{2}\right)\tan\varphi, \quad a_1 = a + h\tan\left(45° - \frac{\varphi}{2}\right)$$

式中：φ——围岩的内摩擦角(°)；

a 和 h 含义见图 2-16。

由莫尔-库仑强度理论可得出隧道侧向围岩压力计算公式为：

$$e = q\tan^2\left(45° - \frac{\varphi}{2}\right) + \gamma H \tan^2\left(45° - \frac{\varphi}{2}\right) \tag{2-8}$$

式(2-8)中对 H 求导得到极大值，即为埋置深度的最大值 H_{max}：

$$H_{max} = \frac{a_1}{\tan^2\left(45° - \frac{\varphi}{2}\right)\tan\varphi} \tag{2-9}$$

由上述计算公式可以看出，当围岩的埋深 H 大于最大值 H_{max} 时，围岩压力值反而减小，这与实际情况不符。当埋深较浅或采用明挖法时可使用岩柱理论，但这种方法在实际工程中的应用有一定的局限性。

2) 太沙基理论

太沙基理论对岩柱理论的计算方式进行了补充，计算简图如图 2-16 所示。

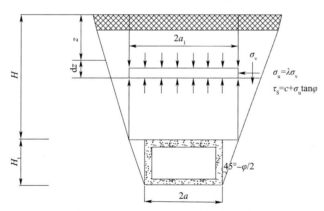

图 2-16 太沙基岩柱理论计算简图

太沙基理论认为在对岩体进行计算时应考虑到黏聚力 c，围岩压力应是隧道开挖后岩体的自重减去滑移摩擦力，其机理与岩柱理论相同。为推导公式方便，假设岩体滑移方向是垂直向下的，并且在滑动过程中任一水平面上的压力均为均布荷载，采用应力传递的思路得出围岩压力 P 的计算公式为：

$$P = \frac{a_1\gamma - c}{\lambda \tan\varphi}\left(1 - e^{-\frac{\lambda\tan\varphi}{a_1}H}\right) + G e^{-\frac{\lambda\tan\varphi}{a_1}H} \tag{2-10}$$

侧向围岩压力 e 计算公式为：

$$e = P\tan^2\left(45° - \frac{\varphi}{2}\right) + \gamma H \tan^2\left(45° - \frac{\varphi}{2}\right) \tag{2-11}$$

式中：c——围岩的黏聚力；

γ——岩体重度(kN/m^3)；

λ——侧压力系数，通常取 $\lambda = 1$；

G——地面荷载(kN)。

由式(2-10)可以看出,围岩压力与埋深有关,当埋深很大时,即当埋深 H 大于一定值时,可忽略埋深影响部分的计算,此时围岩压力 P 的计算公式为:

$$P = \frac{a_1\gamma - c}{\lambda \tan \varphi} \tag{2-12}$$

实际工程表明,浅埋隧道如果按照太沙基理论公式计算得到围岩压力的计算值相较于实际值是偏小的,埋深越大误差越大。因为当隧道埋深很大时,上覆岩体破裂面并不是沿着岩柱的侧面向下移动,而是形成一个封闭的平衡拱,此时如果再继续采用太沙基理论公式计算则会产生较大的误差。

3)普氏围岩压力理论

根据普式围岩压力理论隧道荷载计算简图(图2-17)可以看出,该理论将整体围岩在一定程度上视为松散体,因此忽略了黏结力。为了补偿这一点,普式围岩压力理论通过加大颗粒间的内摩擦系数,即所谓的"似摩擦系数"或岩石坚固性系数来处理。这样,在开挖完成后,二次应力分布形成的曲线状压力拱内的土石重量就成为衬砌计算中需要考虑的荷载。

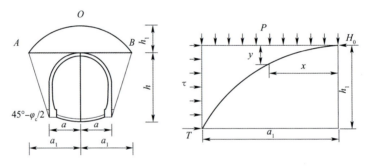

图2-17 普式围岩压力理论隧道荷载计算简图

a-隧道宽度的一半

在计算普氏围岩压力时,P 为隧道上部荷载,T 为顶部水平推力。因为岩石类材料无法承受较大拉应力,所以可以假定该压力拱内所有截面的弯矩都为零,因此可以求得压力拱的表达式如式(2-13)所示。为了安全起见,在这里,我们人为假定拱圈左侧存在剪应力,水平均布分布,其大小为 τ,提高安全储备,并按照式(2-14)和式(2-15)进行坍落拱高度和荷载值计算。

$$y = \frac{Px^2}{2H_0} \tag{2-13}$$

$$h_1 = \frac{a_1}{f} \tag{2-14}$$

$$\begin{cases} q = \gamma h_1 \\ e_1 = \gamma h_1 \tan^2\left(45° - \dfrac{\varphi_c}{2}\right) \\ e_2 = \gamma (h_1 + h) \tan^2\left(45° - \dfrac{\varphi_c}{2}\right) \end{cases} \tag{2-15}$$

式中：H——隧道高度(m)；

a_1——坍落拱宽度的一半(m)；

q——隧道竖向均布荷载(kN)；

f——岩石坚固性系数；

γ——岩石重度(kN/m³)；

φ_c——岩石的计算内摩擦角(°)，$\varphi_c = \arctan f$；

e_1——隧道拱顶处水平压力(kN)；

e_2——隧道拱底处水平压力(kN)。

岩石坚固性系数 f 的选择在普式围岩压力理论中具有很大的经验性成分。根据我国多年应用普式围岩压力理论的经验可知：当 f 取值为3时，得出的围岩压力值与实际情况较为接近；在硬土地层中，当 f 大于4时，计算出的围岩压力值可能偏大；而在软土地层中，当 f 小于2时，计算出的围岩压力值可能偏小。一般来说，普式围岩压力理论在深埋的松散、破碎围岩地带的应用较为适宜；而对于无法形成压力拱的软土地层或埋深较浅的情况，不应采用普式围岩压力理论。

4) 卡柯公式

卡柯公式是一种基于隧道开挖后考虑围岩二次应力弹塑性分布的计算公式。在隧道开挖后，一定范围内的岩体会产生半径为 R 的塑性区，这里的塑性区是指岩体变得松散和破碎的区域。在塑性区范围内的岩体，由于重力作用会塌落并对隧道顶部产生围岩压力。卡柯公式只考虑了塑性区内岩体与周围弹性岩体滑落的部分，其计算公式为：

$$\begin{cases} P = c\cot\varphi\left[\left(\dfrac{r_a}{R_p}\right)^{\xi-1} - 1\right] + \dfrac{r_a\gamma}{\xi-2}\left[1 - \left(\dfrac{r_a}{R_p}\right)^{\xi-2}\right] \\ R_p = r_a\left[\dfrac{2(\xi-1)p_0 + 2\sigma_c}{\sigma_c(\xi+1)}\right]^{\frac{1}{\xi-1}} \\ \xi = \dfrac{1+\sin\varphi}{1-\sin\varphi} \\ \sigma_c = \dfrac{2c\cos\varphi}{1-\sin\varphi} \end{cases} \quad (2\text{-}16)$$

式中：p_0——初始地应力(kPa)；

r_a——隧道半径(m)；

R_p——塑性区半径(m)；

φ——岩体塑性内摩擦角(°)。

2.2.2 规范计算方法

对于单洞隧道而言，围岩的压力主要来自隧道洞壁及周围地层的压力，受力相对简单，所以计算起来比较容易。而双洞小净距隧道则会由于隧道之间相互影响，产生相互交错的应力场,使得围岩受力更加复杂。所以在计算双洞小净距隧道的围岩压力时,需要在单洞隧道的计算结果上进行适当修正,以考虑双洞小净距隧道两个洞口的相互影响作用。

《公路隧道设计规范 第一册 土建工程》(JTG 3370.1—2018)总结了国内外以往隧道埋深分类方法,深浅埋的界定以等效荷载高度值为基础,综合地质条件、施工方法等因素,按下式进行界定。

$$\begin{cases} H_p = (2 \sim 2.5)h_q \\ h_q = h'_{q1} + h'_{q2} \\ q_1 = \gamma h_{q1} = 0.45 \times 2^{s-1}\gamma[1 + i(B_1 - 5)] \\ q_2 = \gamma h_{q2} = \gamma\left[\dfrac{4}{3}(h''_1 - h_{q1}) - \dfrac{P_z}{\gamma B_m}\right]\dfrac{B_{wp}}{B_m} \\ h'_{q2} = \left[\dfrac{4}{3}(h^w_1 - h_{q1}) - \dfrac{P_z}{\gamma B_m}\right]\dfrac{B_{wp} + B_1}{B_m} \\ B_{wp} = (H_1 - H_w)\tan\left(45° - \dfrac{1}{2}\varphi_0\right) \\ B_{np} = \min\left[\dfrac{1}{2}B_z, (H_1 - H_n)\tan\left(45° - \dfrac{\varphi_0}{2}\right)\right] \\ B_m = B_1 + B_{wp} + B_{np} \end{cases} \quad (2\text{-}17)$$

说明:当 $q_2 < 0$ 时,取 $q_2 = 0$;当 $q'_2 < 0$ 时,取 $q'_2 = 0$。

式中:H_p——小净距隧道深浅埋分界深度(m);

h_q——深埋小净距隧道拱部内侧围岩垂直压力的荷载等效高度(m);

h'_{q1}——深埋小净距隧道基本围岩垂直压力的荷载等效高度(m);

h'_{q2}——深埋小净距隧道内侧附加围岩垂直压力的荷载等效高度(m);

i——开挖宽度每增减1m时的围岩压力增减率,可按表2-1取值;

B_{wp}——外侧边破裂面在水平方向的投影长度(m);

B_{np}——内侧边破裂面在水平方向的投影长度(m);

H_1——隧道开挖高度(m);

H_w——洞室外侧破裂面与侧边开挖轮廓线交点的高度(m);

H_n——洞室内侧破裂面在边墙上起始的高度(m);

γ——围岩重度(kN/m³);

φ_0——岩体计算内摩擦角(°);

B_1——单侧隧道的开挖宽度(m);

B_m——小净距隧道单侧洞室可能坍塌的宽度(m);

P_z——中夹岩墙对上部岩体的支撑力(kN)。

围岩压力增减率   表2-1

隧道开挖宽度 $B(\mathrm{m})$	$B<5$	$5 \leqslant B \leqslant 14$	$14 \leqslant B < 25$	
围岩压力增减率 i	0.2	0.1	考虑施工过程分导洞开挖	0.07
			采用上下台阶法或一次性开挖	0.12

1) 深埋小净距隧道围岩压力计算方法

深埋隧道在Ⅰ~Ⅳ级围岩条件下,其压力为变形压力,数值按释放荷载进行计算。此种情况围岩与衬砌将共同变形,并且衬砌为围岩提供支护抗力,控制围岩变形,使围岩保持稳定。同时围岩由于变形也向衬砌施加挤压力,该压力数值大小一般通过有限元分析求得。深埋隧道围岩压力计算简图如图2-18所示。

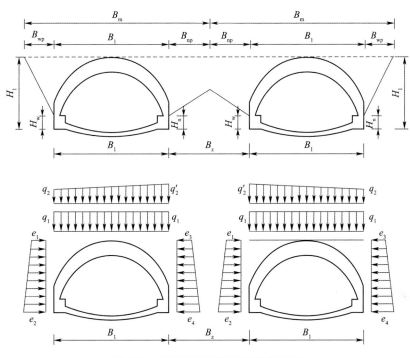

图2-18 深埋隧道围岩压力计算简图

(1) 垂直压力

垂直均布荷载计算公式为:

$$\begin{cases} q_\text{外} = q_1 + q_2' = \gamma(h_{q1} + h_{q2}) \\ q_\text{内} = q_1 + q_2' = \gamma(h_{q1} + h_{q2}') \end{cases} \tag{2-18}$$

(2) 水平压力

当围岩等级为Ⅰ~Ⅲ级时,内侧水平压力按式(2-19)计算,外侧水平压力按式(2-20)计算。当围岩等级为Ⅳ~Ⅺ级时,内侧水平压力按式(2-21)计算,外侧水平压力按式(2-22)计算。

$$e_{1-2}^i = \lambda(q_1 + q_2) \tag{2-19}$$

$$e_{3-4}^i = \lambda(q_1 + q_2') \tag{2-20}$$

$$e_{1\text{-}2}^{i} = \lambda(q_1 + q_2 + \gamma h_i) \qquad (2\text{-}21)$$

$$e_{3\text{-}4}^{i} = \lambda(q_1 + q_2' + \gamma h_i) \qquad (2\text{-}22)$$

式中：$e_{1\text{-}2}^{i}$——外侧拱部及边墙任意点水平方向压力(kPa)；

$e_{3\text{-}4}^{i}$——内侧拱部及边墙任意点水平方向围岩压力(kPa)；

h_i——计算点到拱顶的距离(m)。

2）浅埋小净距隧道围岩压力计算方法

浅埋小净距隧道围岩压力计算简图如图 2-19 所示。当小净距隧道处于以下两种状态时，作用于隧道的均布垂直压力及侧向围岩压力与单洞隧道计算方法一致：①隧道埋深小于 h_q；②隧道埋深大于 h_q 且小于或等于 H_p，但破裂面交点位于地表及以上。

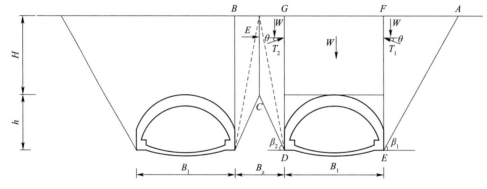

图 2-19　浅埋隧道围岩压力计算简图

(1) 垂直压力

内侧垂直压力为：

$$q_1 = \gamma H \left(1 - \frac{\lambda_1 H \tan \theta}{2}\right) \qquad (2\text{-}23)$$

外侧垂直压力为：

$$\begin{cases} q_2 = \gamma H \left(1 - \dfrac{\lambda_2 H \tan \theta}{B_1}\right) \\[4pt] \lambda_1 = \dfrac{\tan \beta - \tan \varphi_0}{\tan \beta [1 + \tan \beta(\tan \varphi_0 - \tan \theta) + \tan \varphi_0 \tan \theta]} \\[4pt] \lambda_2 = \dfrac{B_z}{2} \dfrac{(2H - 0.5B_z \tan \beta)\sin(\beta - \varphi_0)\cos \theta}{H^2 \cos(\theta + \beta - \varphi_0)} \\[4pt] \tan \beta = \tan \varphi_0 + \sqrt{\dfrac{(\tan^2 \varphi_0 + 1)\tan \varphi_0}{\tan \varphi_0 - \tan \theta}} \end{cases} \qquad (2\text{-}24)$$

式中：B_1——隧道开挖宽度(m)；

θ——顶板土柱两侧摩擦角(°)；

λ_1、λ_2——外侧、内侧压力系数；

β——侧边产生最大推力时的破裂角(°)；

φ_0——岩体计算内摩擦角(°)。

(2)水平压力

当围岩等级为Ⅰ~Ⅲ级时,内侧水平压力按式(2-25)计算,外侧水平压力按式(2-26)计算。当围岩级别为Ⅳ~Ⅺ级时,内侧水平压力按式(2-27)计算,外侧水平压力按式(2-28)计算。

$$e_{1i} = \lambda_{1i} q_1 \tag{2-25}$$

$$e_{2i} = \lambda_{2i} q_2 \tag{2-26}$$

$$e_{1i} = \lambda_1 (q_1 + \gamma h_i) \tag{2-27}$$

$$e_{2i} = \lambda_2 (q_2 + \gamma h_i) \tag{2-28}$$

2.2.3 修正的计算方法

围岩压力受到多种因素的影响,这些因素可以分为地质因素和工程活动因素两大类。地质因素包括初始地应力情况、围岩力学参数、节理及地下水发育和岩石组成等。工程活动因素则包括隧道断面形状和尺寸、支护结构形式和刚度、施工方法及时间效应等。围岩压力的影响因素中,地质因素是内在因素,通常决定了围岩压力的类型和上限值,例如原岩应力状态和围岩的物理力学特性都是影响围岩压力的重要因素;而工程因素是外在因素,它们可以诱发围岩压力的产生,例如隧道跨度、支护设计参数和支护时机都会影响围岩压力的大小。在实际工程中,如果采用的隧道支护方案不合理,可能会导致围岩压力过大。有可能出现两种极端情况:一种是为了降低围岩压力而弱化支护结构设计参数或推迟支护施作时间,这可能导致围岩失稳并引起围岩压力急剧增大;另一种是为了控制围岩变形而盲目增强支护设计参数或过分强调支护结构施作时机,这也会导致围岩压力过大。现有的围岩压力计算公式基本都没有考虑施工过程中因素的影响,而且计算参数大多来自对以往工程经验的总结,具有一定的局限性。因此,现有的围岩压力计算公式已经不能完全满足现代复杂环境条件下隧道建设的安全性与经济性要求,需要对围岩压力计算理论进行研究和改进。

我国现行隧道设计规范中关于围岩荷载的计算公式是在大量工程实践经验的基础上推导出来的,虽然这些经验公式在理论上能够反映围岩压力的一些实际情况,但仍然存在一些局限性,例如:

(1)统计样本数量相对较少。我国幅员辽阔,不同地区的地层特征也千差万别,因此目前仅有1025个样本是远远不够的。

(2)滞后于目前的隧道施工技术。这些样本统计的时间比较久远,当时的施工水平和目前相差较大。

(3)没有充分考虑围岩形变压力。形变压力在采用新奥法修建的隧道中有很重要的体现,然而当前对其分布模式和大小仍然没有深刻的认识。规范中建议Ⅰ~Ⅳ级围岩中的深埋隧道以形变压力为主,并采用数值方法进行计算。由于围岩特征参数获取困难且充满不准确性,因此运用数值模拟方法得到的结果可信度并不高。

(4)没有真正考虑多重因素,例如地质结构特征、地下水影响、地应力以及隧道断面形状等。

浅埋隧道的围岩压力受到多重因素的影响,但目前常用的围岩压力计算理论大多忽略这些因素,导致计算结果与实际情况存在较大差异。其中一些影响因素很难通过公式计算来定量表示,因此只有合理有效地处理这些因素,才能保证围岩压力计算方法的准确性。下面将探讨修正后的浅埋和深埋小净距隧道的荷载模式和压力计算方法。

1)浅埋小净距隧道荷载模式与压力修正计算方法

根据普氏围岩压力理论,隧道开挖完成后二次应力分布形成曲线状压力拱内的地层重量就是衬砌计算中需要考虑的荷载。在《公路隧道设计规范 第一册 土建工程》(JTG 3370.1—2018)计算公式的基础上,修正完善了适用于浅埋小净距隧道围岩的压力计算模式,计算简图如图2-20所示。

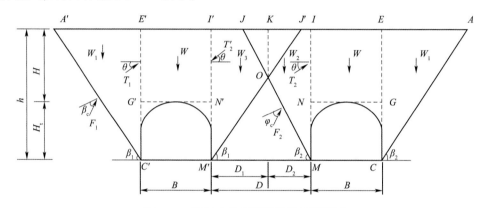

图2-20 浅埋小净距隧道荷载计算简图

W_1-ACE、IJM、$I'J'M'$、$A'C'E'$的重量;W_2-$IKOM$ 的重量;W_3-$I'K'O'M'D$ 的重量;T_1、T_2-拱顶下沉时隧道两侧土体所加的摩擦阻力;φ_c-岩体计算内摩擦角

该计算模型中的主要假定有:

①地表水平,围岩均质单一,双洞左右对称,水平方向平行。

②先行洞隧道开挖后,在隧道两侧围岩中形成两条与水平面成 β_1 角的破裂面($A'C'$ 和 $M'J'$),隧道内外侧压力对称分布,计算方法与规范中单洞隧道的计算方法一致。

③后行洞隧道开挖时,开挖隧道外侧破裂面 AC 与水平面交角与单洞隧道相同;内侧破裂面 MO 假定为与水平面成 β_2 的斜直面;先行洞隧道开挖时,三角形滑体 OJJ' 整体沿 $M'J$ 面向左滑移,当后行洞隧道开挖后,又有沿 JM 面向右下滑动的趋势,由于已产生沿 OJ' 面的滑移,使得黏聚力减弱,因此不会产生沿 JO 面向右下滑移,但会在滑移体内产生破裂面,本计算中假定该面为 OK。

④分析两隧道先后开挖后引起滑动体 OJJ' 的滑动趋势,滑动体内假定破裂面 OK 上的法向相互作用小于静止土压力,设为零。

根据上述假定可得:

对于先行洞隧道而言,后行洞隧道尚未开挖时,其洞内外围岩压力计算方法与规范中单洞隧道相同;后行洞隧道开挖后,其内侧围岩破裂面由原来 $I'J'M$ 变为 $I'KOM'$,外侧围岩压力保持不变。

对于后行洞隧道而言,外侧围岩压力计算公式与单洞条件下规范规定的相同,内侧围岩形成两条破裂面,一条是位于下部与水平面夹角为反的斜直线 MO,另一条是位于上部的竖直线 OK,形成内侧破裂滑动体 $IKOM$。

下文将按照上述计算模式,分成先行洞隧道开挖和后行洞隧道开挖两部分对浅埋小净距隧道进行围岩压力计算的相关研究。

(1) 先行洞隧道开挖

先行洞隧道开挖后围岩压力计算与单洞情况下相同,隧道内侧与外侧压力对称分布,其围岩压力分布模式和侧压力计算简图如图 2-21 所示。该模式下围岩压力计算公式与规范相同。

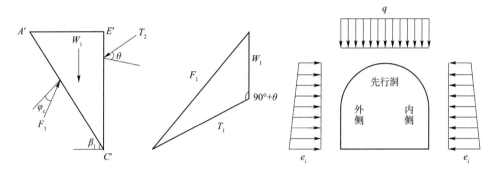

图 2-21　浅埋隧道先行洞隧道开挖围岩压力计算简图及分布模式

① 隧道侧向水平压力

内外侧侧压力系数 λ 为:

$$\lambda = \frac{\tan\beta_1 - \tan\varphi_c}{\tan\beta_1 [1 + \tan\beta_1 (\tan\varphi_c - \tan\theta) + \tan\varphi_c \tan\theta]} \tag{2-29}$$

$$\tan\beta_1 = \tan\varphi_c + \sqrt{\frac{(\tan^2\varphi_c + 1)\tan\varphi_c}{\tan\varphi_c - \tan\theta}} \tag{2-30}$$

$$e_i = \gamma \lambda h_i \tag{2-31}$$

式中:h_i——计算点距地面的距离,即计算点埋深(m);

e_i——内外两侧的侧向水平压力(kN)。

② 隧道拱顶垂直压力

$$q = \frac{Q}{B}\gamma H \left(1 - \frac{H}{B}\lambda \tan\theta\right) \tag{2-32}$$

式中:q——作用在隧道支护结构上的分布荷载(kN)。

(2) 后行洞隧道开挖

① 侧向水平压力(后行洞隧道)

后行洞隧道开挖时隧道外侧向水平压力按照式(2-33)~式(2-37)进行计算。后行洞隧道开挖内侧围岩侧压力计算简图及分布模式如图 2-22 所示。由图可得,先行洞隧道内侧围岩压力大小及分布形式在后行洞隧道开挖后均发生变化,滑动体下部破裂面与水平面夹角仍保持为 β_1,上部为一竖直面。

根据力的平衡方程可求得先行洞隧道内侧岩土体侧摩阻力 T_2 为:

$$T_2 = \frac{\sin(\beta_1 - \varphi_c)}{\sin[90° - (\beta_1 - \varphi_c + \theta)]} W_3 = \frac{D_1 \gamma (2h - D_1 \tan\beta_1) \sin(\beta_1 - \varphi_c)}{2\sin[90° - (\beta_1 - \varphi_c + \theta)]} \quad (2\text{-}33)$$

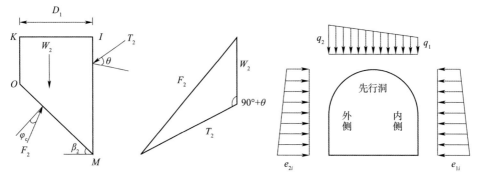

图 2-22　浅埋隧道后行洞开挖围岩压力计算简图及分布模式

由于隧道净距较小,计算时假定 $D_1 = D/2$,可得:

$$T_2 = \frac{D\gamma(4h - D\tan\beta_2)\sin(\beta_1 - \varphi_c)}{8\sin[90° - (\beta_1 - \varphi_c + \theta)]} \quad (2\text{-}34)$$

整理得:

$$T_2 = \frac{1}{2}\gamma H^2 \frac{\lambda_2}{\cos\theta} \quad (2\text{-}35)$$

$$\lambda_2 = \frac{\dfrac{D}{h}\left(1 - \dfrac{D}{4h}\tan\beta_2\right)(\tan\beta_2 - \tan\varphi_c)}{1 + \tan\beta_2(\tan\varphi_c - \tan\theta) + \tan\varphi_c \tan\theta}$$

式中:λ_2——后行洞隧道内侧围岩侧向水平压力系数。

为了使 T_2 取得最大值,令 $\dfrac{d\lambda_2}{d(\tan\beta_2)} = 0$,整理可得:

$$\tan\beta_2 = \sqrt{\frac{\tan^2\varphi_c + 1}{\tan\varphi_c - \tan\theta}\left[\frac{1}{\tan(\varphi_c - \theta)} + \frac{4h}{D}\right]} - \frac{1}{\tan(\varphi_c - \theta)} \quad (2\text{-}36)$$

式中:β_2——最大推力 T_{21} 产生时的破裂角。

后行洞隧道外侧的侧向水平压力 e_{2i} 为:

$$e_{2i} = \lambda_2 \gamma h_i \quad (2\text{-}37)$$

②拱顶垂直压力(后行洞隧道)

由图 2-22 可得,T_1 和 T_2 为两侧所受侧摩阻力,W 为后行洞隧道上覆岩体 $EGNI$ 的重力,垂直作用在 NG 面上的压力总和 Q 为:

$$Q = W - (T_1 + T_2)\sin\theta = \gamma H\left[B - \frac{1}{2}(\lambda_1 + \lambda_2)H\tan\theta\right] \quad (2\text{-}38)$$

将 T_1 和 T_2 换算为分布荷载 q,内外侧荷载分别记为 q_1 和 q_2,并且两者之间呈线性变化,因此可表示为:

$$\begin{cases} q_1 = \gamma H\left(1 - \dfrac{H}{B}\lambda_1 \tan\theta\right) \\ q_2 = \gamma H\left(1 - \dfrac{H}{B}\lambda_2 \tan\theta\right) \end{cases} \qquad (2\text{-}39)$$

③侧向水平压力(先行洞隧道)

假定先行洞隧道外侧围岩压力在后行洞隧道开挖后保持不变,仍按照式(2-31)进行计算。先行洞内侧围岩压力分布模式及计算简图如图2-23所示。

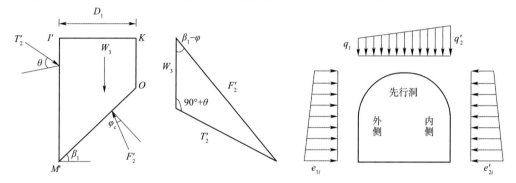

图2-23 浅埋隧道后行洞开挖围岩压力计算简图及分布模式

由图2-23可得,先行洞隧道内侧围岩压力大小及分布形式在后行洞开挖后均发生变化,滑动体下部破裂面与水平面夹角仍保持为β_1,上部为一竖直面。

根据力的平衡方程可求得先行洞内侧岩土体侧摩阻力T_2'为:

$$T_2' = \frac{\sin(\beta_1 - \varphi_c)}{\sin[90° - (\beta_1 - \varphi_c + \theta)]} W_3 = \frac{D_1 \gamma (2h - D_1 \tan\beta_1)\sin(\beta_1 - \varphi_c)}{2\sin[90° - (\beta_1 - \varphi_c + \theta)]} \qquad (2\text{-}40)$$

由于净距较小,计算时近似取$D_1 = D/2$,可得:

$$T_2' = \frac{D\gamma(4h - D\tan\beta_2)\sin(\beta_1 - \varphi_c)}{8\sin[90° - (\beta_1 - \varphi_c + \theta)]} \qquad (2\text{-}41)$$

整理可得:

$$T_2' = \frac{1}{2}\gamma h^2 \frac{\lambda_2'}{\cos\theta} \times 2 \qquad (2\text{-}42)$$

$$\lambda_2' = \frac{\dfrac{D}{h}\left(1 - \dfrac{D}{4h}\cdot\tan\beta_2\right)(\tan\beta_2 - \tan\varphi_c)}{1 + \tan\beta_2(\tan\varphi_c - \tan\theta) + \tan\varphi_c\tan\theta}$$

式中:λ_2'——后行洞隧道开挖后先行洞隧道内侧围岩侧向水平压力系数。

④拱顶垂直压力(先行洞隧道)

由图2-20可得,W为先行洞隧道上覆岩体$E'G'N'I'$的重力,T_1和T_2'为两侧所受侧摩阻力,垂直作用在$N'G'$面上的压力总和Q为:

$$Q = W - (T_1 + T_2')\sin\theta = \gamma H\left[B - \frac{1}{2}(\lambda_1 + \lambda_2')H\tan\theta\right] \qquad (2\text{-}43)$$

将T_1和T_2'换算为分布荷载q,内外侧荷载分别记为q_2'和q_1,假定内外侧荷载之间均按照线性变化,则q_1和q_2'计算公式为:

$$\begin{cases} q_1 = \gamma H\left(1 - \dfrac{H}{B}\lambda_1 \tan\theta\right) \\ q_2' = \gamma H\left(1 - \dfrac{H}{B}\lambda_2' \tan\theta\right) \end{cases} \quad (2\text{-}44)$$

式中：q——作用在隧道支护结构上的分布荷载。

综上所述，双洞先后开挖的浅埋小净距隧道围岩荷载压力模式如图 2-24 所示。

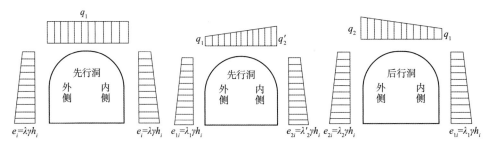

图 2-24　浅埋隧道后行洞开挖围岩压力计算简图及分布模式

(3) 结果分析

由围岩压力计算模式简图可得，净距较大时，两洞先后开挖引起的滑动破裂面不相交，可近似认为此时后行洞隧道开挖对先行洞隧道无影响，围岩压力计算公式及方法与单洞情况相同；当净距减小至两滑动破裂面相交时，即 $D/2 \leqslant h/\tan\beta_1$，本公式才适用。

将 $\tan\beta_1$ 值代入上式，整理可得：

$$D \leqslant \dfrac{2h}{\tan\varphi_c + \sqrt{\dfrac{(\tan^2\varphi_c + 1)\tan\varphi_c}{\tan\varphi_c - \tan\theta}}} \quad (2\text{-}45)$$

即对于净距满足上式的浅埋小净距隧道，该计算模式才适用。

综合分析隧道围岩压力计算公式可得：因为 $\dfrac{h}{D} \geqslant \dfrac{\tan\beta_1}{2}$，所以 $\tan\beta_2 \geqslant \tan\beta_1$；当且仅当 $\dfrac{h}{D} = \dfrac{\tan\beta_1}{2}$ 时，$\tan\beta_2 = \tan\beta_1$。因此可得：

$$\begin{cases} \lambda_1 \geqslant \lambda_2 \geqslant \lambda_2' \\ e_{1i} \geqslant e_{2i} \geqslant e_{2i}' \\ q_1 \leqslant q_2 \leqslant q_2' \end{cases} \quad (2\text{-}46)$$

根据式(2-46)可知，先行洞隧道内侧的侧向水平压力系数和侧压力在后行洞隧道开挖后均有所减小，同时垂直压力有所增大。后行洞隧道的内侧和外侧围岩压力也不相同。后行洞隧道开挖后垂直压力的分布情况是：先行洞隧道内侧的压力最大，后行洞隧道内侧的压力次之，两个隧道外侧的压力最小且相等。侧向水平压力的分布情况则是：两个隧道外侧的压力最大且相等，其次是后行洞隧道内侧的压力，最小的是先行洞隧道内侧的压力。由此可以看出，后行洞隧道的开挖首先导致先行洞隧道的围岩压力分布由对称转变为不对称,并使自身转变为偏压受力状态。因此,在隧道支护结构设计过程中,须要分别按照两种模式进行压力计算,并按照最不利的内力计算结果进行支护结构设计和校核。

2)深埋小净距隧道荷载模式与压力修正计算方法

在开挖完成后,二次应力分布形成的拱形压力区内的地层重量是衬砌设计时需要考虑的荷载。对于深埋隧道,围岩级别为Ⅳ级或以下时,形变压力是围岩压力的主要组成部分,其数值可根据规范进行求解。此计算方法对深埋小净距隧道仍然适用。对于围岩条件较差的Ⅴ级及以上的围岩,需要寻求其围岩压力的计算方法。通过比较现有理论和规范计算方法,以普氏围岩压力理论为基础,与规范公式相互补充,联合分析,其核心思想是:在围岩条件一定的前提下,分别采用规范公式和普氏围岩压力理论计算跨度一定(如开挖跨度 B 为20m)的单洞隧道围岩压力,假设两者等效荷载高度相同,即 $H_普 = H_规$,可以求得岩石坚固系数的近似值,然后根据普氏围岩压力理论按照岩石坚固性系数计算围岩压力拱曲线,再求出围岩压力,即:

$$H_普 = \frac{\dfrac{B}{2} + H_t \tan\left(\dfrac{\pi}{4} - \dfrac{\varphi}{2}\right)}{f} \tag{2-47}$$

$$H_规 = 0.45 \times 2^{s-1}[1 + 0.1(B-5)] \tag{2-48}$$

令 $H_普 = H_规$,即可得出该条件下岩石坚硬性系数。

当围岩条件较差时,净距较大的隧道两洞可以各自形成独立的塌落拱,围岩压力计算方法与单洞时相同,可参照规范公式进行计算。当净距较小时,两洞形成的塌落拱会发生交叉,导致中夹岩墙在两拱交叉部位容易出现塌落,因此实际垂直压力会大于按单洞条件计算得到的结果。如果按照两个洞共同形成的一个大塌落拱来计算围岩压力,则其计算结果会大于实际隧道的垂直压力。由此可得,实际围岩压力必定介于单洞理想塌落拱和双洞联合塌落拱范围之间,如图2-25所示。

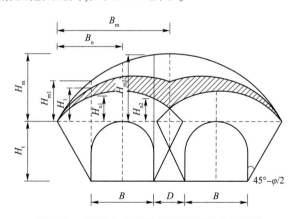

图2-25 深埋小净距隧道塌落拱模式示意图

(1)双洞联合塌落拱模式的计算公式见式(2-49), H_{n1} 为塌落拱高度, H_m 为塌落拱跨度的一半, H_{m1} 为塌落拱在隧道边墙外侧处的高度, H_{m2} 为塌落拱在隧道边墙内侧处的高度, H_{m0} 为塌落拱在隧道单洞中心线处的高度。

$$\begin{cases} B_\mathrm{m} = \dfrac{D}{2} + B + H_t \tan\left(\dfrac{\pi}{4} - \dfrac{\varphi}{2}\right) \\ H_\mathrm{m} = \dfrac{B_\mathrm{m}}{f} \\ H_\mathrm{m0} = H_\mathrm{m}\left[1 - \left(\dfrac{\frac{B+D}{2}}{B_\mathrm{m}}\right)^2\right] \\ H_\mathrm{m1} = H_\mathrm{m}\left[1 - \left(\dfrac{\frac{B+D}{2}}{B_\mathrm{m}}\right)^2\right] \\ H_\mathrm{m2} = H_\mathrm{m}\left[1 - \left(\dfrac{D/2}{B_\mathrm{m}}\right)^2\right] \end{cases} \quad (2\text{-}49)$$

(2)单洞理想塌落拱模式的计算公式见式(2-50),H_n 为塌落拱高度,B_n 为塌落拱跨度的一半,H_{n1} 为隧道外边墙对应的塌落拱的高度,H_{n2} 为隧道内侧边墙对应的塌落拱的高度,H_{n0} 为单洞隧道中心线处塌落拱的高度。

$$\begin{cases} B_\mathrm{n} = \dfrac{B}{2} + H_t \tan\left(\dfrac{\pi}{4} - \dfrac{\varphi}{2}\right) \\ H_\mathrm{n} = H_\mathrm{n0} = \dfrac{B_\mathrm{n}}{f} \\ H_\mathrm{n1} = H_\mathrm{n2} = H_\mathrm{n}\left[1 - \left(\dfrac{B/2}{B_\mathrm{n}}\right)^2\right] \end{cases} \quad (2\text{-}50)$$

(3)深埋小净距隧道假定压力拱曲线受开挖跨度、双洞净距等的影响,计算公式见式(2-51)。设 H_1 为隧道外侧边墙处塌落拱的高度,H_2 为隧道内侧边墙处塌落拱的高度,H_0 为单洞隧道中心线处塌落拱的高度。

$$\begin{cases} H_0 = H_\mathrm{n0} + \xi(H_\mathrm{m0} - H_\mathrm{n0}) = \xi H_\mathrm{m0} + (1-\xi)H_\mathrm{n0} \\ H_1 = H_\mathrm{n1} + \xi(H_\mathrm{m1} - H_\mathrm{n1}) = \xi H_\mathrm{m1} + (1-\xi)H_\mathrm{n1} \\ H_2 = H_\mathrm{n2} + \xi(H_\mathrm{m2} - H_\mathrm{n2}) = \xi H_\mathrm{m2} + (1-\xi)H_\mathrm{n2} \end{cases} \quad (2\text{-}51)$$

式(2-51)中,ξ 是附加荷载修正系数,$0 \leq \xi \leq 1$。当 $\xi = 1$ 时,表示两隧道净距接近为零并且没有支护的状态,塌落拱严重重叠,围岩可以自由变形;当 $\xi = 0$ 时,表示两隧道净距较大,塌落拱分离不重叠。一般情况下 ξ 取 0.2~0.4 之间。

确定塌落拱后,其他方法与浅埋隧道相同。为了安全起见,隧道上覆的岩土体简化为近似线性分布,变化梯度为 $(H_2 - H_1)/B = 1$,覆土在隧道中心处的厚度为 H_0。荷载计算简图如图2-26所示。

图2-26中隧道内、外侧覆土的计算厚度 H_1' 和 H_2' 的计算公式如下:

$$\begin{cases} H_1' = H_0 - \dfrac{H_2 - H_1}{2} \\ H_2' = H_0 + \dfrac{H_2 - H_1}{2} \end{cases} \quad (2\text{-}52)$$

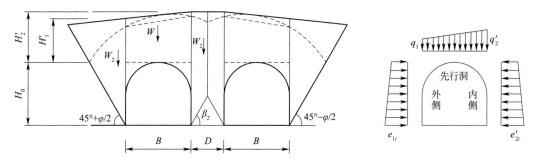

图 2-26 深埋小净距隧道的假定滑动模式及荷载计算简图

由于岩体较破碎，围岩质量较差，不考虑塌落拱内松散滑动体内之间的相对滑动阻力，设 $\theta=0$。参考偏压隧道衬砌设计的荷载计算公式进行隧道外侧水平侧压力系数的求解得到：

$$\lambda_1 = \frac{\tan\left(\dfrac{\pi}{4}-\dfrac{\varphi}{2}\right)}{\tan\left(\dfrac{\pi}{4}+\dfrac{\varphi}{2}\right)+\dfrac{H_2-H_1}{B}} \tag{2-53}$$

对于隧道内侧水平侧压力系数，参照式（2-19）～式（2-24）的浅埋隧道情况进行计算，设 $h_1=H_1+H_1'$，$h_2=H_1+H_2'$，可得隧道内侧水平侧压力系数为：

$$\lambda_2 = \frac{D}{h_2}\left(1-\frac{D}{4h_2}\tan\beta_2\right)\tan(\beta_2-\varphi) \tag{2-54}$$

$$\tan\beta_2 = \sqrt{\frac{\tan^2\varphi+1}{\tan^2\varphi}\left(1+\frac{4h_2}{D}\tan\varphi\right)} - \frac{1}{\tan\varphi} \tag{2-55}$$

侧向压力按下式进行计算：

$$\begin{cases} e_{1i} = \lambda_1\gamma h_{1i} \\ e_{2i} = \lambda_2\gamma h_{2i} \end{cases} \tag{2-56}$$

式中：h_{1i}——隧道内侧计算点到塌落拱拱顶的距离；

h_{2i}——隧道外侧计算点到塌落拱拱顶的距离。

拱顶荷载的线性分布表达式为：

$$\begin{cases} q_1 = \gamma H_1' \\ q_2 = \gamma H_2' \end{cases} \tag{2-57}$$

由图 2-26 可知，该计算模式的使用前提为：

$$D \leq \frac{2H_t}{\tan\left(\dfrac{\pi}{4}+\dfrac{\varphi}{2}\right)} \tag{2-58}$$

因此，只有当隧道净距满足上式要求时，该计算模式才适用。

2.2.4 围岩压力特征分析

本节采用数值模拟方法分析双洞圆形、双洞马蹄形和双洞矩形小净距隧道围岩压力的特征。

1) 双洞圆形小净距隧道

建立双洞圆形小净距隧道计算模型如图 2-27 所示，土层参数为重度 = 22kN/m³、杨氏模量 = 1.0×10^9Pa、泊松比 = 0.3、摩擦角 = 20°、黏聚力 = 300kPa（此地层是 V 级围岩的软岩）。先对隧道进行自重应力平衡，隧道开挖后加入混凝土衬砌。在洞周选取监测点对围岩的侧向压力和垂直压力进行监测，监测点分布如图 2-28 所示。对模型进行计算得到水平和垂直应力云图以及洞周围岩的压力变化曲线，如图 2-29 ~ 图 2-31 所示。由图 2-30、图 2-31 可以看出：双洞圆形小净距隧道洞周水平压力最大值出现在测点 5（即靠近中夹岩的侧壁处），且随着隧道净距的增大，水平压力随之减小；洞周垂直压力呈对称分布，靠近中夹岩处垂直压力稍大，且随着净距增大，垂直压力减小。

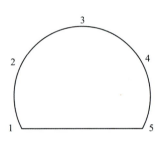

图 2-27　双洞圆形小净距隧道模型　　图 2-28　测点布置示意图

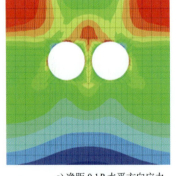
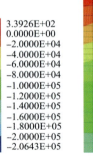

a) 净距 0.1B 水平方向应力　　　　　b) 净距 0.1B 竖直方向应力

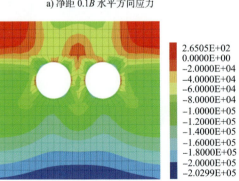
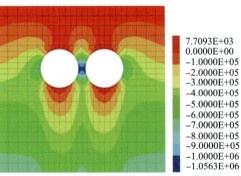

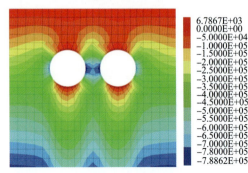

c) 净距 0.3B 水平方向应力　　　　　d) 净距 0.3B 竖直方向应力

图　2-29

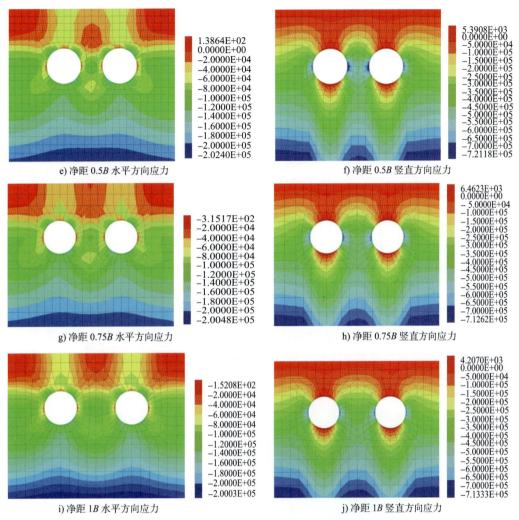

e) 净距0.5B 水平方向应力   f) 净距0.5B 竖直方向应力

g) 净距0.75B 水平方向应力   h) 净距0.75B 竖直方向应力

i) 净距1B 水平方向应力   j) 净距1B 竖直方向应力

图 2-29 双洞圆形小净距隧道衬砌支护及围岩应力云图

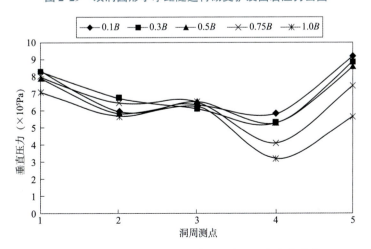

图 2-30 双洞圆形小净距隧道洞周水平压力变化曲线

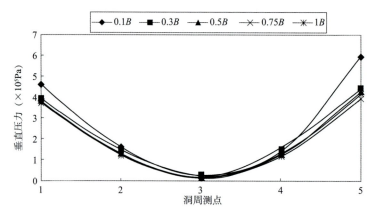

图 2-31 双洞圆形小净距隧道洞周垂直压力变化曲线

2) 双洞马蹄形小净距隧道

建立双洞马蹄形小净距隧道计算模型如图 2-32 所示,地层参数同圆形隧道。隧道洞周测点分布如图 2-33 所示。隧道应力云图和洞周压力变化曲线如图 2-34 ~ 图 2-36 所示。由图 2-35、图 2-36 可以看出:双洞马蹄形小净距隧道洞周水平压力整体变化不大,最大点位于靠近中夹岩的侧壁;随着隧道净距的增大,洞周水平压力也有小幅度减小。双洞马蹄形小净距隧道洞周垂直压力大小接近对称分布,从测点 1 和测点 5 越往测点 3 靠近垂直压力越小,测点 5 垂直压力最大;随着隧道净距增大,垂直压力随之减小。

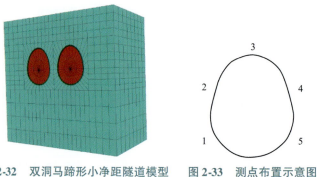

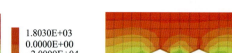

图 2-32 双洞马蹄形小净距隧道模型　　图 2-33 测点布置示意图

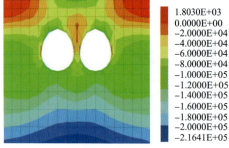

a) 净距 0.1B 水平方向应力

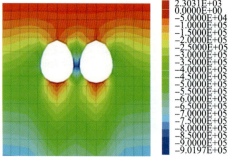

b) 净距 0.1B 竖直方向应力

图 2-34

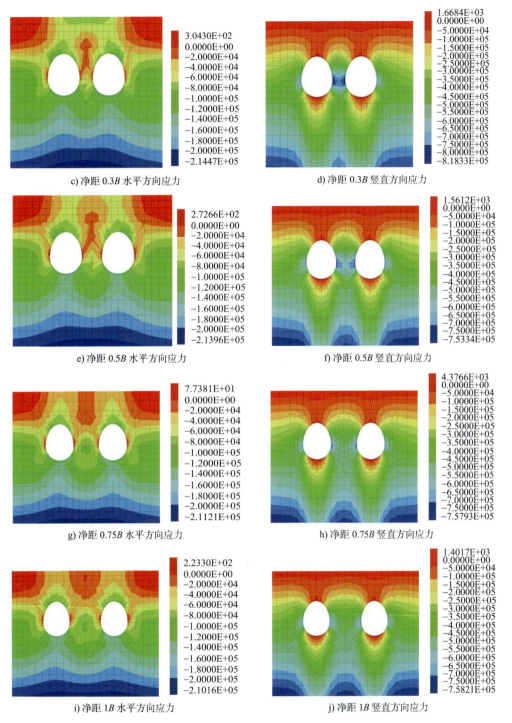

图 2-34 双洞马蹄形小净距隧道衬砌支护及围岩应力云图

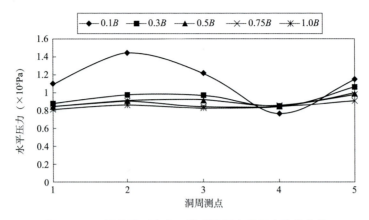

图 2-35　双洞马蹄形小净距隧道洞周水平压力变化曲线

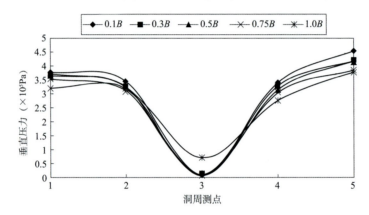

图 2-36　双洞马蹄形小净距隧道洞周垂直压力变化曲线

3）双洞矩形小净距隧道

建立双洞矩形小净距隧道计算模型如图 2-37 所示，地层参数同圆形隧道。隧道洞周测点分布如图 2-38 所示。双洞矩形小净距隧道应力云图和洞周压力变化曲线如图 2-39～图 2-41 所示。由图 2-40、图 2-41 可以看出：双洞矩形小净距隧道的水平压力在测点 1、3、5、7 较大，即在矩形转角处较大，在侧边较小，值得注意的是，在测点 4（即隧道拱顶处）会出现拉力；随着隧道净距的增大，水平压力会随之减小。隧道垂直压力最大值出现在测点 2 和测点 6（即隧道侧壁处），其中靠近中夹岩的侧壁垂直压力达到了最大值，净距越小，压力越大。

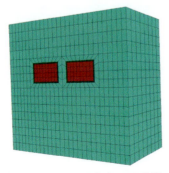

图 2-37　双洞矩形小净距隧道模型

图 2-38　测点布置示意图

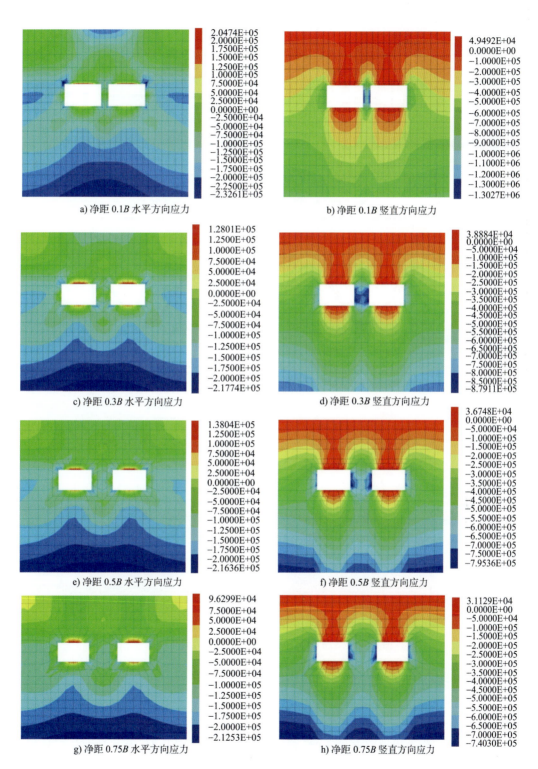

图 2-39

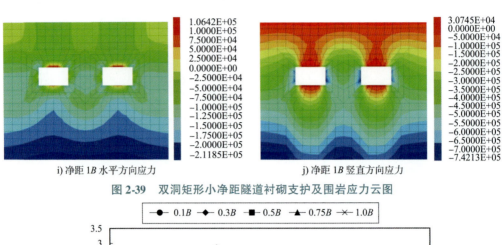

i) 净距1B水平方向应力 j) 净距1B竖直方向应力

图 2-39　双洞矩形小净距隧道衬砌支护及围岩应力云图

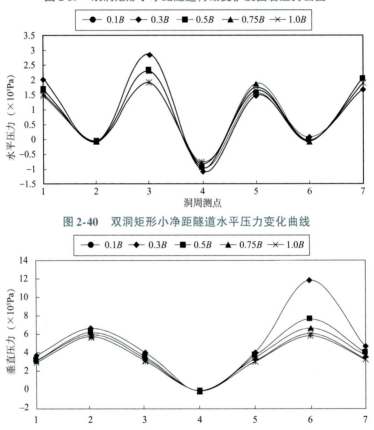

图 2-40　双洞矩形小净距隧道水平压力变化曲线

图 2-41　双洞矩形小净距隧道垂直压力变化曲线

2.3　中夹岩墙力学特征

中夹岩墙是小净距隧道承受荷载的主要部位，起着重要的支撑作用，对隧道结构稳定至关重要。当中夹岩墙厚度较小时，容易出现塑性区贯通状况，尤其是在软弱地层条件下，因多次扰动而失去原有的密实性，更为松散，其状态远比分离式隧道施工时差。在隧道施作衬砌前，中夹岩墙存在失稳危险，需综合考虑地质条件、周边环境和不同净距等因素采取不同的加固措施和施工方法，以提高围岩承载能力，减小塑性区，保证中夹岩墙的稳定和施工安全。中夹岩墙的受力状态是确定采取何种加固措施的主要依据。本节对中夹岩墙的力学特征进行理论计算和有限元模型分析,得到中夹岩墙的受力随净距变化影响和不同位置的分布情况,可以为小净距隧道设计及施工提供理论依据。

2.3.1 中夹岩墙的理论计算

以双洞圆形小净距隧道为例分析中夹岩墙处受力状态,假定隧道处于浅埋工况,上覆岩体均质,以自重应力为主。中夹岩墙的承载范围和计算简图如图 2-42 和图 2-43 所示。

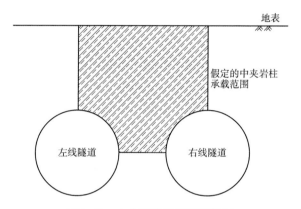

图 2-42 中夹岩墙承载范围假定

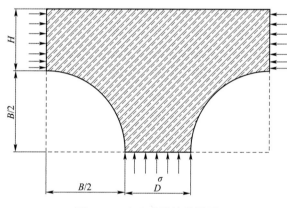

图 2-43 中夹岩墙计算简图

由竖向的受力平衡条件得:

$$\sigma D = A\gamma \tag{2-59}$$

式中:γ——承载范围内岩体重度(kN/m³);

σ——中夹岩墙应力(MPa);

A——承载范围面积(m²);

D——中夹岩墙厚度(m)。

承载范围面积 A 由几何关系可得:

$$A = \frac{4-\pi}{8}B^2 + \left(\frac{B}{2} + H\right)D + HB \tag{2-60}$$

式中:B——隧道跨度;

H——隧道埋深。

根据以上公式推导,可得出中夹岩墙应力为:

$$\sigma = \frac{\gamma B}{D}\left(\frac{4-\pi}{8}B + H\right) + \gamma\left(\frac{B}{2} + H\right) \qquad (2-61)$$

由式(2-61)可知,中夹岩墙应力与隧道净距之间的关系为:当 D 趋于 0 时,σ 趋于 ∞;当 D 趋于 ∞ 时,σ 趋于 $\gamma\left(\frac{B}{2} + H\right)$。即当净距较小时,中夹岩墙应力较大;随着净距增大,应力逐渐趋于常值 $\gamma\left(\frac{B}{2} + H\right)$。

以处于 V 级围岩、埋深 25m 的小净距隧道为例,主要计算参数取值为 $B = 8$m、$\gamma = 19$kN/m³、$H = 25$m,计算得到中夹岩墙应力与隧道净距的关系曲线,如图 2-44 所示。

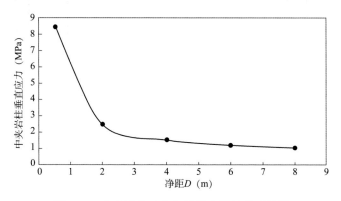

图 2-44 中夹岩墙应力与隧道净距的关系曲线

由图 2-44 可以看出:当隧道净距大于 $1.5B$ 时,中夹岩墙应力基本趋于常值,为 1MPa 左右,净距变化对中夹岩墙应力影响不显著;当隧道净距小于 $0.5B$ 时,中夹岩墙应力随净距的减小而显著增大,量值为 $2\sim8$MPa,对于 V 级围岩,容易导致中夹岩墙失稳,需采取有效加固处理措施;当净距值为 $0.5B\sim1.5B$ 时,中夹岩墙应力变化比较平缓,量值为 $1\sim2$MPa,对中夹岩墙略加处理或采取合理的施工措施后,其稳定性比较容易得到保证。

以上分析基于不计支护受力的假定,在具有一定支护力的情况下,中夹岩墙应力会比以上分析结果小,因此分析结论是趋于保守的。

整理得到:

$$\sigma = \gamma\left[\left(1 + \frac{B}{D}\right)H + \left(\frac{4-\pi}{8}\cdot\frac{B}{D} + \frac{1}{2}\right)B\right] \qquad (2-62)$$

式(2-62)是在隧道为浅埋工况的假定下导出的,即中夹岩墙主要承受岩柱上方的地层自重荷载,应力与隧道深埋之间呈线性关系。进一步分析得出隧道处于不同埋深时,中夹岩墙应力与隧道净距的关系曲线,如图 2-45 所示。

分析结果表明:当隧道净距小于 $0.5B$ 时,中夹岩墙应力随净距的减小急剧增大;当净距为 $0.5B\sim1.5B$ 时,中夹岩墙应力变化平缓;当净距大于 $1.5B$ 后,基本趋于常数。这一规律在不同埋深条件下基本相似。

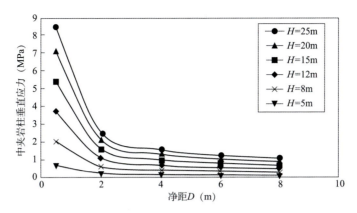

图 2-45　隧道不同埋深时的中夹岩墙应力与隧道净距的关系曲线

2.3.2　中夹岩墙的数值模拟分析

以双洞圆形小净距隧道为例对中夹岩墙受力进行分析,图 2-46 和图 2-47 分别为不同净距的双洞圆形小净距隧道的中夹岩墙竖向应力云图和竖向应力距中夹岩墙中心线距离的变化曲线。由分析结果可知:当净距 $D \leqslant 0.5B$ 时,越靠近中夹岩墙中心线位置竖向应力越大,在中心线附近应力达到峰值;当 $0.5B < D < 0.75B$ 时,竖向应力最大处往远离中心线的方向移动;当 $D \geqslant 0.75B$ 时竖向应力最大处出现在隧道洞周附近,越靠近中心线,应力越小,在中心线附近应力达到最小值。

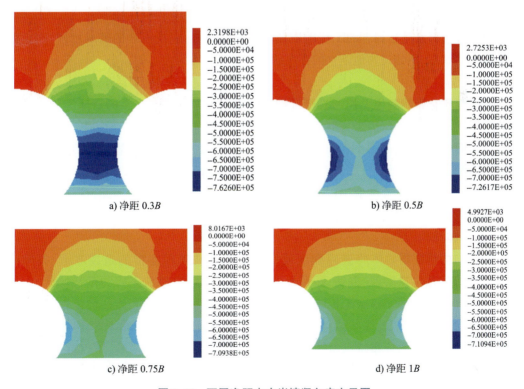

图 2-46　不同净距中夹岩墙竖向应力云图

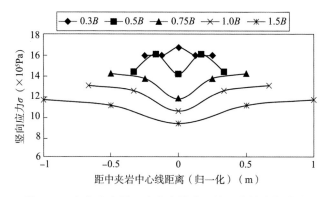

图 2-47 竖向应力随距中夹岩墙中心线距离的变化曲线

2.4 隧道净距与稳定性分析

与分离式隧道不同,小净距隧道受隧道净距的影响使得围岩的稳定性大大降低,这给隧道的施工、运营和维护造成很大的困难。因此,深入地了解隧道净距对隧道稳定性的影响模式是研究小净距隧道的关键问题。

2.4.1 隧道围岩稳定性的影响因素

隧道围岩稳定性影响因素通常包括围岩自身因素和人为因素。

1)围岩自身因素

围岩自身因素是指围岩的工程地质及水文地质特性,包括围岩的基本特征、岩土体所处的结构状态、所处位置地下水的存在状态和初始应力的大小等。

(1)岩体性质

岩体性质是影响隧道工程围岩稳定性最基本的因素。坚硬完整的岩体为隧道围岩的稳定提供了基本保证,围岩一般是稳定的,不需支护,能适应各种断面形状及尺寸的隧道工程。而软弱岩体,如黏土岩类、破碎及风化岩体、吸水易膨胀的岩体等,通常具有力学强度低及遇水软化、崩解、膨胀等不良地质现象,不利于隧道围岩的稳定。软硬相间的岩体,由于其中软岩层强度低,有的则因软岩层问题成为软弱夹层,因此,这类岩体的力学性质一般较差,围岩稳定性也比较差。

(2)岩体结构

岩体结构特征指岩体的破碎程度或完整状态。破碎程度指的是裂隙率、裂隙间距。裂隙指的是包括层理、节理、断裂及夹层等结构面。完整状态指的是整块状、大块状等。岩体结构对围岩稳定起控制作用。松散结构及碎裂结构岩体的稳定性最差,薄层状岩体次之,厚层状及块状岩体结构最好。对于脆性的厚层状和块状岩体,其强度主要受软弱结构面的分布特点所控制。结构面对围岩稳定性的影响,不仅取决于结构面本身的特征,还与结构面的组合关系及这种组合与临空面的交切关系密切相关。一般情况下,只有当结构面的组合交线倾向洞内,才有可能出现不利于围岩稳定的分离体,特别是当分离体的尺寸小于隧道跨度时,就可能向洞内滑移,造成局部失稳。围岩分离体有楔形、锥形、菱形、方形等,它们出现在隧道拱顶、侧壁或拱底,其稳定性不同。

(3)初始应力状态

围岩初始应力的影响主要取决于垂直于隧道轴线方向的水平应力的大小和天然应力比值系数,它们是决定围岩应力二次分布状态的主要因素。因此,估算这种应力的大小并设法消除或利用是非常重要的。由于最大主应力大多是水平的,在隧道轴线选择时,应尽量使两者一致,而不要垂直。

(4)地质构造

隧道围岩经常包含强度不等的坚硬和软弱岩层,这些岩层在构造变动中沿接触处发生错动,形成厚度不等的层间破碎带,严重破坏了岩体的完整性。当隧道穿过坚硬和软弱相间的层状岩体时,容易在接触面处发生变形或塌落。因此,隧道应尽可能设置在坚硬岩层中,或尽量利用坚硬岩层作为顶部围岩。褶皱的形式、疏密程度及其轴向与隧道轴线的交角不同,围岩的稳定性也会有所改变。当隧道通过断层时,断层带宽度越大,走向与隧道轴线的交角越小,洞内出露的部分越长,对围岩稳定性的影响也就越大。此外,断层带破碎物质的碎块性质及其胶结情况也会影响围岩的稳定性。如果破碎带组成物质为坚硬岩块且挤压紧密已胶结,那么其稳定性要比软弱的断层泥岩或未胶结的压碎岩要高一些。构造带的地下水动力条件,也是影响围岩稳定的重要因素。

(5)地下水

地下水对围岩具有软化作用,可降低层间摩擦力,并可促使岩块滑动,对岩体稳定性产生影响。具有膨胀性的围岩,遇水后会产生膨胀现象。岩体中地下水的赋存与活动,既改变围岩的应力状态,又影响围岩的强度,从而影响隧道的稳定性。实践证明,许多隧道只要保持干燥状态,即使通过软弱或破碎的岩层,围岩稳定性依然较好或危害较轻微,易于应对。但当存在地下水时,情况将变得更为复杂。地下水的影响表现在静水压力作用、动水压力作用、对软弱岩体及软弱夹层的软化和泥化作用、对可溶性岩体的溶蚀作用及对滑动面的润滑作用等。此外,隧道涌水本身就是重大的工程地质问题之一。

2)人为因素

人为因素是指隧道开挖顺序、成洞方式、掘进开挖方法、支护方式、隧道的断面尺寸及形状等方案的选择和实施方式,这些因素对围岩的稳定性具有重大影响。如隧道断面尺寸和形状对围岩稳定性的影响为:隧道跨度越大,围岩稳定性越差;圆形或椭圆形隧道断面的围岩以压应力为主利于围岩的稳定性,而矩形或类矩形隧道断面顶部的围岩容易出现拉应力不利于围岩稳定性。支护结构类型对围岩稳定性的影响为:强支护在软弱、松散围岩条件下利于围岩稳定性,但在膨胀性(挤压性)围岩条件下支护受力较大;而弱支护在软弱、松散围岩条件下不利于围岩稳定性,但在膨胀性(挤压性)围岩条件下有利于释放围岩变形,并可减轻支护受力。开挖方法对围岩稳定性也有较大影响：一般来说盾构法、顶管法对围岩扰动较小，矿山法若采用普通爆破法则对围岩稳定性影响较大，若采用控制爆破法、机械开挖法、静力爆破开挖等其他微扰动开挖方式则更有利于围岩稳定。

2.4.2 隧道净距的影响

与分离式隧道结构形式相比，小净距隧道最大的结构特点是两洞之间净距小，在施工过程中两洞应力场和位移场相互影响，施工力学行为复杂。从岩体力学的角度看，岩体处于初始应力状态，由于隧道开挖，岩体应力状态发生变化，产生了二次应力，在应力的作用下围岩的弹塑性区域会发生变化。先行洞隧道开挖施工时，后行洞隧道围岩产生向临空面侧的拉伸变形，围岩状况恶化。后行洞隧道开挖施工时，更是会改变先行洞隧道已趋于稳定平衡的受力状态，产生不利影响。后行洞隧道受力机理较为复杂，受力特征表现为：由于后行洞隧道的开挖，先行洞隧道洞周围岩松弛或松弛范围扩大，作用在支护结构上的荷载增加；变形特征表现为，后行洞隧道开挖施工时，先行洞隧道支护结构及洞周围岩向临空面拉伸。

如果双洞净距足够远，彼此都在开挖引起的应力变化影响范围以外，则一般认为双洞相互不影响。但随着双洞空间距离减小，相互间的影响范围就可能相接、相交，甚至重叠，洞周弹塑性区域的位置关系也会发生改变，可以从以下四种位置关系来说明，见表2-2及图2-48。

弹塑性围岩隧道净距位置关系　　　　　表2-2

影响区类型	洞周弹塑性区域的位置关系	影响程度	措施
无影响区	弹性外圈相交	弱影响	无须采取措施
弱影响区	弹性内圈相交	较小影响	应采取措施
强影响区	塑性外圈相交	稍大影响	应采取特殊措施
危害影响区	塑性内圈相交	很大影响	应采取特殊措施,应尽量避免

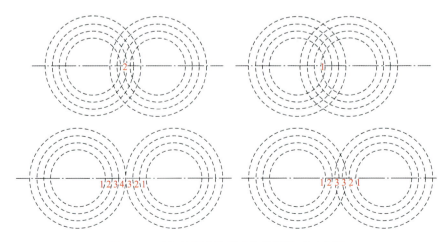

图2-48 弹塑性围岩隧道净距位置关系示意图
1-塑性区内圈；2-塑性区外圈；3-弹性区内圈；4-弹性区外圈

针对两洞间不同净距关系所产生的近接影响,日本相关研究工作开展较早,较为系统地提出了隧洞间相互影响的划分图,如图 2-49 所示。

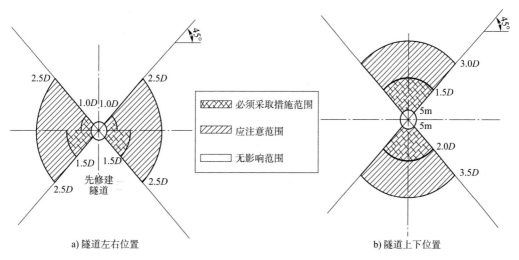

图 2-49 隧道相互影响示意图

日本的《小净距隧道施工技术指南》列出了隧道近接影响程度及应对措施,见表 2-3。

隧道影响范围分类及应采取的措施　　表 2-3

影响程度	划分准则	措施
一般程度	基本无影响	通常不采取措施
需要防范程度	影响较小,不会产生危害	进行测量,根据测量数据得出结构物的位移变形,与允许位移变形比较,决定是否采取措施
需采取措施程度	影响大且有害	必须进行现场测量并采取措施

根据隧道不同净距的影响分析,小净距隧道设计和施工应解决的关键技术问题如下:

(1)小净距隧道两洞间净距小,施工过程相互影响、干扰较为明显,设计的关键环节在于确定两洞间合理净距,既要确保工程施工安全及质量,又要满足既定的投资、规划条件。

(2)小净距隧道在开挖过程中,围岩受到多次扰动,稳定性降低,结构失稳风险增大,应根据两洞间净距影响程度采取有效预加固技术提高围岩强度,增强围岩自稳能力。尤其是作为施工期间主要承载结构的中夹岩墙,其承受的主要荷载包括中夹岩墙上方围岩荷载和左右洞隧道施工后经衬砌支护传至中夹岩墙顶部的荷载。中夹岩墙一旦失稳,将引发灾难性的后果,必须采取合理的加固技术进行加固,以确保施工过程不出现塑性区或至少保证塑性区不至贯穿或连通。

(3)当采用钻爆法施工时,由于中夹岩墙厚度较小,爆破对中夹岩墙及先行洞隧道结构的稳定和受力影响严重,必须严格控制爆破开挖振动效应,进行针对性控制爆破设计,采取减振措施,优化爆破施工工艺,选用数码电子雷管等新型材料,也可以采用静力爆破、机械开挖等微扰动开挖工艺将后行洞隧道施工对中夹岩墙及成型隧道结构的影响降至可控范围。

(4)针对小净距隧道结构受力特点和薄弱部位,施工期监控量测管理体系、监控基准应有相应侧重。此外,后行洞隧道开挖会引起地表附加沉降,尤其是城市轨道交通工程的浅埋小净距隧道,附加沉降可能会恶化工程建设对周边环境的影响,需提前评估、预测地表沉降趋势及数值,并采取必要的措施控制对周边环境的影响。

2.4.3 稳定性分析

大量的隧道工程实践表明,隧道开挖后的稳定性与其周围围岩的等级密切相关。隧道支护结构与围岩之间相互影响、相互作用。处于不同围岩等级中的隧道在开挖后会有不同程度的稳定性表现。当围岩较硬时,隧道开挖后围岩仍能保持稳定,不会出现坍塌现象。而对于围岩较软的地层,隧道开挖后围岩稳定性较差,容易发生坍塌。为确保隧道内部空间的稳定性,避免坍塌或下陷对净空尺寸的影响,须及时施作衬砌结构进行支护。通常所说的隧道围岩不稳定是指因围岩破坏或变形而对生产使用或安全造成影响,常见的类型包括围岩开裂、岩石爆裂、两侧向中间挤压、隧道底部隆起、顶板脱落或因围岩变形引起的衬砌开裂和支护折断等。这些问题都与围岩的不稳定有关。随着社会的进步和经济的发展,隧道围岩稳定性分析的理论与方法也在持续发展。当前,隧道围岩稳定性的分析主要基于弹塑性理论,通过解析解和数值解来获得围岩的应力、应变、位移、塑性区等指标。然而,这些指标只能供专业人员进行定性分析,而无法准确、定量地判断围岩的稳定性。在隧道设计中,我们既要有围岩稳定性的定性分析手段,也要有围岩稳定性的定量判据。但由于隧道工程的复杂性,我们至今无法采用传统的极限分析法来求出隧道围岩的安全系数,这种问题阻碍了隧道设计方法的进步。近年来,数值极限方法逐渐发展起来,特别是有限元强度折减法在边坡、地基等工程中得到了广泛应用。郑颖人等首先将这一方法引入到隧道围岩稳定分析中,这不仅可以求出围岩稳定安全系数,还可以确定出围岩的破坏面的位置与形态。这种方法推动了隧道力学和设计理论的发展。虽然传统的极限状态分析法操作简便,但由于需要预先确定破坏面的位置与形态,求解过程并不容易,适用范围也十分有限。1975年,英国力学家辛克维兹(Zienkiewicz O C)提出了有限元强度折减法和超载法,这些方法可以利用数值分析来求解稳定安全系数。这些方法通过数值方法(如有限元法、有限差分法、离散元法等)来求解极限问题,因此统称为数值极限分析法,或称有限元极限分析法。这种方法与传统极限方法有所不同,因为它不需要预先确定破坏面。它通过不断降低岩土的强度,折减黏聚力 c 和内摩擦因数 $\tan\varphi$,同时进行弹塑性数值计算,直到岩土体达到破坏状态。这样,计算过程中会自动生成破坏面,并显示岩土整体破坏的信息,从而得到稳定安全系数。在岩土体从实际状态到破坏状态的过程中,岩土体强度降低的倍数,即为强度折减系数,也就是岩土工程的稳定安全系数。当前工程上采用的围岩稳定性判据有两种:一种是基于经验的,应用较广;另一种是新提出的围岩安全系数判据,基于严格的力学理论,是今后的发展方向。

1)围岩洞周位移判据

隧道洞周位移可以通过测量得到,它是隧道围岩力学形态最直接和最明显的表现。人们普遍认为,通过分析隧道周围的位移可以了解隧道施工过程中的围岩动态,但无法通过理论计算得出围岩破坏时的极限位移。因此,我们只能依赖于工程经验来建立判断标准。当前,一些规范采用由工程经验得出的围岩极限位移作为评估隧道围岩稳定性的依据。根据隧道工程实测或计算的各个控制点的位移 u 与围岩极限位移 u_0 之间的大小关系来建立判断依据,即当 $u<u_0$ 时,围岩是稳定的;当 $u \geqslant u_0$ 时,围岩是不稳定的。然而,这种判断依据存在以下三个问题:①我们尚未建立洞周位移与破坏之间的严格的力学关系,因此无法求出位移的极限值,这使得判断依据具有一定的主观性;②不同形状和大小的隧道,即使在相同的埋深和岩土强度条件下,其位移值和收敛值也会有所不同,而且不同位置的测点位移也会不同,因此很难找到统一的位移判据标准;③影响位移值的主要因素是弹性模量,而不是强度,而在实际工程中,岩土的弹性模量是很难准确测量的,因此会严重影响判断依据的准确性。这是采用位移极限值作为经验性判据的主要不足之处。表2-4展示了某隧道弹性模量变化对其洞周位移及安全系数的影响。随着弹性模量的增大,隧道拱顶的最大垂直位移和侧墙的最大水平位移逐渐减小,当弹性模量从 20MPa 增大到 60MPa 时,拱顶的最大垂直位移由 9.4cm 减小到 3.6cm,侧墙的最大水平位移由 7.6cm 减小到 2.5cm,由此看出弹性模量对隧道洞周位移的影响不可小觑。此外,运用有限元强度折减法来计算隧道的安全系数时,计算结果显示安全系数并不会受到弹性模量的干扰。所以即便弹性模量的测量并不精确,只会对位移的计算结果产生影响,却不会对隧道围岩稳定性的分析结果造成影响。

不同弹性模量的计算结果　　　　表2-4

弹性模量(MPa)	拱顶最大垂直位移(cm)	侧墙最大水平位移(cm)	安全系数
20	9.4	7.6	1.62
30	7.3	5.1	1.62
40	4.7	3.8	1.62
50	4.4	3.0	1.62
60	3.6	2.5	1.62

2)围岩塑性区大小判据

围岩塑性区判据是从岩土材料强度理论的研究中发展而来的,当岩土体某一点发生屈服时,该点由弹性状态过渡到塑性状态。塑性区的大小反映了围岩的受力情况,因此设计人员以计算出来的塑性区大小作为隧道围岩破坏的判据。当计算出来的塑性区大于以经验确定的极限塑性区时,就认为围岩破坏了。但是,单一点的屈服并不意味着围岩承载能力的丧失,塑性区不是破裂区,塑性区的贯通也不代表已经发生破坏。因此,塑性区的大小与围岩破坏状态之间并不存在严格的力学关系,极限塑性区大小的判断也因人而异,是一种经验性判据。此判据也存在以下问题:①尚未建立围岩塑性区面积与破坏之间的严格力学关系,因此这种判据同样具有较大主观性;②不同断面形状、不同大小的隧道,其围岩塑性区大小也不同,很难给出统一标准;③泊松比对围岩塑性区大小有很大影响。表2-5列出了泊松比对塑性区大小与安全系数的影响,可见当泊松比取值不同时,围岩塑性区大小差别很大,而它对安全系数的影响不大,所以也不宜作为塑性区大小的判据。

不同泊松比的计算结果　　　　　　　　　　　　　　　表2-5

泊松比	围岩塑性区面积(m^2)	围岩塑性区最大深度(m)	安全系数
0.20	294.6	14.00	1.624
0.25	38.4	6.26	1.63
0.30	12.9	2.76	1.63
0.35	8.96	1.57	1.63
0.40	8.71	1.28	1.63
0.45	8.68	1.20	1.63

3)围岩安全系数判据

由于引入了有限元极限分析法,可以求得隧道围岩的破坏形态与安全系数,从而建立了围岩的安全系数判据,使隧道围岩稳定性有了严格力学意义上的定量标准和计算方法。表2-6列出某算例采用不同软件计算的围岩塑性区大小及安全系数,可以看出,不同软件对塑性区大小有影响;而对安全系数影响很小,一般在3%以内。

采用不同软件计算的围岩塑性区面积与安全系数　　　　　　　　　表2-6

软件名称	屈服准则	围岩塑性区面积(m^2)	安全系数
ANSYS	DP准则	21.9	1.48
FLAC3D	MC准则	22.40	1.50
ABAQUS	MC准则	32.73	1.46
PLAXIS	MC准则	33.76	1.47
同济曙光	MC准则	24.49	1.47

注:DP准则指德鲁克-普拉格准则,MC准则指莫尔-库仑准则。

2.5 本章小结

(1)本章从单洞圆形和椭圆形隧道出发,介绍了小净距隧道围岩应力的理论计算方法,同时通过数值模拟分析了最常见的双洞圆形、双洞马蹄形和双洞矩形小净距隧道开挖后的应力状态,得到隧道开挖后的围岩应力分布特征,为小净距隧道设计与施工提供了理论依据。从隧道洞周切向应力变化曲线可以得出:隧道拱顶的切向应力最小,而中夹岩墙附近的切向应力最大,所以在设计及施工过程中,中夹岩墙是重点的支护对象。

(2)本章在单洞隧道围岩压力计算方法的基础上拓展出两种双洞小净距隧道围岩压

力的计算方法,分别为《公路隧道设计规范 第一册 土建工程》(JTG 3370.1—2018)里规定的计算方法和针对小净距隧道修正后的计算方法,后者充分考虑了初始地应力、工程地质情况和先后行隧道开挖相互影响等多方面因素,能够很好地保证围岩压力计算的准确性。

(3)中夹岩墙是小净距隧道设计和施工中重点关注部位,本章通过理论计算和数值模拟分析了小净距隧道中夹岩墙的受力特征,从分析结果可以看出隧道净距对中夹岩墙受力的影响较大,隧道净距越小,中夹岩墙受力就越大。此外,隧道埋深也对中夹岩墙受力有影响,一般埋深越大,中夹岩墙受力也越大。

(4)小净距隧道之间的相互影响主要通过隧道弹塑性区内外圈的相对位置来判断,影响小净距隧道围岩稳定性的因素大致可分为两类:一类是围岩本身因素,例如岩体性质、岩体结构等;另一类是人为因素,例如隧道施工方法的选择、隧道断面尺寸的选择等。因此要保证围岩的稳定,应该在建设过程中充分考虑各种因素,同时加强围岩的监测,可以同时使用现场监测和有限元模拟两种方法,更全面地了解围岩受力状态,做到预防和控制相结合。

第 3 章

城市轨道交通小净距隧道总体设计

城市轨道交通小净距隧道的设计需要综合考虑诸多因素,如线路布设条件、限界要求、地质条件、周边环境因素、交通网络、市民出行需求、施工方案、工程费用等。与普通分离式隧道相比,小净距隧道的受力更加复杂,受不良地质环境的影响更为强烈,设计条件也更加严苛。所以在总体设计时要对各方面都有细致的考虑,需要从设计输入条件、隧道施工工法、隧道断面选型、接口设计方案等方面对小净距隧道进行总体设计方案研究,确保施工方案安全可行,并且满足线路、限界、行车、建筑等功能需求。

3.1 设计输入条件

线路、限界、周边环境等设计输入条件对城市轨道交通小净距隧道的总体设计方案有重大影响,本节将对这些设计输入条件开展分析研究。

3.1.1 线路

城市轨道交通线路设计是在城市轨道交通规划线网的基础上,对拟建城市轨道交通线路的走向、平面、纵断面、横断面进行研究与设计,最终确定合理的线路三维空间布置。线路是隧道专业主要的设计输入条件之一,尤其是对小净距隧道而言,线路对隧道的设计方案影响非常大。

1)线路设计原则

在城市轨道交通线路设计工作中,一条轨道交通线是以线路中心线来表示的。线路的空间位置由平面和纵断面决定,线路设计就是确定线路的具体位置及其主要组成部分的形状和大小。线路设计必须满足行车安全、平顺、快速等要求,确保乘客舒适与维修工作便利,力求在工程实施与运营两方面都达到较好的经济技术合理性。城市轨道交通的主要功能是为城市居民出行提供服务,所以线路走向选择的基本原则是沿客流方向布置,并同时考虑土地有效利用、降低工程实施风险、节省工程费用等问题,市区线路应优先敷设在城市主要道路下面。城市轨道交通线路走向选择应考虑以下原则:

(1)线路设计首先需要遵循上位规划,符合城市轨道交通线网规划和城市发展总体规划要求,沿主要客流方向并通过大客流集散点,以便于乘客直达目的地。线路设计应根据线网规划,对换乘站的相关线路(包括两端延伸至下一站的线路)进行同步研究。当线路经过国家铁路车站、市郊铁路车站、港口、机场等对外交通枢纽时,应设站换乘。与市郊铁路换乘的车站,在制式兼容的前提下,宜预留接轨联运条件。

(2)新建线路应从运营经济效益出发,根据预测的全线客流分布情况确定线路初期建设范围。线路起讫点不宜设在大客流断面位置,对预测客流较小的区段宜结合地区功能定位、线网换乘条件、车辆基地选址等因素考虑分期建设。

(3)线路选线应符合城市改造及发展规划,通过形成以轨道交通换乘站为核心的城市综合交通枢纽来引导或维持区域中心或城市副中心的发展。线路平面位置应根据城市规划、城市地形、道路红线、铁路、公路、河道蓝线、地下管线、重要建筑、文物保护、环境景观、科学绿化和树木保护、地质水文条件、施工方法与交通疏解等条件确定,考虑既有交通走廊、高压电力线、重要地下管线、军事设施及易燃、易爆或放射性物品等危险物品的影响,减少房屋和管线拆改,符合环境保护、土地保持、文物保护、科学绿化和树木保护、节约土地的要求,保护重要建(构)筑物和地下资源。

(4)车站的布设应以上位规划为依据,体现"以人为本"的原则,宜设置在主要客流集散点和各种交通枢纽点上,尤其是城市轨道交通线网规划的换乘点,应结合公路路网布局和城镇密集区分布确定。车站位置应考虑出入口及地面风亭设置,并结合车站周边用地一体化规划及地区综合交通枢纽,做好相关交通衔接设施。车站间距应根据线路功能定位、沿线两侧城市用地现状和规划确定,车站分布既要为沿线主要客流集散点服务,又要拉开站间距,提高旅行速度。因此应根据线路长度和性质,确定旅行时间和速度目标,充分发挥车辆速度效率,选择合理的站间距。

(5)从工程实施角度考虑,线路选线应结合地形、地质及道路环境,尽量避免地质条件差的区域,少通过密集建筑群区域,避开文物及历史文化建筑、重要地面建筑和地下建筑。线路在道路十字路口拐弯时,往往会侵入现有建筑用地,若采用大半径曲线通过,虽然有利于行车运营功能,但会造成隧道过多占用地下空间,可能需要增加征拆用地或者需要对下穿建筑物进行托换、加固等,增加工程费用。

(6)对于城市轨道交通浅埋隧道、地面路基段或高架段线路,通常沿较宽的城市主干道布设,或者穿越建筑物稀少的区域,减少了征地拆迁,降低了施工风险,也增加了车站位置选择的自由度。

(7)两条轨道交通线路相交时,应采用立体交叉方式。当设置支线交汇共轨运行时,支线长度不宜过长,支线长度大于15km时,宜按独立运行线路设计。支线接轨点应设在车站,并宜选择在客流断面较小的区段,进站方向应配置平行进路,共轨区段的通过能力应分别满足两线列车行车密度的要求。线网规划中有考虑互联互通或线路拆解的线路设计,配备的线路和配线设计应综合考虑互联互通、贯通运营、远期线路拆解等功能需求的便捷性、经济性和工程可实施性。

(8)应考虑车辆基地的位置,根据线网车辆基地资源共享规划,对共享车辆基地的出入段线及与相邻线路的联络线进行同步研究,并做好接轨点的设计预留。

2)配线设置

城市轨道交通的配线是为了确保正线运营而设置的线路,配线设置应满足行车组织设计要求,并考虑客流不确定性、应急救援、防灾安全等因素。配线类型主要包括渡线、折返线、停车线、存车线、联络线、车辆基地出入段线等。

(1)渡线

渡线是采用道岔将正线、折返线等连接起来的线路。在城市轨道交通工程中,一般每隔3~5个车站设置一处渡线,或者根据折返线、存车线、停车线等配线设置渡线。折返线主要有单渡线、交叉渡线等布置形式,见表3-1。

(2)折返线

折返线主要用于运营列车往返运行时的折返(包括始发站、终点站的折返和中间站小交路折返)以及夜间存车,实现列车的合理调度和正常运行。折返线按照折返的性质可以分为双折返线、双渡线折返线、单折返线、单侧线折返线和综合折返线等布置形式,见表 3-2。

渡线形式　　　　　　　　　　　　　　　　　　　　　　　　　　　　表 3-1

名称	配线示意图	说明
单渡线		单渡线采用两副道岔和一根直线连接两条线路,可以实现折返作业、连通正线或其他相邻线路,形成多种列车运行进路
交叉渡线		交叉渡线采用四副单开道岔、一组菱形交叉和两根直线连接两条线路,形成两条线路四个方向之间的列车运行进路

折返线形式　　　　　　　　　　　　　　　　　　　　　　　　　　　表 3-2

名称	配线示意图	说明
双折返线	双折返线尽头式布置形式(站后折返) 双折返线贯通式布置形式(站后折返)	双折返线可设置在区段折返站或端部折返站上,折返能力较大,可兼顾存车功能,适用于明挖法施工的岛式车站
双渡线折返线	双渡线折返线尽头式布置形式(站后折返) 双渡线折返线尽头式布置形式(站前折返)	双渡线折返线适用于终端折返站上
单折返线	单折返线尽头式布置形式(站后折返) 单折返线尽头式布置形式(站前折返)	单折返线折返能力和灵活性稍差,不能兼顾折返与存车功能,一般只能单独用于折返

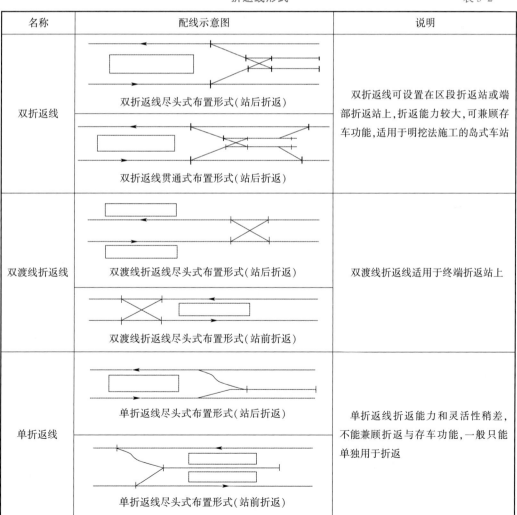

续上表

名称	配线示意图	说明
单侧线折返线	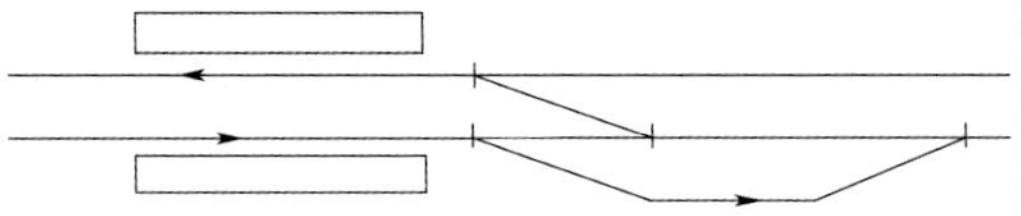 单侧折返线布置形式	单侧线折返线主要用于高架线,经济性较好
综合折返线	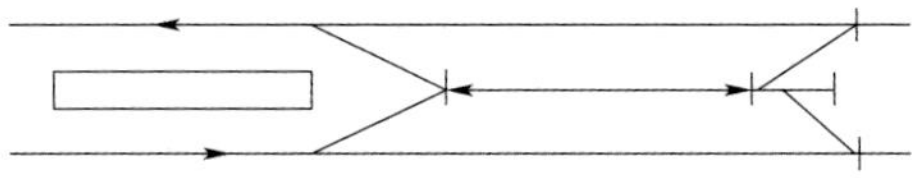 综合折返线贯通式布置形式1 综合折返线贯通式布置形式2 综合折返线贯通式布置形式3	综合折返线能够兼顾列车折返、列车越行、列车出入段、列车转线联络等多种功能,但车站规模较大

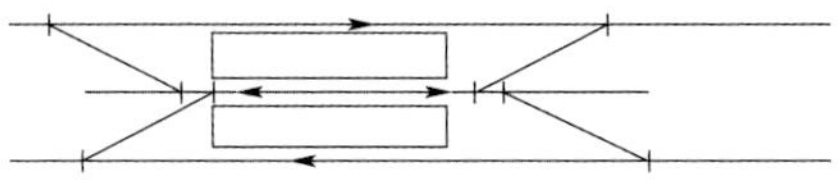

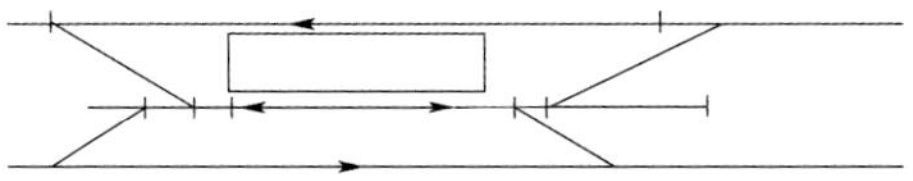

(3)停车线

停车线主要用于故障列车临时停放和夜间存车,减少故障列车对正常行车的干扰。停车线可分为纵列尽头式、纵列贯通式、横列尽头式、横列贯通式等布置形式,见表3-3。

停车线形式　　　　表3-3

名称	配线示意图	说明
纵列尽头式	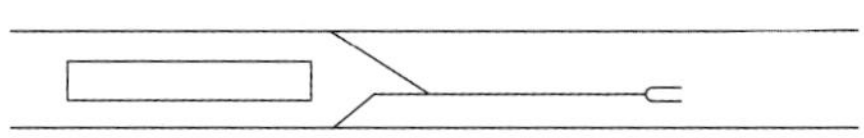	停车线布置在车站的一端,与站台纵列,往往与折返线结合布置,在车站一端设两条尽头线,其中折返线与存车线各占一条
纵列贯通式	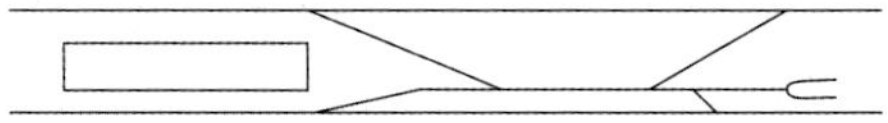	停车线布置在车站的一端,与站台纵列,可贯通两条运行正线,双向列车进出方便

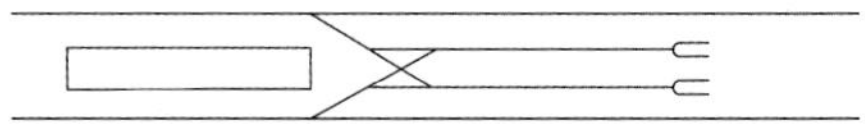

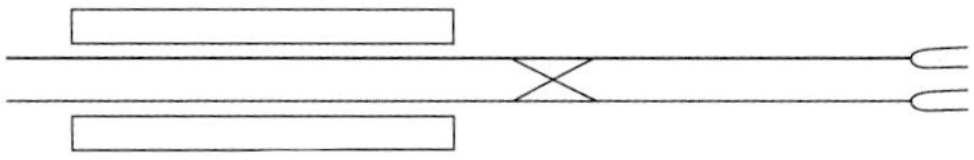

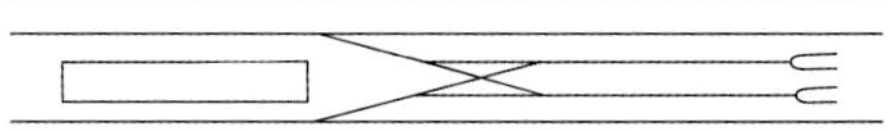

续上表

名称	配线示意图	说明
横列尽头式	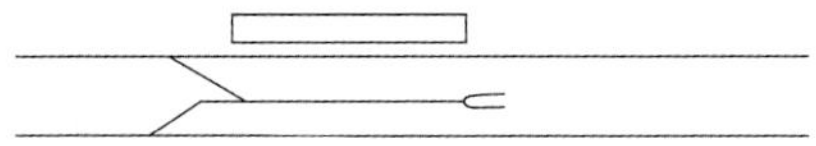 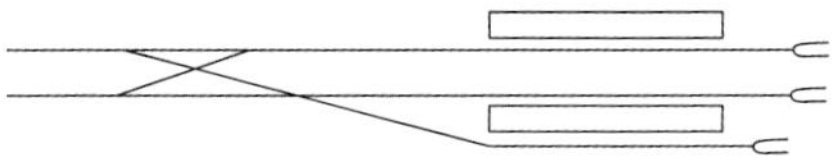	停车线布置在站台范围内,与站台平行设置,停车场设于车站内侧或外侧,可兼顾停车、存车、折返功能
横列贯通式	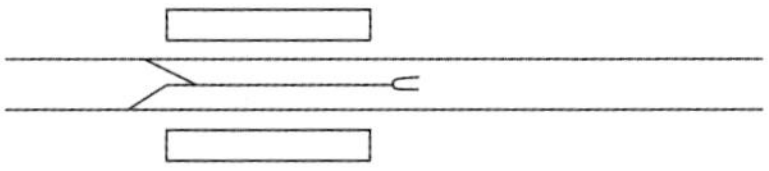 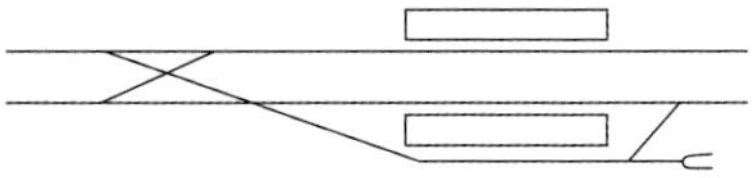 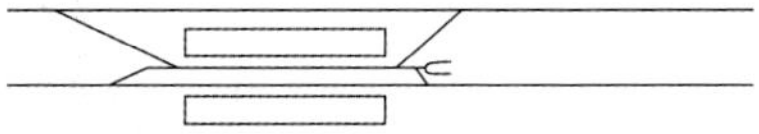	停车线布置在站台范围内,与站台平行设置,双向列车进出方便

(4)存车线

存车线主要用于夜间在车站停放列车,以便早晚及时收发车,并减少列车空走时间。存车线布置形式与停车线基本相同,参见表3-3。

(5)联络线

联络线主要用于连接两条独立运营的线路,为两条线路车辆过线提供连通功能。联络线主要分为单线联络线、双线联络线等布置形式,见表3-4。

联络线形式　　　　表3-4

名称	配线示意图	说明
单线联络线	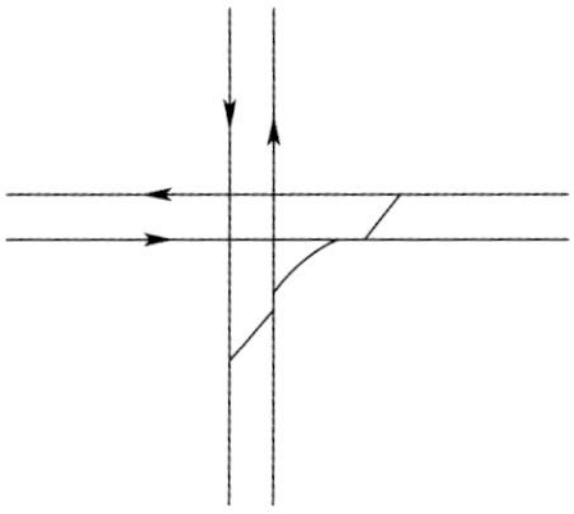	在两条交叉或相近平行的线路之间可采用单线联络线,仅用于车辆送修或调转运营
双线联络线	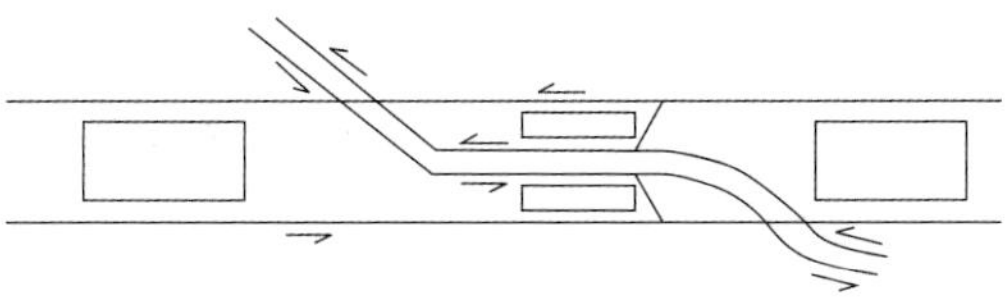	双线联络线可作为临时运营正线使用,工程量较大,费用较高

(6) 车辆基地出入段线

车辆基地出入段线是正线与车辆基地之间的连接线。车辆基地出入段线可分为终端接轨和中部接轨等布置形式，见表3-5。

车辆基地出入段线形式　　　　　　表3-5

名称	配线示意图	说明
终端接轨	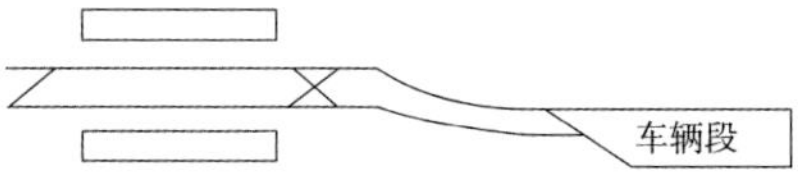	车辆基地设于线路终端，两正线作为车辆基地出入段线贯通车辆基地
中部接轨	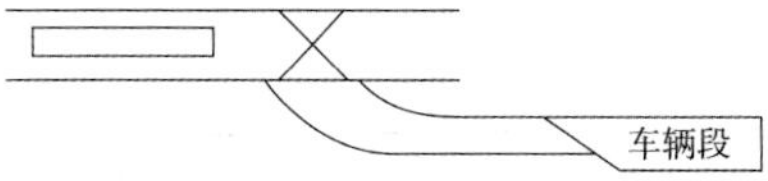	终点站采用站前折返，车辆基地于站前接轨，与正线平面交叉。车辆基地出入段线与站前折返渡线相结合，列车行至终点站后直接入段，缩短车辆周转时间，减少配车数量
	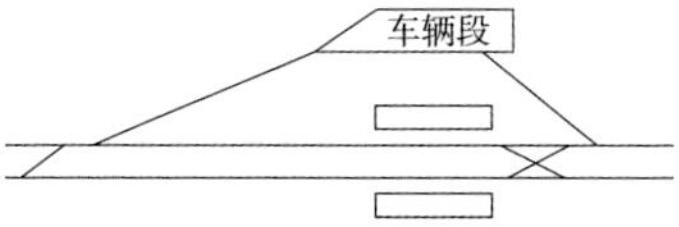	车辆基地两出入段线左端与站外区间正线衔接，右端与终点站站后折返线衔接，可避免与正线的交叉干扰。同时增加了车站的折返能力，运营组织更为方便灵活
	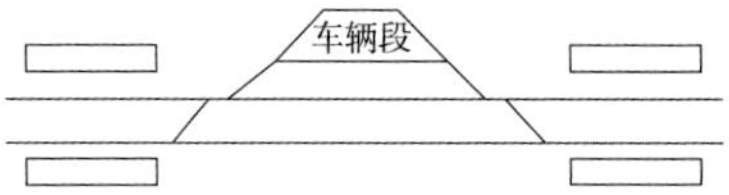	左端车辆基地出入段线发车与正线运营有干扰，需检算后确定能否利用其发车
	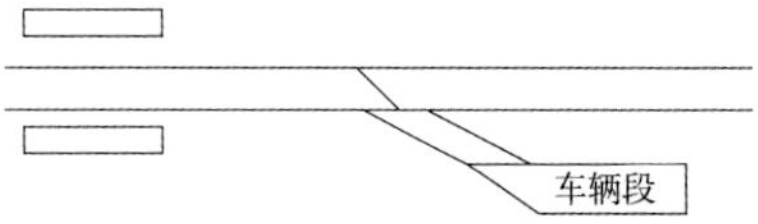	车辆基地出入段线与正线平面交叉，当系统追踪间隔较大时，在确保正线通过能力的前提下可采用，工程投资较低
	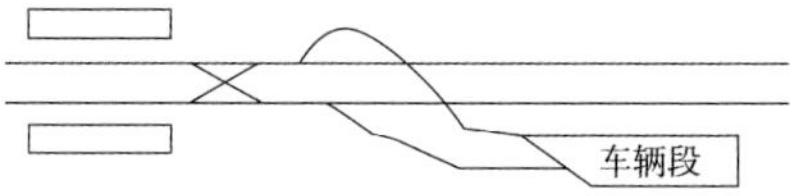	车辆基地出入段线与正线进行了立体交叉，解决了发车、收车与正线的交叉干扰问题
	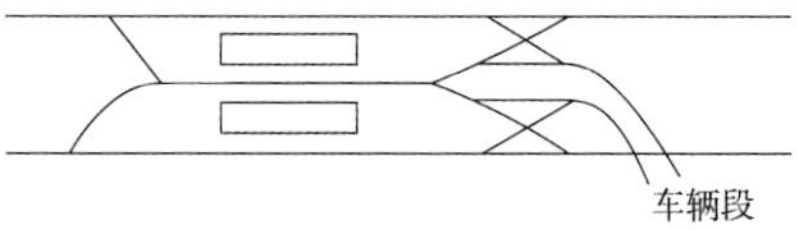	车辆基地两出入段线并行与正线立交，接轨车站采用了三线双岛式站台，车辆基地两出入段线均具备向两正线4个方向发车、接车条件，且不干扰正常运营，但工程投资较高
	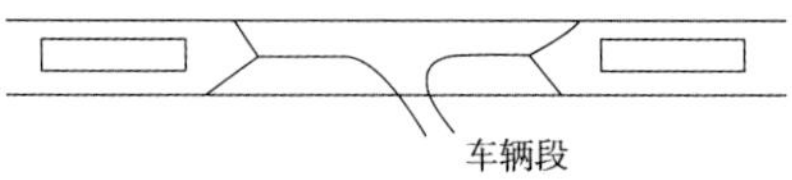	设"八字"车辆基地出入段线与正线立交，两线双方向使用，上下行发、收车均较顺；与正线形成三角线，具备掉头功能，在不增加较多投资的基础上较好地解决了车辆的偏磨问题

3）不同线路类型的小净距隧道

城市轨道交通线路要根据上位规划，并结合城市规划、城市地形、道路红线、铁路、公路、河道蓝线、地下管线、重要建筑、文物保护、环境景观、科学绿化和树木保护、地质水文条件、施工方法与交通疏解等条件确定，而且车站配线设置需要满足行车组织等功能要求。为了满足线路设计要求，在一些情况下会采用小净距隧道的设计方案。

(1) 平行换乘车站连接区间小净距隧道

平行换乘车站是指两条或多条线路的站台设置在同一层的车站。为了尽量减少车站宽度，降低工程费用，平行换乘车站会尽量减少线间距，因此与该类型车站连接的区间隧道一般采用小净距隧道的设计方案。常见的平行换乘站有双岛四线平行换乘站与三岛六线平行换乘站，相应的连接区间小净距隧道方案如下。

① 双岛四线平行换乘车站连接区间小净距隧道

双岛四线平行换乘车站是一种典型的平行换乘车站方案，车站设置两个站台，每个站台两侧分别布设线路，两个站台之间共布设两条线路。中间两条线路的布设要综合考虑线间距、车站规模和连接隧道的净距等因素，一方面应尽量减少线间距，从而减少车站规模，降低工程费用，另一方面也应考虑与车站端部连接的区间隧道施工要求，可采用单洞单线小净距隧道方案，如图3-1a）所示。双岛四线车站有时候会采用更加复杂的配线设置方案，例如若中间两条线路之间设置单渡线或交叉渡线，则与车站连接的区间隧道在中间两条线路不能采用单洞单线隧道，只能采用单洞双线的大断面隧道实施，两侧线路则可采用单洞单线隧道方案，如图3-1b）所示。

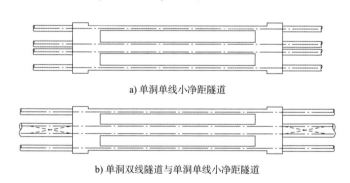

a) 单洞单线小净距隧道

b) 单洞双线隧道与单洞单线小净距隧道

图 3-1 双岛四线平行换乘车站连接区间小净距隧道示意图

② 三岛六线平行换乘车站连接区间小净距隧道

三岛六线换乘车站也是一种较常见的平行换乘车站，由于换乘线路有不同的布设方案，与三岛六线平行换乘车站连接的区间隧道可以采用小净距隧道、大断面隧道等方案。如图3-2所示，某三岛六线换乘车站布设了A线路、B线路、C线路的左、右线共六条线路，车站设置1号、2号、3号共三个站台，其中A线路左、右线分别位于1号站台两侧，B线路左、右线分别位于2号和3号站台的外侧，C线路的左、右线位于2号和3号站台中间。1号站台与2号站台之间设置了A线路右线和B线路左线，这两条线路的连接区间隧道采用小净距隧道方案。2号站台与3号站台之间为C线路的左、右线，由于是同一条线路，隧道方案选择采用线间距更小的单洞双线大断面盾构隧道方案,相较于单洞单线小净距隧道方案能够减少车站规模。但是单洞双线隧道方案也要根据整个区间的线路布置进行统筹考虑,若区间线路需要拉开线间距,须在区间设置盾构工作井将单洞双线隧道过渡为单洞单线隧道,也会增加工程费用。因此,平行换乘车站连接隧道可采用小净距隧道方案或者单洞双线大断面隧道方案,应根据具体的线路方案进行比选确定。

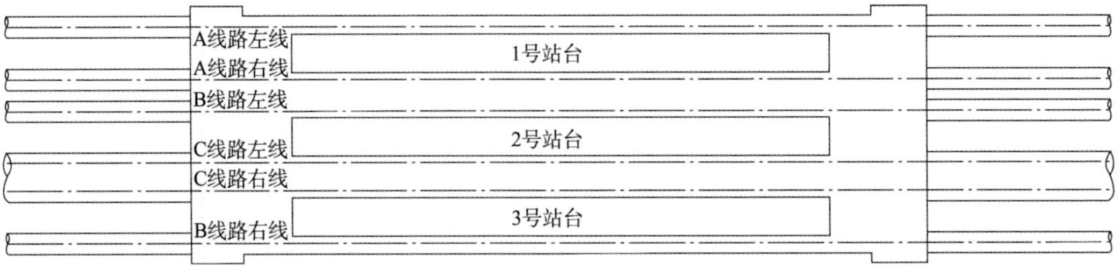

图 3-2 三岛六线平行换乘车站连接区间小净距隧道

(2) 车辆基地出入段线接轨站连接区间小净距隧道

车辆基地出入段线与正线在车站端部连接,这种车站称为车辆基地出入段线接轨站。与双岛四线平行换乘站类似,车辆基地出入段线接轨站连接区间一般也采用小净距隧道方案。

①车辆基地出入段线喇叭口连接小净距隧道

在车辆基地出入段线接轨站,出入段线一般布设在中间,正线左、右线一般布设在外侧。这是因为车站正线的线间距由站台宽度决定,在车站端部把车辆基地出入段线布设在中间较为合理。但由于正线的线间距已经确定,车辆基地出入段线之间,以及出入段线与正线之间的线间距较小,很难直接采用单洞单线隧道连接,因此通常在车站端部设置喇叭口明挖段。在喇叭口明挖段内,出入段线之间,以及出入段线与正线之间的线间距逐渐拉开至一定距离,之后出入段线与正线隧道就可以转为单洞单线的小净距隧道,如图 3-3 所示。如果条件具备,车辆基地出入段线也可以继续采用单洞双线的明挖隧道或大断面暗挖隧道。

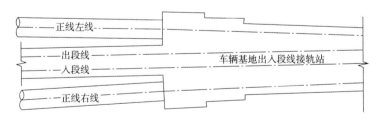

图 3-3 车辆基地出入段线喇叭口连接小净距隧道

②车辆基地出入段线刀把状明挖段连接小净距隧道

当车站端部无法将正线与出入段线的线间距充分拉开,或者由于配线设置原因需要将正线与出入段线之间设置单渡线时,无法采用单洞单线小净距隧道直接与喇叭口明挖段连接。为了减少明挖段的规模,可以将明挖段设计成刀把状,也就是将单侧的正线与单侧的出入段线组合形成单洞双线的明挖段,另一侧的正线与出入段线采用单洞单线小净距隧道方案,如图3-4所示。在刀把状明挖段内将单侧的正线与单侧的出入段线线间距拉开后再转为单洞单线小净距隧道。

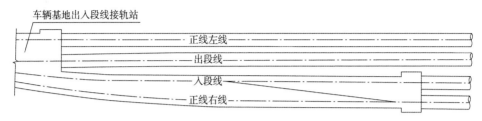

图3-4　车辆基地出入段线刀把状明挖段连接小净距隧道

③双岛四线及车辆基地出入段线接轨站连接小净距隧道

当车辆基地出入段线接轨站本身也是双岛四线平行换乘站时,在车站端部会出现六条线路并行的情况。如图3-5所示,某双岛四线平行换乘站为车辆基地出入段线接轨站,A线路左、右线分别设置在两个站台的外侧,B线路左、右线设置在两个站台之间,车辆基地出入段线分别设置在A线路和B线路之间。为了控制车站规模,在车站端部六条并行线路的线间距并未充分拉开。这种情况可以将六条并行线路两两组合,在车站端部连接区间设置三条单洞双线大断面小净距隧道,线间距在单洞双线大断面隧道范围逐渐拉开后,再转为单洞单线的小净距隧道。

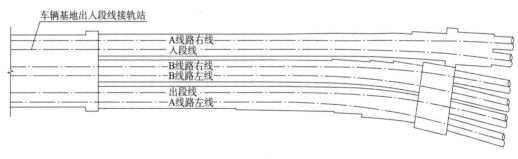

图3-5　双岛四线及车辆基地出入段线接轨站连接小净距隧道

(3)车站折返线小净距隧道

当车站端部设置折返线的配线时,由于折返线布设于正线之间,导致折返线与正线的线间距较小,可采用小净距隧道方案。当车站端部配线设置停车线或者存车线时,布置形式与折返线类似,也可以参考折返线的形式采用小净距隧道。

①单侧折返线小净距隧道

当车站端部设置单侧折返线时,可将折返线与一条正线的距离拉近并行设置,采用单洞双线的隧道断面,另一条正线与折返线的线间距拉开可采用单洞单线隧道断面,与折返线所在的单洞双线隧道形成小净距隧道,如图3-6所示。由于在折返线长度以外的范围正线通常采用单洞单线盾构隧道,因此折返线与正线并行的单洞双线隧道通常采用明挖法,可以作为正线单洞单线隧道的工作井。但如果地面条件受限,折返线与正线并行的单洞双线隧道也可以采用大断面矿山法或者盾构法施工。

图 3-6　单侧折返线接小净距隧道

②双侧折返线小净距隧道

当车站端部设置双侧折返线时,相当于正线左右线与双侧折返线共四线并行,一般采用明挖法施工,但若地面条件受限无法采用明挖法时,可采用小净距隧道方案。如图 3-7 所示,将两条折返线线间距拉开,分别与单侧正线并行设置,每侧的折返线与正线可以采用单洞双线的隧道断面,从而形成两条小净距隧道,折返线与正线并行的单洞双线隧道可采用大断面的矿山法或盾构法施工。

图 3-7　双侧折返线接小净距隧道

(4)车站渡线小净距隧道

车站端部设置渡线时,通过道岔将正线、折返线等连接起来,在道岔区渡线与正线的间距较小,可采用小净距隧道方案。

①交叉渡线小净距隧道

车站端部设置交叉渡线时,交叉渡线将两条正线连接起来,一般采用明挖法施工。但有些情况下由于周边环境因素制约或者为了减少明挖车站的规模,车站明挖段无法完全包含交叉渡线,这时可以局部采用小净距隧道方案,在车站端部交叉渡线与正线连接的范围采用两条单洞双线小净距隧道,每条隧道内布设一条渡线和一条正线,如图 3-8 所示。由于交叉渡线范围设置了道岔,隧道结构一般不能设置变形缝,所以两条单洞双线小净距隧道只能采用大断面矿山法与明挖段连接,矿山法隧道的二次衬砌与明挖段之间不设变形缝。

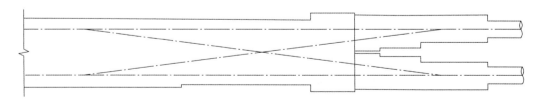

图 3-8　交叉渡线小净距隧道

②单渡线小净距隧道

普通岛式站台车站端部设置单渡线连接正线时,渡线范围一般采用明挖法施工。但当正线线间距较大,车站采用分离岛式方案时,渡线采用明挖法施工费用较高,可在车站端部设置渐变段,渐变段采用明挖法或者大断面矿山法施工。为了减小渐变段的规模,当正线与渡线的线间距拉开一定距离后,采用单洞单线小净距隧道与渐变段连接的方案,如图3-9所示。

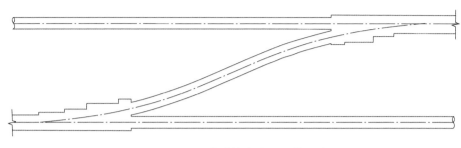

图3-9 单渡线小净距隧道

3.1.2 限界

城市轨道交通列车沿着固定轨道高速运行,须在特定的空间中运行。根据车辆轮廓尺寸和性能、线路特性、设备安装及施工方法等因素进行技术经济综合比较确定的空间尺寸称为限界。为了确保运营的安全,隧道断面必须满足限界要求,各种建(构)筑物和设备均不能侵入限界。对于小净距隧道,限界影响隧道的断面尺寸,小净距隧道要在满足限界要求的前提下尽量减小隧道的开挖跨度,从而增加中夹岩墙的厚度,以确保其稳定性。

城市轨道交通工程的限界包括车辆限界、设备限界、建筑限界。车辆限界是车辆按区间最高速度等级并附加瞬时超速、规定的过站速度运行,计及了规定的车辆和轨道的公差值、磨耗量、弹性变形量、车辆振动、一系或二系悬挂故障等各种限定因素后形成的动态包络线,一般由车辆制造商提供。设备限界是车辆限界外的一个轮廓,它考虑了一定的安全量。除另有规定外,所有建(构)筑物及固定设备的任一部分,即使计及了它们的刚性和柔性运动在内,均不得向内侵入设备限界。建筑限界是设备限界外的一个轮廓,计及施工误差在内,任何永久性建(构)筑物均不得侵入此限界。建筑限界和设备限界之间的空间应能安装各种管线、消火栓、动力箱、信号机、照明灯、接触网及其他固定设备。建筑限界的断面形式根据不同的施工工法可以分为矩形隧道建筑限界、圆形隧道建筑限界和马蹄形隧道建筑限界三种,分别适用于明挖法、盾构法和矿山法隧道断面。

(1)矩形隧道建筑限界

矩形隧道的建筑限界与车辆类型、疏散平台宽度、供电方式等因素有关,各地城市轨道交通工程限界的技术要求略有不同。在线路直线段,单洞双线矩形隧道左、右线的最小线间距可根据限界尺寸及中隔墙厚度确定。而在圆曲线地段,矩形隧道建筑限界应在直线地段建筑限界的基础上进行加宽,加宽值根据车辆在圆曲线上的最大运行速度及轨道超高量计算确定。

(2)圆形隧道建筑限界

圆形隧道一般采用盾构法施工,小净距盾构隧道的净距由隧道断面直径和线间距确定,而盾构隧道断面直径是根据圆形隧道建筑限界和管片厚度确定的。单线圆形隧道的建筑限界根据线路的平面曲线最小半径和最大轨道超高确定,而且与轨道道床减振类型也有关系,对于常见的地铁 A 型车和 B 型车,在普通道床地段圆形隧道的最小建筑限界为直径5200mm,在减振道床地段最小建筑限界为直径5300mm。近年来为了适应隧道变形的要求,一些城市的轨道交通工程对圆形隧道的建筑限界标准进行了提升,将盾构法圆形隧道的建筑限界直径增加至5500mm,再加上径向150mm 的施工误差和后期变形富余空间,盾构法圆形隧道的内径达到5800mm。

在圆曲线地段,由于限界的加宽要求,圆形隧道的隧道中心线相对于线路中心线需要进行横向偏移,横向偏移量计算公式见式(3-1)。在缓和曲线地段,圆形隧道的建筑限界应在直线地段建筑限界的基础上进行加宽,加宽方法为从直缓点(或缓直点)到缓圆点(或圆缓点)线性递增,直缓点的加宽值为0,缓圆点的加宽值为曲线地段对应的隧道中心线相对于线路中心线的横向位移量。小净距盾构隧道在圆曲线和缓和曲线地段隧道中心线相对线路中心线的偏移量可达到0.2m 左右,当隧道净距较小时,偏移量对隧道净距的影响不容忽视。

$$X' = h_0 \frac{h}{s} \quad (3-1)$$

式中:X'——隧道中心线向线路中心线曲线内侧方向的水平位移量(mm);

h_0——隧道中心线至轨顶面的垂向距离(mm);

h——轨道超高值(mm);

s——滚动圆间距(mm),可取1500mm。

(3)马蹄形隧道建筑限界

马蹄形隧道建筑限界与车辆类型、疏散平台宽度、供电方式等因素有关,各地的城市轨道交通工程限界技术要求略有不同。在圆曲线地段和缓和曲线地段,马蹄形隧道的建筑限界与圆形隧道一样,须将隧道中心线相对线路中心线进行偏移,偏移量对小净距马蹄形隧道的净距也会产生影响。偏移量计算公式与圆形隧道一致。

3.1.3 周边环境条件

在城市轨道交通工程中,当两条或多条线路并行时,从经济性和安全性考虑一般优先采用明挖法。但若受到周边环境条件限制无法采用明挖法,在线间距较小的情况下就只能采用小净距隧道设计方案。例如某车站站台需要下穿2 根高压燃气管和1 根输油管,如图3-10 所示。由于管线迁改费用高昂,迁改施工周期长。为了避免迁改重要管线,该车站在管线两端采用明挖法施工,中间的站台隧道采用两个大断面顶管实施。为了满足站台宽度的功能需求,站台隧道顶管断面宽度达到11.1m,隧道净距只有1.5m。

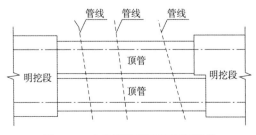

图3-10 小净距隧道下穿重要管线

为了减少施工及运营期间对周边建(构)筑物的影响,城市轨道交通工程线路设计时一般尽量采用平面避让周边建(构)筑物的方案。但城市轨道交通工程通常面临较为复杂的周边环境,往往需要穿越密集的建(构)筑物,当建(构)筑物之间平面距离较近时,采用常规分离式隧道可能无法避让周边建(构)筑物,此时须采用小净距隧道设计方案。例如某区间隧道两侧均有重要房屋建筑,如图3-11所示。若双线隧道按常规1倍洞径进行设计,则隧道需下穿该房屋建筑,隧道施工及运营期间都对房屋建筑产生一定影响,因此采用小净距隧道设计方案,通过缩小线间距使双线隧道平面避让房屋建筑,并与其保持一定的安全距离。

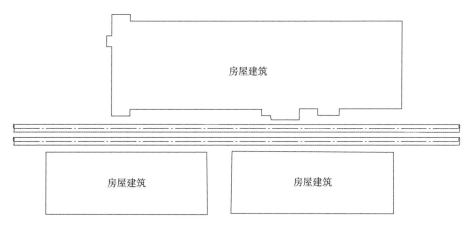

图3-11 小净距隧道平面避让周边建(构)筑物

周边环境制约条件有时也会影响明挖段的位置和尺寸,导致与明挖段连接的隧道净距较小,须采用小净距隧道方案与明挖段连接。如图3-12所示的某区间明挖盾构井为四线隧道的盾构吊出井,盾构井邻近河涌,为了避让河涌而将盾构井的宽度缩小,四条线路之间的线间距也随之缩小,与盾构井连接的区间隧道采用小净距隧道方案。

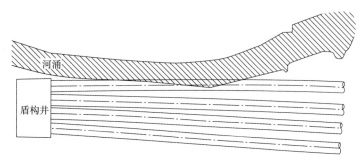

图3-12 周边环境制约盾构井与小净距隧道

3.2 隧道施工工法

隧道施工工法的选择是基于工程地质和施工力学行为,在安全性、经济性和可实施性方面进行综合权衡的过程。施工工法的选取应结合隧道所在地段的工程地质及水文地质条件、城市规划要求、周围既有建筑物、道路交通状况、场地条件、结构埋深、结构形式、工期和工程造价等多种因素综合比较后确定。城市轨道交通隧道工程施工工法分为明挖法和暗挖法两类,其中暗挖法包括矿山法、盾构法、顶管法等。

3.2.1 明挖法

明挖法的特点是可以适应于各种不同的地质情况,减少线路埋深,降低运营成本,施工工艺简单,技术成熟。但明挖法只适用于覆盖层比较薄的情况,遇到建(构)筑物只能避让或者拆迁,线形容易受到限制,而且对周围环境影响很大,同时对于覆土较深的地层工程投资造价比较高。因此目前国内的城市轨道交通明挖法隧道一般适用于地面条件较空旷,地面建筑物比较少的地段;明挖法也适用于线路线间距较小的情形,只要满足限界要求,可以将线间距缩小到极限。以双线隧道为例,当有中隔墙时,明挖法隧道的线间距为"限界宽度+中隔墙厚度";当没有中隔墙时,明挖法隧道的线间距仅由"限界宽度"决定。当线间距较小而且埋深较浅时,采用明挖法具有较好的经济性。当线间距较大、线路埋深较深时,明挖法的经济性不如暗挖法,但明挖法还具备施工安全、风险较小的优点,因此在条件允许时也会优先采用明挖法。城市轨道交通隧道适用明挖法施工的场合主要有:

(1)侧式站台车站连接区间隧道

当车站采用侧式站台方案时,区间隧道的正线线间距较小,在地面条件允许而且线路埋深较小时,可以采用明挖法。例如某区间隧道两端的车站均为侧式站台车站,车站为地下一层站,区间沿线地面条件较为空旷,因此采用较为经济的明挖法施工区间隧道。

(2)车站配线隧道

当车站端部设置配线时一般采用明挖法施工。当线间距较大时,也可以采用明挖法与暗挖法结合,此时就形成小净距隧道方案。例如某车站端部设置存车线,存车线与左线线间距按照限界宽度确定,采用明挖法施工,形成刀把状明挖段,而右线与存车线线间距较大,与存车线明挖段距离拉开,可以采用盾构法施工。

3.2.2 矿山法

采用矿山法施工的隧道断面形状一般为马蹄形,由初期支护、二次衬砌和夹层防水层构成复合式衬砌支护体系。初期支护由喷射(或模喷)混凝土及格栅钢架(或型钢钢架)组成,二次衬砌为防水钢筋混凝土。矿山法隧道具有断面布置灵活、施工工艺简单、施工场地要求较为宽松的优点,可根据施工监控量测的信息反馈来验证或修改设计和施工参数,达到安全与经济的目的,针对性强。对软硬不均地层,可以采用不同的开挖方式进行处理,施工简单方便。矿山法隧道的施工质量与施工单位的管理机制及施工组织方案有很大关系,在施工中若处理不当,容易引起掌子面失稳、地面坍塌、涌水涌沙,从而对周边环境造成影响和引发施工安全事故。矿山法隧道施工中容易引起地下水流失,导致地表沉降或隆起,在重要管线和房屋建筑周边需要充分论证和考虑隧道施工对周边环境的影响,根据工程及水文地质条件采取合理的工程措施和施工工艺之后,才可以弱化和避免上述缺点。在采取合理的工程风险管控措施后,城市轨道交通工程的车站、区间隧道等可以采用矿山法施工,矿山法的适用场合主要有:

（1）区间隧道

区间单洞单线隧道、单洞双线隧道或者由于其他功能需求采用特殊断面的隧道（例如区间人防段扩大断面、洞内桩基托换断面、与配线连接的扩大断面等）施工时，均可采用矿山法，尤其是当区间隧道长度较短、隧道围岩条件较好时，矿山法比盾构法具有更好的经济性。

（2）车站配线隧道

当车站端部设置渡线、折返线、存车线等复杂配线，常规的单洞单线盾构隧道无法满足隧道断面需求，且地面也不具备采用明挖法施工的条件时，可以采用矿山法实施车站配线隧道。

（3）车站大断面隧道

车站的断面尺寸较大，主要采用明挖法施工，但随着城市建设发展，城市轨道交通的车站施工面临越来越复杂的建设条件，明挖法施工车站的代价越来越高，采用矿山法施工车站也是一种可行方案。对于一般地下两层岛式站台车站，隧道净空需要包含站厅及站台的空间，因此需要采用大断面隧道。在地质条件较好时可采用中洞法分部开挖大断面隧道，施工较为方便。为了减少大断面隧道开挖的施工风险，也可以采用拱盖法实施车站隧道，即先开挖小导洞，在小导洞洞内施作边桩和中柱桩，完成扣拱后形成拱盖保护，在拱盖下继续开挖车站。

3.2.3 盾构法

盾构法隧道施工时使用盾构机一边控制开挖面使围岩不发生坍塌失稳，一边安装隧道衬砌，并及时向盾尾后面的开挖隧道周边与衬砌环外围之间的空隙中压注足够的浆液，以防止围岩松弛和地面下沉，在盾构推进中可以从开挖面不断地排出适量的土体。自1841年世界第一座用盾构法修建的英国泰晤士河水底隧道以来，盾构法施工技术迄今已有160余年历史，在世界发达国家得到充分发展和广泛应用。盾构法凭借其良好的防渗漏水性能，施工安全快速、无噪声、无振动，对地面交通及沿线建（构）筑物、地下管线和居民生活影响极小等优点，在城市轨道交通工程的建设中应用广泛，甚至在许多场合成为首选的隧道施工工法。近年来随着盾构机械设备和施工工艺的不断发展，盾构法适应各种工程地质和水文地质条件的能力大为提高，尤其是泥水式、土压平衡式以及复合式土压平衡盾构机的开发，使之在各种复合地层中开挖隧道成为可能。盾构管片采用高精度工厂预制构件及复合防水封垫，钢筋混凝土管片组成的隧道衬砌具有良好的防水效果，不需要修筑二次衬砌结构。伴随着国内外盾构设备技术水平的提高，盾构设备在工程成本中所占的比重逐渐下降，盾构法隧道的工程造价已接近矿山法隧道施工的工程造价，在有些地层中甚至低于矿山法。盾构机在均质地层中施工是非常顺利的，但遇到地层软硬不均，尤其是在软弱地层中夹有坚硬的岩层、岩体或球状风化体时，或者遇到桩基础侵入隧道范围内时，盾构机的掘进就比较困难。由于城市地面交通繁忙，若从地面采取处理措施对交通影响较大，通常只能在盾构机内开仓处理，存在一定的风险。此外，盾构法施工一般要求有较大的施工始发场地，在城市中心区受环境的制约性较大。城市轨道交通工程适用盾构法的主要场合有：

(1)区间单洞单线隧道

目前大部分城市轨道交通单洞单线的区间隧道都采用盾构法施工,甚至成为首选的施工工法。盾构法对地层的适用性较强。当地面条件复杂,周边建(构)筑物和地下管线密集时,盾构法与明挖法相比有较大的优势。而且当围岩条件较差,如围岩稳定性差、地下水发育,盾构法比矿山法具有更好的安全性和经济性。当单洞单线盾构隧道的净距小于 1 倍洞径时,就须考虑按照小净距隧道进行设计。随着线间距不断缩小,隧道净距也不断缩小,隧道最小的净距应根据围岩条件和是否具备隔离加固保护实施条件等因素确定。当线路布设条件受限,隧道净距突破安全极限值时,就不能采用单洞单线盾构隧道方案,此时须考虑采用明挖法或者矿山法,或者采用大断面盾构隧道方案。

(2)大断面单洞双线隧道

以往国内盾构机断面形式单一,基本上只能应用于标准区间的单洞单线隧道断面,但近年来国内盾构机的建造技术不断提升,大断面盾构机的工程应用越来越多。在城市轨道交通工程中,当线间距很小而且地面不具备明挖条件时,可采用大断面盾构隧道。对于单洞双线隧道,直径 13m 左右的大断面盾构基本可以满足断面净空要求。盾构法施工机械化水平高,施工风险低;在工程地质条件较差而又需要采用较大的隧道断面时,采用大断面盾构法比大断面矿山法更为安全。但其缺点是盾构端头井场地需求较大,而且如果隧道施工长度较短,盾构机的摊销成本也比较高。

(3)车站站台隧道

当车站采用站厅与站台分离布置的方案时,车站站台隧道可以采用盾构法。车站站台隧道的断面尺寸比区间隧道的断面尺寸更大,需要采用大断面盾构施工。断面直径根据车辆限界、车站站台宽度、管线布置空间等要求确定,一般直径 10~12m 的盾构机基本可以满足车站站台隧道的断面施工要求。

3.2.4 顶管法

顶管法是一种借助顶推装置,将管节在地下逐节顶进的非开挖施工技术。顶管法施工的隧道有矩形、圆形等断面形式。在城市轨道交通工程中,一般采用矩形顶管。通过矩形顶管机头在地下挖掘土体,并直接推进预制的矩形管节,穿越建筑物、公路、铁路、河流等,完成隧道掘进开挖。矩形断面隧道比圆形断面隧道的有效使用面积增大 20% 以上,对地下空间的利用更加科学合理。顶管法施工可最大限度地避免对地面建筑物、地面交通、地下管线、周边环境等造成不良影响,矩形顶管机始发占用场地较小,适用于浅覆土地层,且施工效率高,比盾构机经济,具有安全、高效的优点。矩形顶管机适用于短距离掘进,通常为 200m 以内。矩形顶管机仅适用于软土地层,若局部有坚硬岩石,需辅助措施处理。矩形顶管机不适宜转弯,通常为直线掘进,因此一般不适用于曲线段隧道。顶管法与矿山法隧道相比,其施工风险较小,尤其是在淤泥、砂层等软弱地层中,采用顶管法的施工风险远小于采用矿山法。

顶管技术在经济、生态和环境上有许多优点,顶管设备的施工能力和应用仍在不断发展。与其他技术相比,顶管技术起步较晚。但是值得注意的是在最近20多年中,顶管施工技术无论在理论上还是在施工工艺方面都有了突飞猛进的发展。采用顶管法施工隧道具有以下优点:

(1)顶管施工技术在国外已得到广泛使用,在国内也正逐渐普及。由于不开挖地面,所以能穿越公路、铁路、河流,是一种安全高效、对周边环境影响较小的施工方法。

(2)顶管施工不开挖地面,施工时对上部土层扰动较小,隧道的管节间接头不易产生差异变形。

(3)采用顶管施工法穿越房屋建筑或重大管线,能节约征地拆迁和管线迁改费用,有很大的经济效益。

(4)顶管法对各种土质地层适应性较强,在填土、黏性土、粉土、砂土、淤泥、淤泥质土甚至全风化层都可以采用顶管法施工。如果顶管底部局部遇到中、微风化岩层凸起,采取预处理破碎措施后也可以采用顶管法施工。

城市轨道交通工程适用顶管法的情形主要有:

(1)车站出入口、风道等通道

当车站出入口、风道等通道下穿重要交通道路、重大管线、河流、铁路等重要建构(筑)物时,明挖法施工代价很高,可以采用顶管法施工。车站出入口、风道对顶管断面尺寸的要求一般为宽度约7m,高度约5m,在软弱地层中采用顶管法施工风险比矿山法小,造价也低于盾构法。

(2)车站站台隧道、区间隧道

当车站站台隧道或者区间隧道需要浅埋下穿重要交通道路、重大管线、河流、铁路等重要建构(筑)物时,采用顶管法可最大限度地避免对周边环境造成不良影响,尤其是当隧道埋深较浅时,采用顶管法穿越软弱地层的施工风险较低,经济性较好。另外,顶管法隧道一般采用矩形断面,空间利用率较高。

3.2.5 工法比选分析

城市轨道交通隧道可以采用明挖法、矿山法、盾构法、顶管法等施工工法,各施工工法的优缺点对比见表3-6。城市轨道交通隧道工程应根据不同工法的适用性,并结合线路、限界和工程实施条件等选择合理的施工工法。除了选择单一工法,还可以根据不同的情形选择不同工法组合实施。

隧道施工工法优缺点对比表　　　表3-6

施工方法	优点	缺点
明挖法	(1)施工工艺简单、技术成熟、施工安全、工期短、施工质量易保证; (2)埋深较浅时采用明挖法经济性较好; (3)防水做法简单且质量可靠	(1)遇到地面建筑物时需要拆迁,费用较高; (2)施工时要进行地下管线改移、保护,施工场地要进行围挡,对周边环境影响较大; (3)施工时容易造成噪声、粉尘及废弃泥浆等的污染

续上表

施工方法	优点	缺点
矿山法	（1）施工技术、工艺成熟，无须大型机械； （2）施工简单、灵活，对断面变化适应性强； （3）无需特别的附属设施； （4）施工场地较小，布置方便灵活	（1）施工进度较慢，施工工期长； （2）需降低地下水位或采取阻水措施； （3）在富水砂层和软土层，需采取辅助措施，造价高； （4）对地表沉降的控制困难，尤其在遇到不良地层时，易塌方，对沉降控制更难； （5）机械化程度低，人工开挖支护，支护封闭前，安全性相对较差
盾构法	（1）施工安全，在穿越地面建筑时，对保护地面建筑及地表沉降控制效果较好； （2）施工时振动小、噪声低、施工速度快； （3）对沿线居民生活、地下和地面建筑物影响小； （4）能在地下水位以下施工，不需地表降水，除盾构始发和接收范围以及区间联络通道外，基本不需要进行地层改良和预支护； （5）预制管片精度高，质量可靠； （6）适用于长距离掘进，随着掘进长度增加，机械摊销成本降低	（1）需要有盾构机及其配套设备，施工技术、工艺复杂； （2）盾构机需要采购，进场较晚，且需要区间两端车站提供盾构井，对车站工期影响大； （3）遇到地下障碍物时难以处理； （4）一般采用固定的断面尺寸，断面单一，无法适应变化断面； （5）施工长度不宜过短，若掘进长度较短，则相应单价较高； （6）始发和接收施工用地面积稍大
顶管法	（1）采用矩形断面能更加科学合理地利用地下空间； （2）可最大限度地避免对面建筑物、地面交通、地下管线、周边环境等造成不良影响； （3）适用于浅覆土地层，且施工效率高，比盾构机经济，比矿山法安全	（1）只适用于短距离掘进； （2）仅适用于软土地层，若局部有坚硬岩石，需辅助措施处理； （3）顶管机不适宜转弯，通常只能直线掘进

3.3 小净距隧道断面设计

城市轨道交通小净距隧道施工可采用矿山法、盾构法、顶管法，对应的断面形状一般为马蹄形、圆形和矩形，也可以采用多种不同工法组合，小净距隧道的断面形状并非单一的。本节根据城市轨道交通工程不同的应用场景论述不同工法的小净距隧道断面设计方案。

1）小净距矿山法隧道

城市轨道交通小净距矿山法隧道断面可以采用单洞单线小净距隧道、单洞双线与单洞单线小净距隧道、单洞双线小净距隧道、单洞双线小净距群洞隧道等断面形式。矿山法隧道断面布置方便灵活，当围岩条件较好时，采取适当措施后可以做成零净距隧道，线间距可以缩小到极限状态。

（1）单洞单线小净距矿山法隧道

单洞单线小净距矿山法隧道适用于城市轨道交通区间正线隧道并行、区间正线隧道与配线隧道并行等情形。单洞单线小净距矿山法隧道一般采用马蹄形断面,如图3-13 所示。马蹄形断面跨度一般比圆形断面小。

(2)单洞双线与单洞单线小净距矿山法隧道

单洞双线与单洞单线小净距矿山法隧道适用于在区间正线之间布设一条渡线、存车线等配线的情形,可将配线与其中一条正线距离拉近并采用单洞双线隧道,另一条正线采用单洞单线隧道,如图3-14 所示。

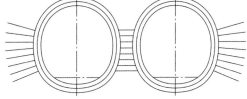

图3-13 单洞单线小净距矿山法隧道断面

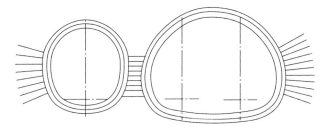

图3-14 单洞双线与单洞单线小净距矿山法隧道断面

(3)单洞双线小净距矿山法隧道

单洞双线小净距矿山法隧道适用于城市轨道交通区间正线之间布设两条渡线、存车线等配线的情形,可采用两个单洞双线隧道,每条隧道包含一条正线和一条配线,如图3-15 所示。

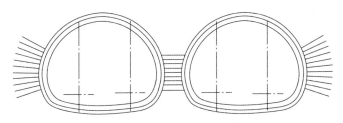

图3-15 单洞双线小净距矿山法隧道断面

(4)单洞双线小净距矿山法群洞隧道

单洞双线小净距矿山法群洞隧道适用于城市轨道交通多线换乘车站、设置复杂配线的车站或者车辆基地出入段线接轨站等特殊多线并行车站的连接区间隧道,可采用多个单洞双线隧道形成小净距群洞隧道的断面布置形式,如图3-16 所示。

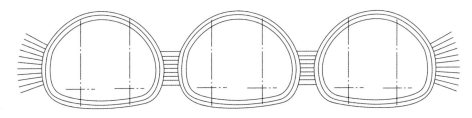

图3-16 单洞双线小净距矿山法群洞隧道断面

2)小净距盾构隧道

城市轨道交通小净距盾构隧道断面可以采用单洞单线小净距隧道、单洞双线小净距隧道、车站大断面小净距隧道、单洞单线小净距群洞隧道等断面形式。由于盾构管片的整体性稍差,后行洞盾构施工对先行洞隧道影响较大,盾构净距不宜过小,而且由于受到圆形隧道限界的影响,断面跨度也不能进一步缩小,因此小净距盾构隧道的线间距通常大于小净距矿山法隧道和顶管法隧道的线间距。

(1) 单洞单线小净距盾构隧道

单洞单线小净距盾构隧道适用于城市轨道交通区间正线隧道并行的情形,尤其是当区间隧道需要通过缩小线间距避让周边房屋建筑时,可采用小净距盾构隧道方案,如图 3-17 所示。

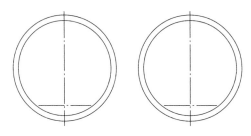

图 3-17 单洞单线小净距盾构隧道断面

(2) 单洞双线小净距盾构隧道

单洞双线小净距盾构隧道适用于城市轨道交通区间正线之间布设两条渡线、存车线等配线的情形,可采用两个单洞双线隧道,每条隧道包含一条正线和一条配线,如图 3-18 所示。

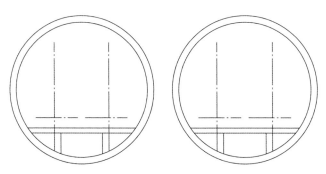

图 3-18 单洞双线小净距盾构隧道断面

(3) 车站站台大断面小净距盾构隧道

车站站台隧道可采用大断面盾构施工,左右线站台隧道通过若干横通道连接,形成分离岛式车站。在线间距一定时,为了尽量增加侧站台宽度,大断面盾构可采用小净距隧道方案,中间可设置横通道和楼扶梯斜通道,如图 3-19 所示。

(4) 单洞单线小净距盾构群洞隧道

单洞单线小净距盾构群洞隧道适用于城市轨道交通多线换乘车站、设置复杂配线车站或者车辆基地出入段线接轨站等多线并行车站的连接区间隧道,可采用多个单洞单线隧道形成小净距群洞隧道的断面布置形式，如图3-20所示。

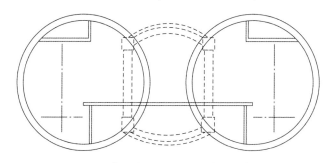

图3-19 车站大断面小净距盾构隧道断面

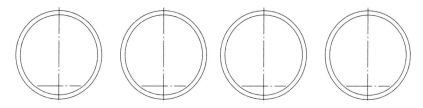

图3-20 单洞单线小净距盾构群洞隧道断面

3）小净距顶管隧道

城市轨道交通小净距顶管隧道断面可以采用单洞单线小净距隧道、车站站台大断面小净距隧道、车站站厅小净距群洞隧道、车站站厅站台一体化大断面零净距组合隧道等断面形式。

（1）单洞单线区间小净距顶管隧道

单洞单线小净距顶管隧道适用于城市轨道交通区间隧道，尤其是两端车站为侧式站台布置形式的区间隧道，单洞单线区间小净距顶管隧道断面如图3-21所示。

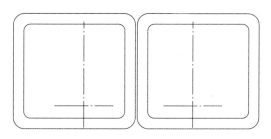

图3-21 单洞单线区间小净距顶管隧道断面

（2）车站站台大断面小净距顶管隧道

车站站台隧道可采用大断面顶管施工，左、右线站台隧道分别采用大断面顶管法施工，形成分离岛式车站，如图3-22所示。在线间距一定时，为了尽量增加侧站台宽度，大断面顶管法施工可采用小净距隧道方案，中间可设置横通道连通。

（3）车站站厅小净距顶管群洞隧道

车站站厅可采用小净距顶管群洞隧道施工，即将多个顶管机并行布置，甚至可以采用零净距顶管施工方案，通过对中间管片进行破除改造转换为车站站厅梁柱结构体系，如图 3-23 所示。

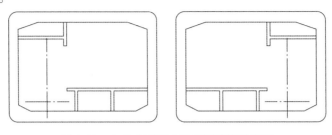

图 3-22　车站大断面小净距顶管隧道断面

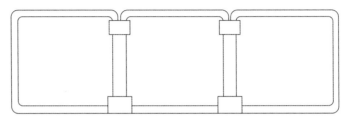

图 3-23　车站站厅零净距顶管群洞隧道断面

(4) 车站站厅站台一体化大断面零净距顶管组合隧道

车站站厅站台一体化布置方案可采用大断面顶管施工,如图 3-24 所示。采取层叠式矩形顶管机分左、右线二次顶进施工,形成两条大断面零净距顶管组合隧道。待零净距顶管施工完成后破除中间管片转换为梁柱结构体系,最后施工主体结构中板等二次转换结构,形成最终的地铁车站站厅站台一体化结构体系。

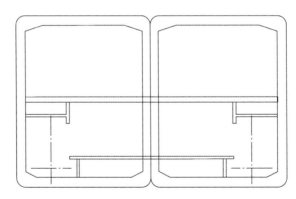

图 3-24　车站站厅站台一体化大断面零净距顶管法施工组合隧道断面

4) 矿山法与盾构法组合小净距隧道

矿山法隧道断面布置灵活,盾构法隧道施工风险较低,在一些工程中可以将矿山法与盾构法隧道组合采用小净距隧道方案,采用矿山法施工大断面隧道,采用盾构法施工单洞单线隧道,发挥矿山法与盾构法隧道各自的优势。

(1) 单洞单线矿山法与单洞单线盾构法组合小净距隧道

在城市轨道交通工程中,有时候其中一条线路的隧道由于各种因素限制无法采用盾构法施工,而另一条线路具备盾构法施工的条件,这时可以分别采用矿山法与盾构法施工单线隧道,在线间距较小的情况下可以采用小净距组合隧道施工方案,如图 3-25 所示。

矿山法隧道施作二次衬砌之后整体性较好,先实施矿山法隧道再实施小净距盾构法隧道,能够降低小净距隧道的施工风险。

（2）单洞双线矿山法与单洞单线盾构法组合小净距隧道

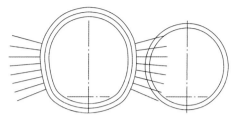

图 3-25　单洞单线矿山法与单洞单线盾构法组合小净距隧道断面

在城市轨道交通工程中,当配线与其中一条正线并行而且线间距较小时,可以采用单洞双线矿山法隧道断面,而另一条正线则可以采用常规的单洞单线盾构法隧道,形成小净距隧道。如图 3-26 所示,两条正线之间设置一条折返线,将折返线和左线并行采用单洞双线矿山法隧道施工,右线隧道采用单洞单线盾构法施工,两条隧道为小净距隧道。

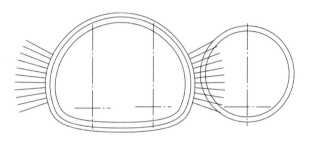

图 3-26　单洞双线矿山法与单洞单线盾构法组合小净距隧道断面

3.4　小净距隧道接口设计

小净距隧道设计方案除了考虑隧道断面形式、施工工法,还要考虑隧道端部接口的设计方案。通常小净距隧道端部可以与车站或明挖工作井连接,有时也可以采用大断面隧道与小净距隧道进行连接,接口有多种灵活布置的方案。

3.4.1　小净距矿山法隧道接口

（1）小净距矿山法隧道与明挖车站/工作井接口

小净距矿山法隧道与明挖车站或工作井连接是较为常见的方式,接口段二次衬砌纵向钢筋锚入明挖车站或工作井的端墙内,通过现浇连接。明挖车站或工作井的端墙要预留小净距矿山法隧道的洞门,预留洞门处的受力状态与小净距隧道中夹岩墙类似,会出现应力集中,因此需在端墙洞门周边加强配筋。

（2）小净距矿山法隧道与大断面矿山法隧道接口

小净距矿山法隧道的线路有时采用线间距逐渐缩小的方案,当线间距缩小到一定程度时就不能继续采用小净距隧道施工,此时若地面无法实施明挖工作井,可以采用单洞双线的大断面矿山法隧道与单洞单线小净距矿山法隧道连接,如图 3-27 所示。大断面矿山法隧道的跨度由小净距隧道的跨度加上中夹岩墙厚度确定。从工程投资和施工效率、施工风险等方面考虑,应尽量减小大断面矿山法隧道的跨度,因此在确保中夹岩墙稳定性的前提下要尽量减小小净距隧道接口段的隧道净距。

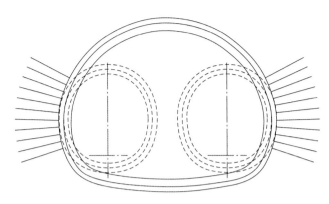

图 3-27　小净距矿山法隧道与大断面矿山法隧道接口

（3）小净距矿山法隧道与双连拱矿山法隧道接口

小净距矿山法隧道可以与双连拱矿山法隧道连接,降低大断面矿山法隧道施工的风险,双连拱隧道断面与小净距隧道断面可以较为顺畅地衔接,小净距隧道的中夹岩墙厚度与连拱隧道的中墙厚度一致,施工工序转换也较为便利,如图3-28所示。但如果双连拱隧道的长度较长,其施工效率比采用 CRD 法、CD 法开挖的单洞双线大断面隧道低。

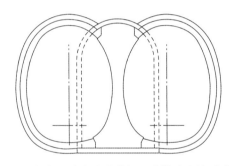

图 3-28　小净距矿山法隧道与双连拱矿山法隧道接口

（4）小净距矿山法隧道与矿山法横通道接口

小净距隧道矿山法隧道可通过矿山法施工横通道进洞,接口如图3-29所示。当施工横通道不施作二次衬砌时,可直接破除初期支护进洞,此时小净距隧道洞门净距较小,对施工横通道初期支护的整体性有较大影响,可在施工横通道与小净距隧道洞门接口处施作一个现浇环梁,确保进洞时横通道洞门支护结构的稳定性。

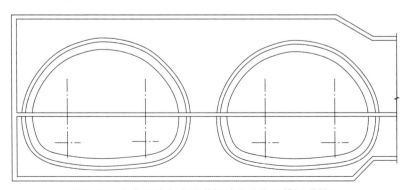

图 3-29　小净距矿山法隧道与矿山法施工横通道接口

3.4.2 小净距盾构隧道接口

(1)小净距盾构隧道与明挖车站/工作井接口

小净距盾构隧道与明挖车站或工作井接口设计与常规盾构隧道接口方案类似,需要注意的是小净距盾构隧道与明挖车站/工作井接口段的端头加固设计。为了确保中夹岩墙的稳定性,小净距盾构隧道的端头加固方案可以与中夹岩墙的保护方案结合设计,可以采用洞内注浆或者搅拌桩等地层加固方式。此外,明挖车站或工作井需考虑小净距盾构始发或接收的施工空间,并且各条隧道之间的洞门预埋钢环也要预留一定的净距。

(2)小净距盾构隧道与大断面矿山法隧道接口

单洞单线的小净距盾构隧道可以与单洞双线大断面矿山法隧道连接,当线间距逐渐缩小到一定程度,小净距盾构隧道无法继续施工时可以采用这种连接方式,如图3-30所示。大断面矿山法隧道作为小净距盾构隧道的始发端或者接收端,其断面净空要满足盾构机通过的条件,特别是作为始发端时还需要考虑安装始发施工反力架的空间要求,因此大断面矿山法隧道的断面宽度由小净距盾构始发或接收所需的施工空间宽度加上中夹岩墙厚度确定。从工程投资、施工效率和施工风险等方面考虑,应尽量减小大断面矿山法隧道的跨度,因此在确保中

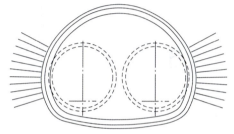

图3-30 小净距盾构隧道与大断面矿山法隧道接口

夹岩墙稳定性的前提下应尽量缩小小净距盾构隧道接口段的隧道净距。小净距盾构隧道与大断面矿山法隧道接口端头加固可以从矿山法隧道端墙施作超前支护或者采取洞内注浆加固等措施,当地面具备条件时也可以采用地面加固方式。

(3)小净距盾构隧道与双连拱矿山法隧道接口

小净距盾构隧道可以与双连拱矿山法隧道连接,降低大断面矿山法隧道施工风险,如图3-31所示。单洞单线盾构隧道与矿山法隧道组合的小净距隧道也可以与双连拱矿山法隧道连接,双连拱隧道其中一个洞口与盾构隧道连接,另一个洞口直接与单洞单线矿山法隧道连接。

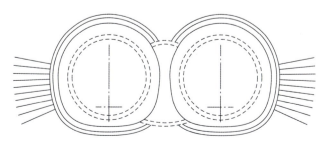

图3-31 小净距盾构隧道与双连拱矿山法隧道接口

3.4.3 小净距顶管隧道接口

小净距顶管隧道两端接口段一般采用明挖法,与明挖车站或工作井连接,接口段应考虑顶管吊装所需施工空间。当顶管隧道接口位于软弱地层时,应采用端头加固措施,确保顶管进出洞的施工安全。在复杂的城市环境中,当顶管接收端不能设置明挖车站或工作井时,可以采用洞内接收弃壳解体的方案。

3.5 本章小结

城市轨道交通小净距隧道的总体设计需要考虑多种复杂因素,例如线路、限界、周边环境条件等。线路是小净距隧道设计的重要输入条件,通常在多线换乘站以及线路设置渡线、折返线、停车线、存车线、联络线、车辆基地出入段线等配线的情形下会采用小净距隧道设计方案,本章总结了常见的多线换乘站和不同配线形式对应的小净距隧道设计思路。限界对小净距隧道断面尺寸和中夹岩墙的厚度有一定影响,在线路曲线段需要考虑限界加宽和隧道中心线偏移量等因素对小净距隧道净距的影响。隧道设计要因地制宜,当受到周边环境条件限制时可以采用小净距隧道设计方案,例如车站站台隧道可以采用小净距隧道下穿重要管线,区间隧道可以采用小净距隧道避开周边重要的建(构)筑物。

城市轨道交通小净距隧道施工可以采用矿山法、盾构法、顶管法等暗挖工法,矿山法施工简单、方便灵活,但施工风险较大,在不良地质条件下加固费用也比较高;盾构法是城市轨道交通隧道工程常用的施工工法,施工安全,对周边环境影响较小,但盾构隧道的断面尺寸较为单一,施工设备和场地要求较高;顶管法在小净距隧道中对隧道的净距控制和断面利用较为合理,但仅适用于土质地层,掘进距离较短。

本章基于不同的隧道施工工法、断面形式、线路布置方案和车站功能介绍了城市轨道交通小净距隧道方案和接口设计要点,小净距矿山法隧道断面可以采用单洞单线小净距隧道、单洞双线与单洞单线小净距隧道、单洞双线小净距隧道、单洞双线小净距群洞隧道等断面形式;小净距盾构隧道断面可以采用单洞单线小净距、单洞双线小净距、车站大断面小净距、单洞单线小净距群洞隧道等形式;小净距顶管隧道断面可以采用单洞单线小净距、车站站台大断面小净距、车站站厅小净距群洞、车站站厅站台一体化大断面小净距等形式。

第 4 章

小净距矿山法隧道设计关键技术

在城市轨道交通的设计中,受线路布设的限制,往往不得不在线间距较小的条件下修建隧道,小净距隧道施工工艺同普通分离式隧道相比差别较小,相比于连拱隧道施工工艺简单、造价低、施工安全性和长期可靠性容易得到保证,所以小净距隧道受到越来越多的青睐。小净距矿山法隧道的围岩受力、稳定性、变形特征与隧道断面形式、断面尺寸、围岩级别、隧道埋深、中夹岩墙厚度、开挖方式、支护形式和参数选取等很多因素有关。支护结构的受力机制也具有其自身的特征,支护结构的设计和施工方法与其他结构形式隧道有所不同。为此,对于小净距矿山法隧道的设计宜根据围岩条件、隧道净距等因素,结合计算分析结果来选取合理的断面形式、开挖方式及支护参数。

4.1 隧道支护设计

矿山法隧道设计与施工有新奥法、浅埋暗挖法等多种技术体系,其指导思想都是一致的,就是要求在修建隧道过程中尽可能保持围岩的原始状态,充分发挥围岩的自承作用。在技术方法的实施上,采用喷射混凝土和锚杆为主的初期支护技术,并采用监控量测技术验证围岩支护的效果,把隧道围岩和各种支护结构作为一个共同作用的承载体系。为了实现对围岩有效支护的目标,应针对不同的围岩类型采取不同的支护策略:硬岩隧道采用柔性支护,软岩或土质隧道采用预支护。控制围岩变形发展,基本维持围岩原始状态,通过监控量测手段及时掌握围岩和支护结构的变形和应力动态,实现隧道结构设计和施工的信息化。同时,对于超浅埋隧道或下穿重要建(构)筑物的隧道,应采用更强的预支护措施,如超前管幕、管棚、地层注浆加固等措施。小净距矿山法隧道由于先后行洞隧道施工的相互影响,隧道的支护参数相对分离式隧道须进行适当加强。本节主要对小净距矿山法隧道的支护体系设计进行论述。

4.1.1 超前支护

小净距矿山法隧道开挖对围岩的影响较大,尤其是后行洞隧道的开挖对围岩的二次扰动易造成地层的二次松弛,进一步加大地层的沉降。当围岩条件较差时,为减小开挖对围岩的二次扰动,结合掌子面开挖的条件,须采取超前支护措施。目前,常用的超前支护措施有超前帷幕注浆、MJS 注浆加固、管幕、大管棚、小导管等。

1)超前帷幕注浆

超前帷幕注浆的主要作用是加固改良地层或封堵地下水,为隧道开挖提供条件。当矿山法隧道上部存在砂层且与隧道顶部无有效的隔水层时,常常须采用超前帷幕注浆加固的方式进行止水。当矿山法隧道拱顶及掌子面范围在开挖过程中可能存在掌子面失稳或支护大变形的情况时,也可以采用超前帷幕注浆的方式进行地层加固,以稳定掌子面并加强对地层变形的控制。

矿山法隧道超前帷幕注浆的工艺主要有前进式分段注浆、后退注浆、袖阀管注浆、无收缩双液注浆(WSS 注浆)等,其特点及适用范围见表 4-1。

不同注浆工艺的特点及适用范围　　　　　表4-1

注浆工艺	工艺说明	注浆材料	优缺点	适用范围	造价
前进式分段注浆	通过超前探测确定隧道前方有涌水量较大或发育较大规模的不良地质时,采取钻注交替作业的前进式分段注浆方式,可采用水囊式止浆塞或孔口管法兰盘进行止浆	水泥浆、双液浆等	优点:注浆效果好。缺点:需重复扫孔,注浆量大	砂层、淤泥质软土地层、填土、高水压破碎地层等不良地层	较高
后退式注浆	提前钻孔至注浆深度范围,注浆管逐步后退进行注浆	水泥浆、双液浆等	优点:注浆工艺相对简单。缺点:对机器的起拔力要求高,若地层不好,成孔过程可能塌孔	裂隙发育的强风化地层、砂层、土层等	低
袖阀管注浆	在掌子面或地表先钻孔再安装袖阀管进行注浆分段,通过孔内封闭泥浆、单向密封阀管、注浆芯管上的上下双向密封装置进行注浆	水泥浆、双液浆等	优点:可分段注浆,可重复注浆。缺点:造价较高,注浆工艺较复杂,套壳料制作难度较大	适用地层范围广	高
WSS注浆	WSS注浆一般采用钻注一体机进行后退式注浆,通过混合两种注浆材料实现对地层的强化、止水	AB液、AC液	优点:止水效果好,地层适应性好。缺点:费用较高	可用于各种土层,在砂层、全风化花岗岩地层应用效果较好	高

超前帷幕注浆设计主要内容有注浆孔间距布置、注浆材料、止浆墙厚度、注浆分段长度、注浆压力等,应根据软弱地层加固的目的和邻近建筑物的状况确定地层加固强度和变形要求,并确定注浆加固深度及范围。

在软弱地层注浆加固时,注浆孔布置应符合下列要求:

(1)采用梅花形布置,注浆孔间距宜为$(0.8\sim1.7)R$,排间距宜为孔距的$0.8\sim1.0$倍,R为浆液扩散半径(m)。

(2)注浆孔深度应穿过软弱地层,并进入下一土层$0.5\sim1.0m$,或加固深度满足地基承载力和变形的要求。

渗透注浆初步设计时,在无当地经验情况下,容许注浆压力可按下列公式计算:

$$p_e = p_1 + p' + C \tag{4-1}$$

式中:p_e——容许注浆压力(MPa);

p_1——地下水压力(MPa);
p'——注浆管阻力(MPa);
C——常数,可取 0.3~0.5MPa。

劈裂注浆初步设计时,在无当地经验情况下,最小注浆压力可按下列公式计算:

$$p_{\min} = \gamma h + \sigma_r \tag{4-2}$$

式中:$p_{\min}$——最小注浆压力(MPa);
h——地面至注浆段的深度(m);
γ——注浆地基的天然重度(kN/m^3);
σ_r——土的抗拉强度(MPa)。

注浆量应根据注浆类型、土的孔隙率和裂隙率、浆液充填程度确定。渗透注浆初步设计时,在无当地经验情况下,注浆量可按下列公式计算:

$$Q = \pi R^2 h n \alpha (1 + \beta) \tag{4-3}$$

式中:Q——注浆量(m^3);
R——浆液扩散半径(m);
h——注浆段的长度(m);
n——地层孔隙率;
α——地层填充系数;
β——浆液损耗系数。

2) MJS 注浆加固

MJS 工法(Metro Jet System)又称"全方位高压喷射工法",注浆系统示意如图 4-1 所示。MJS 工法在传统高压喷射注浆工艺的基础上采用了独特的多孔管和前端造成装置实现了孔内强制排浆和地内压力监测,并通过调整强制排浆量来控制地内压力,使深处排泥和地内压力得到合理控制,保证地内压力稳定。MJS 工法降低了在施工中出现地表变形的可能性,可大幅度减小对环境的影响,而地内压力的平衡稳定也进一步保证了成桩直径的精度。

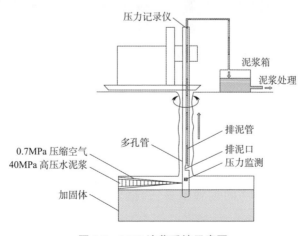

图 4-1 MJS 注浆系统示意图

MJS 工法的应用范围广泛,可用于不同地层(在卵砾石、砂土、黏性土地层均可采用)、不同环境下的止水、补强和加固,具有止水效果好,加固体强度高,成桩截面多变,可垂直、水平和倾斜施工等优点,注浆装置如图 4-2 所示。MJS 加固设计方案的要点主要是根据地层加固要求确定加固深度、加固体直径、咬合度及角度等。

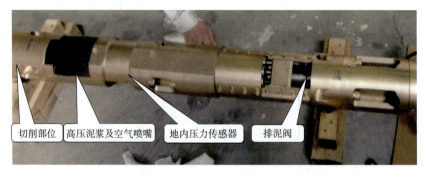

图 4-2 MJS 工法注浆装置

3) 管幕

管幕工法以单根钢管或管排铺设为基础单元,分多次顶进施工形成管幕支护结构,如图 4-3 所示。其中,管排由一组钢管并列排布组成,相邻钢管之间通过锁扣、钢板等连接构件连接,每组钢管的数量不少于 2 根。相邻钢管间平行咬合,密布在隧道开挖面周围形成稳定的封闭式帷幕支护结构。隧道在帷幕的保护下进行开挖,从而建造大断面隧道的地下空间,是一种安全可靠的矿山法超前支护技术。管幕施工采用螺旋出土顶进工艺,常用的钢管规格有 $\phi159mm$、$\phi194mm$、$\phi219mm$、$\phi245mm$、$\phi299mm$、$\phi402mm$、$\phi480mm$、$\phi508mm$、$\phi630mm$、$\phi720mm$、$\phi800mm$、$\phi970mm$、$\phi1200mm$ 等。

图 4-3 管幕工法

管幕施工以钢管作为套管,内部安装带有专门钻头的螺旋钻杆。管幕机提供螺旋钻杆的旋转动力和套管的顶推力。管幕机顶进时,螺旋钻杆向钻头传递钻压和扭矩切削土层,钻渣由管内螺旋排到孔口管外;如此边顶进、边切削、边出渣,将管幕钢管逐段向前顶进直至该施工单元施工结束。反复进行后续单元施工,后续单元钢管或管排沿上个施工单元锁扣顶进,锁扣将相邻钢管或相邻管排横向扣接,逐步在开挖线外形成"纵向成梁、横向成拱"的钢管帷幕,为隧道开挖作业提供了安全可靠的支护体系。

管幕工法的特点主要有以下几个方面:

(1) 对地层扰动小。螺旋出土钢管顶进工艺大多采用钢管静压顶进,避免了地层扰动,可有效控制沉降。

(2)施工精度高。多根钢管同时顶进能有效避免钢管发生转动,可降低顶进偏差的风险;随钻测量及非对称纠偏技术能够及时测量顶进偏差并进行纠偏,可提高施工精度。

(3)施工效率高。长短距离相结合的管幕施工设备能够实现钢管顶进和机头快速回撤,可延长有效顶进时间。

(4)施工效果好。钢管间采用锁扣连接形成连续的帷幕,具有一定止水效果,管幕整体性强,可提高超前支护强度。

管幕工法适用的地层有:①回填素土、砂土、小砾石地层;②粉性黏土、黏性粉土、砂土地层;③全风化、淤泥质土、粉细砂地层。

小直径锁扣式管幕作为超前支护的新工艺能使超前支护形成"铁板一块",弥补了普通管棚不能有效封闭支护的不足,也能避免大直径管幕的"高、大、长"缺点。对于暗挖车站等一些特大断面隧道、一些重要下穿工程或超浅覆盖情况、对地表沉降要求较高而地质情况特别复杂的情况及需要止水的地下工程,小直径锁扣管幕方法将成为优先选择的超前支护方案之一,而且因其采用成熟的螺旋出土顶管工艺,即使是在一定的承压水作用的情况下也能适用。但是,当在基坑内实施管幕时,须在围护结构(如地下连续墙)上采用水钻进行开孔。由于开孔须包含锁扣的范围,开孔直径较大,如图4-4所示的$\phi299$mm管幕开孔直径达到400mm。因此对于地下水丰富且周边存在重要敏感建(构)筑物的工程,管幕开孔须采取措施,避免开孔时可能带来的涌水问题。

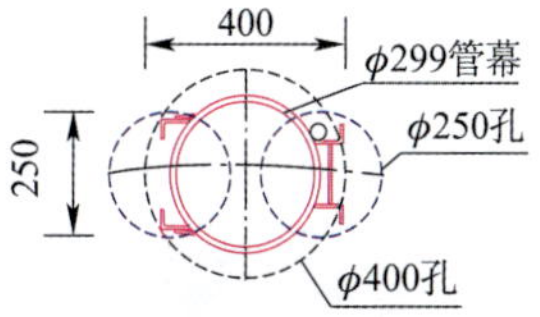

目前,管幕作为超前支护的应用案例较多,应用效果良好。下面列举2个典型工程案例供参考。

图4-4 $\phi299$mm 管幕开孔示意图
(尺寸单位:mm)

案例1:北京地铁19号线右安门暗挖车站隧道工程,超前管幕支护采用$\phi402$mm(壁厚14mm)无缝钢管,单节长度2.65m,锁扣采用80mm×50mm×8mm不等边角铁,单节长度与钢管长度相等,掌子面共计布置约500个施工孔位,单孔施工长度为22.6m或35.5m,管间间距452mm,锁扣管幕上预埋$\phi32$mm注浆钢管,随管幕钻机一起钻入地层。管幕施工期间地表及管线的沉降最大值为3.2mm,管幕钢管填充和注浆完成后地表基本没有继续沉降。实际完成暗挖车站超前支护管幕长度共9800m,其中车站主体$\phi402$mm管幕长度共8650m。

案例2:广州市轨道交通8号线北延段工程(文化公园站—白云湖站区间)西村站矿山法小净距隧道采用管幕支护,如图4-5所示,隧道开挖跨度约12m,初期支护采用喷混凝土、钢筋网、锚杆和型钢钢架,二次衬砌采用钢筋混凝土,隧道拱部采用管幕支护结构。管幕设计参数为:钢管规格为$\phi630$mm(壁厚16mm),钢管中心间距730mm,单孔管幕施工长度20m,设计管幕总长度900m。

4)超前管棚

超前管棚施工是利用钢拱架或混凝土套拱,沿着隧道开挖线以较小的外插角度向开挖方向打入钢管,并注浆加固周边围岩。其作用是:减少地层孔隙率,增加地层密实度。管棚注浆凝固后在地层中起骨架作用或浆液与土体凝结成一个壳体,加强地层结构的整体性,提高地层的强度,维护和调动了软弱围岩的自承能力,形成对开挖前方围岩的预支护。超前管棚作为一种辅助施工措施,在矿山法隧道工程中遇到破碎围岩、软弱围岩、洞内不良地质段、工程塌方段等不良地质状况时被广泛使用,可有效防止围岩坍塌,控制施工引起的地层位移。在硬质岩石地层中,管棚所受的围岩压力会及时转移到支护的钢拱架上,管棚与拱架共同作用,形成"棚"。而在软弱围岩区,需要满足以下条件才能形成"棚"的支护结构。

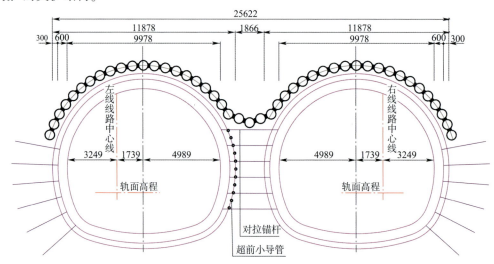

a) 小净距矿山法隧道横断面

b) 管幕施工

图 4-5 小净距矿山法隧道管幕支护(尺寸单位:mm)

(1)管棚注浆时,浆液要有良好的扩散性,使钢管间的软弱土体形成固结体,从而形成微拱。

(2)应具有足够数量能扩散或传递围岩压力的杆件结构(例如小导管)。

按钢管直径一般可以把管棚分为小管棚、中管棚、大管棚三种。小管棚钢管直径一般不大于129mm,钢管直径为 130～299mm 的管棚为中管棚,钢管直径大于或等于300mm 的为大管棚。目前实际工程中小管棚使用最多,常用的钢管规格有 $\phi 76mm$、$\phi 89mm$、$\phi 108mm$、$\phi 127mm$、$\phi 159mm$、$\phi 189mm$、$\phi 219mm$。一般单根钢管循环长度小于 6m

的为短管棚,钢管长度大于 6m 的为长管棚。管棚钢管打入的方式一般采用钻机成孔,而后打入钢管,这种方法最为简单和常用,但是容易在地层条件较差时发生卡钻、塌孔等问题。为了解决这类问题,近年来也出现了跟管钻进的施工方法,即钢管在钻孔的时候同步打入围岩,避免发生卡钻、塌孔等问题。

隧道开挖过程管棚的力学分析模型如图 4-6 所示。支护段管棚纵向构件(钢管混凝土)以一定间隔固定于横向格栅拱架上,认为是固定端,采用梁模拟。伸入开挖面前方的管棚支撑于弹性地基上,采用弹性地基梁模拟。管棚的载荷范围为管棚支撑上方及掌子面前方一定范围,每步掘进之后到未支护之前的一个开挖步距长(相邻两格栅拱架之间的距离)是掌子面开挖的最不利载荷情况。由于隧道开挖引起的围岩变形始于掌子面前方一定距离,在隧道掌子面处已经发生了一定量的变形。因此,支撑在格栅拱架处,竖向位移为管棚体系的变形和施工中的地层损失。

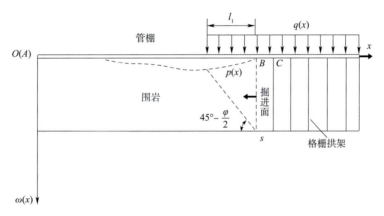

图 4-6 隧道开挖过程管棚力学模型示意图

管棚支护的设计支护参数主要有管径、间距、打设长度、搭接长度等。管棚钢管的合理直径与管棚的长度、支护结构情况密切相关。当支护结构跨度较小时,管棚钢管的合理钢管直径在 108~159mm 之间;当支护结构跨度较大时,就要视管棚的长度来确定管棚钢管直径:当管棚长度较短时,小直径管棚的敏感度较大,提高管棚钢管直径对于位移控制效果明显;当管棚长度较长时,管棚钢管直径敏感度下降,采用钢管直径为 108mm 的管棚就可以满足。另外,管棚的主要作用是承受荷载和传递荷载,管棚的净距应大于(1/600~1/250)L(L 为管棚长度);管棚搭接长度的选择必须结合围岩条件来考虑,一般情况宜大于 $H\tan(45°-\varphi/2)$(H 为开挖高度,φ 为围岩的计算内摩擦角)。一般情况下管棚预支护长度宜为 10~40m 之间,小于 10m 经济性差。管棚的支护长度一般根据管棚打设目的确定,如仅考虑超前支护,采用短管棚支护时,管棚的支护长度应大于 1.5 倍的开挖高度,管棚的搭设角度为 0°~3°。一般情况下管棚宜一次性打设,尽量减少搭接。管棚注浆浆液宜采用水泥或水泥砂浆,其水泥的水灰比为 0.5~1,水泥砂浆的配合比为 1:(0.5~3),注浆浆液必须充满钢管及周围的空隙并填充密实,其注浆量和注浆压力应根据试验确定。管棚的实施最好从施工竖井井壁开孔打设,沿隧道外轮廓线顺隧道轴线方向依次打入开挖面前方的地层内,或者是从大断面隧道向小断面隧道的前方打入。如果管棚的钢管要分段施作,则必须根据不同型号的水平钻机所需空间施作比常规隧道断面尺寸略大的管棚工作室断面。超大管棚施工现场如图 4-7 所示。

图 4-7　超前大管棚施工现场

5)超前小导管

超前小导管是指沿着隧道开挖轮廓线向前上方倾斜一定角度打入一排管壁带孔的注浆钢花管,如图 4-8 所示。超前小导管的外端支撑于开挖面后方的格栅钢架上,然后注浆,使围岩与小导管共同组成预支护系统。超前小导管主要作用有以下三个方面:

(1)起到加固钢筋的作用,加固一定范围内的围岩,提高围岩承载拱的承载力,防止掉块。

(2)小导管注浆后有一定封堵地下水的作用。

(3)小导管焊接在钢架上,提高钢架的稳定性和承载能力,与钢架、大管棚等其他支护形成联合支护体系。

图 4-8　超前小导管

小导管主要适用于砂土层、软弱破碎围岩浅埋段等地质情况。超前小导管与超前管棚的支护机理具有一定的相同点,所以又称为小管棚或短管棚,可与大管棚联合使用,也可单独使用。

小导管一般由 $\phi42mm$ 的无缝热轧钢管制成,钢管壁厚为 3.5mm,长度一般为 3.5~5m。小导管钢管预留注浆孔,孔径 6~8mm,孔间距 20~30cm,呈梅花形布置,前端加工成锥形,尾部止浆段长度不小于 100cm。小导管主要设计参数为:外插角 10°~20°(与钢架间距有关),纵向搭接长度1~1.5m,环向间距0.2~0.4m,纵向间距一般为1~1.5m(需与钢架的间距相匹配)。注浆小导管宜和格栅钢架配合使用,一般应从钢架的腹部穿过。注浆小导管一般仅在拱部设置,必要时也可在边墙局部设置,例如小净距隧道就可以在边墙采用超前小导管对中夹岩墙进行加固。小导管必须穿过可能存在的破裂面以外。小导管注浆压力在采用水泥砂浆单液浆时宜为1.0~2.0MPa,采用水泥-水玻璃双液浆时宜为1.2~1.5MPa。当位于松散的土层(粉细砂地层)时,可适当减小注浆压力。

4.1.2 初期支护

初期支护是指隧道开挖后,用于控制围岩变形及防止坍塌而及时施作的支护。为此,初期支护应做到及时、柔性、密贴,并与围岩共同变形。初期支护体系主要包括喷射混凝土、锚杆、钢架、钢筋网、锁脚锚杆、临时支撑等。初期支护设计方法主要为工程类比法。对于单洞矿山法隧道而言,初期支护的设计可参考表4-2、表4-3进行设计。初期支护中的钢架尺寸应根据计算确定,一般采用地层-结构法计算确定,其他参数主要根据工程类比法确定。

小净距矿山法隧道的初期支护体系设计与围岩等级、开挖工法、初期支护的支护时机、开挖跨度、隧道净距等因素密切相关。初期支护对小净距矿山法隧道中夹岩墙的侧移控制有很好的约束作用,它改变了中夹岩墙的受力状态,使中夹岩墙在开挖过程中不因左、右洞室的开挖而处于两向或单向受力状态,因此能有效地防止中夹岩墙因小净距隧道开挖产生的应力集中而破坏。小净距矿山法隧道初期支护的状态(封闭或不封闭)对改善初期支护的受力条件和锚杆的受力也有重要的影响。初期支护封闭可以降低初期支护内的弯矩和锚杆的轴力,虽然初期支护内的轴力略有增加,但对于喷射混凝土材料,正好可以发挥其抗压能力较好的优点。在小净距矿山法隧道施工中,初期支护应及时跟进,对于低级别围岩(Ⅳ、Ⅴ级围岩)应采用封闭式初期支护并及时跟进封闭。按照小净距隧道相互影响程度的不同,不同类别小净距矿山法隧道的支护体系施工方式及选取可参照表4-4。

4.1.3 二次衬砌

小净距矿山法隧道的二次衬砌设计与二次衬砌的支护模式相关。对于两线平行的小净距矿山法隧道,当地质条件较好且净距较大时,一般优先在两个隧道的初期支护施工完成后再进行二次衬砌施工;当地质条件较差且净距较小时,后行洞隧道开挖对先行洞的衬砌有较大的影响,一般在先行洞隧道二次衬砌施工完成后再开挖后行洞隧道。隧道的支护模式与隧道的围岩等级、埋深、隧道净距密切相关,二次衬砌设计时应根据隧道自身的特点进行验算。

当小净距矿山法隧道二次衬砌均在两个隧道开挖完成后施工时,二次衬砌设计可采用全量法进行设计,当先行洞隧道二次衬砌施工完成后再开挖后行洞隧道时,先行洞的二次衬砌宜采用增量法进行设计。

单洞单线矿山法隧道的初期支护设计参数参考表（适用于跨度 5~8.5m 的小断面隧道）

表4-2

围岩级别	初期支护											开挖方法
	喷射混凝土及格栅		锚杆			钢筋网 (mm)	小导管				
	喷射混凝土厚度 (mm)	格栅间距 (m)	位置	长度 (m)	间距 (m)		位置	长度 (m)	间距 (m)		
Ⅱ	150	—	拱顶150°	3.0	1.2×1.2	φ8@200×200 单层布设	—	—	—		全断面法
Ⅲ	200	—	拱顶、墙	3.0	1.2×1.2	φ8@150×150 双层布设	—	—	—		台阶法
Ⅳ	300	0.8	侧墙	3.0	1.0×0.8	φ8@150×150 双层布设	拱顶150°	3.5	环向间距0.3，纵向间距2.4		预留核心土台阶法
Ⅴ	300	0.5	侧墙	3.0	0.8×0.5	φ8@150×150 双层布设	拱顶150°	3.5	环向间距0.3，纵向间距2		预留核心土台阶法
Ⅵ	需进行特殊设计											

注：本参数表根据周岩级别和隧道跨度确定初期支护设计参数，仅适用于一般环境（无重要建（构）筑物、管线，无不良地质）。对于隧道周边有建（构）筑物或管线需要保护的复杂环境和有不良地质地段的地段，应进行特殊设计。

单洞双线矿山法隧道的初期支护设计参数参考表（适用于跨度 8.5~12m 的中等断面隧道）

表 4-3

围岩级别	喷射混凝土及格栅		锚杆			初期支护 钢筋网（mm）	小导管			开挖方法
	喷射混凝土厚度（mm）	格栅间距（m）	位置	长度（m）	间距（m）		位置	长度（m）	间距（m）	
Ⅱ	300	1.0	拱顶150°	3.5	1.0×1.0	φ8@150×150 双层布设	—	—	—	台阶法
Ⅲ	300	0.8	拱顶,墙	3.5	1.0×0.8	φ8@150×150 双层布设	—	—	—	CD 法
Ⅳ	350	0.667	侧墙	3.5	0.8×0.667	φ8@150×150 双层布设	拱顶150°	4.0	环向间距0.3, 纵向间距2.668	CD 法 或 CRD 法
Ⅴ	350	0.5	侧墙	3.5	0.8×0.5	φ8@150×150 双层布设	拱顶150°	4.0	环向间距0.3, 纵向间距2	CD 法 或 CRD 法
Ⅵ	需进行特殊设计									

不同类别小净距矿山法隧道支护体系施工方式及选取原则   表4-4

围岩级别	类别	影响程度	支护体系施工方式及选取原则
Ⅲ	A	严重	宜采用封闭初期支护,宜采用钢筋混凝土二次衬砌
	B	一般	初期支护可以不封闭,但需及时浇筑仰拱,二次衬砌可选取与分离式隧道一致的方案
	C	轻微	支护体系选取可选取与分离式隧道一致的方案
Ⅳ	A	严重	应采用封闭初期支护,宜采用钢筋混凝土二次衬砌
	B	一般	宜采用封闭初期支护,二次衬砌可选取与分离式隧道一致的方案
	C	轻微	初期支护可以不封闭,但需及时浇筑仰拱,二次衬砌可选取与分离式隧道一致的方案
Ⅴ	A	严重	应采用封闭初期支护,宜采用钢筋混凝土二次衬砌
	B	一般	应采用封闭初期支护,应采用钢筋混凝土二次衬砌
	C	轻微	初期支护可以不封闭,但需及时浇筑仰拱,二次衬砌可选取与分离式隧道一致的方案

通过建立某小净距矿山法隧道二次衬砌的有限元模型,计算分析两种不同工况下隧道地层的变形、应力以及二次衬砌的变形、内力,计算工况如下:

(1)工况一

按照先行洞隧道开挖→后行洞隧道开挖→先行洞隧道实施二次衬砌→后行洞隧道实施二次衬砌的施工顺序分析,计算结果如图4-9～图4-11所示。由图可知,工况一地层的最大位移发生在后行洞隧道的顶部,最大值为15.9mm。隧道侧壁出现应力集中,最大值为650kPa。二次衬砌的轴力最大值为269kN,出现在其拱肩位置;剪力最大值为173kN,出现在拱顶位置;最大正弯矩为377kN·m,最大负弯矩为130kN·m,分别位于拱顶和拱肩位置。

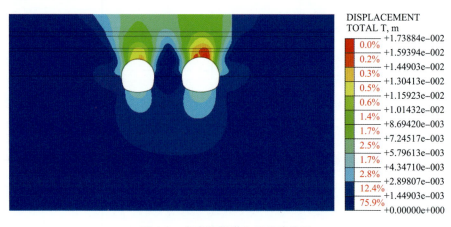

图4-9 小净距隧道土层位移云图

(2)工况二

按照先行洞隧道开挖→先行洞隧道实施二次衬砌→后行洞隧道开挖→后行洞隧道实施二次衬砌的施工顺序分析,计算结果如图4-12~图4-14所示。由图可知,工况二地层最大位移为15.1mm。隧道洞周最大竖向应力为640kPa。二次衬砌轴力最大值为273kN,剪力最大值为173kN,最大正弯矩为385kN·m,最大负弯矩为132kN·m。

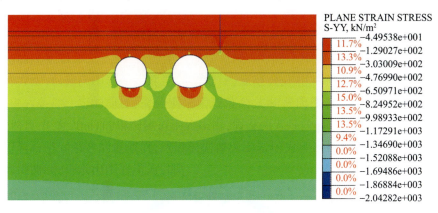

图4-10 小净距隧道土层竖向应力云图

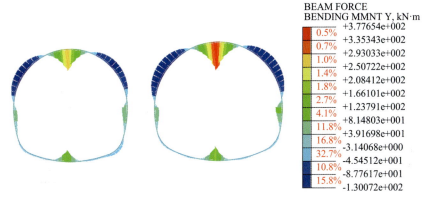

图4-11 小净距隧道二次衬砌弯矩图

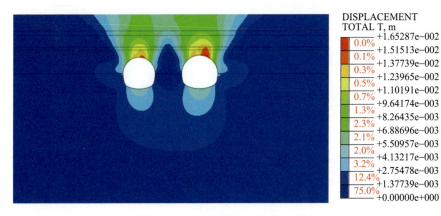

图4-12 小净距隧道土层位移云图

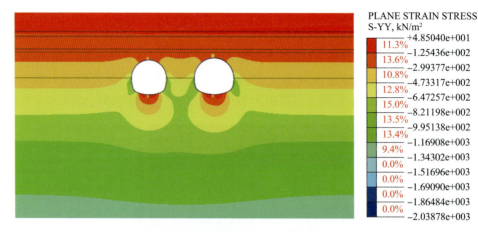

图 4-13 小净距隧道土层竖向应力云图

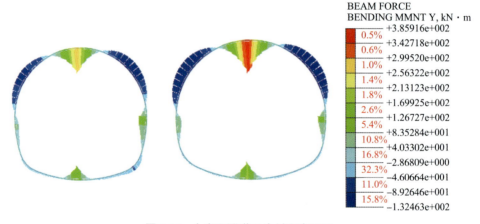

图 4-14 小净距隧道二次衬砌弯矩图

对比工况一和工况二的计算结果可以看出：工况二的地层位移和洞周竖向应力相比工况一有所减小，二次衬砌的内力有显著的增大。原因是地层荷载更多地传递给了衬砌，从而使得地层承担更少的荷载，这样能够让围岩更稳定。所以当地质条件较差时，可以优先选择工况二的施工顺序，即先实施先行洞隧道的二次衬砌再开挖后行洞隧道。对不同净距的隧道分别按照工况一和工况二进行计算得到其内力值，计算结果见表 4-5。由表可以看出，隧道净距越小，二次衬砌的内力值就越大。

小净距隧道二次衬砌内力值统计表　　　　　　　　表 4-5

隧道净距 (m)	部位	工况一			工况二		
		轴力 (kN)	剪力 (kN)	弯矩 (kN·m)	轴力 (kN)	剪力 (kN)	弯矩 (kN·m)
5	拱顶	159	173	377	161	173	385
	拱肩	269	28	130	273	27	132
	拱脚	186	53	45	189	56	46

续上表

隧道净距 (m)	部位	工况一			工况二		
		轴力 (kN)	剪力 (kN)	弯矩 (kN·m)	轴力 (kN)	剪力 (kN)	弯矩 (kN·m)
3	拱顶	165	182	386	173	185	392
	拱肩	278	35	137	281	33	139
	拱脚	193	61	49	196	64	54
1	拱顶	170	187	394	177	190	397
	拱肩	285	39	143	289	41	147
	拱脚	201	67	51	199	69	56

4.2 中夹岩墙加固设计

小净距隧道相对分离式隧道的设计重点主要体现在中夹岩墙的加固方式上。国内多座小净距隧道建设经验表明，小净距隧道中夹岩墙失稳风险主要发生在衬砌尚未施作的时候，故应针对不同隧道净距、围岩条件和断面跨度等因素综合采取不同的中夹岩墙加固措施和施工方法，以确保中夹岩墙的稳定和施工安全。当中夹岩墙承载力小于其计算应力时，应对中夹岩墙进行加固，加固方式主要有对拉锚杆、系统锚杆、小导管注浆三种。三种加固方式特点与适用范围比较见表4-6。

中夹岩墙加固方式特点与适用范围比较   表4-6

加固方式	特点	适用范围
对拉锚杆	(1)改善围岩应力场，提高围岩力学参数。 (2)锚杆轴力分布较均匀，材料利用充分。 (3)初始锚固力来自张拉荷载，属主动支护。 (4)中夹岩墙整体受力均匀，利于围岩稳定	(1)在较好围岩中独立使用，预应力锚固效果较好。 (2)在较差围岩中，围岩变形大，预应力损失较大，不适合单独使用，可与小导管注浆组合使用，改善加固效果
系统锚杆	(1)改变围岩受力状态，一定程度上限制围岩变形。 (2)锚杆轴力分布不均匀，材料利用不充分。 (3)依赖围岩变形，属被动支护。 (4)中夹岩墙中间部位易形成受力薄弱区	适用于围岩条件较好的地层，自稳性强，系统锚杆作用明显
小导管注浆	(1)提高围岩力学参数，改善力学性能。 (2)小导管与注浆起到双重加固的作用。 (3)施工操作技术成熟简单	适用于围岩条件较差的地层，地层较差时可注浆性较好，提高围岩参数效果较好

4.2.1 对拉锚杆

对拉锚杆是小净距矿山法隧道中夹岩墙加固的常用技术。当隧道净距小于5m时，一般采用对拉锚杆加固中夹岩墙。工程实践中，对拉锚杆通常为预应力全长注浆式对拉锚杆(简称"对拉锚杆"),在隧道拱脚到拱腰范围内打设,直接穿透中夹岩墙,如图 4-15 所示。对拉锚杆相邻间隔一般为 0.5~1.5 m,杆体长度等于中夹岩墙厚度,依据地层条件变化,其两侧预紧力介于 40~160kN 之间。相比于无黏结式对拉锚杆,对拉锚杆对纵向拉伸较为敏感,且增阻速度更快,支护效果也更好。而与传统注浆锚杆相比,对拉锚杆直接贯穿中夹岩墙,借助锚杆和浆体的界面摩阻作用,将两侧强劲的预紧力向内传递,使得中夹岩墙呈三向受压状态,进而改善了中夹岩墙的受力状态。

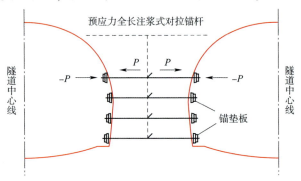

图 4-15 中夹岩对拉锚杆支护示意图

对拉锚杆起到的加固作用主要受两端头的预紧力和沿全长的摩阻力影响,根据其受力特性,将其对中夹岩墙的作用形式划分为挤压加固与承载传力两种。在挤压加固与承载传力的共同作用下,对拉锚杆能够提高围岩的完整性和承载力,从而保障小净距隧道的施工安全。

(1)挤压加固机理

中夹岩墙表层受开挖扰动和爆破振损影响最为严重,岩体内部可能会形成节理微裂隙和潜在滑动面,使中夹岩墙的力学性能大大下降。对拉锚杆预紧力借助锚杆垫板均匀地扩散到围岩表层,为原本处于单向或双向受力状态的中夹岩墙提供强大侧向压力,能够明显改善中夹岩墙的力学状态,大幅提高其竖向承载力。对拉锚杆能够贯穿不稳定的浅层围岩和软弱滑移面,并将其牢牢地"钉"在核心岩体上,并促使节理裂隙咬紧嵌固,令原本扩容松弛的中夹岩墙变得挤压紧密,具有突出的水平约束效果。另外,对拉锚杆一般进行全长注浆,依靠浆体扩散充填围岩裂隙,不仅增强锚杆的抗拉和抗拔性能,还可以提高岩体内摩擦角、黏聚力,起到加固中夹岩墙的作用。

(2)承载传力机理

对拉锚杆和中夹岩墙通过浆液牢牢锚固为一体,借助界面的摩阻力,增强中夹岩墙内部节理和层间的抗剪性能,防止松散岩块沿破裂面发生错动移位。对拉锚杆的预紧力往中夹岩墙中部扩散,能增大预紧力传递区域,使对拉锚杆沿杆体全长都具有显著的挤密效果。同时,对拉锚杆也是高强钢结构,杆体不仅具有较高的屈服强度,而且具有良好的延展性能,可抵抗很高的水平轴向拉拔荷载。当对拉锚杆和周围介质发生错动滑移时,依靠杆体与围岩的界面摩阻抗力,使得岩体被牢牢锚固,岩体内部受力也得到改善,从而可有效降低中夹岩墙失稳破坏的风险。

随着对拉锚杆直径的增大,对拉锚杆轴力与剪应力仍具有相似的全长分布形态。锚杆轴力呈现出中部小、两头大的双曲样式,这种从外向内的非线性衰减轴力分布形态与全长注浆锚杆单端拉拔试验得到的结论相吻合。根据工程经验和理论计算，Ⅲ级、Ⅳ级和Ⅴ级围岩锚杆的合理直径分别为25mm、28mm和32mm。对拉锚杆预紧力的变化也对锚杆轴力和剪应力的分布有较大影响。对拉锚杆轴力和端部预紧力大致为线性正相关，即在对拉锚杆材料强度的允许范围内，对拉锚杆支护效果随着预紧力逐渐增大而不断提高。同时，预紧力的作用主要受限于中夹岩墙的浅层岩体，而浅层岩体受邻近隧道爆破开挖的不利影响最为严重，其力学状态比深层岩体更差。因此，在软弱不良地层中应合理提高对拉锚杆的预紧力，从而提升中夹岩墙表层岩体的稳定性。

4.2.2 小导管注浆加固

小导管注浆是隧道施工中常用的围岩加固措施，具有施工方便、加固效果好等优点，同时也是小净距矿山法隧道施工过程中提升中夹岩墙自身完整性和承载能力的有效手段。小导管注浆可改善围岩的力学性能，提高围岩力学参数，主要通过小导管本身和浆液两方面来实现。小导管是一种钢管，其加固围岩的机理与传统锚杆加固围岩的机理相似，可以分为连接、组合、整体加固等机理。在小净距隧道中夹岩墙区域，小导管主要起到整体加固的作用。通过小导管整体加固作用，围岩在小导管周围形成压缩带，压缩带中岩体处于三向受压状态，使岩体强度大幅提高，从而形成一个能承受一定荷载的稳定岩体。小导管注浆浆液进一步改善了岩体的力学参数，从而提高了围岩本身的自稳能力。在小净距矿山法隧道双洞开挖施工时，小导管注浆通过两方面的加固作用可延缓中夹岩墙塑性区的出现时间，并缩小塑性区的范围。

小导管注浆加固也能减小地层变形，改善支护受力状态。小导管注浆加固对稳定洞周围岩，减小洞室的变形有明显的作用，尤其在围岩条件较差且初期支护未封闭的情况下。小导管注浆加固对改善隧道初期支护的内力也具有明显的作用，通过改善围岩力学状态减小初期支护钢架的弯矩和轴力，同时也减小了系统锚杆承受的轴力。

在小净距矿山法隧道施工过程中采用小导管注浆加固中夹岩墙，通常在先行洞隧道施工时，在靠近相邻隧道侧实施小导管打孔和注浆，注浆范围为隧道拱脚至拱肩。小导管布孔间距一般为500mm×500mm，注浆长度根据隧道净距确定。小导管注浆时机为先行洞隧道初期支护封闭成环一定长度后，后行洞隧道开挖之前。浆液可采用水灰比为1∶1的水泥浆；注浆压力根据隧道埋深确定，一般不小于0.4MPa。

4.2.3 中夹岩墙加固措施

通过对小净距矿山法隧道中夹岩墙加固技术的研究，可以得到中夹岩墙加固措施选取的一些基本原则：

(1) 对于围岩条件较差的地层，首先宜考虑注浆加固或注浆与对拉锚杆联合加固的方案，加固效果比采用单一加固技术方案要好。对于围岩条件较好的地层，可考虑采用贯通长锚杆加固或预应力对拉锚杆加固。

(2) 采用注浆加固中夹岩墙时，应把注浆范围扩大到中夹岩墙顶部核心部位，如果把注浆范围同时扩大到中夹岩墙底部拱脚，则加固效果更好。

(3) 采用预应力对拉锚杆加固中夹岩墙时,为了避免预应力的损失,可采用多次张拉的措施。

(4) 注浆加固能减少隧道开挖时爆破振动对中夹岩墙的影响,但采用预应力锚杆对减少爆破振动影响的效果并不明显。

不同影响程度的小净距隧道中夹岩墙加固措施可参考表4-7。

不同影响程度小净距隧道中夹岩墙的加固措施　　　　表4-7

围岩级别	影响程度	中夹岩墙加固措施
Ⅲ	严重	可不考虑加固
	一般	局部长锚杆或预应力锚杆加固
	轻微	对穿预应力锚杆加固
Ⅳ	严重	根据现场变形测量和预测情况采取措施
	一般	对穿预应力锚杆或长锚杆加固
	轻微	对穿预应力锚杆或注浆加固
Ⅴ	严重	根据现场变形测量和预测情况采取措施
	一般	注浆加固
	轻微	预应力锚杆和注浆联合加固

4.3 施工步骤及工序设计

分离式隧道由于距离较大,两条隧道施工后围岩形成的二次应力场不存在叠加现象。小净距隧道的两条隧道相距很近,隧道开挖后围岩的二次应力场相互叠加。小净距矿山法隧道施工步骤复杂,围岩多次扰动,导致隧道衬砌结构内力分布更为复杂,稳定性变差。因此,在小净距矿山法隧道断面设计与施工技术方面应着重考虑如何加强中夹岩墙围岩稳定性,改善隧道衬砌受力状态,减小先后行洞隧道施工的相互影响。小净距矿山法隧道常用的开挖工法有CRD法、CD法和台阶法,根据不同的围岩级别和隧道间相互影响程度,对中夹岩墙和围岩采用不同的加固措施,确保中夹岩墙和围岩强化与稳定,实现小净距矿山法隧道两主洞受力的基本独立,尽可能保持围岩的原始状态,最大程度地发挥围岩的自承能力。小净距矿山法隧道施工步骤及工序设计原则可参考表4-8。

小净距矿山法隧道施工步骤及工序设计原则　　　　表4-8

围岩级别	类别	影响程度	施工步骤及工序设计原则
Ⅲ	A	严重	先行洞、后行洞均需考虑减振措施,减小爆破振动对中夹岩墙的损伤。先行洞采用上下台阶法,后行洞优先选取反向侧壁导坑法。也可以考虑先后行洞均采用反向侧壁导坑法
	B	一般	先行洞按单洞考虑工法,后行洞需采取减振措施,优先选取上下台阶法。围岩条件好时,可考虑全断面法;围岩条件差时,先行洞可考虑上下台阶法,后行洞采用反向侧壁导坑法等
	C	轻微	按照单洞情况选取工法,根据实际情况调整,优先选择全断面法

续上表

围岩级别	类别	影响程度	施工步骤及工序设计原则
Ⅳ	A	严重	先行洞宜考虑上下台阶法,后行洞宜考虑正向侧壁导坑法或反向侧壁导坑法
	B	一般	先行、后行洞宜优先考虑上下台阶法。围岩条件较差时,后行洞可考虑正向侧壁导坑法或反向侧壁导坑法
	C	轻微	先行洞按一般单洞选取工法,后行洞宜优先选用上下台阶法
Ⅴ	A	严重	先行、后行洞考虑正向侧壁导坑法,对中夹岩墙采取加固措施
	B	一般	先行洞考虑上下台阶法,后行洞考虑正向侧壁导坑法
	C	轻微	先行、后行洞可考虑上下台阶法

4.4 数值模拟分析

小净距矿山法隧道的初期支护钢架和二次衬砌的结构设计可根据数值模拟计算分析结果确定,一般采用荷载-结构法和地层-结构法进行分析。

1)荷载-结构法

荷载-结构法的计算原理认为隧道开挖后地层的作用主要是对衬砌结构产生荷载,衬砌结构应能安全可靠地承受地层压力等荷载的作用。计算时先按地层分类法或由实用公式确定地层压力,然后按弹性地基上结构的计算方法计算衬砌的内力,并进行结构截面设计。小净距矿山法隧道的二次衬砌一般采用荷载-结构法进行计算,初期支护也可采用荷载-结构法进行复核检算。采用荷载-结构法计算时各个步骤设计要点如下:

(1)计算工况的选择应考虑使用阶段工况(高水位工况)和施工阶段工况(低水位工况),施工阶段工况的地层压力需结合施工工序进行分析。

(2)双洞小净距隧道的荷载计算在第2章已进行介绍,多洞小净距隧道的荷载计算则须结合开挖工序及围岩条件进行特殊计算。在进行初期支护与二次衬砌荷载分配时,需要结合围岩等级和二次衬砌的实施时间进行分配。围岩条件越好,二次衬砌承担的压力越小。一般情况下,Ⅴ级围岩二次衬砌承担的地层荷载可按总荷载的60%~80%考虑;Ⅳ级围岩可按总荷载的40%~60%考虑;Ⅲ级围岩可按总荷载的20%~40%考虑。

(3)建立荷载-结构模型时,一般采用初期支护与二次衬砌共同承载的复合结构计算模型,二者之间法向弹簧的刚度 k 可以按式(4-4)计算。

$$k = \frac{2E_1 E_2 A}{E_1 h_1 + E_2 h_2} \tag{4-4}$$

式中:E_1、E_2——初期支护、二次衬砌的弹性模量(GPa);

h_1、h_2——初期支护、二次衬砌的厚度(mm);

A——接触单元的面积(m^2)。

(4) 在计算分析时,须考虑在长期使用过程中外部荷载因初期支护材料性能退化和刚度下降向二次衬砌的转移,一般对初期支护的刚度进行折减。

(5) 在构件的截面设计时,《铁路隧道设计规范》(TB 10003—2016)和《公路隧道设计规范 第一册 土建工程》(JTG 3370.1—2018)均推荐采用破损阶段和容许应力法进行设计,而在城市轨道交通工程中,矿山法隧道一般为钢筋混凝土结构,也可采用《混凝土结构设计规范》(GB 50010—2010)的极限概率法进行设计。

(6) 对于多洞小净距隧道,可采用增量法的荷载-结构计算方式对隧道结构进行计算。增量荷载结合施工步序确定。

以某小净距矿山法隧道工程为例,对荷载-结构法的计算全过程进行介绍。某车站站后渡线隧道采用矿山法施工,隧道长为 58.7m,其中 A 型隧道开挖断面跨度为 12.6m,高度为 10.3m,隧道最小净距为 1.05m,隧道拱顶埋深为 16.35m。围岩等级为 V 级,隧道采用 CD 法进行开挖,拱部设置超前管棚和小导管,初期支护厚度为 350mm,二次衬砌厚度为 600mm。隧道计算断面如图 4-16 所示。

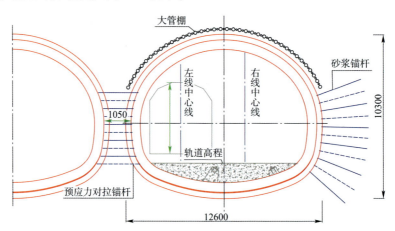

图 4-16 小净距矿山法隧道计算断面图(尺寸单位:mm)

(1) 荷载计算

隧道所处地层从上至下依次为杂填土、粉质黏土、强风化地层、中微风地层。隧道拱顶为复合地层,岩层厚度为 5.8m,小于隧道毛洞跨度 12.6m,计算围岩压力和水压力。

①水土合算

a. 按小净距隧道进行深埋判定:

$$H_p = (2 \sim 2.5)h_q$$

$$h_q = h_{q1} + h'_{q2}$$

$$h_{q1} = 0.45 \times 2^{s-1}[1 + i(B_t - 5)]$$

$$= 0.45 \times 2^4 \times [1 + 0.1 \times (11.6 - 5)] = 11.95\text{m}$$

$$h_1^w = 0.45 \times 2^{s-1} \times [1 + i(2B_t + B_{np} - 5)]$$

$$= 0.45 \times 2^4 \times [1 + 0.1 \times (2 \times 11.6 + 1 - 5)] = 21.02\text{m}$$

$$h'_{q2} = \left[\frac{4}{3}(h_1^w - h_{q1}) - \frac{P_z}{\gamma B_m}\right]\frac{B_{wp} + B_1}{B_m} = 11.70\text{m}$$

其中：

$$B_{wp} = (H_1 - H_w)\tan\left(45 - \frac{\varphi_0}{2}\right) = 3.60\text{m}$$

$$B_{np} = 0.5\text{m}$$

$$B_m = B_{wp} + B_{np} + B_1 = 3.6 + 0.5 + 11.6 = 15.7\text{m}$$

$$h_q = h_{q1} + h'_{q2} = 11.7 + 11.95 = 23.65\text{m}$$

因此，$h_q < H = 26.35\text{m} < 2.5 h_q = 59.12\text{m}$，属于浅埋隧道，但破裂面位于地表以下。

b. 竖向土压力计算：

$$\lambda_1 = \frac{\tan\beta - \tan\varphi_c}{\tan\beta[1 + \tan\beta(\tan\varphi_c - \tan\theta) + \tan\varphi_c\tan\theta]} = 0.224$$

其中：

$$\tan\varphi_c = 1, \tan\theta = \tan(0.6 \times 45°) = 0.509$$

$$\tan\beta = \tan\varphi_c + \sqrt{\frac{(\tan^2\varphi_c + 1)\tan\varphi_c}{\tan\varphi_c - \tan\theta}} = 3.019$$

$$\lambda_2 = \frac{B_z(2H - 0.5B_z\tan\beta)\sin(\beta - \varphi_c)\cos\theta}{2 H^2\cos(\theta + \beta - \varphi_c)} = 0.025$$

$$q_1 = \gamma H\left(1 - \frac{\lambda_1 H\tan\theta}{B_1}\right) = 20 \times 26.35 \times \left(1 - \frac{0.224 \times 26.35 \times \tan 27°}{11.6}\right) = 390.37\text{kPa}$$

$$q_2 = \gamma H\left(1 - \frac{\lambda_2 H\tan\theta}{B_1}\right) = 20 \times 26.35 \times \left(1 - \frac{0.025 \times 26.35 \times \tan 27°}{11.6}\right) = 551.19\text{kPa}$$

c. 水平土压力计算：

外侧：$e_{1i} = \lambda_1(q_1 + \gamma h_i)$。

顶部侧压力：$e_{11} = 0.224 \times 390.37 = 87.44\text{kPa}$。

底部侧压力：$e_{12} = 0.224 \times (390.37 + 20 \times 11.6) = 139.44\text{kPa}$。

外侧：$e_{2i} = \lambda_2(q_2 + \gamma h_i)$。

顶部侧压力：$e_{21} = 0.025 \times 511.19 = 12.78\text{kPa}$。

底部侧压力：$e_{22} = 0.025 \times (511.19 + 20 \times 11.6) = 18.58\text{kPa}$。

地面超载：$P_0 = 20.00\text{kPa}$。

地基反力根据设置仅受压的地层弹簧可自动算得，弹簧刚度依据地勘报告中隧道所在层的基床系数取值。

②水土分算

本工程高水位取至现状地面高程。

a. 土压力计算：

顶部覆土重：

$$q_1 = \gamma'H\left(1 - \frac{\lambda_1 H\tan\theta}{B_1}\right) = 10 \times 26.35 \times \left(1 - \frac{0.224 \times 26.35 \times \tan 27°}{11.6}\right) = 195.18\text{kPa}$$

$$q_2 = \gamma'H\left(1 - \frac{\lambda_2 H\tan\theta}{B_1}\right) = 10 \times 26.35 \times \left(1 - \frac{0.025 \times 26.35 \times \tan 27°}{11.6}\right) = 255.60\text{kPa}$$

式中：γ'——土的浮重度（kN/m^3）。

b. 水平土压力计算：

外侧：$e_{1i} = \lambda_1(q_1 + \gamma h_i)$。

顶部侧压力：$e_{11} = 0.224 \times 195.18 = 43.72\text{kPa}$。

底部侧压力：$e_{12} = 0.224 \times (195.18 + 10 \times 11.6) = 69.70\text{kPa}$。

内侧：$e_{2i} = \lambda_2(q_2 + \gamma h_i)$。

顶部侧压力：$e_{21} = 0.025 \times 255.6 = 6.39\text{kPa}$。

底部侧压力：$e_{22} = 0.025 \times (255.6 + 10 \times 11.6) = 9.29\text{kPa}$。

地面超载：$P_0 = 20\text{kPa}$。

c. 水压力计算：

顶部水压力：$P_{c1} = \gamma_w \times h_1 = 265.00\text{kPa}$。

底部水压力：$P_{c2} = \gamma_w \times h_2 = 381.00\text{kPa}$。

地面超载：$P_0 = 20.00\text{kPa}$。

地基反力根据设置仅受压的地层弹簧可自动算得，弹簧刚度依据地勘报告中隧道所在层的基床系数取值。

（2）计算模型建立

采用初期支护与二次衬砌共同承载的复合结构计算模型，二者之间法向采用只受压弹簧连接。计算时，为考虑长期使用过程中，外部荷载因初期支护材料性能退化和刚度下降向二次衬砌的转移，对初期支护的弹性模量折减50%。计算模型如图4-17和图4-18所示。

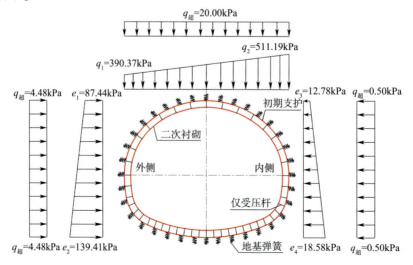

图4-17　荷载-结构法计算模型（水土合算）

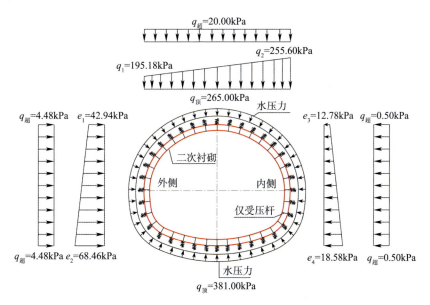

图 4-18 荷载-结构法计算模型（水土分算）

(3) 计算结果

二次衬砌考虑承担 100% 土压力，同时承担 100% 的水压力，分高水位和低水位两种工况进行计算。水压力径向施加在支护结构上，内力计算结果图 4-19、图 4-20 所示。对于低水位工况，从数值模拟分析结果可以看出，二次衬砌最大正弯矩为 727kN·m，分布在隧道拱顶，最大负弯矩绝对值为 711kN·m，分布在隧道拱肩。对于高水位工况，二次衬砌最大正弯矩为 577kN·m，分布在隧道仰拱，最大负弯矩绝对值为 621kN·m，分布在隧道拱脚。对于拱肩，隧道靠近中夹岩墙位置的弯矩较大，对于拱脚，隧道靠近中夹岩墙位置的弯矩较小。

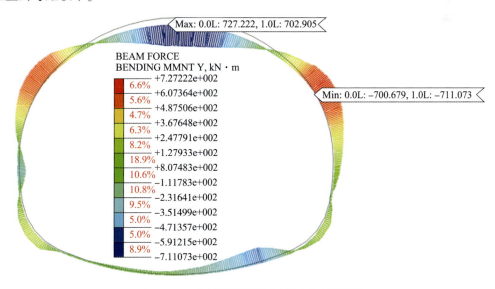

图 4-19 二次衬砌标准组合（低水位）弯矩图

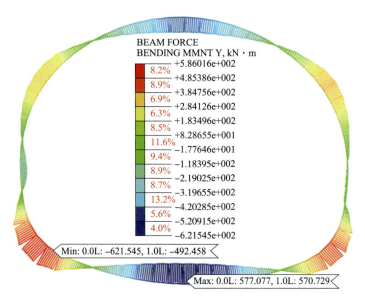

图4-20 二次衬砌标准组合(高水位)弯矩图

2) 地层-结构法

地层-结构法的设计原理是将衬砌和地层视为整体共同受力,在满足整体变形协调条件的前提下分别计算衬砌与地层的内力,以此验算地层的稳定性和进行衬砌结构设计。目前计算方法以有限单元法为主,适用于设计构筑在软岩或较稳定地层内的隧道衬砌。在对初期支护的内力和围岩稳定性、地表沉降分析时均可采用地层-结构法。当隧道埋深较小时,初期支护宜尽量采用荷载-结构法进行分析。采用地层-结构法计算时设计步骤及要点如下。

(1) 模型建立

根据圣维南原理,隧道与计算模型边界的距离为开挖跨度的3～5倍,将半无限边界简化为有限边界,基本可消除边界效应带来的影响。在模型的左、右边界约束水平方向位移,下边界约束竖直方向位移,上边界为自由地表面。

(2) 地层应力

地层的初始应力为初始自重应力与构造应力的叠加。一般情况下,城市轨道交通隧道工程的埋深较小,不考虑地层的构造应力,只考虑自重应力。但在超大埋深(例如穿越山岭)时,须要考虑地层的水平构造应力。

(3) 本构模型

对于岩质地层本构模型可采用弹性模型或弹塑性模型,土质地层本构模型应采用弹塑性模型。当采用弹塑性模型时,材料进入塑性状态的判断准则可采用德鲁克-普拉格(Drucker-Prager)或莫尔-库仑(Mohr-Coulomb)屈服准则。初期支护和二次衬砌采用弹性结构模型模拟。

(4) 单元模拟

一般情况下,围岩采用实体单元进行模拟。二次衬砌和初期支护采用梁单元或壳单元进行模拟,也可采用实体单元进行模拟。设计初期支护参数时,可将钢拱架的弹性模量折算给与其相邻的混凝土。锚杆一般可以通过等效材料和杆单元进行模拟,中夹岩墙位置如采用对拉锚杆则宜采用杆单元进行模拟。超前支护如采用小导管可采取提高隧道一定范围内围岩参数的方法进行模拟。超前支护如采用超前管棚,可采用提高围岩参数或采用梁单元进行模拟。注浆加固可采用提高围岩参数的方式进行模拟,一般适当提高围岩加固范围内的地层黏聚力和摩擦角取值,例如对加固后全风化地层的黏聚力和摩擦角提高至强风化地层。

超前管棚如采用提高参数的方法进行模拟时,可考虑将管棚的弹性模量折算到地层,计算公式如下:

$$E = E_0 + \frac{S_g E_g}{S_c} \tag{4-5}$$

式中:E——折算后地层的弹性模量(MPa);

E_0——原地层的弹性模量(MPa);

S_g——管棚支护等效截面积(cm^2);

E_g——管棚的弹性模量(MPa);

S_c——支护断面截面积(cm^2)。

采用梁单元模拟超前管棚时,大管棚钢管内部充填的浆液增加了管棚的刚度,对于注浆后的管棚,可采用等效刚度公式进行计算。计算公式如下:

$$E(I_1 + I_2) = E_1 I_1 + E_2 I_2 \tag{4-6}$$

式中:E——注浆管棚弹性模量(MPa);

I_1——钢管惯性矩(m^4);

I_2——钢管内砂浆惯性矩(m^4);

E_1——钢管弹性模量(MPa);

E_2——砂浆弹性模量(MPa)。

(5)荷载释放系数

隧道在深埋情况下,特别是在软弱围岩情况下,隧道承受的地层压力不仅有松弛压力,还包括形变压力。围岩压力也可按释放荷载考虑,其释放系数可参考表4-9取值。

围岩压力与荷载释放系数建议取值　　　　表4-9

围岩级别	Ⅰ级	Ⅱ级	Ⅲ级	Ⅳ级	Ⅴ级	Ⅵ级
围岩压力	100%	80%~90%	40%~70%	20%~40%	10%~20%	0%
初期支护	0%	10%~20%	20%~30%	20%~30%	10%~30%	10%~30%
二次衬砌	0%	0%	10%~30%	30%~50%	50%~70%	70%~90%

(6)施工工序模拟

模拟施工工序时,应尽可能与实施施工情况保持一致,尤其是需要模拟临时支撑的拆除工况。当隧道较长时,可采用三维的地层-结构法进行模拟,考虑临时支撑纵向分段拆除的时空效应。

在对小净距隧道中夹岩墙的稳定性进行分析时,也可采用地层-结构法。在不考虑中夹岩墙侧壁存在其他支护受力的情况下,根据莫尔-库仑屈服准则可推算出中夹岩墙达到极限平衡状态时所需的侧压力 σ_{xmin} 为:

$$\sigma_{xmin} = \frac{1-\sin\varphi}{1+\sin\varphi}\sigma_y - \frac{\cos\varphi}{1+\sin\varphi}2c \tag{4-7}$$

式中:c——中央岩墙黏聚力(kPa);

φ——中夹岩墙内摩擦角(°);

σ——中夹岩墙垂直压力(kPa),可通过式(4-8)计算。

$$\sigma = \frac{\gamma \cdot D}{B}\left(\frac{4-\pi}{8}D+H\right) + \gamma\left(\frac{D}{2}+H\right) \tag{4-8}$$

通过地层-结构法可计算得到中夹岩墙位置的水平应力和竖向应力,进而指导水平对拉锚杆的设计。

预应力对拉锚杆对中夹岩墙施加的侧压力 σ_x 为:

$$\sigma_x = \frac{N}{ab} \tag{4-9}$$

式中:N——锚杆预应力(kN);

a、b——锚杆间距(m)。

在锚杆杆体材料方面,若采用普通 HRB335 级钢筋作为锚杆杆体,则其极限抗拉力为:

$$N_{cr} = R_g \frac{\pi d^2}{4} \tag{4-10}$$

式中:R_g——锚杆杆体钢材抗拉强度设计值,取 $R_g = 268$MPa;

d——锚杆直径,通常采用的规格有 $\phi22$mm、$\phi25$mm、$\phi32$mm 等。

4.5 大跨度小净距矿山法群洞隧道设计

随着我国城市轨道交通建设发展,多线同台换乘车站越来越多,车站配线设置越来越复杂,在这种情况下采用常规的单洞小断面分离式隧道方案不能满足设计要求,需采用大跨度小净距矿山法群洞隧道设计方案。在既有工程案例中,大跨度小净距矿山法群洞隧道大多应用在公路隧道和铁路隧道中,在城市轨道交通工程中的应用较少。对于城市轨道交通大跨度小净距矿山法群洞隧道,其工程选址一般位于市区,施工场地狭小,周边建(构)筑物复杂,地下管线密集,对群洞隧道的施工控制要求更高;同时,为了减小车站埋深,往往隧道覆土厚度较小,大多为浅埋或超浅埋隧道,地质条件更为复杂。在群洞隧道施工过程中,一方面,各条隧道开挖会产生相互影响,先行洞在施工时会造成周边围岩松动,引起围岩应力二次分布,相邻后行洞隧道施工引起地层发生更大的沉降变形;另一方面,后行洞隧道施工时引起围岩应力释放,导致相邻先行洞隧道围岩二次松动变形,隧道支护结构承受较大的围岩压力,可能对先行洞隧道衬砌结构安全造成重大影响。

本节通过实际工程案例论述城市轨道交通大跨度小净距矿山法群洞隧道设计关键

技术,包括群洞隧道的结构布置、支护参数选取、中夹岩墙和先行洞隧道的保护措施、群洞隧道施工工序研究等。

1)工程概况

广州市轨道交通18号线及22号线为同期建设的市域快线,两线在番禺广场站同台换乘,在番禺广场站南端区间设置了18号线番禺广场站—横沥站区间、22号线折返线和陇枕停车场出入场线共6条并行的线路,6条线路两两组合为3条大跨度单洞双线的群洞隧道。群洞隧道大致沿南北向敷设,长度为259.3~323.0m。

本工程场地在大地构造上位于华南褶皱系(一级构造单元),粤北、粤东北—粤中拗陷带(二级构造单元),粤中拗陷(三级构造单元)南部,东莞断陷盆地(四级构造单元)。场地地貌属于珠江三角洲冲积平原(滨海沉积区),地形较平坦。场地岩土分层从上往下主要有〈1〉人工填土、〈2-1B〉淤泥质土、〈2-3〉淤泥质中粗砂、〈5H-1〉可塑状砂质黏性土、〈6H〉全风化花岗岩、〈7H〉强风化花岗岩、〈8H〉中风化花岗岩和〈9H〉微风化花岗岩等。本工程隧道围岩主要为〈8H〉中风化花岗岩,围岩等级为Ⅲ级。

本工程场地水文地质条件中等复杂,地表水比较发育,罗家涌位于本场地范围内,且在本场地上方穿过,河涌宽约18m、淤深约2.5m,场地距离市桥水道约0.5km。地下水主要分为第四系松散层孔隙水和基岩裂隙水。其中,第四系松散层孔隙水主要赋存于淤泥质中粗砂中,具有承压性;基岩裂隙水主要赋存于强、中风化基岩中,具有承压性。此外,场地填土较厚,赋存有上层滞水。大跨度小净距矿山法群洞隧道设计方案总平面图如图4-21所示。

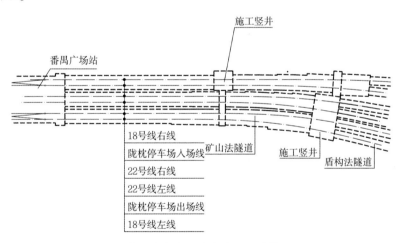

图4-21 大跨度小净距矿山法群洞隧道总平面图

2)隧道结构布置

设计大跨度小净距矿山法群洞隧道首先要确定合理的线间距。本段隧道线路大致呈南北向敷设,6条并行线路自西向东依次为18号线左线、陇枕停车场出场线、22号线左线、22号线右线、陇枕停车场入场线、18号线右线。6条线路均从番禺广场站南端接出,为了减少番禺广场站的车站宽度,降低车站造价,区间线路布设方案将6条线路两两组合,形成3个单洞双线群洞隧道,每个单洞双线隧道内均设置中隔墙。根据限界要求,在直线段线路,中隔墙的最小净距为2.8m,中隔墙厚度为0.4m,因此确定单洞双线隧道的线路最小线间距为2.8×2+0.4=6m。

从大跨度小净距矿山法群洞隧道过渡到单洞单线盾构隧道,需将线路间距逐渐拉开,线路间距除了应满足单洞隧道断面的限界要求外,还需结合隧道结构方案的要求进行设计。本工程隧道围岩等级为Ⅲ级,按照工程类比法并结合数值模拟分析,将隧道的最小净距(即中夹岩厚度)确定为2m左右,与群洞隧道连接的单洞单线盾构隧道外径为8.5m,由此将线路线间距增大至8.5+2=10.5m处定为盾构隧道与大跨度小净距矿山法群洞隧道的分界位置。

大跨度小净距矿山法群洞隧道的断面设计主要考虑以下因素:

(1)隧道断面应适应线路平面布置。矿山法群洞隧道由3个单洞双线断面组成,每个断面布设线路的线间距由车站端部接口处6m逐渐增大至10.5m左右,再转入盾构井或盾构隧道,而且线路位于曲线段,隧道断面应满足线间距渐变以及相应的限界要求。

(2)尽量减少隧道断面的类型。若简单将线路按照限界要求偏移形成隧道结构边线,须采用多种隧道断面的尺寸,则对初期支护钢架和二次衬砌模板台车的加工造成很大不便。

(3)小净距群洞隧道的断面设计应控制隧道净距。如果按照较大的断面跨度包容不同的线间距,则在线间距较小的部位,中夹岩墙厚度偏小导致施工风险增大。

在线间距渐变的情况下,既要尽量减少隧道断面类型,又要将群洞隧道的净距保持在安全可控的范围内,综合考虑上述因素本工程设计了6种隧道断面尺寸,每一种断面适用于不同的线间距,见表4-10。随着线间距由6m渐变至10.5m,采用6种单洞双线的隧道断面可以使群洞隧道的净距保持在2~3m,加上合理的隧道支护和中夹岩加固措施,确保大跨度小净距矿山法群洞隧道的施工安全。

群洞隧道断面尺寸表　　　　表4-10

序号	断面类型	断面跨度(m)	断面高度(m)	线间距(m)
1	A0	14.70	11.95	6.0
2	A1	15.40	12.03	6.0~6.5
3	A2	16.16	12.22	6.5~7.4
4	A3	16.99	12.39	7.4~8.2
5	A4	18.06	12.76	8.2~9.2
6	A5	19.60	13.52	9.2~10.5

3)隧道支护参数

矿山法群洞隧道由3条跨度14.7~19.6m的隧道组成,拱顶埋深23.2~26.2m,群洞隧道的净距2~3m。隧道围岩主要为〈8H〉中风化花岗岩,围岩等级为Ⅲ级,根据地质勘察资料,岩层裂隙较发育,局部岩芯较破碎,岩芯呈短柱、碎块状,岩质稍硬,RQD(岩石质量指标)为6%~53%。根据隧道跨度、埋深、净距和工程地质条件,采用理论计算与工程类比相结合的方式进行隧道支护参数设计,并采用信息化设计与施工。根据浅埋暗挖法及喷锚构筑法的设计理念,采用复合式衬砌结构,即以锚杆、钢筋网、喷射混凝土和钢架为初期支护,以模筑钢筋混凝土衬砌为二次衬砌。小净距矿山法群洞隧道典型断面如图 4-22 所示,隧道支护参数见表 4-11。

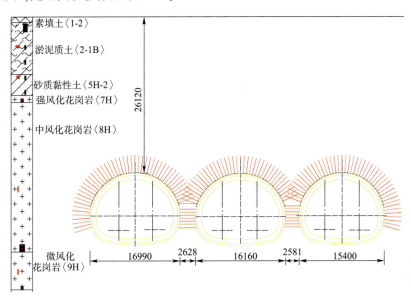

图 4-22　小净距矿山法群洞隧道断面(尺寸单位:mm)

小净距矿山法群洞隧道支护参数表　　　表 4-11

断面类型	断面跨度(m)×高度(m)	超前支护参数	中夹岩墙加固参数	初期支护厚度(mm)	二次衬砌厚度(mm)	施工工法	围岩级别
A0	14.70×11.95	拱顶150°布置 ϕ42mm 超前小导管,L=4m	ϕ25mm 对拉锚杆,环向间距1m,纵向间距1m	350	700	CRD 法	Ⅲ级
A1	15.40×12.03	拱顶150°布置 ϕ42mm 超前小导管,L=4m	ϕ25mm 对拉锚杆,环向间距1m,纵向间距2m	350	700	CRD 法	Ⅲ级
A2	16.16×12.22	拱顶150°布置 ϕ42mm 超前小导管,L=4m	ϕ25mm 对拉锚杆,环向间距1m,纵向间距3m	350	700	CRD 法	Ⅲ级
A3	16.99×12.39	拱顶150°布置 ϕ42mm 超前小导管,L=4m	ϕ25mm 对拉锚杆,环向间距1m,纵向间距4m	350	700	CRD 法	Ⅲ级
A4	18.06×12.76	拱顶150°布置 ϕ42mm 超前小导管,L=4m	ϕ25mm 对拉锚杆,环向间距1m,纵向间距5m	350	750	双侧壁导坑法	Ⅲ级
A5	19.60×13.78	拱顶150°布置 ϕ42mm 超前小导管,L=4m	ϕ25mm 对拉锚杆,环向间距1m,纵向间距6m	350	750	双侧壁导坑法	Ⅲ级

4)中夹岩加固及先行洞保护

群洞隧道的净距 2~3m,毛洞跨度达到 14.70~19.60m,隧道净距与毛洞跨度之比只有 0.15,确保中夹岩墙的稳定性和保护先行洞隧道是设计的关键点。本工程采取以下设计措施对中夹岩墙进行加固,并对先行洞隧道进行保护。

(1)采用 $\phi25mm$ 预应力对拉锚杆对中夹岩墙进行加固,锚杆环向间距 1m、纵向间距 1m,错开布置。张拉设备采用千斤顶,锚杆预张拉力为 100kN。隧道开挖后先初喷 40mm 厚早强混凝土,然后施作对拉锚杆,待锚杆水泥砂浆达到强度后进行张拉,然后架设初期支护格栅钢架、喷射早强混凝土形成初期支护。预应力对拉锚杆分两步进行张拉,在先行洞隧道施工后对锚杆施加预应力 50kN 进行初张拉,待后行洞隧道开挖暴露出锚杆端部后,施加预应力至 100kN。预应力对拉锚杆如图 4-23 所示。

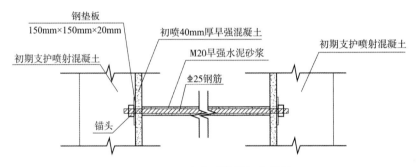

图 4-23 预应力对拉锚杆大样图

(2)若不考虑群洞隧道的不利影响,根据隧道的跨度、埋深、围岩等级,按照普通的单洞分离式隧道建设的工程经验,可采取超前锚杆作为超前支护。但对于大跨度小净距群洞隧道,若按大跨度矿山法隧道施工,中夹岩墙可能发生失稳破坏甚至坍塌,因此须加强超前支护措施,在拱顶 150°范围布设超前小导管对掌子面和中夹岩墙进行注浆加固。

(3)后行洞隧道开挖采用机械凿岩和静力爆破结合的开挖方式,不采用爆破开挖,减少对中夹岩墙的扰动,并避免造成先行洞隧道衬砌破坏。

(4)先行洞隧道开挖后,及时完成模筑钢筋混凝土二次衬砌,加强先行洞衬砌的刚度,再开挖后行洞。本工程群洞隧道先行洞位于两侧,后行洞位于中间,因此先行洞二次衬砌及时施作也有利于确保后行洞隧道开挖时拱脚的稳定性。

5)数值模拟分析

对群洞隧道的典型断面进行数值模拟,左、中、右三条隧道断面分别为 A3 型、A2 型和 A1 型断面,隧道净距约 2.5m,先开挖 A3 型断面隧道,然后开挖 A1 型断面隧道,最后开挖 A2 型断面隧道,每条隧道均采用 CRD 法开挖,如图 4-24 所示。

采用地层-结构法对群洞隧道施工过程进行数值模拟,初期支护采用梁单元模拟,地层采用平面应变单元模拟,地层本构模型采用莫尔-库仑屈服准则的弹塑性模型模拟,岩土地层物理力学参数见表 4-12。根据实际施工步骤模拟小净距矿山法群洞隧道的施工过程,计算结果如图 4-25~图 4-27 所示。

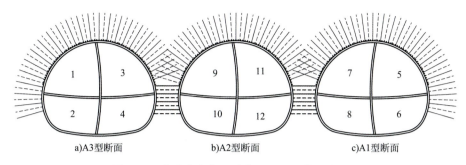

a) A3型断面　　　　　　　b) A2型断面　　　　　　　c) A1型断面

图 4-24　大跨度小净距矿山法群洞隧道开挖顺序

岩土地层物理力学参数表　　　　　　　　　　　　　　　　表 4-12

岩土地层名称	岩土地层代号	天然重度（kN/m³）	黏聚力（kPa）	内摩擦角（°）	变形模量（MPa）	弹性模量（MPa）	天然单轴抗压强度（MPa）
人工填土	〈1〉	18.5	12.0	7.0	3.0	—	—
淤泥质土	〈2-1B〉	17.1	4.5	5.6	3.5	—	—
淤泥质中粗砂	〈2-3〉	18.5	1.0	25.0	12.0	—	—
可塑状砂质黏性土	〈5H-1〉	18.9	28.0	22.1	25.0	—	—
全风化花岗岩	〈6H〉	19.3	35.0	23.6	75.0	—	—
强风化花岗岩	〈7H〉	23.0	45.0	30.0	80.0	—	—
中风化花岗岩	〈8H〉	25.0	400.0	35.0	—	5000	36.0
微风化花岗岩	〈9H〉	26.0	1000.0	42.0	—	10000	59.3

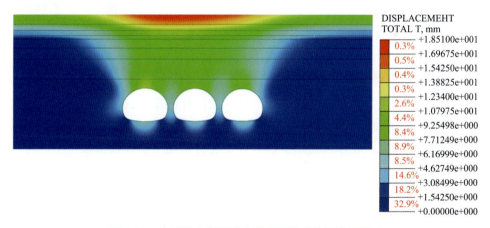

图 4-25　大跨度小净距矿山法群洞隧道地层变形云图

根据数值模拟分析结果，群洞隧道施工全过程结束后，A3 型隧道拱顶竖向位移为 12.2mm，A2 型隧道拱顶竖向位移为 10.9mm，A1 型隧道拱顶竖向位移为 9.2mm，拱顶竖向位移与隧道断面尺寸呈正相关。地表最大沉降值为 18.5mm，出现在中洞 A2 型隧道上方。A3 型隧道与 A2 型隧道中夹岩墙的最大水平应力为 0.93MPa，最大竖向应力为 1.80MPa。A2 型隧道与 A1 型隧道中夹岩墙的最大水平应力为 0.89MPa，最大竖向应力为 1.76MPa。中夹岩墙为中风化花岗岩，岩层的天然单轴抗压强度标准值为 36MPa，故中夹岩墙的承载力及稳定性满足要求。

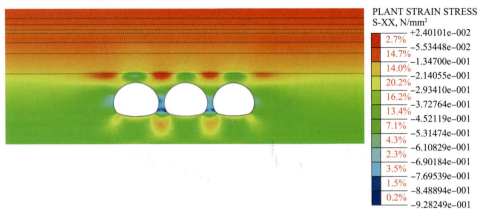

图 4-26　大跨度小净距矿山法群洞隧道地层水平应力云图

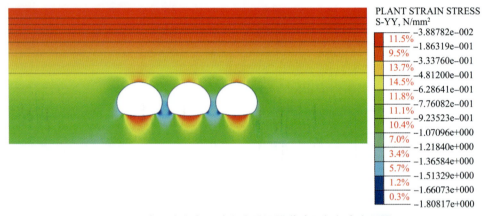

图 4-27　大跨度小净距矿山法群洞隧道地层竖向应力云图

采用地层-结构法对大跨度小净距矿山法群洞隧道的地层应力和衬砌内力进行计算分析,在进行二次衬砌设计时,采用荷载-结构法进行复核。初期支护及二次衬砌采用梁单元模拟,初期支护与二次衬砌之间采用刚性只受压杆件模拟,初期支护外侧法向设置只受压弹簧单元模拟地层约束。初期支护喷射混凝土为临时结构,其力学性能在永久使用阶段可能发生衰减,故在永久使用阶段计算工况将初期支护弹性折减一半进行模拟。计算小净距群洞隧道时把三个相邻的小净距隧道断面一起建模计算分析,用只受压弹簧模拟中夹岩墙,弹簧刚度采用中夹岩墙弹性模量进行等效换算。二次衬砌计算分析工况分别按水土合算和水土分算考虑,配筋设计根据两种工况计算的内力进行包络设计。中隔墙在二次衬砌施工后再实施,不考虑其承受竖向地层压力。计算结果如图 4-28 ～图 4-33 所示,二次衬砌内力见表 4-13。

根据群洞隧道的断面跨度、净距、埋深、围岩等级,判断其为浅埋隧道。在水土合算工况下,大跨度小净距矿山法群洞隧道二次衬砌最大正弯矩为 991kN·m,最大的负弯矩为 918kN·m,分别出现在 A2 型隧道拱顶和 A3 型隧道拱肩处;轴力为 3035～3856kN,最大轴力出现在 A3 型隧道拱脚处;最大剪力为 803kN,出现在 A3 型隧道拱脚处。在水土分算工况下,大跨度小净距矿山法群洞隧道二次衬砌最大正弯矩为 976 kN·m,最大的负弯矩为948kN·m,分别出现在A2型隧道拱底和A3型隧道拱脚处;轴力为3075~4201kN,最大轴力出现在A3型隧道拱脚处;最大剪力为795kN,出现在A3型隧道拱脚处。三个隧道断面的内力分布规律与常规分离式隧道基本相同,位于左洞的A3型隧道由于其断面跨度最大,其拱脚处出现较大的轴力和剪力,而位于中洞的A2型隧道在水土合算和水土分算工况下拱顶和拱底弯矩最大,原因是三条隧道的拱顶压力基本相同,但A2型隧道两侧中夹岩墙提供的侧压力小于A1型隧道和A3型隧道外侧压力,荷载分布不均匀导致其拱顶和拱底出现较大的弯矩。

图 4-28 大跨度小净距矿山法群洞隧道二次衬砌弯矩标准值(水土合算工况)

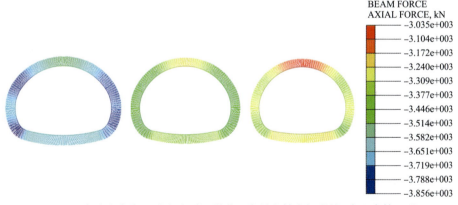

图 4-29 大跨度小净距矿山法群洞隧道二次衬砌轴力标准值(水土合算工况)

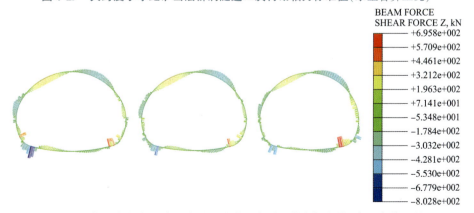

图 4-30 大跨度小净距矿山法群洞隧道二次衬砌剪力标准值(水土合算工况)

图 4-31　大跨度小净距矿山法群洞隧道二次衬砌弯矩标准值（水土分算工况）

图 4-32　大跨度小净距矿山法群洞隧道二次衬砌轴力标准值（水土分算工况）

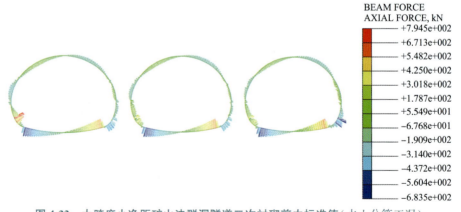

图 4-33　大跨度小净距矿山法群洞隧道二次衬砌剪力标准值（水土分算工况）

大跨度小净距矿山法群洞隧道二次衬砌内力　　　　　　表 4-13

断面类型	部位	水土合算工况			水土分算工况		
		弯矩（kN·m）	轴力（kN）	剪力（kN）	弯矩（kN·m）	轴力（kN）	剪力（kN）
A3	拱顶	979	3528	34	557	3687	55
	拱肩	918	3806	400	521	3825	253

续上表

断面类型	部位	水土合算工况			水土分算工况		
		弯矩(kN·m)	轴力(kN)	剪力(kN)	弯矩(kN·m)	轴力(kN)	剪力(kN)
A3	拱脚	369	3856	803	948	4201	795
	拱底	663	3667	15	947	4087	63
A2	拱顶	991	3202	84	549	3373	54
	拱肩	776	3469	407	426	3533	248
	拱脚	264	3497	617	896	3780	664
	拱底	512	3337	16	976	3738	53
A1	拱顶	870	3035	29	469	3075	49
	拱肩	750	3289	373	335	3212	228
	拱脚	332	3332	558	856	3473	663
	拱底	595	3229	8	890	3434	59

6）实施效果

广州市轨道交通18号及22号线在番禺广场站南端区间布设6条线路，采用3个断面组成大跨度小净距矿山法群洞隧道，本工程于2021年6月顺利贯通。施工过程中，采取中夹岩墙加固和先行洞隧道保护的措施有效，预应力对拉锚杆确保了中夹岩墙的稳定性，先行洞及时施作二次衬砌减少了后行洞隧道开挖对其影响。根据监测数据，大跨度小净距矿山法群洞隧道施工后地表沉降最大值为23.4mm，隧道拱顶的竖向位移最大值为14.4mm，与数值模拟分析的结果基本吻合。现场施工效果如图4-34所示。

a) 隧道开挖支护　　　　b) 二次衬砌施工

图4-34　大跨度小净距群洞隧道现场施工效果图

4.6　软弱围岩浅埋暗挖法小净距群洞隧道设计

浅埋暗挖法是埋深较浅的暗挖隧道施工方法，在城市轨道交通工程中，很多隧道位于软弱地层中，为浅埋隧道。这种隧道设计和施工应以改造地质条件为前提，以控制地表沉降为重点,以格栅(或其他钢结构)和喷锚作为初期支护手段,遵循"新奥法"大部分原理,以"管超前、严注浆、短开挖、强支护、快封闭、勤量测"为原则。在软弱围岩中,浅埋暗挖法小净距群洞隧道的设计和施工面临复杂的工程地质和水文地质条件。本节通过实际工程案例论述软弱围岩浅埋暗挖法小净距群洞隧道的设计关键技术,包括开挖顺序、暗挖隧道阻水措施、中夹岩墙加固措施等。

1) 工程概况

北京地铁17号线位于北京市东部地区,是一条贯穿中心城南北方向的轨道交通干线。线路总长49.7km,其中天通苑东站为双岛四线车站,并预留负三层换乘节点。地铁17号线车站与北七家支线同台换乘,与13A线呈"T"形换乘。天通苑东站北端区间采用小净距群洞隧道方案,如图4-35所示,包含三部分:

(1) 天通苑东站—未来科学城站(简称"天未区间")隧道:本区间隧道采用矿山法及盾构法施工,从天通苑东站北端至施工竖井及横通道(兼作盾构工作井)采用矿山法施工,从施工竖井至天未区间1号风井采用盾构法施工。

(2) 歇甲村车辆段出入段线区间隧道:本区间隧道采用矿山法施工,为单洞单线暗挖隧道,长约348m,由盾构井及出入段线明挖基坑两端往中间开挖。

(3) 北七家支线区间隧道:本区间隧道采用矿山法施工,接北七家区间为单洞双线、单洞单线暗挖区间,线间距6~13m,长约720m。

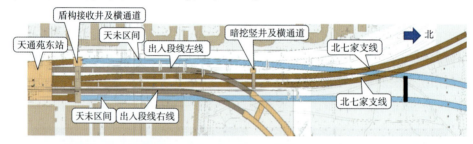

图4-35 区间平面图

本工程从天通苑东站北端接出后以小净距群洞隧道并行,然后纵向拉开高差,天未区间正线纵坡为-27‰,出入段线纵坡为2‰,北七家支线纵坡为-20‰,各条区间隧道相互关系为:天未右线盾构区间下穿北七家支线暗挖区间,出入段线右线暗挖区间上跨北七家支线暗挖区间,天未左线盾构区间下穿出入段线明挖区间、下穿出入段线暗挖区间。天未区间暗挖段、出入段线暗挖端、北七家支线暗挖段组成浅埋暗挖法小净距群洞隧道,最小净距0.6m。浅埋暗挖法小净距群洞隧道主要穿越的土层为粉质黏土、黏质粉土、卵石层,属于软弱围岩地层,如图4-36所示。

2) 软弱围岩浅埋暗挖法小净距群洞隧道开挖顺序研究

本工程为软弱围岩浅埋暗挖法小净距群洞隧道,围岩力学性质较差,隧道受力状态复杂,单条隧道开挖时会对周围土体产生扰动,改变其应力状态,从而导致土体发生位移和变形,对相邻隧道产生很大的影响。为了降低开挖的不利影响,需对群洞隧道开挖顺序进行研究,寻求合理的开挖方式。因此,建立群洞隧道有限元分析模型,模拟两种隧道开挖顺序对相邻隧道的影响。

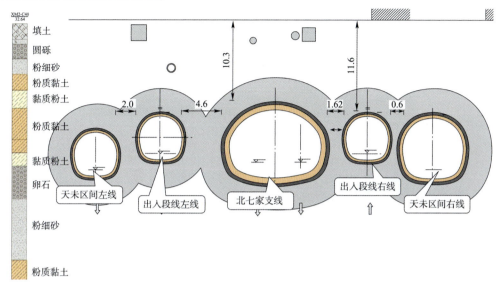

图4-36 天未区间隧道断面图(尺寸单位:m)

工序一:北七家支线大断面隧道开挖→正线右线隧道CRD法开挖→出入段线右线隧道开挖。

工序二:北七家支线大断面隧道开挖→出入段线右线隧道开挖→正线右线隧道CRD法开挖。

计算结果如图4-37～图4-40所示。比较两种工序中夹岩墙水平位移,先施工出入段线右隧道线,后施工正线右线隧道时,两者间中夹岩墙的水平位移相对减小约40%。分析两种工序的地层有效应变,先施工出入段线右线隧道、后施工正线右线隧道时,周边土体的累计有效应变小于先施工正线右线隧道、后施工出入段线右线隧道。最大应变出现在北七家支线大断面隧道与出入段线右线隧道之间的中夹岩墙处,位置在出入段线隧道左侧拱肩外。因此,宜采用先施工中间的北七家支线大断面隧道,再向两侧对称开挖的施工顺序。

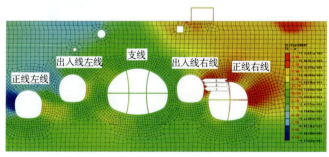

图4-37 土体水平位移云图(工序一)

3)软弱围岩浅埋暗挖法小净距群洞隧道注浆加固措施

本工程软弱围岩浅埋暗挖法小净距群洞隧道受层间潜水和承压水的影响,施工过程中需要采取阻水加固措施,在软弱围岩中常用的阻水加固技术有全断面注浆加固、高压旋喷桩加固、冷冻法,各种阻水加固技术比较见表4-14。

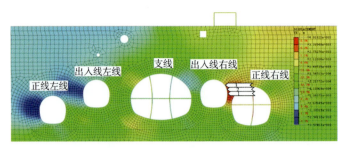

图 4-38　土体水平位移云图(工序二)

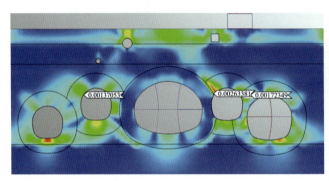

图 4-39　地层有效应变云图(工序一)

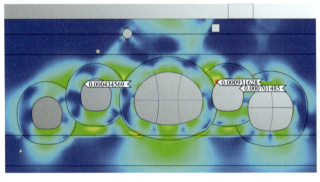

图 4-40　地层有效应变云图(工序二)

阻水加固技术比较　　　　　　　　　　　　　　　　　　　　表 4-14

加固技术	全断面注浆阻水	旋喷桩+全断面注浆阻水	冷冻法
设计参数	(1)掌子面外侧3m:无侧限抗压强度0.3~0.5MPa,渗透系数≤$1.0×10^{-6}$cm/s。 (2)掌子面范围:无侧限抗压强度0.1~0.3MPa,渗透系数≤$1.0×10^{-6}$cm/s。 (3)注浆进尺与开挖进尺相协调,10~12m,搭接2m作为止浆墙	(1)掌子面采用注浆加固。 (2)初期支护外侧采用旋喷桩施作止水帷幕,一般采用φ800mm旋喷桩,外倾角2°~6°,旋喷桩无侧限抗压强度可达3~5MPa,渗透系数≤$1.0×10^{-6}$cm/s	根据联络通道冷冻法加固参数,加固厚度≥2m,无侧限抗压强度不小于3.6MPa,抗拉强度不小于2MPa,抗剪强度不小于1.5MPa,帷幕平均温度不高于-10℃,渗透系数≤$1.0×10^{-6}$cm/s

续上表

加固技术	全断面注浆阻水	旋喷桩+全断面注浆阻水	冷冻法
单循环时间	一个注浆循环5~6d	先进行掌子面注浆,一个注浆循环5~6d,然后进行周圈旋喷:进尺15~20m,平均1d成桩4根,准备和清理时间约2d,一个循环约11d	积极冻结期约40d,开挖期间维持冻结
造价	(1) 830元/m³(双液浆浆液)。(2) 换算为填充率0.4,充盈系数1.1的加固体后,为366元/m³	引孔97元/m,注浆647元/m³	约1800元/m³
优点	(1) 处理细颗粒地层层间水成功率高。(2) 工艺成熟、工期可控、费用较低	(1) 具备处理粗颗粒地层微承压水的潜力。(2) 在砂层中加固效果好	加固体强度高,阻水性能好,加固体性质均匀
缺点	(1) 处理承压水需进行阻水+洞内疏排或减压措施。(2) 粗颗粒地层注浆效果较差	(1) 水平旋喷工期略长,造价较高。(2) 水平旋喷地层扰动较大,小净距隧道后行洞隧道要在外侧施工旋喷桩,较困难。(3) 旋喷桩强度较高,后期开挖工作量大。(4) 在掌子面内打孔,如外倾角大,为满足搭接要求,则进尺过短;如外倾角小,则加固体侵入掌子面过多,较浪费	(1) 周边有地下水开采,或地下水流动性较高时,加固效果不好;地下水含盐量高时,加固效果不可靠。(2) 有冻结融沉效应。(3) 成本过高,能耗大。(4) 水平冻结需在洞内打孔,冻结周期长;垂直冻结需要地面提供场地

根据本工程不同地段隧道分布的特点,采取不同的阻水加固方案。

(1) 六线并行、四线并行、出入段线与支线交叠处,为系统性改善群洞隧道受力状况,采取全断面注浆加固,其余支线范围结合勘察揭示的地质情况适当优化注浆厚度及范围,如图4-41所示。

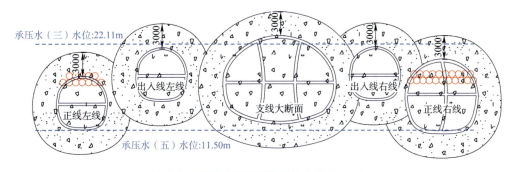

图4-41 阻水加固示意图(尺寸单位:mm)

(2)天通苑东站—2号横通道区间埋深较大,区间拱顶及上拱腰处有承压水,上断面含透镜体,透镜体为非稳定连续层状分布,与粉质黏土结合较差,存在易坍塌及地下水处理困难等问题,故采取 $\phi 800mm@900mm$ 旋喷桩对上半断面的透镜体进行加固,如图4-42所示。

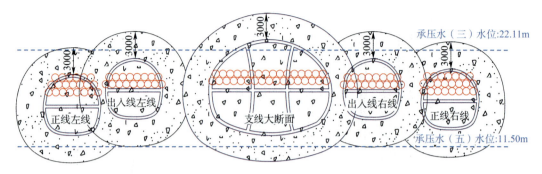

图4-42 天通苑东站—2号横通道区间阻水加固示意图(尺寸单位:mm)

(3)出入段线上跨支线区段,隧道断面基本处于潜水与承压水范围,两层水连通,开挖断面大多处于粉细砂及粉土地层,为确保阻水效果,采取由掌子面向初期支护外圈打设一排 $\phi 800mm$ 旋喷桩止水帷幕,如图4-43所示。

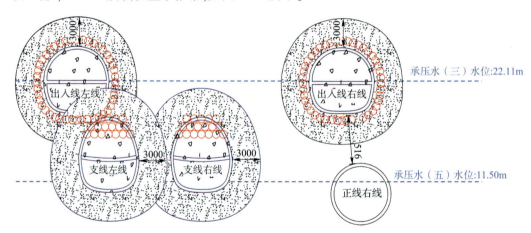

图4-43 出入段线上跨支线区段阻水加固示意图(尺寸单位:mm)

(4)为进一步提高阻水施工安全系数,及早封闭掌子面,为注浆及旋喷桩施工提供工作面,在单洞单线隧道中间均增设临时仰拱。

4)软弱围岩浅埋暗挖法小净距群洞隧道中夹岩墙加固

本工程围岩级别为Ⅵ级,围岩条件较差。在浅埋条件下,随着埋深增加,土体应力增加,中夹岩墙的变形加大,且随着净距减小,后行洞隧道开挖对中夹岩墙的影响较大,导致中夹岩墙发生较大的附加变形。当中夹岩墙出现贯通塑性区时,其变形显著增加,若不出现塑性贯通区,则中夹岩墙变形较小。为确保中夹岩墙稳定,加固原则如下:

(1)对于所有小净距隧道,均应及时跟进施工初期支护。

(2)对于土质中夹岩墙,采用预应力对拉锚杆基本无效果,应先对中夹岩墙进行注浆加固，提高土体整体强度和稳定性，为缩小塑性区范围，避免塑性区贯通，可增加环向注浆导管加固。

根据本工程不同地段隧道分布的特点，中夹岩墙主要采用小导管注浆加固，如图 4-44～图 4-46 所示。

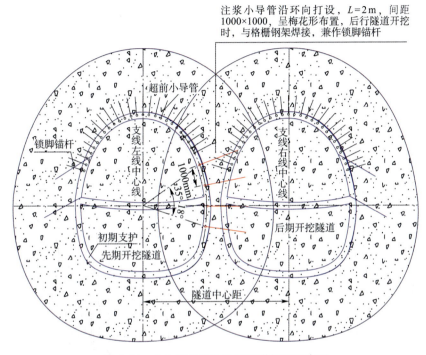

图 4-44 北七家支线小净距隧道加固示意图

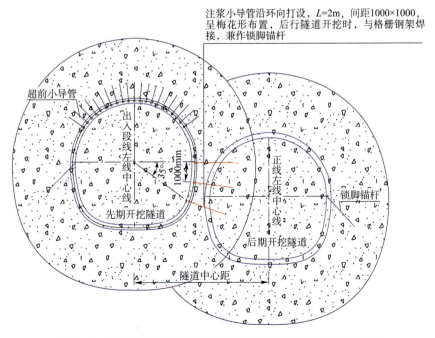

图 4-45 天未区间左线与出入段线左线小净距隧道加固示意图

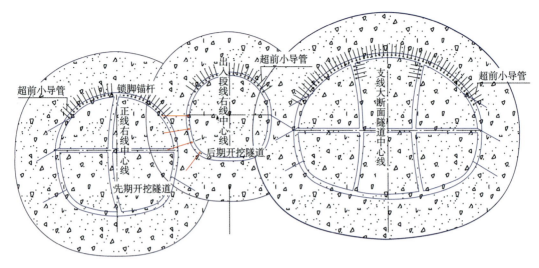

图 4-46 天未区间右线出入段线右线与北七家线小净距群洞隧道加固示意图

5)双侧壁导坑法大断面隧道拆撑长度研究

本工程采用双侧壁导坑法开挖北七家支线大断面隧道,拆撑长度对隧道的施工质量和安全有重大影响。拆撑长度是指在施作二次衬砌前,拆除初期支护临时支撑的纵向长度。如果拆撑长度太长,可能会对初期支护产生过大的压力,特别是在没有临时支撑的情况下,拆撑可能会引起初期支护的变形和破坏,影响隧道施工的质量和安全,但如果拆撑长度太短,会影响二次衬砌的施工效率,因此选择一个合理的拆撑长度是必要的。通过数值模拟分析大断面隧道双侧壁导坑法拆撑过程,研究拆撑长度对隧道的影响拱顶沉降与拆撑长度关系曲线如图 4-47 所示。从拆撑前后的变化可以看出,当拆撑长离较小时,地表沉降也较小,随着拆撑长离的增大,地层沉降迅速增大,影响的区域也更广。因此,拆撑长度为 6m 最为合适。

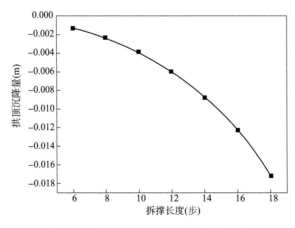

图 4-47 拱顶沉降与拆撑长度关系曲线

6)工程实施效果

本工程已完成小净距群洞隧道的全部施工,在软弱围岩顺利完成浅埋暗挖法小净距群洞隧道的施工,采用注浆阻水的技术方案合理有效,施工全过程周边环境监测数据稳定,未出现一次红色预警,现场施工效果如图 4-48 所示。

图 4-48 浅埋暗挖法小净距群洞隧道现场施工效果

4.7 本章小结

本章介绍了小净距矿山法隧道设计关键技术,隧道支护设计内容包括超前支护、初期支护和二次衬砌的设计,本章根据隧道围岩级别、隧道跨度、隧道净距等因素提出小净距隧道支护体系选取对策。中夹岩墙是小净距隧道应力集中的部位,设计时需要验算中夹岩墙的承载力是否满足要求,如不满足须要对中夹岩墙进行加固,加固方式主要有对拉锚杆、小导管注浆加固等技术。

小净距隧道的受力复杂,隧道在施工阶段和运营阶段均存在相互影响,隧道的各种支护体系又是相互影响的,在设计过程中不应单独对单一体系进行设计,而是要综合考虑隧道整体的支护体系,例如采取加强超前支护措施时可将施工步序或初期支护适当优化,采用更快速的施工工法,在实际工程案例中须根据施工的装备条件、场地因素、周边环境、变形控制、工期要求等综合确定。

随着城市轨道交通线网不断扩展,多线换乘和布置复杂配线的车站越来越多,相应的区间连接隧道可采用小净距群洞隧道方案。本章总结了大跨度小净距矿山法群洞隧道和软弱围岩浅埋暗挖法小净距群洞隧道的设计关键技术,对隧道结构布置方案、支护设计方案、地层加固技术、数值模拟分析和实施效果进行介绍,可供后续同类型工程施工借鉴。

第 5 章

小净距矿山法隧道施工关键技术

施工工法选取及施工质量控制是小净距矿山法隧道施工的关键,本章从超前支护施工技术、中夹岩墙加固技术、开挖工法和微扰动开挖技术等四个方面介绍小净距矿山法隧道施工关键技术。

5.1 超前支护施工技术

在小净距矿山法隧道施工过程中,隧道随时可能会遇到开挖工作面不能自稳或地表沉陷过大的情况。为了确保隧道工程施工的顺利进行和施工安全,必须采取一定的工程措施对地层进行预支护或预加固,称之为超前支护。超前支护措施有超前管棚、超前小导管、超前锚杆、超前帷幕注浆等。这些超前支护施工技术的选用,应视围岩条件、涌水状况、施工方法、环境要求等因素综合而定,可以单独使用一种措施,也可以几种一起使用。一般在设计阶段应对辅助施工措施有初步考虑,并在设计图中表示出来,但更为关键的是要在施工阶段根据开挖的具体情况予以修改,或是加强,或是减弱甚至取消。

5.1.1 超前管棚

超前管棚能够在软弱围岩隧道施工中稳定开挖工作面。在隧道开挖前沿着开挖断面轮廓打设钻孔,插入钢管后向管内注浆,与围岩共同形成棚架支护体系。管棚的主要作用是提高围岩的抗剪强度,加固围岩并扩散围岩应力。管棚结构在承受围岩松弛荷载的同时,也增强了围岩在初期支护尚未施作或发挥作用前的自稳能力,稳定隧道开挖工作面,并同支护结构形成空间支撑系统。

以某工程为例,超前管棚的施工工艺流程如图 5-1 所示。

超前管棚的施工步骤及施工参数如下:

1)施工导向墙、预埋导向管

导向墙采用 C30 混凝土浇筑,截面尺寸为 $600\text{mm} \times 600\text{mm}$,导向墙设置 3 榀 I18 工字钢架,工字钢外缘设 $\phi 133\text{mm}$ 钢管。钢管壁厚 4mm,长度 1.2m,与钢架焊接牢固,连接成整体。导向管固定在 3 榀钢架上,其方向通过测量严格控制,固定好后在导向管内填充黏土,防止混凝土流入管中,并浇筑混凝土。导向墙施工顺序为:边测量边开挖→架立型钢支撑钢架→架立底模→架立定位钢架→导向管定位焊接→架立边模→浇筑混凝土→拆模。

2)搭设移动平台

管棚施工过程中,需要经常移动钻机位置,并且要调整钻机的高度,所以应搭设一个稳固的操作和移动平台,采用 HW-6 型可移动升降式工作平台。

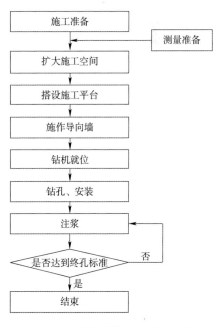

图 5-1 超前管棚施工工艺流程图

3) 孔口管安装

孔口管安装可采用在结构上预埋套管或直接使用开孔器安装。大管棚中心距隧道开挖外轮廓300mm,管棚连接管采用 ϕ121mm 无缝钢管制作,钻孔前精确测定孔的平面位置、方向和仰角,然后通过法兰连接孔口密封装置(即孔口管),并对每个孔进行编号。

4) 钻机安装就位

钻机施工平台搭好后,用10t手动葫芦将钻机吊至操作平台上,沿操作平台导轨移动至操作位置。施工时,根据每根管棚的位置、钻具长度、钻机高度等因素确定每个孔位的钻机位置、高度,钻杆要求与已设定好的孔口管方向平行,必须精确核定钻机位置。

5) 预设钻进轨迹

根据工程实际情况设计钻进轨迹。钻进轨迹的设计应综合考虑地层条件、管棚长度等因素,正式开钻前应打设试验孔,核实地层,修正设计轨迹。

6) 导向钻进

棚管打设采取每间隔两个孔位跳打的方式。施工前应对已预埋的套管管位、角度进行认真复测,误差超限者应进行调整。开孔定位、调试角度必须由专人负责,并且做好复检,确保无误。孔口管的安装要牢固,回水阀门、密封装置要有效。施工采用一台FDP-15B型水平钻机进行钻孔,钻孔前,精确测定孔的平面位置、方向和仰角,并对每个孔进行编号。直接用 ϕ159mm×8mm 棚管作钻杆,形成满眼钻进,有效地约束钻头,减小或防止钻具偏斜。

7) 跟进钢管

随钻进进尺将棚管依次打入,成孔与棚管埋设一次完成。管棚钢管采用分节安装,两节之间用螺纹连接,螺纹段长度大于150mm。为了提高管棚的抗压性能,相邻棚管接缝应错开,缝距应不小于1.0m。注浆钢管上预留注浆孔,孔径10mm,孔间距200mm,呈梅花形布置。钢管尾部(孔口段)2.0m范围作为止浆段,不预留注浆孔。

8) 方向控制与纠偏

(1) 上下偏移控制

水平钻进受钻具自重影响,钻具前端易下垂,为了减少纠偏工作量,控制环状间隙的扩大,开孔定位时,管棚中心距隧道初期支护开挖外轮廓300mm,钻进时用水平导向仪及钻具前面的探头控制钻头(内设单向阀)调整钻进轨迹(垂向),保证棚管打设满足设计要求。需要纠偏时,钻头斜面向下,小冲程给进钻杆,钻头将逐步上抬,达到向上纠偏的目的。同理,钻头斜面向上,可达到向下纠偏的目的。管棚的横向偏差主要通过初始段管棚钻杆的轴线方向来控制。施工时要保证钻机的横向稳定,并严格控制孔内环状间隙的扩大。

(2) 方位偏移控制

钻进过程中钻机操作人员通过远程显示器上的倾角值对钻头倾角进行控制,钻头倾角偏差控制在±0.3%以内。一旦发现偏差,可通过远程显示器对钻头倾角进行调整,一般测试频率为每米或每节钻杆测一次。为保证整条钻进轨迹的精度,在一次性导向跟管钻进长管棚施工中,还要利用钻杆即管棚钢管作导向装置,即开始钻进前用经纬仪准确测定钻杆的轴线方向,按设计方向钻进。钻进 10~20m 后,管棚内接入照明线路,用经纬仪复测管棚的轴线方向。满足要求后,在该段管棚的导向下,可保证整个钻进轨迹不发生大的偏差。此外,当钻具顺时针旋转时会产生右旋力,可能会使钻孔水平偏斜,但水平偏斜幅度较小,在均质地层中钻进时易控制,开孔定方位时给以方位角纠偏值,可以满足施工质量要求。

(3)加强过程监控与纠偏

开钻前,应精确核定孔位,保证钻机钻杆线与管棚设计轴线吻合以及钻机在钻进时不产生偏移和倾斜。每钻进一节钻杆,要记录远程显示器上的数据,若偏差较大,应及时对钻头倾角进行调整。钻进 20m 后,停止钻进,开始进行管棚测斜。管棚测斜采用灯光测斜原理,用经纬仪复测管棚的轴线方向,若满足要求,则继续钻进;若偏差较大,应进行横向调整,甚至重新开钻。

9)泥浆循环

施工中采用小泵量泥浆循环,通过钻头后部的单向阀与孔口密封装置(密封盒)的控制,保证孔内(环状间隙)泥浆饱满起到护壁防塌等保压作用。泥浆采用定向钻进专用高质量膨润土及外掺剂配制而成,马氏漏斗黏度为 30~40s,pH 值控制在 8.5~10。泥浆采用机械搅拌,必须搅拌均匀,泥浆用量一般为孔径的 3 倍左右,钻进及回拖过程中为减少泥浆损耗,采用泥浆回收系统,经过处理后循环利用。为防止地表沉降,严格控制出泥(沙)量,须通过回水阀门与密封盒的有效控制,始终保持回水(浆)量小于进水量。

施工时应严格控制扩孔率,减少地层损失。严格控制循环泥浆回流泥沙量,应控制钻孔直径大于棚管外径 20~30mm,尽量减少因钻孔纠偏所造成的扩孔值,要求定向钻进中坚持"以保为主,以纠为辅"的原则。在施工中,根据地层情况可对技术参数进行适时调整。

10)管棚注浆

棚管打设终止后,调整孔口密封装置(密封盒),开始注浆。注浆浆液必须充满钢管及周围的空隙并密实,注浆要有保压措施,环状间隙保压靠单向阀与关闭回水阀门及孔口密封,棚管内保压靠单向阀与孔口密封装置。管棚注浆浆液采用水泥浆,水灰比为 0.6∶1~1∶1,水泥选用 P·O 42.5 级普通硅酸盐水泥。浆液通过管棚,从管头钢管外环状间隙开始回流,管内空气则通过设置在孔口密封装置上的排气孔排出。当排气孔流出浆液后,关闭排气孔,继续注浆,使浆液充满钢管及周围的空隙。为保证注浆密实,浆液中可掺入适量膨胀剂。注浆压力控制在 0.3~0.5MPa,根据单孔孔内情况灵活控制泵压,当排气孔流出浆液后,关闭排气孔,继续注浆,孔内压力保持在 0.2~0.4MPa 范围内,稳定 3~5min 后停止注浆。

5.1.2 超前小导管

超前小导管施工内容主要包括封闭工作面、钻孔、安设小导管、注浆、效果检验等工序,施工工艺流程如图 5-2 所示。

超前小导管一般采用 $\phi 42mm$ 无缝钢管加工而成,如图 5-3 所示,小导管前端加工成锥形,以便插打,并可防止浆液前冲。小导管中间部位预留 $\phi 10mm$ 溢浆孔,溢流孔呈梅花形布置,间距 20cm,尾部 1.0m 范围内不钻孔,防止漏浆。小导管末端焊接 $\phi 6mm$ 环形箍筋,以防打设小导管时端部开裂,影响注浆管连接。小导管施工时先用钻机钻孔,插入小导管,并用风镐振入。

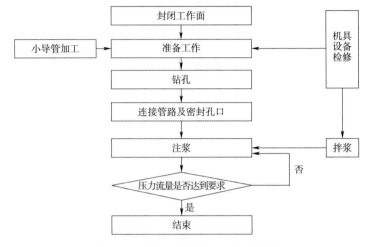

图 5-2　超前小导管施工工艺流程图

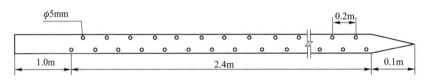

图 5-3　小导管示意图

超前小导管打设后,用塑胶泥封堵孔口及周围裂隙,必要时在小导管附近及工作面喷射混凝土,以防止工作面坍塌。注浆前应进行压水试验,检查机械设备是否正常,管路连接是否正确。为加快注浆速度和发挥设备效率,可采用群管注浆(每次 3～5 根)。采用注浆泵压注水泥浆,水灰比为 1:1。注浆前先用高压风将管内的砂石吹出,按由下至上顺序进行。单孔注浆压力为 0.5～1.0MPa,注浆量达到设计注浆量且注浆压力达到设计终压时可结束注浆。注浆过程中,应严格控制注浆压力,注浆终压必须达到设计要求,并稳压 1～2min,保证浆液的渗透范围。注浆压力不得超过设定的最大压力,当小导管注浆过程中出现结构变形、串浆、危及地下构筑物和地面建筑物等异常情况时,可采取下列控制措施。

(1)降低注浆压力或采用间歇注浆。

(2)改变注浆材料或缩短浆液凝胶时间,调整注浆实施方案。

(3)检查注浆效果,一是通过进浆量来检查注浆效果,二是采用揭露检查法。因小导管注浆为周边单排固结注浆,工作面土体揭露后探测注浆固结体的效果,如效果不好,应及时调整浆液配合比,改善注浆工艺。

(4)为防止孔口漏浆,在花管尾端采用水泥水玻璃胶体封堵钻孔与小导管的空隙。

(5)注浆管与小导管采用活接头连接,保证快速装拆。

(6)注浆由两侧对称向中间进行,自下而上逐孔注浆。

(7)拆下活接头后,用干硬性水泥封堵管口,防止浆液外流。

(8)注浆达到规定强度后方可进行开挖作业。

5.1.3 超前锚杆

超前锚杆施工工艺流程如图 5-4 所示。

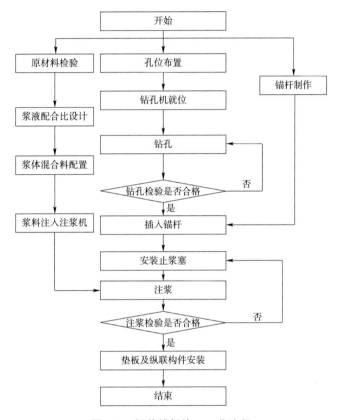

图 5-4 超前锚杆施工工艺流程

施工步骤如下：

(1)钻孔

按照设计要求,在隧道穿越岩层时钻孔,确定超前锚杆的孔深和孔径。

(2)清洗孔眼

钻孔后须使用高压水枪或气枪对孔眼进行清洗,以去除孔眼中的岩屑和灰尘。

(3)安装锚杆

将锚杆穿过钻孔后,用液压装置进行锚杆固定和张拉,在顶部加装悬挂器,以支撑和固定管线等设备。

(4)灌注胶液

在锚杆张拉完成后,需要灌注胶液填充孔隙,以有效地加固地层。灌注胶液的选择应根据岩层性质、锚杆类型、固化时间等因素确定。

(5)后续处理

在胶液固化后,需要对超前锚杆进行割断、打磨处理,以便后续工作的安装和使用。

(6)施工注意事项

超前锚杆施工需要严格按照设计要求操作,特别是对钻孔、锚杆固定和灌注胶液等关键工序要保障安全,确保施工质量。此外,在锚杆施工过程中,应定期检测锚杆的受力状况及胶液固化情况,以便及时发现问题,采取补救措施,防止发生安全事故。

5.1.4 超前帷幕注浆

超前帷幕注浆技术通过注入适当的浆液材料改善围岩的力学性质和稳定性,可以填充地层中的裂隙和空隙,并提高地层的抗剪切能力、承载能力和抗渗性能,抵抗隧道开挖引起围岩的变形和破坏,并增强隧道衬砌的整体性。以某工程为例,超前帷幕注浆施工工艺及参数如下:

1)止浆墙施工

止浆墙施作前先对掌子面采用C25喷射混凝土封闭,厚度30cm。止浆墙周边采用2排环向间距1.0m、纵向间距0.5m、长3.0m的ϕ22mm药卷锚杆,锚杆外露0.5m与围岩相连,以保证止浆墙的稳定。然后立模浇筑2.0m厚C25早强混凝土作为止浆墙。在止浆墙周边预埋2.0m长、环向间距1.5m的ϕ42mm导管,管口紧靠初期支护面,止浆墙浇筑完成后,通过导管进行注浆对止浆墙与初期支护间的裂隙进行封堵,形成封闭体系。

2)孔口管安装

在掌子面按设计位置标定注浆孔位,移动钻机,将钻头对准所标孔位,并按设计调整钻机角度后固定,用钻机开孔至3.0m深,钻孔直径169mm。钻孔要轻加压、速度慢、给水足。安设固结孔口管,孔口管采用ϕ159mm无缝钢管,壁厚4mm,长3.0m,孔口外露30cm。埋设孔口管后,对无水地段采用干硬性早强砂浆堵塞定位,对于孔口涌水地段,孔口管的埋设应采用增强型防水剂和水泥配制的固管混合料来固定管位。

3)钻孔

为加快施工进度,施工时采用两台钻机同时施钻。孔口管安装后,通过孔口管打设ϕ108mm注浆孔至设计孔深,按编号顺序进行钻孔施工。先进行外圈钻孔,注浆完成后进行其余孔施工,钻孔及注浆顺序由外到内。在钻进过程中做好详细记录,记录的主要内容有孔号、进尺、起始时间、岩石裂隙发育情况、出现涌水位置、涌水量、涌水压力等。

4)注浆

(1)注浆采用一次性全孔注浆施工。注浆时选用两台注浆泵同时从两侧注浆,注浆顺序从上自下依次进行,根据水压确定注浆胶凝时间。

(2)注浆结束标准(单孔注浆以定量定压相结合)。

①定量标准:注浆量按单孔每米设计注浆量控制在4.0m^3,当单孔注浆量达到设计注浆量的1.5~2倍,压力仍然不上升时,可采取调整浆液配合比、缩短凝胶时间或进行间歇注浆等工艺使注浆压力达到设计终压,结束该孔注浆。

②定压标准:根据地层涌水压力注浆终压定为2.0~4.0MPa,单孔注浆压力达到设计终压并维持10min以上可结束该孔注浆。

5.2 中夹岩墙加固技术

在小净距隧道施工过程中控制中夹岩墙的稳定性至关重要,特别是在软弱围岩下修建大断面小净距隧道,中夹岩墙厚度小,围岩强度低,受到左右洞施工多次扰动后容易发生较大的塑性变形而破坏。施工时为了减小隧道施工对中夹岩墙围岩的扰动,保证中夹岩墙的稳定性,通常需要对其进行加固。如何采用有效的加固措施确保中夹岩墙的稳定是小净距隧道施工的关键。

对小净距矿山法隧道,在施工工程中必须结合围岩条件与所采取的开挖方式,选择合理的加固时机和加固方式进行中夹岩墙加固,才能确保施工安全。对于Ⅴ级围岩,可采用中空注浆锚杆(管)或系统锚杆和水平预应力对拉锚杆加固中夹岩墙;对于Ⅲ级和Ⅳ级围岩,一般只选用中空注浆锚杆(管)对中夹岩墙注浆加固即可;对于Ⅱ级围岩可不采取加固措施。此外,小净距隧道中夹岩墙同其他围岩部位一样采用喷射混凝土、钢筋网、架设钢架等初期支护措施。在小净距隧道中夹岩墙加固施工中,应根据围岩级别和实际掌握的施工技术水平,在确保安全的前提下,降低施工成本,减小施工中中夹岩墙的二次应力场叠加效应,精细管理、科学施工,选择合理、可行的中夹岩墙加固时机和加固方式,有助于安全高效地完成小净距矿山法隧道施工。

5.2.1 水平预应力对拉锚杆加固

水平预应力对拉锚杆是小净距隧道中夹岩墙加固的常用技术,其施工工艺为:

1)安装预应力锚杆

采用风钻钻孔并彻底清孔,在锚杆内锚杆体的端部戴上锚头,将戴好锚头的锚杆装入锚孔,并通过锚头将其固定在锚孔内。再将止浆塞装上锚杆,然后采用较稠的浆液进行注浆。

2)注浆并施加预应力

在锚杆注浆结束24h后,即可施加预应力。安装预应力专用垫板和锚具,采用专用工具拧紧锚具上的螺母达到设计所需的预应力即可。施加预应力的主要方法有后张法和二次张拉法两种。后张法预应力锚杆由锚头和锚固段两部分组成,锚头长约0.5m,全长螺纹。锚固段长度取决于中夹岩墙的厚度,下部锚杆位于起拱线向上0.5m处,锚杆上下间距1.0m。在后行洞隧道上半断面开挖支护后,用钻机钻穿中夹岩墙,从先行洞侧送入锚杆,然后在后行洞侧将锚杆锚固端的锚垫板与锚杆杆体焊接,并施作喷射混凝土封闭孔口。从后行洞端(张拉端)用注浆机向孔内注浆(注浆材料一般采用灰砂比1:1.2的水泥砂浆,当孔口溢出浆液时停止注浆)。注浆结束后安装锚杆拉拔器,张拉至设计预应力,用扭矩扳手锁定螺母,施加预应力时先将中心带孔的尺寸为150mm×150mm×20mm的钢板套在先行洞侧的孔口锚杆的杆体根部,套上螺母,然后将锚杆拉拔器油顶套在锚头上,锚头端部加钢板、螺母,固定油顶后开始加预应力至设计值,持荷5min,然后将锚头根部的钢板螺母用扭矩扳手拧紧(扳手力矩不应小于100N·m)。最后拆卸钢板、拉拔器,用砂轮锯片割除多余锚头杆体,完成锚杆施工。后行洞开挖暴露出锚杆端后,拆除预安装的螺纹保护包装,采用扭矩扳手施加预应力至设计值。张拉设备可采用扭矩扳手,锚固时一端用锚垫板固定,另一端张拉。锚杆固定端和张拉端沿纵向间隔一排布置,在同一截面上间隔张拉,以避免产生局部应力集中现象。当锚杆应力稳定后,用注浆机通过预埋的注浆孔对锚杆孔道进行注浆处理,最后将锚杆端部用 C20 混凝土喷平。采用扭矩扳手与锚杆拔力计配合,实测几组数据,根据所得数据,综合考虑锚杆与围岩、喷射混凝土、钢板及螺栓之间摩阻产生的预应力损失,确定直径 25mm 螺纹钢锚杆扭矩扳手扭矩值为 $275×(1+20\%)=330\mathrm{N\cdot m}$。通过施作低预应力锚杆,一方面可以限制中夹岩墙变形,另一方面可改善中夹岩墙的围岩结构,使其双向承受压力,提高其承压能力。

5.2.2 中空注浆锚杆(管)加固

中空注浆锚杆(管)加固通过一定的压力和路径把具有一定强度和胶结性能的浆液注入岩柱体裂隙或孔隙中,排出充填的空气和水,把松散或碎裂的岩石胶结成整体,提高岩石的力学指标和围岩级别。注浆技术历史悠久,在胶结材料、钻注设备和施工工艺等方面都有较成熟的经验,在国内外的岩石加固中被广泛采用,目前应用最多的注浆材料是普通硅酸盐水泥浆液。

小净距隧道采用中空注浆锚杆(管)加固中夹岩墙。施工工艺为:先行洞隧道开挖支护后,在中夹岩墙上布置注浆孔,采用小导管(或中空锚杆)注入水泥浆液,注浆范围超过中夹岩墙厚度,使中夹岩墙在后行洞隧道开挖前就得到加固。当后行洞隧道开挖和支护完成后,根据检测到的中夹岩墙稳定情况,决定是否采取类似先行洞的加固方式补充注浆,以提高中夹岩墙的力学指标,保持稳定的效果。与采用预应力对拉锚杆加固中夹岩墙技术相比,注浆加固是后行洞隧道到达前(即中夹岩墙形成前)完成的,加固的时效性强。与常规的注浆锚杆施工方法相同,注浆加固可在掌子面钻爆期间完成,施工工艺简单,操作性强,易组织。注浆浆液充填岩体空隙,加固后中夹岩墙的岩体完整性得到改善,岩体强度大幅提高。注浆加固更加符合新奥法"保护岩石、利用岩石"的精髓,减小了作用在支护结构上的荷载等。当采用小导管注浆加固或中空注浆锚杆进行注浆加固时,锚杆本身抗拉强度高,也能提高中夹岩墙抵抗侧向膨胀变形的能力。

5.3 小净距矿山法隧道开挖工法

合理的施工方法能有效地控制小净距矿山法隧道围岩变形,并具有良好的经济性和安全性。为选取合理的隧道开挖工法,须在实际工程地质条件的基础上对隧道跨度、净距、长度、施工工期及所拥有的施工技术能力等进行全面考虑。此外,当工程地质条件发生改变时应做好调整开挖工法的准备。当地质条件相对较差时,施工方案的选择尤其重要。小净距矿山法隧道开挖工法主要有全断面法、台阶法、中隔壁法(CD 法)、交叉中隔壁法(CRD 法)等,小净距矿山法隧道的开挖工法可根据围岩级别、隧道开挖跨度和相互影响程度等因素确定,见表 5-1。

小净距矿山法隧道开挖工法建议 表5-1

围岩级别	开挖跨度 B	影响程度	开挖工法
Ⅲ	单线隧道($B=5\sim8m$)	无影响(大于$1.0B$)	全断面法
		轻微影响($5m\sim1.0B$)	全断面法
		中等影响($2\sim5m$)	全断面法
		严重影响(小于$2m$)	台阶法
	中等跨度($B=8\sim12m$)	无影响(大于$1.0B$)	台阶法
		轻微影响($5m\sim1.0B$)	台阶法
		中等影响($3\sim5m$)	台阶法
		严重影响(小于$3m$)	台阶法+临时仰拱封闭
	大跨度($B=12\sim15m$)	无影响(大于$1B$)	CD法
		轻微影响($5m\sim1.0B$)	CD法
		中等影响($3\sim5m$)	CD法
		严重影响(小于$3m$)	CRD法
Ⅳ	单线隧道($B=5\sim8m$)	无影响(大于$1.5B$)	全断面法
		轻微影响($0.5B\sim1.5B$)	全断面法
		中等影响($0.3B\sim0.5B$)	全断面法
		严重影响(小于$0.3B$)	台阶法
	中等跨度($B=8\sim12m$)	无影响(大于$1.5B$)	台阶法
		轻微影响($0.5B\sim1.5B$)	台阶法
		中等影响($0.3B\sim0.5B$)	台阶法
		严重影响(小于$0.3B$)	台阶法+临时仰拱封闭
	大跨度($B=12\sim15m$)	无影响(大于$1.5B$)	CD法
		轻微影响($0.5B\sim1.5B$)	CD法
		中等影响($0.3B\sim0.5B$)	CD法或CRD法
		严重影响(小于$0.3B$)	CRD法
Ⅴ	单线隧道($B=5\sim8m$)	无影响(大于$2.0B$)	台阶法
		轻微影响($0.75B\sim1.5B$)	台阶法
		中等影响($0.5B\sim0.75B$)	台阶法
		严重影响(小于$0.5B$)	台阶法+临时仰拱封闭
	中等跨度($B=8\sim12m$)	无影响(大于$2.0B$)	CD法
		轻微影响($0.75B\sim1.5B$)	CD法
		中等影响($0.5B\sim0.75B$)	CD法
		严重影响(小于$0.5B$)	CD法或CRD法
	大跨度($B=12\sim15m$)	无影响(大于$2B$)	CRD法
		轻微影响($0.75B\sim1.5B$)	CRD法
		中等影响($0.5B\sim0.75B$)	CRD法
		严重影响(小于$0.5B$)	CRD法或双侧壁导坑法

注:对于开挖跨度大于15m或Ⅵ级围岩地层需进行特殊设计。

5.3.1 全断面法

全断面开挖法的掌子面面积相比其他开挖方法更大,因此便于机械设备的使用,开挖效率高。当隧道位于Ⅰ级或Ⅱ级围岩,隧道断面小于10m且保持一定净距时,可采用全断面法进行开挖。对于Ⅲ级或Ⅳ级围岩或更差的围岩条件,如通过加强超前支护和补强掌子面能够稳定围岩,且施工机械水平较高,每个作业循环的时间较短,也可研究采用全断面法进行开挖。全断面法通常适用于较好的围岩,一般用于Ⅰ~Ⅱ级硬岩中,若围岩岩性强度较差,可采取适当的预加固措施后运用全断面法开挖。但采用钻爆法开挖时,须在掌子面布置适量的炸药,爆破后进行初期支护,因此全断面法施工时隧道的长度不宜小于1km,且对爆破技术水平有较高要求。

小净距矿山法隧道全断面法开挖施工工序如图5-5所示,图中编号表示施工工序,具体含义为:①先行洞隧道开挖;②先行洞隧道初期支护施工;③后行洞隧道开挖;④后行洞隧道初期支护施工;⑤二次衬砌施工。全断面法开挖方式可采用爆破或机械开挖,开挖进尺一般不大于4m。在稳定岩体中宜采用光面爆破,如周边存在敏感建(构)筑物,采用爆破施工需要专项论证。小净距隧道采用全断面法开挖时,后行洞隧道与先行洞隧道掌子面需错开一定距离,一般不宜小于1倍的开挖跨度。同一条隧道对向开挖时,当两掌子面相距20m时应停挖一端并封闭掌子面,继续开挖另一端;并应提前做好测量工作,及时纠偏。

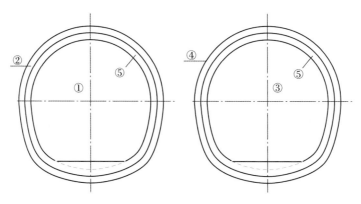

图5-5 小净距隧道全断面法施工工序示意图

5.3.2 台阶法

台阶法是指将开挖断面正台阶分成上、下两部分,交替进行开挖。一般可用于在短期内围岩能保持稳定状态的隧道开挖中。台阶法的施工工艺较全断面法更为复杂,须将掌子面根据位置关系划分成两个或者多个区域,按先后顺序进行开挖。此外,按照上下台阶施工长度的不同将台阶法分为超短台阶法、短台阶法及和长台阶法三种。超短台阶法的台阶长度小于1倍隧道跨度,短台阶法的台阶长度介于1~1.5倍隧道跨度;长台阶法的台阶长度可大于5倍隧道跨度。采用台阶法施工时,由于多个区域先后开挖对地层产生叠加扰动,故需尽早施作初期支护,以保证隧道围岩稳定。当隧道位于Ⅲ级、Ⅳ级和Ⅴ级围岩,隧道断面小于13m且保持一定净距时,可采用台阶法进行开挖。从实际施工情况来看,台阶法是采用最多的开挖方法。它实质上也是一种适用于全地质类型的开挖方法,随着围岩条件的变化,台阶长度和分割断面的数目、大小都可变化,施工过程中需要根据围岩条件、隧道净距、断面跨度、周边环境等因素确定台阶长度。当隧道采用超短台阶法或短台阶开挖时,由于上下台阶的工作面距离较近,开挖时相互之间的干扰性较大,且施工周期长,因此不宜采用平行作业方式施工;但由于此方法对地质条件要求不高,能有效保证围岩稳定性。当隧道采用长台阶法开挖时,上下台阶能进行平行作业,上下台阶相互之间扰动较少,有利于围岩稳定。当开挖面处于不良地层时,采用台阶法施工可预留核心土稳定掌子面。小净距隧道采用台阶法施工时,后行洞隧道与先行洞隧道需错开一定距离。当围岩条件较好时,台阶长度不宜大于50m。当围岩条件较差时,台阶长度宜控制在3~10m。台阶长度可根据施工机械(如悬臂掘进机)情况进行适当调整。台阶法开挖进尺一般不大于4m。当围岩不稳定时,开挖进尺不宜大于1m。当仰拱地层较差时,需及时施作仰拱,使支护及早闭合成环。当上台阶底部位于不良地层时,可施作临时仰拱进行封闭。

小净距隧道台阶法施工工序如图5-6所示,图中编号表示施工工序,具体含义为:①先行洞隧道上台阶开挖;②先行洞隧道上台阶初期支护施工;③先行洞隧道下台阶开挖;④先行洞隧道下台阶初期支护施工;⑤后行洞隧道上台阶开挖;⑥先行洞隧道上台阶初期支护施工;⑦后行洞隧道下台阶开挖;⑧先行洞隧道下台阶初期支护施工;⑨二次衬砌施工。

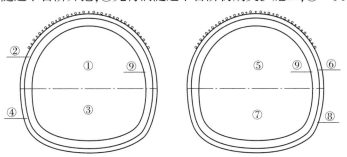

图5-6　小净距隧道台阶法施工工序示意图

5.3.3　中隔壁法(CD法)

当隧道的跨度较大,或埋深较小、围岩条件较差时,可采用CD法施工。这种方法通过分割施工界面,减小一次开挖体系,提高了承受外部压力的能力,并且通过一定的监控和测量进行施工,可有效地控制地表以及拱顶的变形。一些处于复杂地质条件的隧道若采用传统的施工方法容易发生变形,而采用中隔壁法可以有效地解决这种问题,控制施工过程中的围岩变形。CD法是在施工过程中,将断面进行分块处理,从而降低开挖的高度以及难度,在隧道的一侧进行开挖,必须得到支护作用的支持,将隧道工程分为不同的部分,台阶变短,快速封闭,从上而下做好初期支护。施工过程主要包括施工的准备阶段、地质预测阶段、判断、超前支护、CD法的应用、人工开挖、初期支护以及进行下一道工序。这种工法的施工要点是合理确定开挖支护步序,临时支护的拆除工作也是十分重要的,在施工过程中必须注意对围岩的保护。

CD法用临时支撑把开挖时隧道的掌子面分为左右两个单独的竖向小区域,将掌子面分成4小块,并先行施工隧道左侧拱腰及中隔壁区域,随后再对隧道右侧施加临时支护,其主要应用于处于松散岩体中的大跨度、埋深较小的隧道开挖。在隧道开挖过程中,在断面中间施作竖向支撑,并将整个隧道断面在竖向支撑两侧分割成若干个台阶单元后分部开挖。这种施工方法可有效地控制围岩变形,适用于大跨度或特大跨度隧道的施工,尤其是软弱围岩和受力不均匀的隧道开挖施工。与此同时,CD法兼有台阶法及双侧壁导坑法的优点,同时又具有施工进度快、工序转换灵活的特点。

小净距隧道CD法施工工序如图5-7所示,图中编号表示施工工序,具体含义为:①先行洞隧道右上台阶开挖;②先行洞隧道右上台阶初期支护施工;③先行洞隧道右下台阶开挖;④先行洞隧道右下台阶初期支护施工;⑤先行洞隧道左上台阶开挖;⑥先行洞隧道左上台阶初期支护施工;⑦先行洞隧道左下台阶开挖;⑧先行洞隧道左下台阶初期支护施工;⑨后行洞隧道左上台阶开挖;⑩后行洞隧道左上台阶初期支护施工;⑪后行洞隧道左下台阶开挖;⑫先行洞隧道左下台阶初期支护施工;⑬后行洞隧道右上台阶开挖;⑭后行洞隧道右上台阶初期支护施工;⑮后行洞隧道右下台阶开挖;⑯先行洞隧道右下台阶初期支护施工;⑰二次衬砌施工。

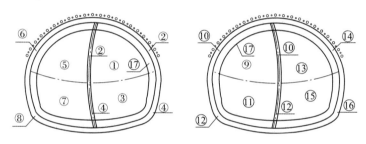

图5-7 小净距隧道CD法施工工序示意图

小净距隧道采用CD法施工时,当先行洞隧道初期支护施工完成后,可根据初期支护的变形情况确定二次衬砌的施作时机,必要时提前施工二次衬砌。后行洞隧道与先行洞隧道掌子面应错开一定距离,一般不宜小于1倍的开挖跨度。CD法左右部的台阶高度应根据地质情况、隧道断面跨度和施工设备确定。每侧按两部或三部分台阶开挖,开挖后应及时施作初期支护、中隔壁。两侧先后距离宜保持10~20m,上下断面的距离宜保持3~5m。导洞应采用台阶法施工,导洞跨度不宜大于0.5倍隧道跨度。各部开挖时,相邻部位的喷射混凝土强度应达设计强度的70%以上。中隔壁在浇筑仰拱前逐段拆除,中隔壁一次拆除长度应根据监测结果确定,不宜大15m,临时支护拆除后应及时施作仰拱和二次衬砌。特殊情况下可将中隔壁浇筑在仰拱中,待铺设防水板时再割断。

5.3.4 交叉中隔壁法(CRD法)

CRD法以CD法为基础,在进行隧道开挖时增设临时仰拱,使隧道支护能够封闭成环,此方法主要应用于地层状况为上软下硬的情况,或者地质条件很差且隧道跨径较大时,也常用于隧道中对软弱地层进行处理。对处于山岭的隧道由于成本较高,所以较少使用。由于此方法对地表沉降可以起到很好的控制作用,所以在城市轨道交通隧道工程中应用较多。对于膨胀土地层中的隧道也可以使用。对于大断面的隧道,如果利用 CRD 法预留核心土的方式,就要在施工之前把隧道分成 4 个独立的小洞室,从而分开进行施工。在初期支护时,采用短台阶以及短循环,然后对分块进行成环处理,从上而下进行,一边开挖一边施作支撑。在施工之前,当初期支护结构的拱顶沉降和收敛稳定后,对初期支护结构中的临时中隔壁和临时仰拱进行拆除时,要自上而下进行。为了使围岩保持稳定,在采用 CRD 法开挖时,一定要封闭成环,该方法融合了双侧壁导坑法以及台阶法的优点,使工程开展更顺利。

小净距隧道 CRD 法施工工序如图 5-8 所示,图中编号表示施工工序,具体含义为:①先行洞隧道右上台阶开挖;②先行洞隧道右上台阶初期支护施工;③先行洞隧道右下台阶开挖;④先行洞隧道右下台阶初期支护施工;⑤先行洞隧道左上台阶开挖;⑥先行洞隧道左上台阶初期支护施工;⑦先行洞隧道左下台阶开挖;⑧先行洞隧道左下台阶初期支护施工;⑨后行洞隧道左上台阶开挖;⑩后行洞隧道左上台阶初期支护施工;⑪后行洞隧道左下台阶开挖;⑫先行洞隧道左下台阶初期支护施工;⑬后行洞隧道右上台阶开挖;⑭后行洞隧道右上台阶初期支护施工;⑮后行洞隧道右下台阶开挖;⑯先行洞隧道右下台阶初期支护施工;⑰二次衬砌施工。

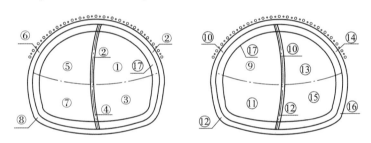

图 5-8 小净距隧道 CRD 法施工工序示意图

小净距隧道采用 CRD 法施工时,根据地质条件,隧道断面的分部应以初期支护受力均匀,便于发挥人力、机械效率为原则,一般水平方向分两部、上下分二至三层开挖。导洞应采用台阶法施工,导洞跨度不宜大于 0.5 倍隧道跨度。一般情况下,先行施工部位的临时支撑(中隔壁、临时仰拱)均应有向外(下)鼓的弧度。当围岩条件较好时,中隔壁可无弧度。同一层左右两部开挖工作面距离不宜大于 15m,上下层开挖工作面距离宜保持在 3~4m,且待喷射混凝土强度达到设计强度的 70% 后开挖相邻部位。先行洞隧道与后行洞隧道掌子面须错开一定距离,一般不宜小于 1 倍的开挖跨度。根据监控量测结果,中隔壁及临时仰拱在仰拱浇筑前逐段拆除,每段拆除长度宜不大于 15m。特殊情况下可将中隔壁浇筑在仰拱中,待铺设防水板时再割断。

5.4 小净距隧道微扰动开挖技术

矿山法隧道一般采用钻爆法施工,钻爆法对地质条件适应性强、施工成本低,特别适用于坚硬岩石隧道、破碎岩体隧道和大量中短隧道施工,是最常用的隧道开挖技术。但钻爆法施工过程中会对围岩、邻近结构等产生持续的振动危害,小净距隧道中夹岩墙厚度较小,爆破施工时必然对先行洞隧道衬砌结构产生一定影响,隧道净距越小,后行洞隧道对先行洞隧道的影响越大。当隧道净距较小时,隧道与先行洞浅埋暗挖隧道塑性区发生重叠,塑性区重叠范围也可能进一步加大。因此,小净距矿山法隧道施工应尽量采用微扰动开挖技术,以减少对中夹岩墙和先行洞隧道衬砌结构的扰动。目前工程中常用的微扰动开挖技术有静力爆破、水压爆破、机械开挖等。

5.4.1 静力爆破

静力爆破是近年来发展起来的一种新的破碎或切割岩石的方法,亦称为静态破裂或静态破碎技术,其主要原理是利用装在介质钻孔中的静力破碎剂(High Rang Soundless Cracking Agent,HRSCA)加水后发生水化反应,使破碎剂晶体变形,产生体积膨胀,从而缓慢、安静地将膨胀压力(可达30~50MPa)施加给孔壁,经过一段时间后达到最大值,将岩石破碎。

静力破碎剂是这种新型技术的核心,它是一种非燃、非爆、无毒物品,是一种含有铝、镁、钙、铁、氧、硅、磷、钛等元素的具有高膨胀性能的粉状无机材料(习惯也称之为静态破碎剂、静态爆破剂、胀裂剂、静裂剂、膨胀剂、破碎剂、爆破剂、无声炸药、破石剂、裂石剂等)。它主要是经回转窑煅烧,以生石灰(氧化钙)为主体,加入适量外加剂共同磨粉制成,宜在-5~35℃范围内使用,超出此温度范围,应采取辅助措施。它可广泛应用于混凝土构筑物的无声破碎与拆除及岩石开挖,解决了爆破工程施工中遇到不允许使用炸药爆破而又必须将岩石破碎的难题,是国际上流行的新型、环保、非爆炸施工材料。

与传统的爆破技术相比,静力爆破具有以下特点:

(1)安全,易管理。静力爆破剂为非爆炸危险品,施工时不需要雷管炸药,无须办理常规炸药爆破所需要的各种许可证。操作时不需要爆破等特殊工种。破碎剂与其他普通货物一样可以购买、运输、使用。

(2)环保材料。使用时无声、无振动、无飞石、无毒气、无粉尘,是国际流行的无公害环保产品。

(3)施工简单,易操作。用水搅拌后灌入钻孔中即可。

(4)使用方便。按破碎要求,设计适当的孔径、孔距、角度,能够达到"外科手术式"的分裂、切割岩石。

(5)在不适于炸药爆破的环境条件下,更显示其超众的优越性。最新卷型破碎剂,适用环境温度范围更广,使用更方便,爆破威力更大。

静力爆破的施工流程非常简单,主要步骤为:施工前的准备→设计布孔→测量定位→钻孔→装药→药剂反应→清渣→进入下个循环。

5.4.2 水压爆破

水压爆破是将炸药置于受约束的有限水域内,炸药能量不是直接作用在待爆介质上,因此具有高效、节能、环保、振动小等优点。水压爆破技术性强,工序多,为了保证爆破工作有条不紊地进行,水压爆破开挖施工必须有良好的施工组织。主要施工工序如下:

1) 技术交底

首先对钻孔工人进行技术交底,将布孔原则、钻孔允许偏差等技术要求传达给所有施工人员。要通过技术交底使每个作业人员都清楚爆破的范围,钻孔的方向、孔距、排距和深度等钻爆参数,边缘部分炮孔药包的最小抗线,钻孔中注意的问题等内容,确保爆破质量和效果。

2) 炮孔定位

设计及有关人员事先将炮孔中心位置按设计图准确标在爆区内。按照钻孔的深度准备钻杆,每个炮孔开钻前要保证开口位置合理,应保证与相邻四周炮孔孔距和排距的要求,避免炮孔的距离过大或过小,发现位置不合理时及时纠正。

3) 钻孔施工

使用有经验的钻工,严格按炮孔布置设计图钻孔。钻孔作业时应注意以下几点:

(1) 清理炮位。开钻前应先将炮孔附近的浮石、碎石渣等清理干净,直至方便开钻的硬底,避免开口不便或卡钻、堵孔等情况发生。

(2) 爆区边缘部分的炮孔开钻前应估计最小抵抗线的大小,当发现抵抗线与设计相差在10%以上时,应调整钻孔的位置、方向和深度。

(3) 开口深度达1cm后及时调整钻机和人员的位置,保证钻孔角度符合设计要求,并防止在孔口位置形成不利于装药的弯曲段。

(4) 每个炮孔钻完后,应立即采用强力吹风的方式将炮孔中残存的碎屑吹出,保证钻孔的深度和装药作业的顺利。

(5) 取出炮孔内的钻杆后,立即用纸板、草或编织物将孔口堵塞,防止碎渣等物落入孔内而堵住炮孔。

4) 炮孔验收

炮孔钻好,由技术人员验收。验收的主要内容一般有:检查炮孔深度和孔网参数、复核前排各炮孔的抵抗线、查看孔中的含水情况。偏差不大于20cm为合格,抵抗线不符合技术交底的孔应废弃,验收合格后方可装药施工。

5) 装药施工警戒

为了确保现场机械设备及施工人员的安全,起爆前装药阶段,装药范围内进行初步警戒,清理现场无关工作人员。装药警戒范围由爆破技术负责人确定,一般为距作业区中心20m范围内,同时在警戒区边界设置明显标志。

6) 炮孔装药

爆破装药前的准备工作大致按以下步骤进行:

(1) 先用炮棍插入孔内,检查孔内积水情况及炮孔深度。

(2) 检查孔距、排距和前排孔的抵抗线(底盘抵抗线和最小抵抗线),为最后调整核实装药量提供依据。

(3) 清理炮孔内钻屑、排水,用高压风管通入孔底,利用压缩空气将孔内的钻屑和水吹出。

7) 装药注意事项

(1) 装药时防止药包与雷管脱离而引起拒爆。

(2)孔内装入起爆药包后严禁用力捣压起爆药包,防止早爆或将导爆管拉断造成拒爆。

(3)装药时要保证炸药的连续性,以免影响爆轰波的传递。

(4)装药密度要适中,一定的炸药密度可增加爆破威力,密度过大会影响炸药的起爆感度,甚至会出现拒爆。

(5)装药由专业技术人员指导,由熟练的爆破员持证上岗作业。

8)堵塞

堵塞时用木质炮棍堵炮泥,严禁使用铁器冲击炮孔内药包、雷管。

9)防护及操作

检查好爆破网路无误后,由爆破员在每个炮孔压沙包,然后由现场爆破员及安全员检查炮孔沙包压实质量。在防护过程中安全员要实时监督好防护人员,确保在防护过程中不影响到已经连接好的爆破网路。

10)警戒工作

完成覆盖防护工作,并经现场工程师验收合格后,开始进行警戒。统一爆破警戒信号和起爆信号,爆破前应派专业人员进行清场工作,清场后在各警戒点进行警戒。

11)起爆

一旦全部警戒工作完成,由爆破班长再次联络各警戒点,确认无误后,下达起爆命令。

12)爆后检查

爆破完成后由专业的、有经验的爆破员到现场进行检查,查看是否有盲炮,如发现盲炮要及时处理。

13)解除警戒

爆破完毕后,经爆破负责人检查确认无盲炮或其他险情后,发出解除警戒信号,解除警戒信号为3次长短相间音,每次20s。解除警戒信号发出前,任何警戒点不得撤离,不得随意释放无关人员进入警戒范围。

5.4.3 机械开挖

机械开挖设备主要包括凿岩台车、液压劈裂机、悬臂式掘进机等。

1)凿岩台车

凿岩台车也称作钻孔台车,是隧道及地下工程采用钻爆法施工的一种凿岩设备,如图5-9所示。它能移动并支持多台凿岩机同时进行钻眼作业,主要由凿岩机、钻臂(凿岩机的承托、定位和推进机构)、钢结构的车架、走行机构以及其他必要的附属设备组成,可根据工程需要添加其他设备。凿岩台车和装渣设备的组合可加快施工速度、提高劳动生产率,并改善劳动条件。凿岩台车的工作原理如下:

(1)压缩空气/水:在车辆内配置了压缩空气或水泵等设备,将自然气体或水通过压缩装置进行处理,形成高压气体或水流。

图5-9 凿岩台车

(2) 输送压缩空气/水：将压缩气/水流经过管道输送至凿岩钎头。

(3) 钎头锤击：通过调整凿岩台车的控制系统，控制凿岩钎头的位置和频率，再通过功率输出挡位等参数进行调整，实现对岩石的锤击，凿岩钎头不断在钻孔中反复锤击，形成锤击力，以清除岩层打开通道。

(4) 挤压碎岩：通过钎头用锤击力挤压和碎裂岩石，使岩石形成细小颗粒并且被排出。

(5) 通过移动平台和机械臂在岩石的表面创造出必要的凿岩压力，使岩石表面平整和平顺，并控制凿岩深度和轮廓。

2) 液压劈裂机

液压劈裂机是一种通过液压系统提供动力的专用设备（图5-10），用于将大型岩石劈裂成更小的块状物。它主要由液压泵站、劈裂器具、控制系统和支撑装置等组成。液压劈裂机具有高效、安全、环保的特点。它可以在没有噪声、振动和灰尘的情况下进行劈裂作业，非常适用于隧道岩石地层开挖，提高工作效率并减少人力成本。液压劈裂机的工作过程如下：

(1) 准备工作：首先确定劈裂的位置和方向，然后将劈裂器具安装在待劈裂的岩石上面。

(2) 施加压力：液压泵站通过输送液压油来产生高压液体，在劈裂器具的液压缸中施加压力。压力能通过调节液压泵站的输出压力和流量来控制。

图5-10 液压劈裂机

(3) 劈裂过程：随着液压油的注入，劈裂器具逐渐向岩石施加力量。这种力量足以克服岩石的抗压强度，从而使其发生劈裂。劈裂器具通常采用可调节的爪齿或锚固机构，以确保劈裂的方向和位置准确。

(4) 劈裂完成：一旦岩石发生劈裂，就可以使用其他适当的工具将其拆除成更小的块状物。

3) 悬臂式掘进机

悬臂式掘进机是一种专业的隧道掘进设备，如图5-11所示，被广泛应用于隧道工程。它的开挖方式是利用机械设备进行掘进，以创建隧道空间。悬臂式掘进机具有高效、安全、节能的特点。它可以快速地进行掘进作业，减少对人力资源的依赖，并能够在不同地质条件下进行适应性掘进。这种掘进机在隧道工程中发挥着重要的作用，极大提高了工程建设的效率和质量。悬臂式掘进机由以下几个关键部件组成。

图5-11 悬臂式掘进机

(1) 掘进头：掘进头是悬臂式掘进机的前部，包括切削刀盘、切削爪和施工盾构等设施。切削刀盘负责切削土壤或岩石,切削爪将切削材料搬运至掘进机后部,施工盾构保护掘进面以防止地下的岩层坍塌。

(2) 支撑系统:支撑系统用于维护和稳定掘进机的土壤或岩石周围的结构。这包括液压支撑腿、脚手架和其他支撑结构,确保掘进机的稳定性和安全性。

(3) 传输系统:传输系统负责切割的土壤或岩石从掘进头后面运送到隧道的出口处。这通常通过输送带或液压系统进行,将挖掘材料从掘进机内运输至出口处。

(4) 控制系统:控制系统用于监控和控制悬臂式掘进机的运行。它可以控制切割盘的转速、控制传输系统的工作、监测掘进机的运行状态等。

5.5 本章小结

本章从超前支护技术、中夹岩墙加固技术、开挖工法和微扰动开挖技术等四个方面介绍了小净距矿山法隧道施工关键技术。

超前支护施工技术包括超前大管棚、超前小导管、超前小锚杆和超前帷幕注浆等施工技术。在施工过程中根据围岩条件、涌水状况、施工方法、环境要求等因素采用合理的超前支护技术,可以单独使用一种措施,也可以几种一起使用。矿山法隧道施工要落实信息化施工的要求,在开挖时根据掌子面揭露的围岩情况动态调整支护参数。

中夹岩墙加固技术是小净距矿山法隧道施工的关键技术,本章介绍了预应力对拉锚杆和中空注浆锚杆两种中夹岩墙加固技术,其中预应力对拉锚杆是通过施加在锚杆上的张拉力对中夹岩墙起到一定的紧固作用,从而提高中夹岩墙的承载力和稳定性;中空注浆锚杆加固则是把具有一定强度和胶结性能的浆液注入中夹岩墙裂隙或孔隙中,排出充填的空气和水,把松散或碎裂的岩石胶结成整体,提高岩石的力学指标和围岩岩级别。

小净距矿山法隧道开挖工法有全断面法、台阶法、中隔壁法(CD法)和交叉中隔壁法(CRD法)等,本章介绍了各种开挖工法的施工工序和适用情形。在实际工程中,开挖工法的选择还需考虑施工工期、经济性、机械设备等因素。

小净距矿山法隧道的受力情况复杂,围岩状态不稳定,因此在选择开挖技术时要优先考虑采用微扰动开挖技术,本章介绍了静力爆破、水压爆破和机械开挖等微扰动开挖技术,在小净距矿山法隧道施工中应用这些技术能够减少对中夹岩墙和先行洞隧道衬砌结构的扰动。

第 6 章

小净距盾构隧道设计关键技术

盾构法在城市轨道交通隧道工程中应用广泛,小净距盾构隧道设计方案应充分考虑施工引起的地层位移以及对先行隧道衬砌的不良作用,以降低施工风险。

6.1 隧道衬砌设计

6.1.1 断面设计

自1869年Greathead发明圆形回转式盾构机以来,盾构隧道断面的形状主要为圆形。但随着技术的进步,盾构断面出现了半圆形、矩形以及马蹄形等形状,但实际工程中使用圆形断面最为广泛。圆形断面成为盾构断面的标准形状,其主要理由如下:①承受外部荷载时受力较好;②施工中便于盾构机的推进和管片的制作和拼装;③即使盾构机产生偏转,也对断面利用影响不大。

盾构隧道的内径一般取决于两个因素,即满足使用目的所必要的要求包括维修管理上的富余量和施工误差和施工的安全性,目前国内城市轨道交通工程盾构隧道的内径一般为5.4~5.8m。而近年来城市轨道交通也逐渐使用市域快线这种制式,其盾构隧道的内径与城际铁路隧道相近,为7.7~8m。盾构隧道外径则是由内径加衬砌厚度(一次衬砌或一次加二次衬砌)决定的。

6.1.2 衬砌构造设计

1)管片厚度

管片的厚度取决于围岩条件、覆盖层厚度、管片材料、隧道用途、施工工艺等条件。为了充分发挥围岩自身的承载能力,现代的隧道工程中都采用柔性衬砌,其厚度相对较薄。根据日本经验,对于单层的钢筋混凝土管片衬砌,管片厚度一般为衬砌环外径的5.5%左右。目前国内城市轨道交通工程盾构隧道的管片厚度主要有300mm和350mm两种,市域快线盾构隧道直径较大,管片厚度约为400mm。对于直径11~12m的单洞双线大断面盾构隧道,其管片厚度约为500mm。

2)管片宽度

管片宽度的选择对施工、造价的影响较大。当宽度较小时,虽然搬运、组装施工方便,但接缝增多,加大了隧道防水的难度,增加管片制作成本,而且不利于控制隧道纵向的不均匀沉降。管片宽度太大则施工不便,也会使盾尾长度增加而影响盾构的灵活性。管片宽度大的主要优点是:每循环的掘进长度大,施工效率提高;隧道的环向接缝减少,防水效果好。

3)衬砌环的分块

目前,对于中等直径的盾构隧道管片,衬砌环的分块数一般采用3个标准块+2个邻接块+1个小封顶块的组合形式。对于大直径盾构隧道管片,衬砌环的分块数一般采用4个标准块+2个邻接块+1个小封顶块的组合形式。这种多分块形式便于运输,拼装容易、灵活。管片分块的大小一般由盾构机的千斤顶数量、封顶块插入形式确定。常见的城市轨道交通工程盾构隧道管片的标准块圆心角为72°,邻接块圆心角为64.5°,封顶块圆心角为15°。

4) 衬砌环接缝方式

管片的拼装方式有通缝和错缝两种。前者在管片制作、拼装上较后者更易于实施；而错缝拼装的形式也具有一些优点：①成环管片间的接缝形式不再是"十"字形，而成为"T"形，没有了纵向通缝，增强了结构的整体性；②由于错缝拼装，管片通过接缝将内力传递给相邻环，管片抗变形能力增强，提高了防水效果；③通缝拼装的管片一般只能提供一种楔形环，而错缝拼装时，可以提供几种不同锥度的楔形环，使得管片选型余地更大，线路的拟合更容易、更精确，防水效果更好。因此，在小净距盾构隧道工程中，错缝拼装的形式更为合理。

5) 封顶块插入方式

封顶块插入方式受盾构机千斤顶行程、管片宽度、施工操作误差影响，它决定了封顶块的尺寸大小，是管片细部设计的关键。封顶块的插入方式对设计和施工影响很大，合理的插入方式能够确保封顶块的稳定性、管片安装操作性。插入方式有三种：径向插入、纵向插入和径向插入结合纵向插入。径向插入结合纵向插入方式结合了前二者的优点，其施工方法是：封顶块管片先纵向搭接4/5管片长度，再径向推上，最后纵向插入成环。

6) 接缝构造

管片的接缝有设榫槽和不设榫槽两种，前者在软土地层能提高管片的安装精度，有利于控制变形。而在较硬的地层中，若采用接缝设榫槽将会导致接缝处易开裂，这种开裂情况发生在管片背面，是看不见且无法修补的。因此，在较硬的地层中管片环、纵缝均不宜设榫槽。

7) 连接形式

管片连接有直螺栓连接和弯螺栓连接两种形式。弯螺栓连接的优点是：操作简单，工艺成熟，螺栓手孔对管片削弱小。管片连接是保证管片拼装质量的重要环节，连接件的质量十分重要。施工时对管片连接件应按0.2%的比例进行抽查，连接件还应进行防腐处理；盐雾试验每个区间做两次。管片连接螺栓必须拧紧，螺栓紧固采取多次紧固的方式。管片拼装过程中安装一块初紧一块的连接螺栓，拼装结束后应及时对环纵向连接螺栓进行二次紧固；盾构掘进下一环时，借助推进液压缸的推力作用，再一次紧固所有连接螺栓尤其纵向螺栓。隧道贯通后，必须对所有的环纵向连接螺栓进行复紧。

8) 防渗漏措施

如果隧道允许渗漏水，那么可在隧道内布设排水系统。如果隧道不允许渗漏水，那么应采取防渗漏措施。隧道的防水要求应根据竣工隧道的最终用途和功能要求确定。即使在一次衬砌之后还要施作现浇混凝土内层衬砌（无论是否使用防水薄膜），一次衬砌也应具有足够的不透水性，从而可以允许施作内层衬砌而不影响其质量，必要时应使用密封条。对于低于地下水位、仅有一层管片衬砌的隧道，衬砌管片应设密封垫对隧道进行密封。如果仅采用一道密封垫，应准备预防措施，一旦发生过量漏水可以进行管片堵缝，如图6-1所示。

衬砌管片密封方法分为密封垫密封法和油漆密封法，通常采用密封垫密封法。密封垫密封中，密封垫粘贴于管片接头的表面。生产密封垫所用的材料有丁基非硫化物橡胶、变形丁基橡胶、固体橡胶、特殊合成橡胶或遇水膨胀材料。遇水膨胀密封垫是一种与水和天然橡胶或氨基甲酸乙酯起反应的复合聚合物。如果隧道在地下水压力很高的围岩中开挖,应当在管片接缝处粘贴双道密封垫。在一些工程实例中,丁基橡胶的弹性不够强,不能在外部水压巨大的情况下提供足够的密封性能。在这种情况下,密封垫可用作一次管片衬砌的密封条,并在一次衬砌后施作内层衬砌。

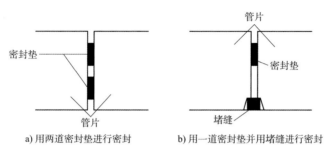

图 6-1 密封垫密封和堵缝

除了密封垫,还可以采用填缝法加强接缝防水。在管片内表面设置的凹槽中充填填缝材料,填缝施工中使用的主要化工材料有环氧树脂、聚硫橡胶和尿素树脂。填缝应在管片螺栓重新上紧、凹槽清理干净和涂底漆之后进行。

如果密封垫和填缝仍不能堵住漏水,则可采用氨基甲酸乙酯注浆。在这种情况下,氨基甲酸乙酯通过注浆孔注入,然后与地下水发生反应并膨胀,从而达到防止地下水入侵的目的。

6.1.3 衬砌计算方法

盾构法隧道的设计内容包括三个阶段:第一阶段为隧道的方案设计,确定隧道的线路、线形、埋置深度以及隧道的横断面形状和尺寸等;第二阶段为衬砌结构与构造设计,其中包括管片的分类、厚度、分块、接头形式、管片孔洞、螺孔等;第三阶段为管片的内力计算和衬砌断面设计。管片厚度、配筋率、混凝土强度等设计参数的合理与否,对发挥盾构法的优越性、降低工程造价及提高工程经济性等方面的影响甚大,其设计的合理性与管片采用的计算模型密切相关。因此,选择合理的管片计算模型至关重要。盾构管片的计算方法分为地层-结构法和荷载-结构法两大类,目前还没有形成统一的计算方法。

1) 地层-结构法

地层-结构法认为衬砌与地层一起构成受力变形,将衬砌与地层视为一个整体,可按连续介质力学原理来计算衬砌和周边地层的内力和变形。通常做法是将土体与盾构衬砌联合建模,依靠有限单元法计算软件,模拟施工过程中隧道衬砌以及周围土体的受力情况。但是此种方法有一些缺陷,例如管片的连接处难以简化和建模,通常采用折减整体衬砌刚度的方法来反应纵横向螺栓连接的影响。

2) 荷载-结构法

目前,国内外盾构隧道衬砌结构设计主要以荷载-结构计算模式为主。根据计算过程中对管片接头刚度、接头螺栓内力传递和外荷载分布形式的不同力学假定,荷载-结构计算模式又分为惯用法、修正惯用法、多铰圆环法和梁-弹簧法四种设计方法。不同设计方法中对管片接头的处理、外荷载作用形式和工程适用范围均存在较大差异。

(1) 惯用法

惯用法最早提出于1960年,并在日本得到了广泛应用。惯用法认为由装配式衬砌组成的衬砌圆环,其接缝必须具有一定的刚度,以减小接缝变形量。由于相邻环间错缝拼装,并设置一定数量的纵向螺栓或在环缝上设置凹凸榫槽,使纵缝刚度有了一定的提高。因此圆环可近似地认为是一个均质刚性圆环。在计算过程中不考虑接头所引起的管片环局部刚度降低。惯用法计算过程中假设垂直方向地层抗力为均布荷载,水平方向地层抗力为自衬砌环顶部向左右45°~135°分布的均变三角形荷载。

(2) 修正惯用法

修正惯用法是在惯用法的基础上引入弯曲刚度有效率 η 和弯矩提高率 ζ,以接头刚度的降低代表衬砌环的整环刚度下降,管片环是具有 ηEI 刚度的均质圆环。考虑到管片接头存在铰的部分功能,将向相邻管片传递部分弯矩,使得错缝拼装管片间内力进行重分配,按以下公式计算:

$$M_j = (1-\zeta)M N_j = N \\ M_s = (1+\zeta)M N_s = N \tag{6-1}$$

式中:ζ——弯矩调整系数;

M、N——均质圆环计算弯矩和轴力;

M_j、N_j——调整后的接头弯矩和轴力;

M_s、N_s——调整后管片本体弯矩和轴力。

修正惯用法计算所选用参数 η 和 ζ 主要根据实验或经验取定,其计算荷载系统与惯用法相同。通常取值为:$0.6 \leq \eta \leq 0.8$,$0.3 \leq \zeta \leq 0.5$。如果管片没有接头,则为惯用法,此时 $\eta=1$,$\zeta=0$。

(3) 多铰圆环法

多铰圆环法是将管片接头假设为铰结构,由于多铰圆环结构自身的不稳定性,只有在隧道周围围岩的围压作用下才能稳定承载,因此该方法主要适用于隧道围岩状况良好且普遍具有弹性抗力条件下的装配式衬砌圆环。结构变形所引起的地基抗力一般根据Winkler假设进行计算。

(4) 梁-弹簧法

梁-弹簧法是考虑错缝接头的拼装效应而采用的方法,是在弹性铰圆环模型基础上考虑错缝拼装效果,采用弹簧来评价环间的抗剪阻力,可用来解释管片接头的转动和剪切特征,并且还给出了管片纵向接头剪切效应的解析方法(又叫M-K法)。此模型同时考虑了管片接头刚度、接头位置及错缝拼装效应,是一种较为合理的计算模型。该方法将管片主截面简化为圆弧梁或者直线梁构架,将管片接头模拟成旋转弹簧,将环向接头模拟成剪切弹簧,将地基与管片之间的相互作用模拟成地基弹簧,采用有限元法进行结构分析,计算衬砌截面内力。

3) 荷载计算

荷载-结构法是目前盾构衬砌设计时主流采用的方法,各种荷载应根据不同的条件和设计方法进行假定,并根据隧道的用途,组合这些荷载,计算衬砌截面内力。如表 6-1 所示,设计荷载可分为以下三类。

设计荷载的分类 表 6-1

荷载名称	分类	荷载名称	分类
主荷载	(1)垂直及水平土压力; (2)水压力; (3)自重; (4)上覆荷载; (5)地基抗力; (6)内部荷载	附加荷载	(1)施工荷载; (2)地震的影响; (3)相邻隧道的影响
特殊荷载	(1)近接施工的影响; (2)地基沉降的影响; (3)其他		

(1)主荷载:是设计时通常必须考虑的基本荷载。

(2)附加荷载:是施工过程中和隧道竣工后所承受的作用荷载,是必须根据隧道用途加以考虑的荷载。

(3)特殊荷载:是根据地层条件、隧道的使用条件等予以特别考虑的荷载。

盾构隧道计算模型示意图如图 6-2 所示。

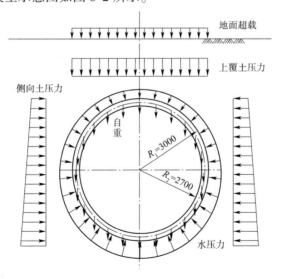

图 6-2　盾构隧道计算模型示意图(尺寸单位:mm)

(1)垂直土压力和水平土压力

在垂直土压力的计算中,是否考虑松弛土压力是主要问题。一般来说,对于非常软弱的黏土地基或覆土厚度小于隧道直径的工程,考虑到隧道开挖后难以在隧道顶部产生拱效应,多不考虑松弛土压力。除此之外的情况下,则根据太沙基松弛土压力公式进行计算。而对于水平土压力,则存在水压力和土压力分别计算(土水分算)或者水压力和土压力一起计算的(土水合算)两种方法。在不能明确其属于哪一种情况时,最好对两种情况都进行计算,选取最不利结果进行设计。此外,侧向土压力系数一般考虑取主动土压力与静止土压力之间的数值。根据围岩的性质,围岩较好时取接近主动土压力的侧压力系数,围岩较差时则取接近静止土压力的侧压力系数。各国规范均对不同土有一些经验性的建议值,其取值范围在 0.35~0.80 之间。

对于水平地基抗力,欧美国家多采用在管片环全周考虑弹簧的全周弹簧模型,而日本此前采用的是只将半径方向的弹簧考虑为有效弹簧的部分弹簧模型,我国在铁路隧道的设计中也采用全周弹簧模型进行考虑。无论采用哪一种方法,都需要根据经验性的地基抗力系数计算荷载的大小或弹簧系数。由于地基抗力系数对设计计算影响较大,各国规范都提出一些经验性的参考系数。这些经验性系数多是根据大量工程实测数据,通过反分析统计而得。

①垂直土压力

根据隧道位置和地基条件,垂直土压力有时采用总覆土压力,有时采用松动土压力。通常,覆土厚度大于隧道外径,在砂质土或硬黏土情况下,用松动土压力;在其他地层,因不能获得土的成拱效果,故采用总覆土压力。计算松动压力时,通常采用太沙基公式,如下式所示。

$$\begin{cases} h_o = \dfrac{B_1\left(1 - \dfrac{c}{B_1\gamma}\right)}{K_o \cdot \tan\varphi}(1 - e^{-K_o\tan\varphi \cdot \frac{H}{B_1}}) + \dfrac{P_o}{\gamma}(e^{-K_o\tan\varphi \cdot \frac{H}{B_1}}) \\ B_1 = \dfrac{R_o\cot\left(\dfrac{\pi}{4} + \dfrac{\varphi}{2}\right)}{2} \end{cases} \tag{6-2}$$

式中:h_o——土的松动高度;

K_o——水平土压和垂直土压之比(一般可取 1.0);

φ——土的内摩擦角(°);

c——土的黏聚力(kN);

P_o——上部荷载(kN);

γ——土的重度(kN/m³)。

但在 P_o/γ 小于 H 的情况下,则采用:

$$h_o = \dfrac{B_1\left(1 - \dfrac{c}{B_1\gamma}\right)}{K_o\tan\varphi}(1 - e^{-K_o\tan\varphi \cdot \frac{H}{B_1}}) + \dfrac{P_o}{\gamma}(e^{-K_o\tan\varphi \cdot \frac{H_1}{B_1}}) \tag{6-3}$$

式中:H_1——换算覆盖层厚度,$H_1 = H + P_o/\gamma$。

②水平土压力

作用于衬砌侧面的水平土压力,假定为由垂直土压乘以侧向土压系数所得的荷载。侧向土压系数λ虽也可以通过计算获得,但一般是结合地质条件和地基反力系数 k 选定。

(2)水压力

水压力是单独计算的,竖向水压力之差即浮力。

(3)自重

衬砌的自重采用下式计算：

$$g = \frac{W}{2\pi R_e} \quad (6-4)$$

式中：W——衬砌单位长度质量(t/m)；

R_e——衬砌的形心半径(m)。

(4)地基反力

地基反力通常分为两种，一种是独立于地基位移而定的反力，另一种是从属于地基而定的反力，具体要结合设计确定。实际上前者是作为与给定荷载相平衡的反力，预先假定其分布，后者是认为与衬砌的地基内位移有关而产生。

4)衬砌计算方式建议

根据计算分析和工程经验，对盾构隧道衬砌的计算方式有如下建议：

(1)管片接头的模拟对计算结果有着决定性的影响。对实际工程，建议通过试验段的施工和数据监测统计，得到可靠的管节接头相关刚度参数，动态调整计算参数，完善设计与施工方案。

(2)盾构管片的刚度分布会显著影响衬砌结构的内力。应提高盾构隧道管片接头抗弯刚度，改善管节连接方式，减少接头所带来的衬砌环局部刚度降低，有利于减小衬砌结构的内力，改善内力的分布状态，从而减少管片设计中的局部配筋量，提高结构的安全性和经济性。

(3)工程中宜采用两种或者两种以上方法对盾构衬砌结构进行计算分析，建议采用假设整体均布刚度的计算方法(惯用法、修正惯用法)以及考虑管节接头的模型(多铰圆环法、梁-弹簧模型法)中各选其中的一种方法进行计算比对，综合考虑进行结构设计。通常可采用其中一种方法为设计方法，另一种方法为校核方法。

6.2 先行洞隧道保护设计

由于隧道衬砌管片采用螺栓连接，小净距盾构隧道的衬砌刚度和整体性低于整体现浇的二次衬砌，后行隧道施工时，先行隧道衬砌可能因较大的扰动而出现较大变形和开裂等情况，因此需要对先行隧道采取有效的保护措施。通常可以采用隔离桩、洞内支撑、洞内注浆加固等方式。

6.2.1 隔离桩

隔离桩作为有效限制隧道掘进对周围建(构)筑物变形影响的方法在工程上广泛采用，在小净距隧道工程中，隔离桩也可以作为先行隧道的保护设施。盾构隧道掘进过程中对土层产生扰动，导致土体变形，在周围无建筑物的情况下，盾构施工引起的地表变形符合 Peck 曲线，但当周围有建筑物时，建筑物在地表产生偏压，改变了地面原来的沉降曲线形状，导致土体沉降和变形值增大，支护结构内力增大。隔离桩的设置可有效控制周围土体水平和竖向变形的传播,进而达到控制邻近建筑物变形的目的。隔离桩保护作用可以分为水平隔断作用和竖向隔断作用两种。

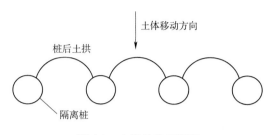

图 6-3 土拱效应示意图

水平隔断作用:隔离桩从整体上提高了土体刚度,依靠单桩承载力,可阻止土体水平变形。另一方面,当盾构施工扰动土体时,桩周围的土体产生不均匀变形,使土颗粒互相"楔紧",在一定区域的土层中出现土拱效应,有效阻止桩后土体水平变形。土拱效应如图 6-3 所示。

竖向隔断作用:盾构隧道掘进过程中,地表一定范围内的土体不仅会发生水平侧向位移,同时还会发生竖向位移。当桩周土体发生竖向变形时,隔离桩桩侧和桩端承受土体产生的摩擦力,减少桩与土体间的相对位移,而且能够纵向传递土体所产生的摩擦力,消散土体间力的作用,控制土体的竖向变形,从而限制隔离桩外建筑物的变形。

以武汉轨道交通 4 号线一期工程铁机路站—岳家嘴站区间(简称"铁岳区间")工程为例,剖析隔离桩在小净距盾构隧道保护的应用方案。铁岳区间隧道位于欢乐大道正下方,采用盾构法施工。两条隧道呈平行状,DK21+994.290~DK22+255.390 段隧道最小净距为 2.5m。DK22+255.390~DK22+422.229 段隧道最小净距由 2.5m 渐变至 4.2m。根据工程筹划,盾构从铁机路站西端头井右线始发,待铁岳区间右线贯通后,于明挖段轨排井内调头,再施工铁岳区间左线隧道。

盾构左线 DK21+994.290~DK22+245.71 范围内覆土厚度不足 6m,局部最浅覆土厚度仅 3.7m,盾构机施工时由于土压较小,姿态较难控制。左线盾构隧道约 300m 范围穿越 ϕ700mm 次高压燃气管线,盾构隧道与燃气管线最小净距仅 1.35m。左线盾构隧道施工时,由于隧道净距太小,且长达 430m 的隧道最小净距只有 2.5m,掘进过程中势必对两条隧道间的土体产生较大扰动,进而影响右线盾构隧道,可能造成右线盾构隧道偏移、管片变形及破裂,并可能造成地面隆沉及 ϕ700mm 次高压燃气管线变形,安全风险极高。为增强隧道间土体的抗压、抗剪能力,控制管片的变形和隧道的偏移等,须对小净距隧道采取隔离保护措施。

DK22+004.290~DK22+422.229 段采用 ϕ1000mm 素混凝土隔离桩进行隔离加固,对改迁难度极大且费用很高的 ϕ700mm 的次高压燃气管线影响的地段,采用高压旋喷桩注浆加固。区间隧道隔离桩加固区域里程为 DK22+004.290~DK22+422.229,桩数 386 根,其中灌注桩共 348 根,双管旋喷桩共 38 根。灌注桩桩体为 ϕ1000mm 钻孔灌注桩,采用泥浆护壁成孔,桩间净距 0.1m,隔离桩桩顶取到现状路面下方 1.3m,桩体底高程位于区间隧道底高程以下 2m。隔离桩桩顶设置 1000mm×800mm 冠梁,冠梁通过插筋与隔离桩连接。隧道间土体钻孔灌注桩加固剖面如图 6-4 所示。

在燃气管线影响地段,桩体采用 ϕ1000mm 双管旋喷注浆加固,旋喷桩根据施工布置,加固区域顶面高程控制在燃气管底部 1.0m 以下,底面高程为隧道底板外轮廓下 2.0m,旋喷桩双管压力应在 25MPa 以上,提升速度为 8cm/min,旋喷速度为 10r/min,水灰比不大于 0.7。桩身垂直度偏差不超过 1%,施工后应选取 3 根桩进行抽芯检测,强度要求达到 1.2MPa。隧道间土体旋喷桩加固剖面如图 6-5 所示。

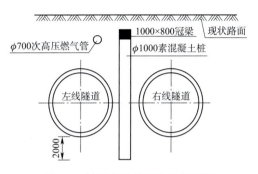

图 6-4　钻孔灌注桩隔离桩断面图
(尺寸单位:mm)

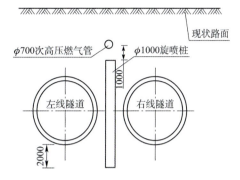

图 6-5　旋喷桩隔离桩断面图
(尺寸单位:mm)

6.2.2　洞内支撑

对于小净距盾构隧道,后行隧道施工会对先行成型隧道产生挤压作用,容易导致先行隧道变形过大,如果注浆压力控制不当还容易造成先行隧道管片错台。为保证先行隧道成型质量,可以在先行隧道内设置型钢支撑,并一般在后行隧道盾构刀盘前后 5m 范围内设置型钢支撑。图 6-6 所示为某城市轨道交通工程小净距盾构隧道的移动式型钢支撑台车,支撑台车共由 5 节组成,每节长 3.15～3.20m,采用铰接连接,台车总长 15.9m。台车能在轨道结构上分节不卸载顶推移动。支撑点采用聚氨酯橡胶钢芯轮,支撑轮组利用液压缸提供支撑力,每个轮组可承受的最大支撑力为 250kN。台车行走采用 8 个液压缸顶推,每个液压缸最大顶推力 250kN,每节台车质量约 12t,整个台车质量约 60t。钢支撑的设计、安装应满足以下要求:

(1)钢支撑的设计、安装应满足管片开洞的尺寸和作业空间的要求。
(2)钢支撑应制成传力可靠的纵向连接构件。
(3)环与环之间钢支撑应有可靠的纵向连接。

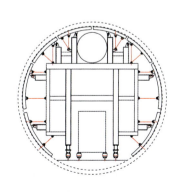 

图 6-6　小净距盾构隧道的移动式型钢支撑

(4) 钢支撑架设之后应与管片内壁抵紧，并适当施加预应力。
(5) 钢支撑架设及预应力施加应避免对管片、螺栓连接及防水材料的破坏。
(6) 施工中应加强监测，必要时应加设临时支撑。

6.2.3 洞内注浆加固

小净距盾构隧道可以采用洞内注浆加固中夹岩墙，既能确保中夹岩墙的稳定性，也可以作为对先行隧道的地层加固和保护措施。先行盾构隧道施工后，通过管片吊装孔及注浆孔对地层进行加固，施工阶段再进行补充注浆。在软弱地层或富水地层，小净距盾构隧道施工易导致地面和建筑物沉降过大，盾构隧道应加强同步注浆并加大注浆量。在同步注浆效果不好的地段，应多次进行小压力补强注浆。

某城市轨道交通工程小净距盾构采用洞内注浆加固，方案如图 6-7 所示。采用钢花管进行注浆，浆液为水泥单液浆。注浆参数为：钢花管注浆扩散半径为 1m；注浆压力控制在 0.05～0.1MPa，实施压力根据现场试验确定；终浆压力宜控制在 0.1MPa，稳压持续时间按 30min 控制，并按洞内注浆加固注浆孔布置图控制变形，达到变形控制值时应停止注浆。浆液材料采用 P·O 42.5 级硅酸盐水泥，水灰比建议值为 1∶1。

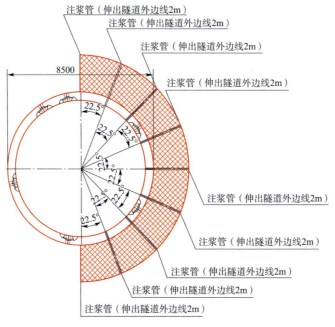

图 6-7 隧道洞内注浆加固方案

6.3 小净距盾构群洞隧道设计

随着城市轨道交通线网不断发展，多条线路并行的隧道工程逐渐增多，并行线路线间距较小时可采用小净距盾构群洞隧道方案。本节通过实际工程案例论述小净距盾构群洞隧道的布置方案、群洞隧道围岩应力分析、先行隧道衬砌设计计算和先行隧道的保护措施等设计要点。

1)工程概况

广州市轨道交通 18 号线横沥站—番禺广场站区间自南沙区番禺大道南西侧避让东涌一级水源保护区后,到达番禺广场,并在此设置番禺广场站,该站为 18 号线与 22 号线的换乘车站,车站南侧接陇枕停车场出入场线。车站南端设置交叉渡线供 22 号线折返,设置联络线供 18 号线和 22 号线共线运营及资源共享。根据建筑功能需求,车站采用双岛六线方案,车站南侧线路众多,分别为 18 号线左右线、22 号线左右线及陇枕出入场线共 6 条线路。番禺广场位于番禺中心城区,已开发成熟,中央公园周边地块目前均已建成。基于此,该处线路方案主要考虑以下因素:

(1)区间线路走向。该段线路自黄沙岛花园中部空地穿过,并避让柏丽花园小区、交通银行后,在番禺广场及中央公园处设置车站。

(2)区间盾构井设置方案。番禺广场站采用明挖法施工,区间隧道采用暗挖法及盾构法施工,由于线路南侧需下穿市桥水道及沙湾水道,为降低工程风险,线路需要尽早拉开线间距转为盾构法施工,该处共设置盾构井 2 处,2 处盾构井均位于空地上,施工场地内无拆迁,且不需要截断河流。

(3)区间隧道与黄沙岛花园的关系。黄沙岛花园分为东西两个别墅区,东别墅区与西别墅区中间为黄沙岛会所及游泳池,东别墅区及西别墅区最近距离为 85m。线路在黄沙岛花园段下穿岛内会所、游泳池,避让东西两别墅区。由于番禺广场站埋深较大,该处区间隧道顶与黄沙岛花园别墅桩基净距超过 10m,隧道顶部位于强风化泥质粉砂岩层,隧道底部位于中风化泥质粉砂岩层。地质条件较好,无上软下硬情况。

(4)线路平面及纵断面设计。为尽早由矿山法转为盾构法施工,并减少六线并行段长度,本段线路在设计中尽早将 22 号线下压使其下穿 18 号线右线及陇枕出入场线,同时,在黄沙岛花园段,要求线路隧道结构避让黄沙岛花园别墅区,受别墅区平面空间限制,须将 18 号线左线、入场线及 22 号线左右线的线间距缩小到极限。

基于以上分析,结合周边地面条件及限制因素,该段区间隧道采用多线并行小净距隧道方案,在 7 号盾构井南端接入的 18 号线左线、陇枕入场线、22 号线左线及右线的线间距设置为 10.5~11.5m。

2)隧道结构布置

18 号线左线、陇枕入场线、22 号线左线及 22 号线右线四线盾构隧道并行接入 7 号盾构井小里程端,小净距盾构群洞隧道布置如图 6-8 所示。四线线间距分别为 11.44m、10.26m 及 10.55m,盾构隧道外径为 8.5m,管片厚度为 0.4m,因此群洞隧道之间净距分别只有 2.94m、1.76m 及 2.05m。群洞隧道横断面及地质条件如图 6-9 所示,群洞隧道所在地层为〈8H〉中风化花岗岩及〈9H〉微风化花岗岩,隧道上覆地层包括〈1-1〉杂填土、〈2-1B〉淤泥质土、〈2-3〉淤泥质中粗砂、〈5H-2〉淤泥质黏土、〈7H〉全风化花岗岩。

3)先行隧道保护措施

陇枕入场线与 18 号线左线隧道小净距并行段范围为 ZDK34+050~ZDK34+183.101、YDK34+065~YDK34+146.182,在后行隧道盾构掘进期间,应做好先行隧道保护措施,在先行施工隧道洞内设临时支撑,临时支撑布置于后行隧道盾构机头前后各五榀范围,如图 6-10 所示。

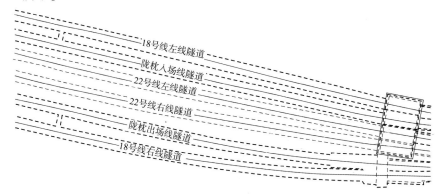

图 6-8 横沥—番禺广场站区间小净距盾构群洞隧道平面布置

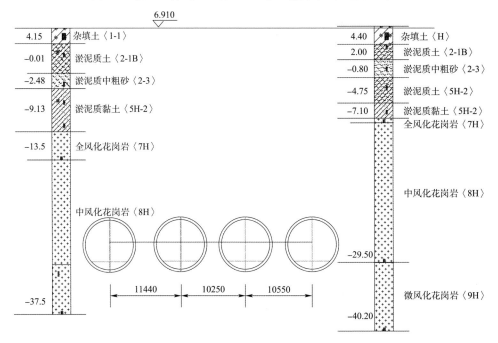

图 6-9 横番区间小净距盾构群洞隧道剖面图(尺寸单位:mm;高程单位:m)

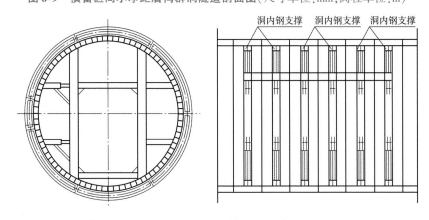

图 6-10 洞内支撑布置设计

4)小净距盾构群洞隧道施工数值模拟

小净距盾构群洞隧道施工扰动后,地层初始应力场发生改变,随着隧道净距减小,施工造成的影响显著增强,导致应力重分布,后行隧道会对先行隧道位移及地层变形产生叠加效应,可能造成先行隧道围岩失稳或衬砌破坏等。为了确保小净距盾构群洞隧道在施工期间和运营阶段的安全,分别采用荷载-结构法和地层-结构法对小净距群洞隧道进行计算分析。其中将荷载-结构法的管片内力计算结果作为管片配筋计算的主要依据,采用地层-结构法分析小净距盾构群洞隧道围岩以及先行隧道的位移,并对荷载-结构法计算的隧道内力进行复核。地层-结构法计算模型按照四线并行小净距群洞隧道方案进行整体建模,并按照盾构掘进顺序模拟各条隧道分步开挖的施工过程,采用梁单元模拟管片,采用平面应变单元模拟地层,地层本构模型采用莫尔-库仑屈服准则的弹塑性模型。根据不同的施工顺序模拟群洞隧道的开挖,不同的先后顺序开挖对隧道的影响不同,具体开挖工序如图6-11所示。

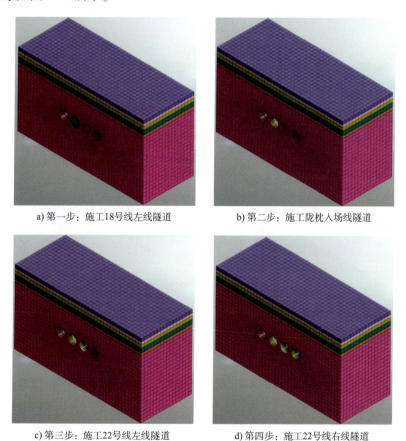

a) 第一步:施工18号线左线隧道　　b) 第二步:施工陇枕入场线隧道

c) 第三步:施工22号线左线隧道　　d) 第四步:施工22号线右线隧道

图6-11　群洞隧道施工顺序

开挖第一条隧道(18号线左线)后,隧道围岩地层的变形如图6-12所示,水平位移最大值的绝对值约为0.26mm,分别在开挖隧道的两侧。竖向位移最大值的绝对值约为1.0mm,分别在开挖隧道的顶部和底部。第一条隧道开挖后隧道的内力状态如图6-13所示,轴力最大值的绝对值约为1.1×10^3kN/m,分别在开挖隧道开始的两侧。弯矩最大值的绝对值约为 38.5kN·m/m，分别在开挖隧道的顶部和底部。第一条隧道开挖后隧道的位移变形状态如图 6-14 所示。水平位移最大值的绝对值约为 0.25mm，分别在开挖隧道开始的两侧。竖向位移最大值的绝对值约为 1.0mm，分别在开挖隧道的顶部和底部。

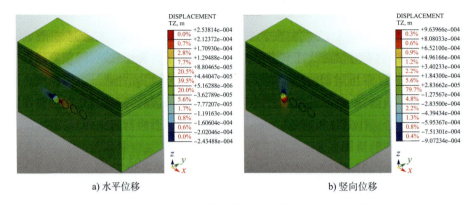

a) 水平位移　　　　　　　　　　　　　　b) 竖向位移

图 6-12　18 号线左线隧道掘进完成后地层位移云图

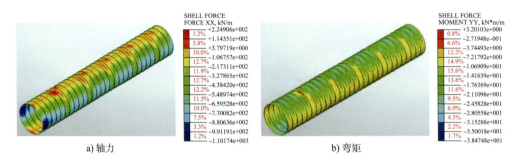

a) 轴力　　　　　　　　　　　　　　b) 弯矩

图 6-13　18 号线左线隧道掘进完成后管片内力云图

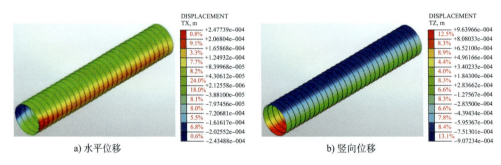

a) 水平位移　　　　　　　　　　　　　　b) 竖向位移

图 6-14　18 号线左线隧道掘进施工完成后管片结构位移云图

开挖第二条隧道（陇枕入场线）后，隧道围岩地层的变形如图 6-15 所示，水平位移最大值的绝对值约为 0.23mm，分别在第一条隧道的左侧和第二条隧道的右侧；竖向位移最大值的绝对值约为 1.0mm，分别在各自隧道的顶部和底部。第二条隧道开挖后隧道的内力状态如图 6-16 所示，轴力最大值的绝对值约为 1516kN/m，分别在第一条隧道的右侧和第二条隧道的顶部；弯矩最大值的绝对值约为 42.6kN·m/m，分别在各自开挖隧道底部。第二条隧道开挖后隧道的位移变形状态如图 6-17 所示，水平位移最大值的绝对值约为 0.3mm，分别在第一条隧道的左侧和第二条隧道的右侧；竖向位移最大值的绝对值约为

1.0mm,分别在各自隧道的顶部和底部。

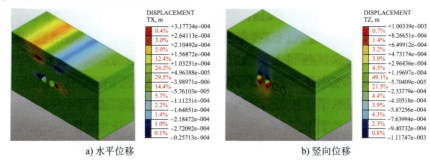

a) 水平位移　　　　　　　　　　　b) 竖向位移

图 6-15　陇枕入场线隧道掘进完成后地层位移云图

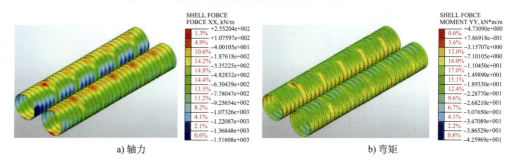

a) 轴力　　　　　　　　　　　b) 弯矩

图 6-16　陇枕入场线隧道掘进完成后管片内力云图

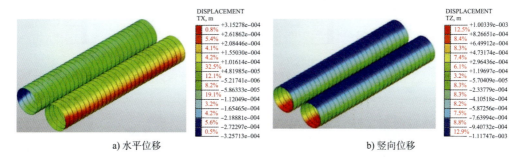

a) 水平位移　　　　　　　　　　　b) 竖向位移

图 6-17　陇枕入场线隧道掘进施工完成后管片结构位移云图

第三条隧道(22 号线左线)开挖后,隧道围岩地层的变形如图 6-18 所示,水平位移最大值的绝对值约为 0.35mm,分别在第一条隧道的左侧和第三条隧道的右侧;地表也出现较大位移,竖向位移最大值的绝对值约为 1.0mm,分别在各自隧道的顶部和底部。第三条隧道开挖后隧道的内力状态如图 6-19 所示,轴力最大值的绝对值为 1717kN/m,分别在第一条和第二条隧道的右侧和各自隧道的顶部;弯矩最大值的绝对值约为 44kN·m/m,分别在各自开挖隧道底部。第三条隧道开挖后隧道的位移变形状态如图 6-20 所示,水平位移最大值的绝对值约为 0.35mm,分别在第一条隧道的左侧和第三条隧道的右侧;竖向位移最大值的绝对值约为 1.0mm,分别在各自隧道的顶部和底部。

开挖第四条隧道(22 号线右线)后,隧道围岩地层的变形如图 6-21 所示,水平位移最大值的绝对值约为 0.39mm,分别在第一条隧道的左侧和第四条隧道的右侧;地表也出现较大位移,竖向位移最大值的绝对值约为 1.0mm,分别在各自隧道的顶部和底部。第四条隧道开挖后隧道的内力状态如图 6-22 所示,轴力最大值的绝对值为 1805kN/m,分别在前三条隧道的右侧和各自隧道的顶部;弯矩最大值的绝对值约为 44kN·m/m,分别在各自开挖隧道底部。第四条隧道开挖后隧道的位移变形状态如图 6-23 所示,水平位移最大值的绝对值约为 0.35mm,分别在第一条隧道的左侧和第四条隧道的右侧;竖向位移最大值的绝对值约为 1.0mm,分别在各自隧道的顶部和底部。

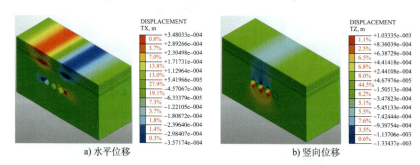

图 6-18　22 号线左线隧道掘进完成后地层位移云图

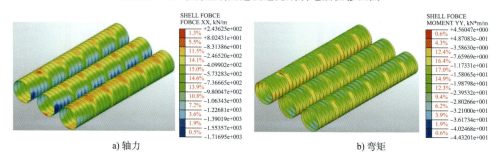

图 6-19　22 号线左线隧道掘进完成后管片内力云图

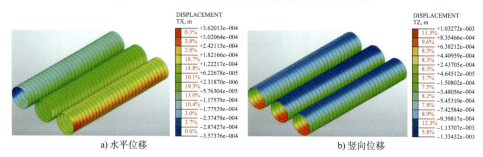

图 6-20　22 号线左线隧道掘进施工完成后管片结构位移云图

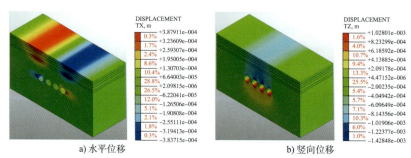

图 6-21　22 号线右线隧道掘进完成后地层位移云图

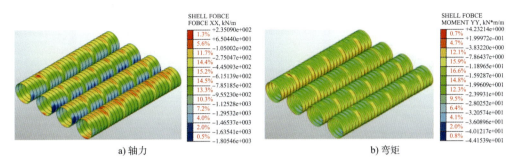

a) 轴力　　　　　　　　　　　　　　b) 弯矩

图 6-22　22 号线右线隧道掘进完成后管片内力云图

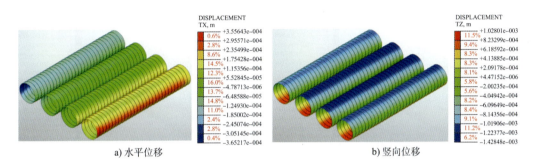

a) 水平位移　　　　　　　　　　　　b) 竖向位移

图 6-23　22 号线右线隧道掘进施工完成后管片结构竖向位移云图

群洞隧道施工后进行运营阶段的变形和内力分析，运营期间隧道围岩地层的变形如图 6-24 所示，水平位移最大值的绝对值约为 0.3mm，分别在第一条隧道的左侧和第四条隧道的右侧；地表竖向位移最大值的绝对值约为 1.0mm，分别在各自隧道的顶部和底部。运营阶段隧道的内力状态如图 6-25 所示，轴力最大值的绝对值为 1805kN/m，分别在前三条隧道的右侧和各自隧道的顶部；弯矩最大值的绝对值约为 44kN·m/m，分别在各自开挖隧道底部。运营阶段隧道的位移变形状态如图 6-26 所示。水平位移最大值的绝对值约为 0.35mm，分别在第一条隧道的左侧和第四条隧道的右侧；竖向位移最大值的绝对值约为 1.0mm，分别在各自隧道的顶部和底部。

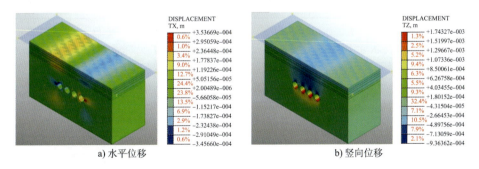

a) 水平位移　　　　　　　　　　　　b) 竖向位移

图 6-24　运营阶段地层位移云图

对施工完成后和运营阶段小净距盾构群洞隧道的管片内力与位移情况进行统计，分别见表 6-2 和表 6-3。通过上述计算分析可知，在施工及运营期间，隧道之间相互影响较小，管片内力较荷载-结构法计算结果小，隧道变形主要为拱顶沉降及底部隆起。

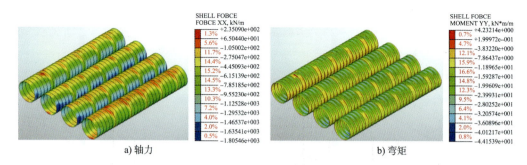

图 6-25 运营阶段管片内力云图

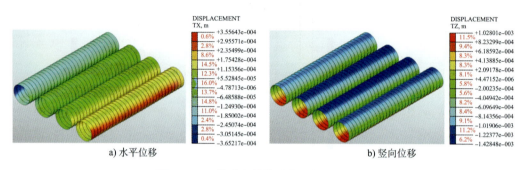

图 6-26 运营阶段管片结构竖向位移云图

施工完成后管片内力与位移　　表 6-2

隧道名称	最大轴力（kN/m）	最大弯矩（kN·m/m）	水平位移（mm）	拱顶沉降（mm）	底部隆起（mm）
18号线左线隧道	1586	38	0.4	1.14	0.9
入场线隧道	1763	42	0.12	1.4	1.0
22号线左线隧道	1730	44	0.19	1.4	1.0
22号线右线隧道	1253	44	0.4	1.2	0.9

运营期间管片内力与位移　　表 6-3

隧道名称	最大轴力（kN/m）	最大弯矩（kN·m/m）	水平位移（mm）	拱顶沉降（mm）	底部隆起（mm）
18号线左线隧道	2416	22	0.4	0.86	1.57
入场线隧道	2536	21	0.18	0.92	1.73
22号线左线隧道	2527	25	0.22	0.94	1.74
22号线右线隧道	2274	23	0.4	0.91	1.61

5）实施效果

根据现场实际监测数据，在小净距盾构群洞隧道施工期间，先行隧道的拱顶沉降和断面收敛变形基本在 10mm 以内，后行隧道盾构掘进施工对先行隧道影响较小。本工程实践表明小净距盾构群洞隧道的布置方案及先行隧道保护措施是合理可行的。

6.4 大断面小净距盾构隧道设计

大断面小净距盾构隧道适用于车站配线与正线的线间距较小的情形,例如当车站端部设置双侧折返线时,相当于正线左右线与双侧折返线共四线并行,可将两条折返线线间距拉开,分别与单侧正线并行设置,每侧的折返线与正线可以采用单洞双线的大断面盾构隧道,形成大断面小净距盾构隧道。本节通过设计工程案例论述大断面小净距盾构隧道的设计关键技术,包括断面布置、隔离桩保护技术、先行隧道影响分析等。

1) 工程概况

广州东至花都天贵城际铁路花城街站位于凤凰北路与花都大道交叉口以北,为地下三层岛式车站,站后设交叉渡线及停车线。车站根据结构变形缝与轨道岔心的距离要求划分为三层明挖段和盾构段,端部受人防门与信号转辙机的安装要求控制,车站总长734.9m。负三层配线段双侧停车线采用两条单洞双线的大断面小净距盾构隧道施工,长度为265.52m,如图6-27所示。配线段隧道采用双线大盾构,相对常规明挖工法有效节省工程投资。配线段盾构隧道采用双洞四线形式,单个盾构隧道外径为11.6m,内径10.6m,盾构隧道净距约1.24m,隧道横断面布置如图6-28所示。

图6-27 花城街站配线段大断面小净距盾构隧道布置图(尺寸单位:m)

由于受到线路布设条件、隧道净距等因素控制,隧道断面尺寸受限,隧道内不能设置中隔墙,但仍要满足隧道通风要求。将疏散平台置于行车方向的右侧,正线和存车线之间的管线(信号灯和消防水管除外)从下方口字件内穿过。疏散平台宽度为800mm,蹬车平台宽度500mm。当列车在区间隧道发生阻塞时,按行车方向对阻塞区间进行机械通风,确保阻塞区间隧道的温度不超过40℃。此区段不设置中隔墙,轨面以上净空面积大,阻塞工况区间断面风速低。通过加大此区间前后车站的区间隧道风机型号及优化区间隧道风机运行模式等方法增大区间断面风速,便可满足阻塞时的温度要求。

2) 工程地质条件

本工程隧道穿越粉砂岩地层和岩溶发育地层,配线段大断面小净距盾构里程范围为ZDK100+913.48~ZDK101+179.00,长265.52m,隧道顶埋深约为20.56m,隧道底埋深约为32.16m。隧道顶板以上地层主要为〈1-2〉素填土、〈3-2〉中粗砂、〈4N-2〉粉质黏土、〈5N-2〉粉质黏土、〈5C-1B〉粉质黏土、〈7C〉强风化碳质灰岩、〈7-3〉强风化粉砂岩、〈8C-1〉中风化粉砂岩、〈8C-2〉中风化石灰岩、〈8-3〉中风化粉砂岩、〈9C-2〉微风化石灰岩,隧道洞身范围主要为〈7C〉强风化碳质灰岩、〈7-3〉强风化粉砂岩、〈8C-1〉中风化粉砂岩、〈8C-2〉中风化石灰岩、〈9C-2〉微风化石灰岩。

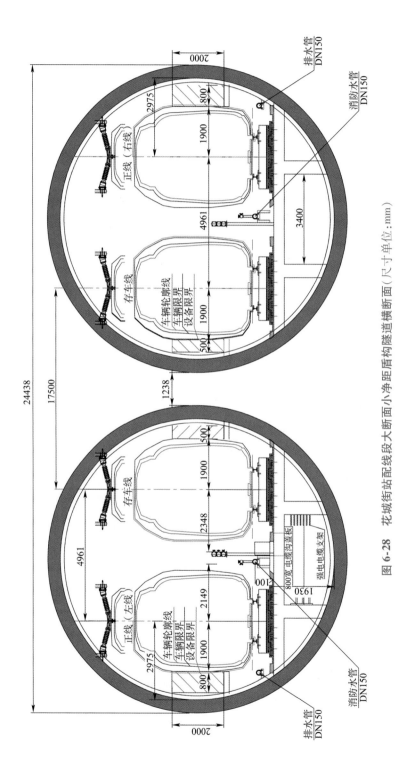

图 6-28 花城街站配线段大断面小净距盾构隧道横断面（尺寸单位：mm）

场区岩溶为覆盖型岩溶,场地范围内共58个钻孔揭露到溶洞,见洞率最高达到64.7%,线岩溶率为17.5%。揭露到溶洞洞高0.3~8.0m,平均洞高2.42m,洞顶埋深为10.60~49.80m,洞底埋深为14.60~55.40m,部分钻孔揭露到两个及两个以上溶洞,呈串珠状。南侧(花城街站)左右线地质较为相似,隧道洞身范围主要为微风化石灰岩,北侧(盾构井)右线洞身主要为强风化碳质灰岩,左线洞身主要为强风化碳质灰岩及强风泥质粉砂岩。

3) 小净距隧道保护措施

小净距隧道始发端头采用800mm厚素混凝土墙外包+地面袖阀管注浆加固。素混凝土墙进入隧道底以下5m,袖阀管注浆范围为隧道顶部以上11.6m至隧道底部以下3m。接收端头采用800mm厚素混凝土墙外包+ϕ600mm@450mm双管旋喷桩加固。素混凝土墙进入隧道底以下5m,双管旋喷桩加固范围为砂层顶部至中微风化岩层顶部。

对全断面岩层段的小净距隧道不采取预加固隔离措施。对上软下硬段小净距隧道顶部3m、水平外扩3m范围软弱地层进行地面袖阀管注浆加固,长度约15.5m。对隧道洞身位于强风化灰岩及强风化粉砂岩段采用ϕ800mm@600mm钢筋混凝土咬合桩隔离,平面长度约为110.8m。

此外,后行隧道掘进前对先行隧道采用移动支撑台车保护。施工前加强隧道间溶洞探查和处理措施。隧道管片增设注浆孔,加强隧道间二次注浆,加强管片配筋,加强螺栓设计(高强度等级、增大螺栓直径、高刚度接头套箱)和紧固力。

4) 大断面小净距盾构隧道施工数值模拟

盾构施工能提供掌子面压力平衡开挖面荷载,同时,盾构隧道能及时支护提供径向支护阻力使围岩径向应力增大切向应力减小,有效提高围岩承载能力,减小塑性区范围。小净距盾构隧道相互作用影响范围集中在中夹岩墙区域,影响程度与中夹岩墙厚度呈反比。本工程位于岩溶发育区,工程地质条件较差,而且隧道断面尺寸大,中夹岩墙厚度较小,分别采用荷载-结构法和地层-结构法对大断面小净距盾构隧道进行分析。

采用荷载-结构法对大断面小净距盾构隧道的衬砌结构进行内力计算,荷载通常按规范提出的深埋或浅埋围岩压力公式计算。计算结果表明,隧道最大弯矩(拱顶)为636kN·m,轴力为2180kN;衬砌截面计算裂缝最大值为0.185mm,小于0.2mm的限值,满足规范要求。

采用地层-结构法对隧道进行数值模拟分析,计算断面的隧道外径为11.6m,管片厚度为0.5m,隧道净距为1.2m,隧道埋深为23.5m,隧道两侧和底部土体模型边界长度为60m。岩层段计算模型如图6-29所示,风化深槽段计算模型如图6-30所示。选取两个计算断面,一个为隧道洞身位于岩层的断面,不设置隔离桩;另一个为隧道洞身位于强风化灰岩及粉砂岩的风化深槽段断面,小净距隧道之间设置隔离桩。施工步序为:左线断面开挖→左线隧道施工→右线断面开挖→右线隧道施工。

岩层段大断面小净距盾构隧道的内力及位移计算结果如图6-31~图6-35所示。对比右线开挖前后,左线隧道水平相对位移由3.8mm增大到6.0mm,近右侧拱腰处位移发生突变。对比右线开挖前后,左线隧道最大正弯矩位置由拱顶偏至拱肩,最大负弯矩在近右线侧显著增大。隧道中夹岩墙的竖向应力约2.3MPa,远小于石灰岩单轴抗压强度,可以判断中夹岩墙未被破坏。

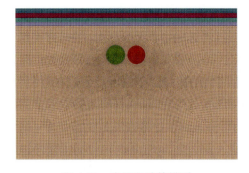

图 6-29　岩层段计算模型　　　　　图 6-30　风化深槽段计算模型

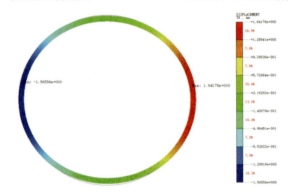

图 6-31　左线隧道水平位移（左线开挖完成）

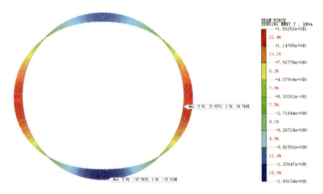

图 6-32　左线隧道内力（左线开挖完成）

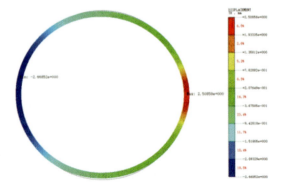

图 6-33　左线隧道水平位移（右线开挖完成）

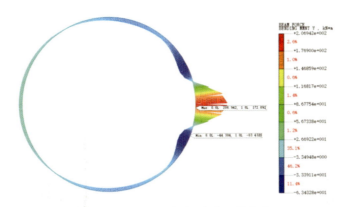

图 6-34　左线隧道内力(右线开挖完成)

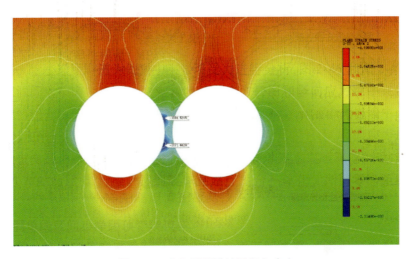

图 6-35　小净距隧道地层竖向应力

风化深槽段大断面小净距盾构隧道的内力及位移计算结果如图 6-36～图 6-40 所示。对比右线开挖前后,左线隧道水平相对变形由 34.88mm 变化为 16.74mm。隔离桩向左侧挤压,左线受偏压整体左移。对比右线开挖前后,左线隧道最大正弯矩位置由拱顶偏至拱肩,最大负弯矩在近右线侧显著增大。小净距隧道的隔离桩竖向应力约 0.65MPa,远小于隔离桩 C30 混凝土的抗压强度,可以判断隔离桩未发生破坏。

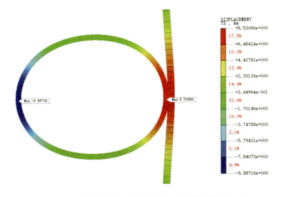

图 6-36　左线隧道水平位移(左线开挖完成)

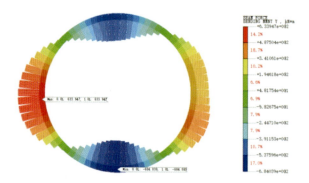

图 6-37　左线隧道内力（左线开挖完成）

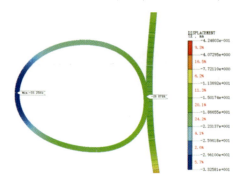

图 6-38　左线隧道水平位移（右线开挖完成）

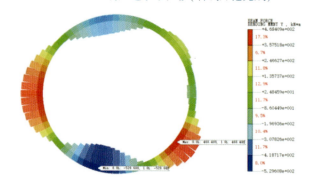

图 6-39　左线隧道内力（右线开挖完成）

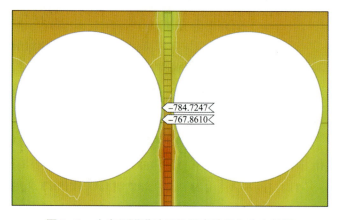

图 6-40　小净距隧道地层及隔离桩竖向应力云图

通过数值模拟分析可知，先行隧道受后行隧道的影响表现为：盾构机到达和通过前加载，通过后卸载；先行隧道结构上的压力和内力在盾构机工作面位置前后发生较大变化，拱腰所受影响大于拱顶和拱底，且靠近后行隧道侧变化的变化值大于远离侧。总体来看，后行隧道盾构施工对先行隧道影响具有很强的临时性和局域性。卸载对于圆形结构受力是不利的，因此施工阶段由于开挖间隙导致的卸载对先行隧道受力属于不利工况。大断面小净距盾构隧道施工完成后，由于施工扰动，中夹岩墙厚度较小，进入塑性受力状态，而另一侧岩体完整，受力性能良好，此时隧道两侧受力不均匀，处于偏压状态，小净距隧道围岩压力分布形态与净距和埋深密切相关。

6.5 浅覆土小净距盾构隧道设计

在城市轨道交通出入场线或主线受到其他制约条件时可以采用浅覆土小净距盾构隧道方案，为了减少浅覆土段的长度，线路一般会在始发段采用大坡度尽早下压的方案。浅覆土、小净距、大坡度盾构施工是对小净距盾构设计与施工的全新挑战和技术创新，施工不可预见因素多、风险大，施工安全标准要求高，国内轨道交通工程尚无先例与经验。本节通过实际工程案例论述浅覆土小净距盾构隧道设计关键技术，包括浅覆土小净距盾构隧道的保护措施、掘进施工顺序研究和地表沉降规律分析等。

1) 工程概况

广州市轨道交通18号线陇枕出入场线盾构从LP1盾构井始发，由东向西下穿番禺大道、市南路，空推通过明挖段二次始发后下穿市南路，在蚬涌北东街经550m曲线半径转至由南向北掘进，下穿、侧穿蚬涌村民宅建筑群、市桥水道、柏丽花园，在区间盾构井吊出。出入场线盾构隧道为单线单洞断面，管片外径8.5m，管片内径7.7m，左右线线间距最小为10.98m，线路最大纵坡为34.7‰，最小纵坡为3.3‰。小净距盾构始发段最大纵坡达到34.7‰，转弯半径350m，隧道净距只有1.27~3.5m，隧道顶部埋深5.5~12.3m，为双线并行的小净距、浅覆土、大纵坡、小半径盾构隧道，总平面布置如图6-41所示，地质纵断面图如图6-42所示。

陇枕出入场线盾构隧道穿越地层主要为：素填土层、淤泥层、淤泥质土层、淤泥质粉细砂层、粉质黏土层、粉质黏土层、全风化泥质粉砂岩层、强风化泥质粉砂岩层、中风化泥质粉砂岩层以及微风化泥质粉砂岩层。

2) 浅覆土小净距盾构隧道保护措施

陇枕出入场线盾构隧道从LP1盾构井小里程端始发，覆土厚度5.6~8m，隧道上覆地层主要为〈1-2〉素填土、〈2-1B〉淤泥质土及〈2-2〉淤泥质粉细砂。为确保盾构始发安全，结合该段地层条件综合考虑，始发段（入场线RDK2+633.4661~RDK2+703.175、出场线CDK2+610.100~CDK2+677.611）采取的设计保护措施为：对隧道拱腰以上地层采用ϕ850mm@600mm三轴搅拌桩满堂加固，平面加固至隧道边线以外3m处，方案如图6-43所示。三轴搅拌桩实桩加固区水泥掺量为20%，施工完毕后，对加固体进行钻芯取样检验，要求其无侧限抗压强度不小于1.0MPa，检测数量比例不得小于1%，且不得少于5根。

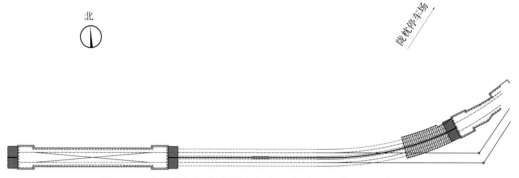

图 6-41　陇枕出入场线浅覆土小净距段盾构隧道总平面布置图

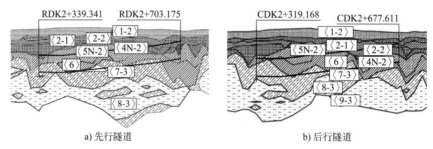

a) 先行隧道　　　　　　　　　　b) 后行隧道

图 6-42　陇枕出入场线浅覆土小净距段地质纵断面图

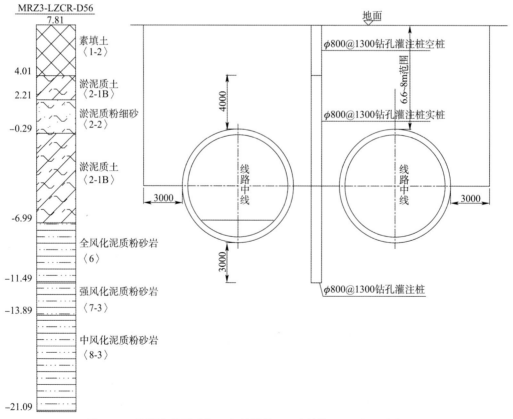

图 6-43　浅覆土段隧道加固保护措施(尺寸单位:mm;高程单位:m)

在陇枕入场线 RDK1+969.956~RDK2+339.341、陇枕出场线 CDK1+951.810~CDK2+319.168,线间距为 11~13.5m,对应隧道净距为 2.5~5m。为减少相邻隧道之间的相互干扰,在两隧道之间设置一排 $\phi 800mm@1300mm$ 钢筋混凝土钻孔灌注桩进行隔离。隔离桩桩底进入隧道底以下 3m 位置,地面至隧道顶以上 4m 范围为空桩,隧顶以上 4m 至隧道以下 3m(桩底)为实桩,实桩范围配置竖向受力钢筋,空桩范围采用中粗砂进行回填,如图 6-44 所示。

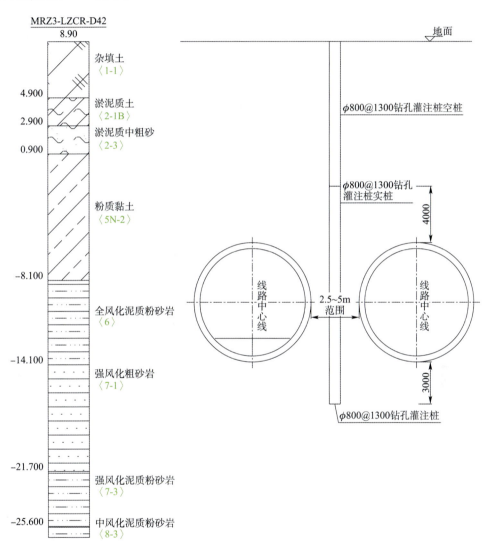

图 6-44 小净距段隧道隔离保护措施(尺寸单位:mm;高程单位:m)

3) 浅覆土小净距盾构隧道施工顺序研究

对于浅覆土小净距盾构隧道,不同施工顺序引起地层土体扰动及应力重新分布特征不同,建立三维有限元模型进行分析。以下分析模型以陇枕入场线为外线,陇枕出场线为内线,分别模拟外线先施工和内线先施工的施工顺序,计算模型及分析结果如图 6-45~图 6-48 所示。

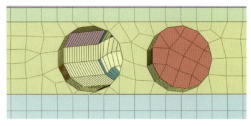

图 6-45　外线隧道先施工的数值分析模型

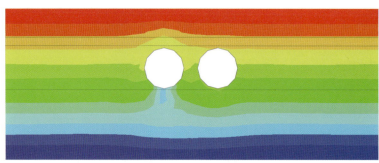

图 6-46　外线隧道先施工的竖向应力云图

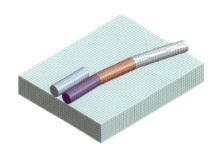
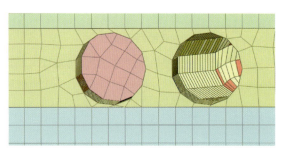

图 6-47　内线隧道先施工的数值分析模型

图 6-48　内线隧道先施工的隧道竖向应力云图

由数值模拟分析计算结果可知：

（1）先施工外线隧道时，中夹岩墙垂直应力比值较大，应力分布呈现"单驼峰"形态。表明该工况条件下中夹岩墙并未完全发生破坏，仍保存一定的承载能力，上覆地层应力主要作用于中夹岩墙。

（2）先施工内线隧道时，中夹岩墙垂直应力比值相对较小，表明该工况下中夹岩墙基本处于塑性状态（完全破坏状态），承载能力下降，中夹岩墙应力部分转移至后行隧道。

（3）先施工外线隧道时，开挖过程中应密切监测中夹岩墙的受力与侧向位移，及时对受力或变形较大的中夹岩墙地层进行加固，确保中夹岩墙的稳定性；先施工内线隧道时，应对后行隧道衬砌支护受力和变形进行监测，及时对隧道内衬砌进行支撑加固，确保隧道的安全施工和隧道稳定。

通过数值模拟分析，陇枕出入场线浅覆土小净距盾构隧道宜采用外线先行施工的方案。

4）实施效果

（1）先行隧道施工引起的地表变形规律

在先行隧道中线附近共统计了25个监测点的地表变形数据，如图6-49所示。以盾构刀盘距监测断面的距离为横坐标（盾构刀盘通过监测断面前为负，通过后为正），以地表变形量为纵坐标（地表沉降为负，隆起为正），绘制各监测点的纵向地表变形曲线，发现随着土压平衡盾构的掘进，先行隧道在纵向主要呈现出以下4种地表变形趋势。

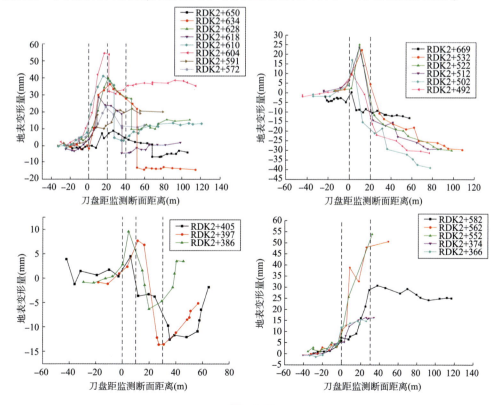

图 6-49

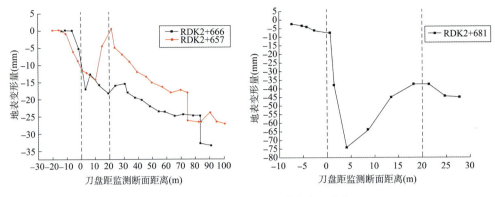

图 6-49 先行洞隧道纵向地表变形曲线

①高斯型

地表变形的发展主要经历了隆起-沉降两个阶段。地表的大幅隆起和大幅沉降主要发生在盾构刀盘距监测断面 0~20m 时,通常在 10m 左右的位置,即盾体通过监测断面时地表隆起量达到峰值。符合此类地表变形规律的监测点最多,共 14 个,占比 56%,主要集中在盾构掘进段中段。

根据以往的工程经验,盾构掘进过程中,地表隆起往往发生在刀盘通过前以及盾尾脱出同步注浆时。本工程中地表隆起发生在盾体通过时,主要有两个原因:一是盾构通过始发段和番禺大道时(RDK2+703~RDK2+604)采用全土压平衡模式掘进,同时在中盾位置向土体注入厚浆,造成土体隆起;二是盾构通过番禺大道后采用气压辅助平衡模式掘进,气体从刀盘开口处进入盾壳与地层之间的开挖空隙,番禺大道之后的隧道上方为气密性较好的粉质黏土,在气压的作用下地表发生隆起。RDK2+650~RDK2+572 区段在 20m 之后地表又发生了一次较大沉降,这一方面是由于盾构开挖至 RDK2+582 断面时停机 19d,停机期间地表持续发生固结沉降,另一方面是由于此区段上覆土以软弱的淤泥质土为主,对盾构施工扰动更加敏感。

②一峰一谷型

地表变形的发展主要经历"隆起-沉降-隆起"三大阶段。在盾构刀盘通过监测断面 30m 之前,一峰一谷型地表变形规律与高斯型类似,但在 30m 之后,即盾构远离监测断面后,一峰一谷型的地表变形没有趋于稳定,而是又一次发生较大隆起。此处地表反常隆起的原因是盾构通过此区段后短暂停机,停机期间对土体进行了二次注浆。符合此类地表变形规律的监测点有 3 个,占比 12%,均位于盾构接收段。

③隆起型

地表变形以隆起为主,最终隆起量较大,均超过了地表变形控制值。地表的大幅隆起主要发生在盾构刀盘距监测断面 0~30m 之间的位置,这一过程中地表的隆起量可达最终隆起量的 70%。符合此类地表变形规律的监测点有 5 个,占比 20%,分布在盾构掘进段中段和接收段。造成地表持续隆起的原因包括:a.盾构刀盘通过时,设置的盾构总推力、扭矩、土舱压力等参数较大,开挖面附近土体受挤压而隆起;b.盾构通过时,盾壳上方土体在气压作用下隆起;c.盾尾脱出后,盾尾附近以及盾构后方土体由于同步注浆和二次注浆而隆起。

④沉降型

地表变形以沉降为主,但在盾尾脱出监测断面的过程中,地表也会由于同步注浆而隆起。随着盾构的掘进,地表沉降速率逐渐减慢,最终沉降量较大,均超过了地表变形控制值。符合此类地表变形规律的监测点有3个,占比12%,均位于盾构始发段。地表沉降的原因包括:a. 盾构刀盘通过时,刀盘超挖、设置的土仓压力小于开挖面的原始侧向应力,开挖面附近土体由于支护力不足而沉降;b. 盾构通过时,由于刀盘直径略大于盾壳直径,盾壳和地层之间存在空隙,因此盾壳上方土体有沉降趋势;c. 盾尾脱出时,同步注浆不及时,或注浆量、注浆压力偏小,盾尾附近土体挤入盾尾空隙;d. 盾构通过后,土体在很长一段时间内持续发生着固结沉降。RDK2+681断面在盾构刀盘通过时地表突发大幅沉降,最大沉降量达到73.57mm,是先行隧道上地表沉降量最大的监测点。

经过分析,发现此断面地表沉降过大的原因有3个:a. 始发段施工时一直在调试盾构施工参数,开挖此断面时选择了错误的盾构施工参数;b. 始发段盾构发生故障,频繁停机;c. 此断面上覆土层较浅且主要为淤泥质土,尽管采取了加固措施,仍然比较容易发生地表沉降。

分析先行隧道纵向地表变形曲线可知,盾构掘进过程中,地表变形趋势以高斯型为主,大致经历了5个变形阶段:第1阶段是初期变形,盾构刀盘位于-10m(约1.2D,D为隧道外径)以前,地表基本不发生变形或发生少量变形;第2阶段是开挖面变形,刀盘位于-10~0m之间,80%的监测点处地表开始缓慢隆起;第3阶段是盾构通过变形,刀盘位于0~20m(约2.4D)之间,85%的监测点处地表先大幅隆起后大幅沉降;第4阶段是盾尾脱出后变形,刀盘位于20~40m之间,地表变形趋势与上一阶段相同但变形速率减慢;第5阶段是后期固结变形,刀盘位于40m以后,盾构逐渐远离监测断面,地表以沉降为主且变形趋于稳定,此阶段地表沉降速率虽慢,但持续发展时间长,沉降量可能也会很大。5个阶段中,地表变形量从大到小依次是盾构通过变形、盾尾脱出后变形、后期固结变形、开挖面变形、初期变形。

(2)后行隧道施工引起地表变形规律

在后行隧道中线上共统计了30个监测点的地表变形数据,如图6-50所示。将后行隧道的纵向地表变形曲线与先行隧道进行对比,发现两条隧道在纵向上的地表变形规律存在以下异同点:

①后行隧道的地表变形趋势主要有高斯型和沉降型两种,以高斯型为主,而高斯型又包括高斯峰型和高斯谷型两种。地表变形趋势为高斯峰型的监测点有12个,占比40%,主要经历了地表隆起和沉降两大阶段;地表变形趋势为高斯谷型的监测点有9个,占比30%,主要经历了地表沉降和隆起两大阶段;地表变形趋势为沉降型的监测点有9个,占比30%。

②先行隧道和后行隧道的地表变形均经历了初期变形、开挖面变形、盾构通过变形、盾尾脱出后变形、后期固结变形5个发展阶段;前4个阶段的地表变形规律基本相同,但在后期固结变形阶段,后行隧道的地表变形久久不能趋于稳定,地表变形速率较大、变形持续时间较长,因此,后行隧道的地表变形主要发生在后期固结变形阶段,其次是盾构通

过变形、盾尾脱出后变形、开挖面变形和初期变形阶段。

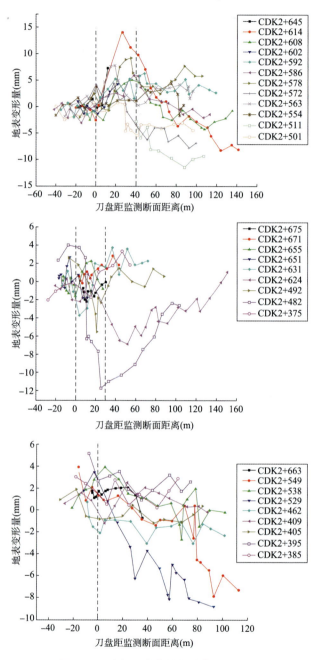

图 6-50　后行洞隧道纵向地表变形曲线

6.6　小净距隧道端头加固设计

小净距盾构端头加固是盾构始发和到达的一个重要技术环节,端头加固的成败直接影响到盾构机能否安全始发、到达。因此,选择合理的端头加固设计方案是保证小净距盾构顺利施工一个非常重要的技术手段。

1)端头加固的目的

端头加固是指通过改良端头土体,提高端头土体强度和自稳能力,堵塞颗粒间隙,防止坍塌、流沙、涌水现象发生,确保盾构机始发和到达的安全。因此,端头加固不仅仅要有强度要求,还要有抗渗透性要求。

(1)减少水土流失,控制地表沉降。

盾构始发和接收容易引发水土流失,导致地表沉降过大。盾构机始发进入加固体,或盾构机到达穿过加固体时,在含水量较高、水平渗透系数大的含砂层、卵石层等地层,盾构机进出洞易造成水土流失。采用泥水盾构机时,泥水压力也会使加固体发生水土流失,导致无法达到泥水平衡状态。此外,不具备一定强度的土体很容易坍塌。

(2)保证重型机械作用时土体的承载力。

由于盾构机吊装或卸载时,重型起重机往往作用在端头位置,为防止重型机械作用在软弱土体上起吊时发生失稳、坍塌,或对已成形的隧道安全造成不利影响,应对地表的软弱地层进行加固。

(3)保证周边建(构)筑物安全。

当端头周边存在不具备迁改条件的房屋、管线和道路时,必须采取保护措施,此时端头加固尤显重要。

2)端头加固方法

端头加固方法主要有注浆、搅拌桩、旋喷桩、冻结法、人工挖孔桩、钻孔灌注桩、素混凝土地下连续墙以及复合处理法等。

(1)注浆加固

注浆加固是将浆液注入地层以改善地层强度和止水性。该方法对强度的改良有限,主要是增强黏聚力。注浆材料的种类多种多样,按浆液固结状态分类主要有填充注浆、渗透注浆、劈裂注浆、压密注浆等。

(2)搅拌桩加固

搅拌桩加固是软土地层常用的端头加固方法之一,主要适用于淤泥层、黏土层和砂层。在砂层加固时,单轴搅拌桩深度受设备性能限制,处理深度一般小于15m。当深度大于15m时,由于钻头摇摆幅度加大,垂直度较难控制,下部易开叉,止水效果很差,应采用三轴搅拌桩或其他加固技术。搅拌桩加固一般不单独使用,与旋喷桩等工法配合使用时经济效益较好。

(3)旋喷桩加固

旋喷桩加固是软土地层最常用的端头加固方法之一,适用于淤泥层、粉土层、黏土层、砂层,加固效果好,可以与已达到混凝土龄期的地下结构密贴,但遇到砾砂地层和黏聚力大的黏土时,抗渗效果欠佳。由于旋喷桩造价偏高,往往不单独采用,常与搅拌桩等其他工法配合使用。旋喷桩主要有三种工法:单重管、双重管、三重管。在经济方面,两排以上的旋喷桩价格就可能高于素混凝土连续墙。

(4)冻结法加固

冻结法加固是利用钻孔机械对土体钻孔布置一定数量的垂直冻结孔,利用氨压缩调节制冷,通过盐水媒介热传导原理进行冻结。盐水在热交换中不断循环,冻结管周围地层的冻土圆柱体直径不断扩展变大,并与相邻冻土圆柱体相交,在冷冻土体范围内形成完整的屏障,成为具有一定厚度和强度且能防渗的挡土墙或拱形体。冻结法适应面广,适用于任何含一定水量的松散岩土层。在复杂水文地质如软土、含水不稳定土层、流沙、高水压及高地压地层条件下,冻结法才有效、可行。冻结法的缺点是:对于动水层,质量不易保证;对于含水量低的地层也不适用;冻土产生的冻胀和融沉效应对地面隆沉控制和周边建筑物影响较大;对土体加固为临时性质,不能长期起作用。冻结法占用场地较大,费用较高,一般只有在特殊情况下才采用该方法。

(5)人工挖孔桩、钻孔灌注桩、素混凝土地下连续墙加固

这些方法适用于强度较高、旋喷桩难以施工的地层。施工时要注意做好连续墙、钻孔桩、挖孔桩上部的充填。素混凝土连续墙、钻孔灌注桩、人工挖孔桩与围护结构形成离壁式的双层结构,其加固体与围护结构之间的夹层需要处理,可采用旋喷桩加固封闭夹层的两端头。

(6)SMW工法加固

新型水泥土搅拌桩墙(SMW工法)是水泥类悬浊液在原状地层中与土体搅拌混合形成墙体的技术。SMW工法作挡土墙使用时,一般使用H型钢芯材。适用于砂层、淤泥层、黏土层,加固宽度小,造价较低,是此类地层最安全可靠的加固方法之一。SMW工法成桩效果好,止水性好,对周围地层影响小。

(7)降水法加固

降水法也是一种地层加固方法,尤其适合于花岗岩残积土地层,主要作用机理是固结作用和压密作用。特定土质条件下,降水法往往会导致地基沉降和水井地下水位下降等现象,必须事先周密研究地下水位下降对周围地基等的影响。因此,降水法一般在地层较好,周边环境适应,对建(构)筑物影响范围小时采用,且主要应用于盾构始发时。盾构机到达时要考虑降水对隧道的影响,须与其他加固措施结合使用。

(8)MJS工法加固

日本在传统旋喷工艺基础上,通过加入多孔管排泥装置,克服了传统旋喷工艺压力过大,对周围环境影响较大的缺点,形成了新型的MJS工法。MJS工法加固的特点主要有:①可以进行水平、倾斜、垂直各方向,任意角度的施工,特别是其特有的排浆方式,能够在富水土层中进行水平加固施工;②成桩直径大,桩身质量好;③对周边环境影响小,超深施工质量有保证;④具有专用废浆排放管路,对环境污染少。采用MJS工法加固的造价较高。

(9)组合处理方法

在端头加固处理时,由于受地质条件、施工条件和工程造价等诸多因素的限制,往往不采用单一的加固方法,而是采用两种或两种以上加固方法进行组合处理。常见的组合如下。

①旋喷桩+搅拌桩

加固范围四周用旋喷桩封闭,加固处理范围内部采用搅拌桩,适用于淤泥层、粉土

层、黏土层、砂层。相比单一的搅拌桩加固,此法止水效果好、工程安全性高,造价相对较高。相比单一的旋喷桩加固,此法安全性相当,但造价低。

②钻孔桩(或挖孔桩)+袖阀管注浆

加固范围外圈用钻孔桩(或挖孔桩),桩间采用旋喷桩止水,圈内采用注浆加固,适用于旋喷桩、搅拌桩不适应的强度较高的地层。该法比单一的注浆效果好,但造价稍高。应当注意,钻孔桩(或挖孔桩)与围护结构之间的夹层需要处理,可以用旋喷桩加固将夹层的两端头进行封堵或在该处进行注浆加固。

3)端头加固范围

(1)盾构始发端头加固范围应该根据始发端的地层情况和盾构主机长度以及强度、整体稳定性验算结果来综合确定。当盾构始发端地层稳定性较差且受地下水影响较大时,端头加固长度应该取以下两者中的较大值。

①盾构主机长度加 1.5~2.0m。

②由强度、整体稳定性验算结果确定的加固体长度。

(2)盾构到达端头加固范围应该根据到达端的地层情况和盾构主机长度来综合确定。当盾构到达端地层稳定性较差且受地下水影响较大时,盾构到达端加固长度应该取盾构主机长度加上 2~3 环管片长度。

(3)盾构始发、到达端头隧道底部加固厚度取 1.0~3.0m,底部加固厚度太大不会提高加固区底部的止水性,反而会增加工程成本。

(4)盾构始发、到达端上部加固除了起止水和稳定地层的作用外,还能减小盾构始发、到达时的地表沉降量。上部加固高度一般取 2.0~3.0m,当盾构始发、到达端地表沉降要求较严格时,可以适当增加上部加固高度,以减小地表沉降。

(5)盾构始发、到达端两侧加固主要起止水作用,并可提高地层稳定性,两侧加固宽度一般取 1.0~3.0m。

4)端头加固效果检测

加固体的检测方法多种多样,如标准贯入试验、静力触探、旋转触探、弹性波检测、电探、化学分析等。端头加固效果的主要检测手段如下:

(1)竖向抽芯检测。竖向抽芯后目测判断加固体强度是否满足设计要求,是否连续(抽芯率),并通过试验判断加固体强度,抗渗性能。在砂层中,应特别注意加固体连续性是否良好。抽芯率要达到90%以上,抽芯位置一般选取在桩间咬合部位,抽芯数量按规范选取,且每个端头不应少于 1 根。

(2)水平抽芯检测。沿洞门四周加固体范围内打设数个水平探孔,观察渗水情况。探孔数量不少于 6 个,沿中间和四周均匀分布。

(3)粉细砂地层加固后可以采用挖孔桩代替竖向抽芯进行检测。

(4)采用冻结法加固时,应进行测温确定冻结速度、厚度等参数。

6.7 本章小结

本章总结了小净距盾构隧道设计关键技术,包括隧道衬砌断面设计、衬砌构造、衬砌计算、先行隧道保护、不同类型的小净距盾构隧道工程案例等。

小净距盾构隧道先行隧道衬砌管片由于采用螺栓连接,衬砌整体性和刚度较弱,后行隧道掘进施工时可能对先行隧道衬砌管片造成较大影响,因此通常采用隔离桩、洞内支撑、洞内注浆加固等方式对先行隧道进行保护。

本章对城市轨道交通小净距盾构隧道的典型案例进行了深入剖析。在小净距盾构群洞隧道案例中,分析了各条隧道施工过程对围岩和先行隧道的影响,论证对先行隧道采用洞内型钢支撑保护的措施是有效的。在大断面小净距盾构隧道案例中,创新地采用两个单洞双线的大断面小净距盾构隧道作为车站正线和存车线并行的隧道,小净距盾构隧道采用咬合桩作为隔离桩。在浅覆土小净距盾构隧道案例中,采用三轴搅拌桩、钻孔灌注桩、隔离桩等方式,并通过数值模拟分析确定小净距盾构隧道的合理施工顺序。

第 7 章

小净距盾构隧道施工关键技术

小净距盾构隧道施工技术的主要内容包括盾构机和掘进模式选择,精确计算并控制盾构机的行进速度和线路,以及采取适当的土压力控制措施等。在施工过程中,须要对盾构机进行精确的导向控制,同时需要对盾构隧道的开挖、管片安装等环节进行严格的质量控制,还需要采取有效的地表沉降控制措施。小净距盾构隧道施工过程复杂、技术要求高,因而需要经验丰富的施工团队和高效的施工管理团队。同时,对施工过程的监测和数据分析也十分重要,以确保盾构隧道的施工质量和安全。

7.1 小净距盾构隧道掘进模式选择

1)盾构掘进模式及适用条件

城市轨道交通工程面临复杂多变的地质条件,单一模式的盾构施工局限性较大。近年来在土压平衡盾构机的基础上发展出适用于不同地层的复合式盾构机。复合式盾构机具有敞开式(OPEN)、半敞开式(SEMI-OPEN)和土压平衡式(EPB)三种掘进模式,每一种掘进模式具有不同的特点和适用条件。三种掘进模式下的掘进原理如图7-1所示。

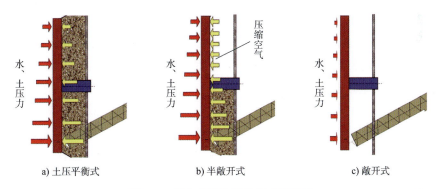

图 7-1 复合式盾构掘进模式原理图

(1)敞开式

该掘进模式类似于 TBM 掘进,盾构机切削下来的渣土进入土仓内即刻被螺旋输送机排出,土仓内仅有极少量的渣土,土仓基本处于清空状态,掘进中刀盘和螺旋输送机所受反扭力较小。由于土仓内压力为大气压,故不能支撑开挖面地层和防止地下水渗入。该模式适用于能够自稳、地下水少的地层。敞开式掘进采取的技术措施为:

①采用滚刀破岩为主,采用高转速、低扭矩和适宜的螺旋输送机转速推进。

②采用敞开模式掘进时,掘进中的盾构机易产生滚动和较大振动现象。对此采用设于盾构机上的稳定器顶撑于岩壁上以防滚和减振。施工中如不慎引起盾构机滚动,则可使刀盘反转来纠正。

③同步注浆时浆液可能渗流到盾壳与周围岩体间的空隙甚至刀盘处,为避免此现象的发生可采取适当增大浆液黏度、缩短浆液凝结时间、适当减小注浆压力等方法来解决。

④在硬岩敞开式掘进时,温度高,岩渣不具软塑性,刀具磨损较大,因此,应注意观察、检查,及时换刀,掘进时应注入泡沫和膨润土冷却、润滑切削面,以降低刀具的磨耗。

(2)半敞开式

半敞开式有的又称为局部气压模式。掘进中土仓内的渣土未充满土仓,尚有一定的空间,通过向土仓内输入压缩空气与渣土共同支撑开挖面和防止地下水渗入。该掘进模式适用于具有一定自稳能力和地下水压力不高的地层,其防止地下水渗入的效果主要取决于压缩空气的压力。半敞开式掘进采取的技术措施为:

①半敞开式掘进模式介于土压平衡和开敞式之间,亦采用滚刀切削破除岩面。

②为既能稳定开挖面和防止地下水渗入,又能避免出渣时螺旋输送机发生喷涌,压缩空气压力与隧道埋深所对应的水土压力应匹配。

③在该模式下掘进时,应注入泡沫对渣土进行改良。遇地层变换、涌水较大时,要及时转换掘进模式。

(3)土压平衡模式

土压平衡模式就是将刀盘切削下来的渣土充满土仓,并通过推进操作产生与土压力和水压力相平衡的土仓压力来稳定开挖面地层和防止地下水的渗入。该掘进模式适用于不能稳定的软土和富水地层。土压平衡模式掘进采取的技术措施为:

①采用以齿刀、刮刀为主切削土层,以低转速、大扭矩推进。

②土仓内土压力值 P 应略大于静水压力和地层土压力之和 P_0,即 $P = K \times P_0$,K 取 1.0~1.3,根据施工经验,土仓内土压力值 P 根据隧道埋深在掘进中不断调整优化。

③土仓压力通过采取设定掘进速度、调整排土量或设定排土量、调整掘进速度两种方法建立,并应维持切削土量与排土量的平衡,以使土仓内的压力稳定平衡。

④盾构机的掘进速度主要通过调整盾构推进力、转速(扭矩)来控制,排土量则主要通过调整螺旋输送机的转速来调节。此模式掘进时应采取渣土改良措施增加渣土的流动性和止水性。

2)小净距盾构隧道分段掘进模式

以第6.5节介绍的广州市轨道交通18号线陇枕出入场线为例,根据隧道地质情况及周边环境条件,小净距盾构掘进拟采用三种模式掘进,具体分段见表7-1。根据施工经验和工程地质情况,主要掘进参数在试掘进期间确定,并应在施工中不断优化调整。

小净距盾构隧道掘进模式统计表　　　　表7-1

线路	里程	围岩情况	掘进模式
入场线	RDK02+701.375~RDK02+654.975	〈2-1B〉淤泥质土	土压平衡式
		〈5N-2〉粉质黏土	
	RDK2+654.975~RDK02+338.175	〈5N-2〉粉质黏土	土压平衡式
		〈6〉全风化泥质粉砂岩	
		〈7-3〉强风化泥质粉砂岩	
	RDK02+151.941~RDK01+222.341	〈6〉全风化泥质粉砂岩	半敞开式
		〈7-3〉强风化泥质粉砂岩	
	RDK01+222.341~RDK00+455.941	〈7-2〉强风化泥岩	半敞开式
		〈8-3〉中风化泥质粉砂岩	

续上表

线路	里程	围岩情况	掘进模式
入场线	RDK00+455.941~RDK00+347.141	〈7H〉强风化花岗岩	半敞开式
	RDK00+347.141~RDK0+308.741	〈8H〉中风化花岗岩	敞开式
出场线	CDK02+675.811~CDK02+571.811	〈2-2B〉淤泥质土	土压平衡式
		〈5N-2〉粉质黏土	
	CDK02+571.811~CDK02+317.411	〈5N-2〉粉质黏土	土压平衡式
		〈6〉全风化泥质粉砂岩	
		〈7-3〉强风化泥质粉砂岩	
	CDK02+131.768~CDK02+109.368	〈6〉全风化泥质粉砂岩	半敞开式
		〈7-3〉强风化泥质粉砂岩	
	CDK02+109.368~CDK01+992.568	〈7-3〉强风化泥质粉砂岩	半敞开式
		〈8-3〉中风化泥质粉砂岩	
	CDK01+992.568~CDK01+221.368	〈6〉全风化泥质粉砂岩	半敞开式
		〈7-3〉强风化泥质粉砂岩	
	CDK01+221.368~CDK00+550.968	〈7-3〉强风化泥质粉砂岩	半敞开式
		〈8-3〉中风化泥质粉砂岩	
	CDK00+550.968~CDK00+432.568	〈8-3〉中风化泥质粉砂岩	半敞开式
	CDK00+432.568~CDK00+418.168	〈7H〉强风化花岗岩	半敞开式
	CDK00+418.168~CDK00+342.968	〈8H〉中风化花岗岩	敞开式
		〈9H〉微风化花岗岩	

7.2 小净距盾构隧道掘进控制

本节通过实际工程案例从盾构掘进流程、小净距盾构始发、盾构掘进方向及姿态控制、盾构机纠偏等方面介绍小净距隧道盾构掘进施工关键技术。

7.2.1 盾构掘进流程

盾构掘进流程主要包括入土层、土体开挖、管片拼装和衬砌背后注浆4个工序,这4个工序的循环过程也就是盾构掘进过程。盾构掘进施工工艺流程如图7-2所示。

广州市轨道交通18号线陇枕出入场线小净距盾构段围岩为〈2-2〉淤泥质粉细砂、〈4N-2〉粉质黏土、〈5N-2〉粉质黏土地层,隧道拱顶埋深5.5~9.6m,地下水位埋深1.7~2.2m。盾构机进洞约28m后,下穿番禺大道主干道,车流量非常大,地面管线密集,盾构掘进施工全过程须严格受控。小净距盾构隧道掘进施工时根据地质条件、隧道埋深、地面荷载、地表沉降、盾构机姿态、刀盘扭矩、千斤顶推力等各种勘探、测量数据信息,正确下达每班掘进指令,并即时跟踪调整。盾构机操作人员对初始出现的小偏差应及时纠正,尽量避免盾构机走"蛇"形,盾构机一次纠偏量不宜过大,做到勤纠、少纠,以减小对地层的扰动。盾构掘进控制流程如图7-3所示。

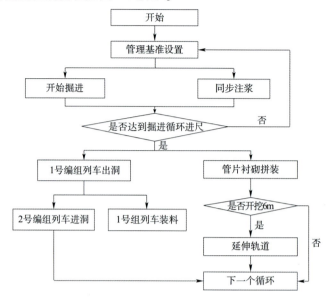

图 7-2　盾构掘进施工工艺流程图

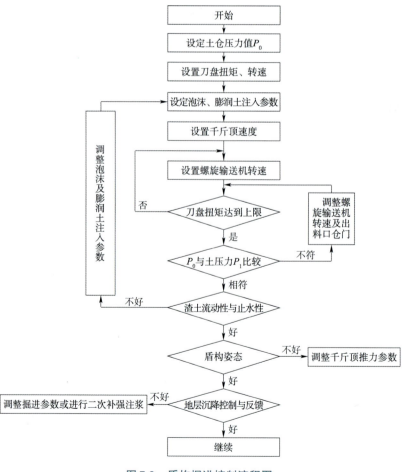

图 7-3　盾构掘进控制流程图

7.2.2 小净距隧道盾构始发

1) 始发施工参数

广州市轨道交通 18 号线陇枕出入场线小净距隧道拱顶埋深 5.5~9.6m,地下水位埋深按 2.0m 考虑,围岩按照〈4N-2〉粉质黏土地层考虑。隧道为浅埋隧道,土压力上限值 P_{max} = 地下水压力 + 静止土压力 + 预备压力(0.015~0.025MPa),土压力下限值 P_{min} = 地下水压力 + 主动土压力。

(1) 土压力计算

土体的主动土压力计算公式为:

$$\sigma_a = \gamma z \tan^2\left(45° - \frac{\varphi}{2}\right) - 2c\tan\left(45° - \frac{\varphi}{2}\right) \tag{7-1}$$

式中:γ——土的重度(kN/m³);
　　　z——地层深度(m);
　　　c——土的黏聚力(MPa);
　　　φ——地层内摩擦角(°)。

代入数据,可得 $\sigma_a = 0.0531$MPa。

土体的静止土压力为:

$$\sigma_{静止} = k_0 \gamma z \tag{7-2}$$

式中:k_0——土的静止侧压力系数,k_0 按经验确定,砂 $k_0 = 0.34~0.45$,硬黏土、压密砂性土 $k_0 = 0.5~0.7$,极软黏土、松散砂性土 $k_0 = 0.5~0.7$。

代入数据计算得:$\sigma_{静止} = 0.055$MPa。

(2) 地下水压力

$$\sigma_w = q\gamma_w h \tag{7-3}$$

式中:q——根据土层渗透系数确定的经验数值,砂土 $q = 0.5~1.0$,黏性土 $q = 0.1~0.5$,风化岩层 $q = 0~0.5$;
　　　γ_w——水的重度(kN/m³)。

代入数据可得 $\sigma_w = 0.0033$MPa。

考虑 0.010~0.020MPa 的压力值作为调整值来修正施工土压力,即 $\sigma_{调整} = 0.015~0.025$MPa。

土压力上限值 P_{max} = 地下水压力 + 静止土压力 + 预备压力
　　　　　　　　　　 = 0.0033 + 0.055 + (0.015~0.025) = (0.0733~0.0833)MPa
　　　　　　　　　　 = (0.733~0.833)bar

土压力下限值 P_{min} = 地下水压力 + 主动土压力 = 0.0033 + 0.0531 = 0.0564MPa = 0.564bar

(3) 拟定掘进参数

始发段土仓压力根据上述压力值计算,为保证地面安全,取土压上限值作为土仓压力,即在埋深 5.5m 时,土仓压力取值 0.75~0.8bar(1bar = 0.1MPa)。根据详勘报告、隧道平纵断面图及施工经验,始发段初步拟定主要掘进参数见表 7-2,在施工过程中根据盾构所在位置的埋深、土层状况及监测结果及时动态调整掘进参数。

掘进参数表　　　　　　　　　　表 7-2

序号	项目	拟定参数	备注
1	土仓压力	0.075~0.08MPa	土压平衡
2	刀盘扭矩	3500~4500kN·m	
3	掘进推力	12000~20000kN	
4	刀盘转速	1.5~1.8r/min	
5	螺旋输送机转速	8~10r/min	
6	掘进速度	30~40mm/min	

2) 负环拆除

盾构始发负环在已拼装管片与土体摩擦力大于盾构机额定最大推力、同步注浆浆液强度达到 2.0MPa 时,可进行负环拆除。

已拼装管片与土体的摩擦力:

$$F = \mu \cdot 3.1416 \cdot D \cdot L \cdot P \tag{7-4}$$

式中:μ——管片与土体的摩擦系数,取 0.3;

D——管片外径(m);

L——已安装管片长度(m);

P——作用于管片背面的平均土压力(根据掘进时最小土压力确定),取 100kPa。

以某型号盾构机为例,额定最大推力 79000kN,计算得出在负环拆除时,已安装管片长度不小于 97m,每环管片长度 1.6m,即已安装管片超过 61 环后方可进行负环拆除。

(1) 工艺流程

割开反力架→拆除加固负环的钢丝绳及木楔块→凿通管片吊装螺栓孔(手孔)→在管片螺栓孔(手孔)中穿钢丝绳→拆除管片连接螺栓→将钢丝绳挂在门式起重机上→管片用门式起重机吊离出井。

(2) 施工步骤

①割除反力架上部,并在拆除管片前,将反力架基准环上半部吊至地面。

②上部负环管片拆除。

最先拆除负九环管片的 L2 块,钢丝绳上部挂在门式起重机吊钩上,下部穿过 K 块吊装孔。起吊钢丝绳,使钢丝绳处于拉直但 K 块不受拉力状态,卸除纵向螺栓;再分别卸除两侧环向螺栓,用同样方法取出环向螺栓。最后一根(或两根)环向螺栓不宜全部人工取出,可在剩余 1/4~1/3 处时,提升吊钩将其拉出。L2 块拆除后,再拆除 B 块。B 块拆除后拆除 L1 块,把钢丝绳穿进 L1 块管片螺栓孔(手孔)进行吊出。连接螺栓取出方法和拆除 L2 块时相同,L2 块拆除后用相同方法拆除 B4 块。

拆除后面 8 环负环时,均以从上到下的顺序依次拆除。

(3) 下部负环管片拆除

处于轨道下方的管片先不拆除,先将轨道两侧的管片拆除后,拆除轨道并清除管片上的杂物后用门式起重机吊至地面,各块拆除方法相同。

(4)管片起吊

在起吊管片时,为避免管片摆动,应事先拉好麻绳,减少摆动。

(5)管片放置

管片吊至地面后应放在枕木上,并且弧形朝上。

(6)负环拆除施工注意以下事项。

①吊装前,对起吊钢丝绳及卡扣进行检查,钢丝绳不得有断丝,每条钢丝绳卡扣不能少于5个,且卡扣安装必须符合规定要求,钢丝绳卡扣必须有出厂合格证。

②特殊工种作业人员必须持证上岗。

③作业人员必须佩戴安全帽,高空作业人员必须系好安全带。

④相邻环的连接螺栓不能打开,必须保持合状。

⑤起吊前,人员至少离开现场10m(水平距离)。

⑥现场必须有专人统一指挥,有明显易懂的手势、小旗、口哨、对讲机等,所有人员必须听从专人指挥,严禁多人指挥,多手势指挥。

⑦左(右)线拆除负环管片起吊时,右(左)线相应部位人员必须撤离。

7.2.3 小净距盾构接收

以广州市轨道交通10号线广钢新城车辆段出入线段与广钢新城站—西塱站区间小净距盾构隧道为例介绍小净距盾构接收技术。本工程为四线并行小净距盾构隧道,在明挖盾构井吊出,接收端隧道最小净距约1m,小净距隧道盾构接收平面图如图7-4所示。

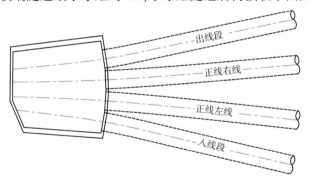

图7-4 小净距隧道盾构接收平面图

1)接收施工参数

盾构机外径6.7m,隧道采用直线环+左右转弯环管片错缝拼装而成,用M27弯螺栓连接。管片环宽1.5m和1.2m,外径6.4m,内径5.8m,厚度0.3m,转弯环楔形量48mm。广钢新城站—西塱站区间正线盾构隧道先到达接收,出入段线盾构隧道后到达接收。为保证盾构机按设计轴线顺利到达盾构井接收,并降低对广钢新城站—西塱站区间先行洞隧道结构的不良影响,出入段线小净距盾构接收施工分5个阶段,各阶段采取不同的技术控制措施和施工参数进行掘进。在盾构接收过程中,逐渐降低推力、泥水压力、掘进速度和刀盘转速,控制出渣量并时刻监视地表和周边环境变形情况。小净距隧道盾构接收参数见表7-3。

小净距隧道盾构接收参数表　　　表7-3

序号	刀盘到洞门距离（m）	切口压力（bar）	扭矩（kN·m）	推力（kN）	掘进速度（mm/min）	注浆量（m³）
1	50~150	1.6~1.8	<3000	<18000	<20	5~6
2	10~50	1.6~1.8	<2500	<15000	<20	5~6
3	1.2~10	0.6~1.6	<2500	<15000	<15	5~6
4	0.2~1.2	<0.6	<1800	<10000	<5	5~6
5	0~0.2	0	<1800	<8000	<5	5~6

（1）刀盘到洞门距离50~150m

为确保盾构接收时的贯通精度,接收前50~150m要进行控制导线和盾构机姿态多次复测。同时对接收洞门进行测量,以精确确定其位置,及时调整掘进轴线和盾构机姿态,纠偏应小量多次进行。

（2）刀盘到洞门距离10~50m

①掘进速度不超过20mm/min,同时逐渐降低推力,泥水仓压力控制在1.6~1.8bar,缓慢均匀地切削洞口土体,以确保接收盾构井围护结构、结构墙体的稳定。

②加强二次注浆,每掘进5环进行一次双液浆压注,封闭地下水通路。

（3）刀盘到洞门距离1.2~10m

①逐渐降低掘进速度,掘进速度不超过15mm/min,同时逐渐降低推力,泥水仓压力逐渐减至0.6bar。

②加强地表监测和接收盾构井主体结构侧墙的位移监测。

（4）刀盘到洞门距离0~1.2m

①接收洞门的围护结构为ϕ1200mm的钻孔灌注桩,刀盘距离接收洞门内侧1.2m时开始磨桩,掘进速度不超过5mm/min,切口压力不超过0.6bar。

②在刀盘距接收洞门内侧0.2m时,进行浆气置换,尽量抽空泥水仓内泥浆,采用无泥浆循环推进,同时加强盾尾后3环管片纵向螺栓的紧固。

③掘进过程中密切注视洞口的情况,若发现洞门混凝土松动或开裂应及时通知监控室值班人员和盾构司机,盾构司机应缓慢向前推进直到刀盘露出土体。

（5）刀盘露出土体到盾体全部顶推上接收托架

刀盘完全露出土体后停止转动,清除洞门内层混凝土、玻璃纤维筋和止水装置内外渣土后,盾构机继续前进并拼装管片。盾体前部上托架后,每次拼装管片前,要将盾体与托架通过挡块顶住,防止管片拼装时,盾体前滑。刀盘通过洞门密封装置后立即拉紧折页板上的钢丝绳,使防水帘布紧压在盾构机前盾盾体上,然后盾构机匀速缓慢前进,以免防水帘布受到破坏。在前盾、中盾、尾盾穿过防水帘布后及时对挡板上的钢丝绳进行复紧。

2）先行洞隧道保护

在小净距盾构接收段,广钢新城站—西塱站区间正线盾构隧道先到达接收,出入段线盾构隧道后到达接收。在出入段线盾构隧道接收前,对广钢新城站—西塱站区间先行洞隧道洞内支撑加固,加固范围为盾构净距小于2m的范围,共8.5m长。采用钢支架加固,共加固6环先行洞隧道管片,每环设置一个钢支架。钢支架采用型钢制作,支架间采用槽钢连接。先行洞隧道洞内钢支架支撑加固如图7-5所示。

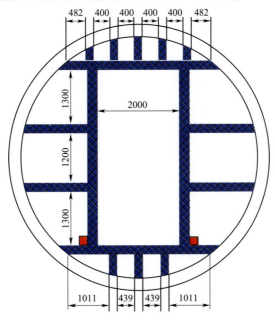

图7-5 先行洞隧道洞内钢支架支撑加固图(尺寸单位:mm)

3)接收端洞门结构加固

由于小净距隧道盾构接收井洞门四线并行的间距太小,盾构接收前保留洞门端墙结构不进行破除,盾构接收时需对端墙进行加固,防止盾构机在接收过程中破坏端墙。接收端洞门结构加固方案如图7-6所示,采用8根φ609mm钢管支撑加固洞门两侧,钢管支撑一端焊接在端墙的预埋件上,另一端焊接在底板预埋件上。盾构机刀盘顺利上托架后,需割除钢支撑以防止其与盾体发生干扰。

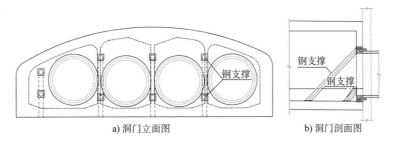

a)洞门立面图　　　　b)洞门剖面图

图7-6 接收端洞门结构加固图

7.2.4 盾构掘进方向及姿态控制

由于地层软硬不均、隧道曲线和坡度变化以及操作等因素的影响,小净距盾构隧道推进时可能会产生方向上的偏差。施工中必须采取有效技术措施控制掘进方向,并及时有效地纠正掘进偏差。

1) 盾构掘进方向控制

(1) 采用 SLS-T 隧道自动导向系统和人工测量进行盾构姿态监测。

该系统配置了导向、自动定位、掘进程序软件和显示器等,能够全天候在盾构机主控室动态显示盾构机当前位置与隧道设计轴线的偏差以及趋势。据此调整控制盾构掘进方向,使其始终保持在允许的偏差范围内。

随着盾构掘进导向系统后视基准点需要前移,必须通过人工测量来进行精确定位。为保证掘进方向的准确可靠,应每周进行两次人工测量,以校核自动导向系统的测量数据并复核盾构机的位置、姿态,确保盾构掘进方向的正确。

(2) 采用分区操作盾构机推进液压缸控制盾构掘进方向。

根据线路条件所做的分段轴线拟合控制计划、导向系统反映的盾构姿态信息,结合隧道地层情况,通过分区操作盾构机的推进液压缸来控制掘进方向。

① 在上坡段掘进时,适当加大盾构机下部液压缸的推力和速度。在下坡段掘进时则适当加大上部液压缸的推力和速度。在左转弯曲线段掘进时,则适当加大右侧液压缸推力和速度;在右转弯曲线掘进时,则适当加大左侧液压缸的推力和速度。在直线平坡段掘进时,则应尽量使所有液压缸的推力和速度保持一致。

② 在均匀的地质条件时,保持所有液压缸推力与速度一致。在软硬不均的地层中掘进时,则应根据不同地层在断面的具体分布情况,遵循硬地层一侧推进液压缸的推力和速度适当加大,软地层一侧液压缸的推力和速度适当减小的原则来操作。

2) 盾构掘进姿态控制

在实际施工中,盾构掘进方向可能会偏离设计轴线并超过管理警戒值。在稳定地层中掘进,因地层提供的滚动阻力小,可能会产生盾体滚动偏差。在线路变坡段或急弯段掘进,有可能产生较大的偏差。应及时调整盾构机姿态、纠正偏差。本工程盾构始发时水平曲线半径 350m,采用割线始发。水平姿态为:以盾构起始里程作为割线的起点,以盾体长度 12.97m 为割线长度,将割线的反向延长线作为托架定位的中心线。垂直姿态为:出入场线始发段均不位于竖曲线上,将盾构起始里程处中心点高程抬高 20mm,盾尾处按照设计高程确定,保持盾体抬头始发趋势。

(1) 盾构掘进姿态控制要点

① 提前确定割线长度、托架尺寸结构,精确定位托架及反力架位置及高程控制,本区间使用托架长度 13.25m,采用 9 环负环始发,在托架边线外放 1000mm 位置处进行放点。根据托架放点位置及设计盾构机始发姿态控制,理论计算得出托架对应点位控制高程。

② 为保证隧道中心的精度和避免始发支撑系统由于安装偏差而承受过大的侧向力,严格控制始发基座、反力架和负环的安装定位精度,确保盾构始发姿态与设计线路基本重合。

③ 第一环负环管片的定位非常重要,在第一块管片就位后,用全站仪检查其位置准确性。安装时要注意使管片的位置与理论位置相对应转动角度一定要符合设计,位置误差不能超过 10mm。负环管片拼装依据拼装点位及通用管片特点确定。

④从 +2 环开始,盾尾通过洞门,盾构机在导向系统指导下,开始掘进,此时整个始发支撑系统承受较大的侧向力,因此,反力架、始发基座、负环的加固极为重要,在始发过程中,如发现支撑系统出现变形,则立刻停机加固。

⑤盾构开始始发掘进时,刀盘转动使盾构机产生强大的侧向力,将对盾构机的姿态控制和始发支撑系统的稳定以及成环管片的质量产生不利影响,因此盾尾脱离洞口密封后,同步注浆及利用洞口预埋注浆管进行双液浆封堵极为重要。同步注浆采用凝结时间短的配合比。

⑥管片在被推出盾尾时,要及时进行支撑加固,防止管片下沉或失圆。

⑦初始掘进时,盾构机处于始发基座上。因此,需在始发基座及盾构机上焊接相对的防扭转支座,为盾构机初始掘进提供反扭矩。

⑧在始发阶段要注意推力、扭矩的控制,并利用左右千斤顶编组的推力差来控制盾构机的姿态,同时要注意各部位油脂的有效使用。掘进总推力应控制在反力架承受能力以下,同时确保刀具切入地层所产生的扭矩小于始发基座提供的反扭矩。

⑨根据主动铰接特性,计算伸出角度,便于调整姿态。

⑩加强施工测量,盾构推进测量采用先进的导向系统,每 6~8 环进行人工测量校核,严防盾构偏限。

⑪合理使用分区推进液压缸,并设置一定预偏量,确保盾构按照设计轴线掘进。

⑫小曲线段掘进速度控制在 25mm/min 以下,保持盾构掘进的平稳,防止出现较大的跑偏,也可减小推力和扭矩。同时及时进行管片背后注浆,注浆饱满密实,缩短浆液凝结时间。

(2)直线段的姿态控制

在进行直线段的掘进时,应尽量控制切口位置保持在施工轴线的 ±10mm 的偏差范围之内,最大控制在施工轴线的 ±20mm 的偏差范围之内。左右两侧的推力应始终保持一致,并根据实际的刀盘受力情况作微小调整,使两侧液压缸行程保持一致,左右液压缸行程差值最大不应超过 50mm。合理控制铰接及盾尾位置,使位置偏差亦控制在 ±20mm 之内,如出现超出偏差范围的情况,应及时进行纠偏处理,纠偏时切口的位置亦要保持在 ±20mm 的偏差范围之内,严禁在纠偏过程中过大的调整切口位置,造成后续推进中的姿态失控。铰接液压缸的行程应始终控制在 30~80mm 的范围之内,并且左右的铰接液压缸行程差值不应超过 10mm。如果出现超出偏差范围的情况,应及时进行纠偏处理,以保证铰接部位能够起到正常的保护调整作用,避免铰接部件的局部受损。

(3)圆曲线段的姿态控制

圆曲线段的姿态控制在进行圆曲线段的掘进时,应提前计算好左右液压缸行程的超前量。超前量的值可以通过计算求出,也可以通过 AutoCAD 绘图直接量取。在掘进过程中,切口的控制中心应向着曲线的圆心方向作出一定量的偏移。偏移量的大小视圆曲线的半径大小而定,半径越小偏移量越大,掘进中应控制切口位置保持在设定的控制中心附近,正常施工时的误差不应超过 ±10mm,最大应控制在 ±20mm 之内。左右两侧的液压缸推力应始终保持有一定的差值,并根据实际的刀盘受力情况作微小调整,使两侧液压缸行程差值与提前计算得出的超前量的值保持一致,左右液压缸行程差值与超前量之间的最大误差不应超过10mm。按照设计给出的曲线段的管片排列图进行管片选型拼装,并视具体的施工情况进行管片处理,通过环形传力衬垫对管片姿态进行微量调整,并控制好环面平整度及喇叭度。合理控制铰接及盾尾位置,盾尾的控制中心应向着圆曲线的圆心方向作出一定量的偏移,偏移量的大小视圆曲线的半径大小而定,半径越小偏移量越大,盾尾(铰接)的控制中心应向着背离圆曲线圆心的方向作出一定量的偏移,偏移量的大小视圆曲线的半径大小而定,半径越小偏移量越大,掘进中应控制盾尾及铰接位置保持在设定的控制中心附近,位置偏差亦控制在±20mm之内,如出现超出偏差范围的情况,应及时进行纠偏处理,纠偏时切口的位置偏差亦要保持在±20mm之内,严禁在纠偏过程中过大的调整切口位置,造成后续推进中的姿态失控。铰接液压缸的行程应始终控制在40~100mm范围之内,如果出现超出范围的情况,应及时进行纠偏处理,以保证铰接部位能够起到正常的保护调整作用,避免铰接部件的局部受损。

(4)竖曲线上的姿态控制

竖曲线上的姿态控制相对比较简单,主要控制好盾构的坡度变化,在进行直线段的推进时,应尽量控制切口位置保持在轴线附近,正常施工时的误差不应超过±10mm,最大应控制在±20mm之内。同时控制盾构机坡度与设计轴线纵坡基本保持一致,最大误差不应超过2‰,应根据实际盾构坡度值调整好上下两组推进液压缸的推进油压,使盾构机的坡度保持在稳定的状态下,并根据实际的刀盘受力情况作微小调整,使上下液压缸行程保持一致,上下液压缸行程差值最大不应超过50mm。合理控制铰接及盾尾位置,使位置偏差亦控制在±20mm之内,如出现超出偏差范围的情况,应及时进行纠偏处理,纠偏时切口的位置偏差亦要保持在±20mm之内,严禁在纠偏过程中过大的调整切口位置,造成后续掘进中的姿态失控。铰接液压缸的行程应始终控制在30~80mm范围之内,并且上下的铰接液压缸行程差值不应超过10mm,如果出现超出偏差范围的情况,应及时进行纠偏处理,以保证铰接部位能够起到正常的保护调整作用,避免铰接部件的局部受损。

(5)均一地质条件下的姿态控制

一般情况下,盾构方向偏差控制在50mm之内,曲线半径越小,控制难度越大。这将受到设备状况、地质条件及施工操作等多方面因素影响。在地质均一的地层中控制姿态较容易,方向偏角(趋势)一般控制在5mm/m以内,特殊情况下控制在10mm/m以内,否则会带来管片错台破损等不利后果。

(6)上下软硬不均的地质且存在圆曲线段的线路

当开挖面存在上下不均时,为防止盾构机机头下垂,一般情况下要保持上仰姿态,掘进时注意上下两端及左右两端的液压缸行程差,一般控制在50mm以内,特殊情况下一般不超过60mm。

(7)左右软硬不均且存在圆曲线段的线路

当存在左右不均且又处于圆曲线时,盾构机的方向控制将会比较困难。在此情况下,可适当降低掘进速度,合理的分自己各区域液压缸压力。必要时,可将水平偏移角放宽至10mm/m,以加大盾构结构向力度。当以上操作均无效时,可通过换刀作业增加开挖面的方式来调整方向。因此在盾构过圆曲线段前,一方面要提前进行方向的调整,另一方面要在适合的地点进行换刀作业,确保能够顺利通过。

(8)始发段掘进调向

①最初掘进的10m的调向

此时由于盾构掘进的反力由已拼装管片提供,而盾构机的外壳摩擦力也不足,因此防止盾壳的滚动是此阶段的主要问题。在一般情况下都采取低转速,低掘进速度进行掘进。方向的调节主要受控于导台的定位以及导轨的情况。因此在始发段掘进前一定要先安装导轨才能进行掘进否则肯定会出现机头下垂,无法调向的现象。始发段一般不进行调向,尤其是在推进反力不足的情况下,每组液压缸都要有压力,以防止管片挤压不紧而造成的管片错台破损。

②掘进10~100m的调向

此时已经可以初步调向且主机已经全部进入土体,但是由于反力不足,只能进行一个方向的调节,而另外的一个方向只能维持。通常情况下,为了防止盾构机机头下垂,底部液压缸的压力会相对较大,而其他的液压缸压力较为平均。

③掘进100m至隧道贯通前50m的调向

此段掘进为正段掘进,推力等相关参数都正常,因此严格按照调向原则进行调向即可。

④隧道贯通前50m的调向

一般情况下盾构姿态已经被调节至设计中线附近,但是在姿态没有调节至设计中线偏差范围内时,此时就须要加大调向力度,先将刀盘姿态调节至偏差范围以内保证盾构能够顺利掘出洞门。一般情况下贯通前最后10m,推力将逐渐减小,调向会比较困难,通常是维持盾构姿态。因此在出洞10m前时刀盘必须调整到预定的姿态,否则需增加推力进行调向,这样就为贯通带来不必要的隐患,例如提前将掌子面掘塌等,严重时会造成洞门侧墙的不安全。

7.2.5 盾构机纠偏

盾构机掘进过程应满足的关键点为管片的轴线要与盾构机的轴线重合,在考虑纠偏调整的时候应考虑几点注意事项。①要根据推进液压缸的行程分析,封顶块要拼装在行程最短的一侧;②要看盾构机的姿态,如果盾构机向右,而右侧的行程又最大,那就得要看第三个考虑的因素——铰接,这个因素也是最容易让人忽略的一个因素;③如果右侧铰接最小,那么拼装时所要优先考虑的是拼装在行程最短处的两侧,使得管片有向右移动的趋势,减小管片与盾构机轴线之间的夹角;如果左侧的铰接最小,那么也可以拼在行程最短处,因为盾构机已经有向左的趋势了。

1)针对不同情况不同的纠偏方法

(1)铰接力增大,行程增大。

这是由于盾尾卡住造成的,此时应判断盾尾卡住的原因,有可能是因为管片与盾尾间隙过小或者土体与盾尾摩擦力过大造成,判断的依据由现场盾尾间隙测量的结果来判定。由土体与盾尾摩擦力增加而造成的卡盾,应及时进行铰接液压缸的收放,同时在盾尾部位注入适量的膨润土增加润滑。在间隙过小的情况下应及时调整方向,同时在管片拼装点位作出调整,及时减小铰接压力,不得已的情况下还需增加辅助液压缸等措施来进行脱困。

(2)液压缸行程差过大。

液压缸行程差过大是由于多种因素造成,其中最主要的因素为调向过快和管片拼装点位选择出现问题,管片拼装点位选择应与调向相结合以避免此类问题的发生。在盾尾没被卡住前,首先通过管片拼装点位调整来调整液压缸差,同时掘进过程中注意液压缸行程差的变化,当调向与行程差存在矛盾时,降低调向速率,注意在大方位偏移调向时保持方向仍然在向预定的方向前行。调向的行走行程差值不应大于管片楔形量调节差值。

(3)特殊地质中推力增加仍无法调向。

这种情况多出现在软硬不均地层或者非常软的软弱地层竖立方向的调向,在软硬不均地质中掘进,如果出现了此类情况,原因可能是速度过快。因此,应该将速度减缓,在低速度下进行推进,有利于调向。另外,在软弱地层垂直调向方面要注意避免刀盘的重量造成的机头下垂问题,一般情况下应使机头保持一定的上扬姿态。

(4)蛇形纠偏。

蛇形纠偏往往是由于急纠造成的,这种情况多出现在大方向偏移纠偏时。在方向调整过程中一定要注意及时回调,避免蛇形纠偏,使盾构方向与设计轴线形成渐进曲线并逐渐靠拢,而不是超过轴线形成蛇形曲线。

(5)大方位偏移情况下的纠偏。

当发生大方位的方向偏移时,如果水平纠偏,应先控制垂直姿态,再进行水平纠偏。然而实际的情况多是水平、垂直偏差同时出现,同时纠偏效果不佳,在此情况下可采取以下措施:

①及时加大液压缸推进力,通过控制液压缸行程差值来控制纠偏量,行程的差值不宜过大,一环的行程差值不应大于管片调节的楔形量。

②当盾尾姿态未跟随盾首姿态一起回转时,应避免回调姿态,否则姿态会越偏越远。一般情况下趋势不允许超过±10mm/m,但是在特殊情况下,如果方向发生大的偏移,那么就要继续进行调节。此时如果盾尾姿态没有跟随盾首姿态一起变小,就应继续保持以上的调节方式。

2)方向控制及纠偏注意事项

(1)在切换刀盘转动方向时,应保留适当的时间间隔,切换速度不宜过快。

(2)根据掌子面地层情况应及时调整掘进参数,调整掘进方向时应设置警戒值与限制值,当达到警戒值时应启动纠偏程序。

(3)蛇行修正及纠偏时应缓慢进行。在直线推进的情况下,应选取盾构当前所在位置点与设计线上远方的一点作一直线,然后再以这条线为新的基准进行线形管理。在曲线推进的情况下,应使盾构当前所在位置点与远方点的连线同设计曲线相切。

(4)推进液压缸液压的调整速度不宜过快、调整幅度不宜过大。

(5)选择正确的管片拼装点位,确保拼装质量与精度,使管片端面尽可能与计划的掘进方向垂直。

(6)盾构始发与到达时方向控制极其重要,应按照始发与到达掘进的有关技术要求,做好测量定位工作。

7.3 管片拼装

1)管片安装工艺流程

小净距盾构隧道的管片衬砌采用错缝拼装方式有利于提高隧道总体刚度,改善管片受力状态。管片安装工艺流程如图 7-7 所示。

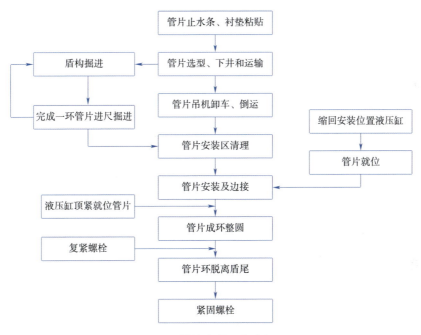

图 7-7 管片安装工艺流程图

2)管片安装方法

(1)管片选型以满足隧道线形为前提,重点考虑管片安装后盾尾间隙要满足下一掘进循环限值,确保有足够的盾尾间隙,以防盾尾直接接触管片。

(2)管片安装必须从隧道底部开始,然后依次安装相邻块,最后安装封顶块。

(3)封顶块安装前,应对止水条进行润滑处理,安装时先径向插入,调整位置后缓慢纵向顶推。

(4)管片块安装到位后,应及时伸出相应位置的推进液压缸顶紧管片,其顶推力应大于稳定管片所需力,然后方可移开管片安装机。

(5)管片安装完后应及时整圆,并在管片环脱离盾尾后对管片连接螺栓进行二次紧固。

3）管片安装质量保证措施

（1）严格检查进场的管片，不使用破损、裂缝的管片。下井吊装管片和运送管片时应注意保护管片和止水条，以免损坏。

（2）止水条及软木衬垫粘贴前，应将管片进行彻底清洁，以确保其粘贴稳定牢固。施工现场管片堆放区应有防雨淋设施。粘贴止水条时应对其涂缓膨剂。

（3）管片安装前应对管片安装区进行清理，清除如污泥、污水，保证安装区及管片相接面的清洁。

（4）避免非管片安装位置的推进液压缸与管片安装位置的推进液压缸同时收缩。

（5）管片安装时必须运用管片安装的微调装置将待装的管片与已安装管片块的内弧面纵面调整到平顺相接以减小错台。调整时动作要平稳，避免管片碰撞破损。

（6）应控制同步注浆压力，注浆压力不得超过限值。

（7）管片安装质量应根据满足设计要求的隧道轴线偏差和有关规范要求的椭圆度及环、纵缝错台标准进行控制。

4）上软下硬、硬岩地段管片安装质量保证措施

（1）掘进过程中不断观察出土情况，并结合推力、扭矩、速度、土压以及渣土中石块的比例和大小，判断硬岩的比例，及时调整掘进参数。

（2）岩层和土层同时存在的地段，应以硬岩的强度来进行刀具配置。掘进时采用气压辅助掘进模式，根据隧道顶部地质情况选择合适土压力，有利于提高刀具的寿命，确保开挖轮廓准确。

（3）盾构机在上软下硬地层中掘进时，盾构姿态容易向上抬，为了保持正确的掘进线路和盾尾间隙，应该合理控制上下千斤顶的推进液压。

（4）在上软下硬地段应该采用低转速，以减少滚刀与岩土分界面的冲击。

（5）保证注浆量以减小拼装管片的变形，提高成型管片质量。

（6）结合隧道地层情况，通过分区操作盾构机的推进液压缸来控制掘进方向。但每环掘进时对盾构竖直和水平方向姿态的调整量不应超过6mm，以避免管片受力不均匀而产生错台。

7.4 衬砌背后注浆

衬砌背后注浆是盾构施工的重要环节，尤其是对于小净距盾构隧道，及时地充填管片与地层间的环形间隙有利于控制地层变形，稳定先行洞隧道管片结构，控制盾构掘进方向，提高管片隧道结构的防水能力。管片背后环向间隙注浆采用同步注浆工艺，同步注浆工艺及管理程序如图7-8所示。

1）同步注浆施工工艺

同步注浆与盾构掘进同时进行，通过同步注浆系统及盾尾的内置注浆管，如图7-9所示。盾构向前推进盾尾空隙形成的同时进行，采用双泵四管路对称同时注浆。注浆可根据需要采用自动控制或手动控制方式，自动控制方式即预先设定注浆压力，由控制程序

自动调整注浆速度,当注浆压力达到设定值时,自行停止注浆;手动控制方式则由人工根据掘进情况随时调整注浆流量、速度、压力。

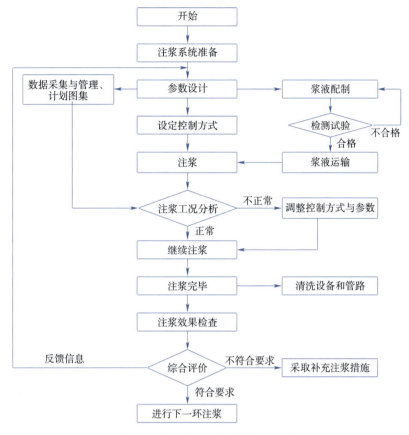

图 7-8 同步注浆工艺及管理流程图

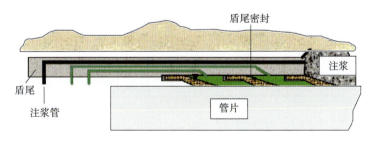

图 7-9 同步注浆系统示意图

同步注浆是保证地面建筑、地下管线、盾尾密封及衬砌管片安全的重要一环,因此必须严格控制,并依据地层特点及监控量测结果及时调整各种参数,确保注浆质量。

2)注浆目的

(1)及时填充盾尾建筑空隙,支撑管片周围岩体,有效地控制地表沉降。

(2)凝结的浆液将作为盾构施工隧道的第一道防水屏障,增强隧道的防水能力。

(3)为管片提供早期的稳定并使管片与周围岩体一体化,有利于盾构掘进方向的控制,并能确保盾构隧道的最终稳定。

3)注浆材料

采用水泥砂浆作为同步注浆材料,该浆液具有结石率高、结石体强度高、耐久性好和能防止地下水浸析的特点。

4)浆液配合比及主要物理力学指标

同步注浆配合比可参考表7-4,在施工中应根据地层条件、地下水情况等,通过试验调整配合比。同步注浆浆液的主要物理力学性能应满足下列指标。

(1)胶凝时间:一般为3~10h,根据地层条件和掘进速度,通过现场试验加入促凝剂及变更配合比来调整胶凝时间。对于强透水地层和需要注浆提供较高的早期强度的地段,可通过现场试验进一步调整配合比和加入早强剂,进一步缩短胶凝时间。

(2)固结体强度:1d强度不小于0.2MPa,28d强度不小于2.5MPa。

(3)浆液结石率:大于95%,即固结收缩率小于5%。

(4)浆液稠度:8~12cm。

(5)浆液稳定性:层析率(静置沉淀后上浮水体积与总体积之比)小于5%。

同步注浆材料配合比表　　　　表7-4

材料	水泥	粉煤灰	膨润土	砂	水	外加剂
用量(kg/m³)	120~260	24~381	40~60	779	460~470	按需要根据试验加入

5)注浆压力

同步注浆时要求在地层中的浆液压力大于该点的静止水压与土压力之和,做到尽量填补同时又不产生劈裂。若注浆压力过大,管片周围土层将会被浆液扰动而造成后期地层沉降及隧道本身的沉降,并易造成跑浆。若注浆压力过小,浆液填充速度过慢,填充不足,会使地表变形增大,通常同步注浆压力一般为1.1~1.2倍的静止土压力,结合一般盾构区间施工参数,注浆压力可控制在0.1~0.45MPa,二次注浆压力0.2~0.5MPa。

6)注浆量

同步注浆量理论上是充填盾尾建筑空隙,但同时要考虑盾构推进过程中的纠偏、浆液渗透(与地质情况有关)及注浆材料固结收缩等因素。注浆量一般为理论注浆量的1.3~1.8倍,并应通过地面变形观测来调节。注浆量按下式进行计算:

$$Q = V \cdot \lambda \quad (7\text{-}5)$$

式中:Q——注入量(m^3);

λ——注浆率(取1.3~1.8,曲线地段及砂性地层段取较大值,其他地段根据实际情况选定);

V——盾尾建筑空隙(m^3)。

V的计算公式为:

$$V = \frac{\pi}{4}(D^2 - d^2)L \quad (7\text{-}6)$$

式中:D——盾构切削土体直径(即刀盘直径);

d——管片外径;

L——管片宽度。

二次补强注浆量根据地质情况及注浆记录情况,分析效果,结合监测情况,由注浆压力控制。

7）注浆速度及时间

根据盾构机推进速度,同步注浆以每循环达到总注浆量而均匀注入,盾构机推进开始注浆开始,推进完毕注浆结束。

8）设备配置

同步注浆需配置搅拌站、同步注浆系统(含注浆管路、盾尾注入管口及其配套管路)、运输系统(砂浆罐车、带有自搅拌功能和砂浆输送泵)。

9）注浆效果检查

注浆效果检查采用分析法,即结合掘进速度及衬砌、地表与周围建筑物变形量测结果进行综合分析判断。必要时采用无损探测法进行效果检查。

10）同步注浆质量保证措施

(1)在开工前编制详细的注浆作业指导书,并进行详细的浆材配合比试验,选定合适的注浆材料及浆液配合比。

(2)制订详细的注浆工艺流程及注浆质量控制程序,严格按要求进行注浆、检查、记录、分析,及时绘制 P(注浆压力)-Q(注浆量)-t(时间)曲线,分析注浆速度与掘进速度的关系,评价注浆效果,反馈指导下次注浆。

(3)成立专业注浆作业组,由富有经验的注浆工程师负责现场注浆技术和管理工作。

(4)根据洞内管片衬砌变形和地面及周围建筑物变形监测结果,及时进行信息反馈,修正注浆参数和施工工艺,发现情况及时解决。

(5)做好注浆设备的维修保养,注浆材料供应,定时对注浆管路及设备进行清洗,保证注浆作业顺利连续不中断进行。

(6)环形间隙充填不够、结构与地层变形不能得到有效控制或变形危及地面建筑物安全时、或存在地下水渗漏区段,在必要时通过吊装孔对管片背后进行补充注浆。

11）堵管处理措施

出现堵管情况时,应根据地质情况优化浆液配合比。紧凑安排工序,缩短浆液运输时间,避免管路沉积堵塞。注浆结束时应及时冲洗管路(用泵注入膨润土冲刷注浆管)。

12）二次注浆

(1)根据地表沉降监测成果材料,如发现同步注浆不足或不理想导致管片下沉或管片接缝处漏浆,则须通过管片中部的注浆孔进行二次补注浆,补充一次注浆未填充部分和体积减少部分,从而减少盾构机通过后土体的后期沉降,减轻隧道的防水压力,提高止水效果。

(2)在特殊地段(盾构进出洞、联络通道前后 10 环)应进行二次注浆。视盾构穿越底层及地表建(构)筑物情况,进行必要的跟踪二次注浆。

(3)二次注浆结束标准:达到注浆压力,注浆量达到设计的80%以上。

(4)二次注浆浆液水灰比为1:1。

7.5 隔离桩施工

小净距盾构隧道对先行洞隧道的保护措施主要采用隔离桩,并通过在先行洞隧道设置洞内支撑和加强管片配筋,确保先行洞隧道结构的安全和稳定。常见的隔离桩类型有钻孔灌注桩、钢管桩、搅拌桩、旋喷桩等,其中钻孔灌注桩由于桩体刚度大,在城市轨道交通小净距隧道工程中应用广泛。本节介绍了小净距盾构隧道采用钻孔灌注桩隔离桩的施工关键技术。

1)施工技术要求

(1)隔离桩采用 C35 水下混凝土浇筑,钢筋笼主筋采用 HRB400 级钢筋,钢筋保护层厚度 70mm。

(2)隔离桩桩径一般为 0.8~1.2m,桩底高程为隧道底以下 3m 左右。

(3)钻孔垂直度误差不得大于 1/200,桩位允许偏差不超过 50mm。

2)施工准备

(1)场地准备

①钻孔桩施工前,对孔位周边材料、设备清理干净。

②破除桩孔处混凝土硬化层。

③检查场地四周临时排水沟、集水井、沉淀池和泥浆池的淤泥情况,清理通畅。施工时产生的污水经临时排水沟排到集水井,经沉淀池沉淀后再排水入市政下水道。

④施工前对不利于施工机械运行的场地,采取有效的措施进行处理。

⑤如隔离桩位于道路下方,应根据交通疏解方案采用分段交通导改施工。

(2)技术准备

①审核图纸,做好旋挖成孔、泥浆制作、混凝土灌注各工序的技术交底。

②建立场内的测量控制网。组织施工队人员熟悉施工图纸,进行技术交底。编制施工方案,材料抽样送检。

③对入场工人进行三级安全教育和安全培训工作,办理进场人员平安卡登记手续,讲解各种工序的操作规程。

④按照施工图纸及场内测量控制点,定出桩位,用水泥砂浆固定标桩,经技术人员完成签字复核手续才能进行施工。

⑤开工前,施工现场技术负责人和安全员应逐项检查施工准备,逐级进行技术安全交底和安全教育。

3)工艺流程

隔离桩为钻孔灌注桩,可采用 280 旋挖钻机泥浆护壁成孔,桩基成孔后立即吊放钢筋笼。钢筋笼由进场报验合格的起重机吊放,钢筋笼分段吊装,在孔口采用机械连接,然后整体下放。工艺流程如图 7-10 所示。

(1)测量定位

根据设计图纸提供的桩位,以桩中心为交叉点,用十字线定位。定位后采用破碎锤将该部位钢筋混凝土面层破除,再在十字线的四个方向用钢筋桩钉作标志,测出固定桩上的标志点到十字线交叉点的距离,测量偏差应控制在5mm以内。每根桩必须进行测量放点、护筒埋设居中、钻头中心对正这三道测量工序。

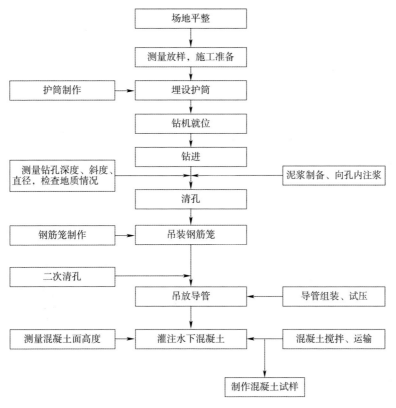

图7-10 钻孔灌注桩隔离桩工艺流程图

(2)钻机就位

采用旋挖钻机成孔,钻机就位后保持主机的水平,必要时可铺钢板或枕木。然后调整钻桅的垂直度,确保垂直误差不大于1/200。钻机姿态调好后,利用钻机的平行机构通过液压控制系统对钻桅实施变幅平动,确保钻杆垂直平移,同时利用回转机构调整钻斗中心对准桩位中心。

(3)钻头开孔

以桩的测量点为中心,利用钻机挖出比设计桩径大100~200mm的圆坑,该钻孔深度根据地质情况确定,要求护筒埋置,深度超过淤泥质砂层等软弱地层的埋深200mm。

(4)提钻、埋设孔口护筒

护筒采用钢护筒,护筒用厚度不小于5mm的钢板制作,直径比设计桩径大100mm。顶部必须用钢板或角钢加固,并安装2~4个提升环及留1~2个溢浆口,溢浆口必须对准循环槽。护筒埋设时,筒的中心与桩中心重合,其偏差不得大于20mm,并严格保持护筒的垂直度在1%以内,其顶部应高出地面0.3m。护筒埋置后,应对护筒进行校正,达到要求后,即用黏性土对称均匀固定护筒,护筒固定后测定护筒顶高程,根据护筒顶高程反算桩底高程,并对作业人员进行交底。

(5)泥浆的制备和管理

在实施泥浆护壁施工中应根据地层资料结合隔离桩现场施工情况,确定泥浆制备情况,达到开源节能目的。其制作及其性能要求应符合下列规定:

①配备专人,负责原材料管理及泥浆质量监控,新拌制的泥浆应储放24h。

②循环泥浆的控制指标:相对密度小于1.15,黏度18~22s,含砂率不大于7%;胶体率不小于90%。施工中经常测定泥浆相对密度、黏度、含砂率和胶体率。

③浇筑混凝土前,孔底500mm以内的泥浆相对密度应小于1.25,黏度不大于28S,含砂率不大于8%。

④泥浆池沉淀池采用泥浆系统,泥浆池的容量为每孔的排渣量,沉淀池的容量为每孔排渣量的1.5~2倍。

⑤派专人清除泥浆沟槽的沉淀物,保证不淤塞。沉淀池及泥浆池的沉积物应经常清除,多余的泥浆要及时排出基坑。

(6)成孔钻进

①钻速控制

钻头的提升速度应进行控制,提升钻头时,泥浆在钻头与孔壁之间的流动速度太大将产生压力激动,容易造成孔壁坍塌。在淤泥和淤泥质土层中,应根据泥浆补给情况,严格控制钻进速度,一般不宜大于1m/min,在松散砂层中,钻进速度不宜超过3m/h,在硬土层中钻进速度以钻机不发生跳动为准。

②操作施工

下钻头,旋挖钻进,成孔质量是成桩质量的关键。孔径和孔形,工程要求充盈系数不小于1.05,同时要做好钻孔施工记录,记录必须与实际工序同步且应真实、齐全、整洁,孔深、钻速、换层(尤其是持力层)应记录清楚。

当钻头里装满土砂料,提升出孔外,旋挖钻机旋回。将钻头内的土砂料倾倒在土方车或地面上,关上钻头活门,旋挖钻机旋回到原位。锁上钻机旋转体,放下钻头到前一次的工位。经过若干次上述下钻、提钻、卸土的循环,钻孔深度达到设计高程。

③出现问题的补救措施

钻孔桩钻进过程中若出现斜孔、弯孔、缩颈、塌孔或沿护筒周围冒浆以及地面沉陷等情况,应停止钻进,经采取有效控制措施后,方可继续施工。当钻孔倾斜时,可反复扫孔修正,如纠正无效,应在孔内回填黏土或风化岩块至偏孔处上部0.5m,再重新钻进。钻进中如遇塌孔,应立即停钻,并回填黏土,待孔壁稳定后再钻进。如遇到护筒周围冒浆的情况,可用稻草拌黄泥堵塞漏洞,并压上一层泥和沙包。

(7)清孔

清孔是钻孔灌注桩的施工控制重点,浇筑混凝土前应进行二次清孔。清孔前用孔规和其他仪器检查钻孔直径。若不畅通,可用钻头上下扫孔后再作检查,直至达到设计及施工规范要求。钻孔至设计高程经检查合格后即进行二次清孔。孔底沉渣厚度不大于50mm,经监理工程师检查合格后,方可吊装钢筋笼。

(8)钢筋笼制作和吊装

钢筋笼由钢筋加工场集中加工制作,分段加工,现场对接。钢筋笼主筋上对称设置4个 $\phi 10mm$ 的"钢筋耳环",保证其混凝土保护层厚度70mm。螺旋箍筋采用 $\phi 8mm@150mm$,加强箍筋采用 $\phi 20mm@2000mm$,箍筋与主筋采用点焊连接,点焊质量要满足质量和规范要求。钢筋笼利用汽车起重机吊装入孔,两点起吊。钢筋笼施工要求如下:

①关于钢筋笼尺寸偏差,主筋间距偏差不大于10mm,箍筋间距偏差不大于20mm,钢筋笼直径偏差不大于10mm,钢筋笼长度偏差不大于100mm,主筋弯曲度小于1%,钢筋笼弯曲度不大于1%。

②分段制作的钢筋笼,每节钢筋笼的保护层垫块不得少于两组,每组四个,在同一截面的圆周上对称焊上。

③钢筋混凝土保护层偏差不大于20mm。

④焊接要求:对于分段制作的钢筋笼,主筋搭接焊时在同一截面同侧钢筋接头不得超过主筋总数的50%,两个接头的间距不少于500mm。主筋的焊接长度,双面焊为 $5d$(d 为钢筋直径),单面焊为 $10d$。箍筋的焊接长度一般为箍筋直径的 $8\sim10$ 倍,接头焊接只允许上下搭接,不允许径向搭接。加强箍筋与主筋的连接宜采用点焊。

(9)灌注水下混凝土

隔离桩采用水下混凝土灌注,混凝土强度等级应满足设计要求。水下混凝土灌注采用导管法,导管直径30cm,导管安装前进行拼组编号,并进行水密、承压和接头抗拉试验。吊放导管时位置居中,轴线顺直,稳步沉放,防止卡挂钢筋笼,导管下口距孔底一般为 $0.25\sim0.4m$。混凝土灌注前应再次校核钢筋笼高程、孔深、泥浆沉淀厚度及泥浆指标,检查有无坍孔现象。首批灌注混凝土的数量,要满足导管初次埋置深度($\geqslant 1.0m$)。混凝土灌注应连续进行,灌注过程中经常用测锤探测孔内混凝土面位置,及时调整导管埋深($2m\leqslant$ 埋深 $<6m$)。为保证成桩质量,水下灌注面高出设计桩顶不应小于1.0m,混凝土灌注完成后空桩段应及时回填。

(10)施工控制要点

①钻进过程中应尽量做到不停顿,如必须停顿时,应及时将钻头提离孔底(高于孔底至少3.0m),以免钻渣沉淀而埋钻。

②为避免缩颈,钻进时采用慢速钻进的方式,保证此段有牢固的泥浆护壁。钻进过程中如在孔口段发生坍孔,应将原埋护筒接长并往下打设超出坍孔段至少0.8m,再实施钻进。如坍孔发生在孔下部,应及时向钻孔内投入黏土进行回填,并用钻杆捣固密实,再实施钻进。

③钻孔过程中应尽量避免孔斜。如发现孔斜,应向孔斜段注入一定量的水泥砂浆(或混凝土),并高出孔斜段至少0.5m,待水泥砂浆(或混凝土)达到2.5MPa后再实施钻进。

④水下混凝土灌注时要防止灌注失败造成断桩。应在灌注过程中采取以下措施:

a.水下混凝土灌注应配齐两套设备(一套备用),并要保持设备完好。灌注时应尽量缩短时间,避免出现因灌注时间过长导致首批混凝土已初凝而无法续灌最后断桩。

b.钻孔完成特别是钢筋笼吊装前,进行二次清孔,待二次清孔各种指标达到规范要求后及时灌注水下混凝土,避免因下钢筋笼及下导管搁置时间过久,导致孔底沉淀厚度超标而造成灌注断桩。

c. 灌注过程中要始终保持导管位于钻孔中心。这样既可防止起拔导管时导管卡挂钢筋笼,钢筋笼碰撞孔壁致使护壁泥皮脱落造成坍孔,又可保证整个灌注过程中混凝土埋管均匀,不至造成混凝土面高度测量不准拔管过多或过少造成断桩。灌注过程中每次起管前,应用探测锤至少在两个方向测量混凝土量高度,经核对无误后方可起拔导管。

d. 在灌注过程中如发生堵管,应及时分析原因,采取具体措施(如采用抖管法或给孔内混凝土面减压法)及时恢复灌注。如确实不能续灌应立即拔出导管和钢筋笼,清除已灌混凝土,然后再按规范要求进行灌注。

7.6 小净距盾构隧道与矿山法隧道并行施工

盾构隧道与矿山法隧道并行的小净距隧道方案也是一种常见的小净距隧道类型,矿山法与盾构法组合小净距隧道施工应采用合理的施工工序,优先施工矿山法隧道,再施工盾构隧道,施工重点是加强矿山法隧道的初期支护、二次衬砌,有条件时应在盾构隧道施工前完成矿山法隧道二次衬砌,并在矿山法隧道洞内对中夹岩墙进行预加固。小净距盾构隧道与矿山法隧道断面如图7-11所示。

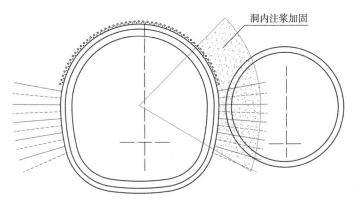

图 7-11 小净距盾构隧道与矿山法隧道断面图

矿山法隧道在常规单洞单线支护措施的基础上,增加采用无收缩双液注浆(WSS注浆)加固小净距隧道中夹岩墙。WSS注浆采用二重管钻机钻孔至预定深度后,用一台同步双液注浆机注浆。原液有三种,即 A 液(水玻璃)、B 液(磷酸)、C(水泥浆),A 液先后与 B 液、C 液通过二重管端头的浆液混合器充分混合分别合成 AB 液(水玻璃与磷酸混合液)、AC 液(水玻璃与水泥浆混合液)。注浆压力对浆液扩散、裂隙填充效果的影响很大,一般情况下注浆压力应在实测水压力的基础上增加1MPa,注浆终压为实测静水压力的2~3倍。注浆材料为 AB 液(水玻璃-磷酸)、AC 液(水玻璃-水泥浆)。水玻璃模数为2.6,水泥为 P·O 42.5 级普通硅酸盐水泥。水玻璃-磷酸体积比为30:1,水玻璃-水泥浆体积比为1:1,水泥浆水灰比为1:1(重量比)。钻孔完毕后,先注 AB 液,终浆压力为1.5~2.0MPa,持续10min,待钻杆外壁无流水溢出,即可停注 AB 液。再注 AC 液,待注浆压力达到2MPa 以上,提升钻杆20~30cm,依次提杆至该孔注浆完毕即可,可移至下一注浆孔位钻注作业。注浆量越来越少,达到注浆终压后注浆压力骤升时,即可结束注浆。注浆完成后应设检查孔,检查孔按总注浆孔的5%~10%设计,检查孔的出水量应小于$0.2L/(m \cdot min)$,或者进行压水试验,在0.75MPa压力下,吸水量应小于$1L/(m \cdot min)$。若未达到上述标准则应该进行补注浆,注浆达到效果后方可进行开挖。注浆后,设置检查孔,孔数不小于总注浆孔的10%,并能够涵盖整个注浆范围,检查孔应取芯,观察浆液充填情况,反算出浆液充填率不小于85%,其无侧限抗压强度为1.0~1.2MPa,渗透系数小于$1.0 \times 10^{-5} cm/s$。

注浆加固后再施工小净距盾构隧道。盾构隧道与矿山法隧道净距很小,需在施工过程中加强盾构掘进参数控制,严格控制盾构机的推进速度、顶进力,加强管片背后二次注浆,填充围岩裂隙,加强施工监测,信息化施工,确保临近隧道施工安全。盾构掘进时刀盘压力较难控制,中夹岩墙可能失稳破坏,造成成型隧道破坏,因此建议增加监测项目"围岩压力"。后行盾构通过时,提高监测频率,且根据监测结果评价相互之间的影响,并根据监测情况补充洞内支撑措施。

盾构法与矿山法组合小净距隧道施工中应加强对先行洞矿山法隧道的保护,必要时可在矿山法隧道内架设洞内型钢支撑,如图7-12所示。洞内型钢支撑在矿山法隧道与盾构隧道小净距范围通长布置,纵向间距1m。钢支撑的设计、安装应满足施工作业空间的要求。钢支撑应制成传力可靠的纵向连接构件,环与环之间钢支撑应有可靠的纵向连接,钢支撑架设之后应与二次衬砌内壁抵紧,并适当施加预应力。钢支撑架设及预应力施加应避免对已实施的二次衬砌造成破坏。

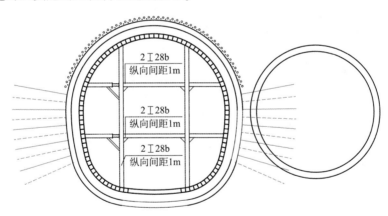

图7-12 小净距盾构隧道与矿山法隧道洞内型钢支撑

7.7 小净距隧道盾构洞内解体

盾构隧道一般需要在两端设置工作井以满足始发和吊出要求,当采用小净距盾构隧道方案时,工作井的位置受到盾构隧道净距的制约,不能设置在线间距太小的位置。但在城市轨道交通工程复杂的建设条件下,要在合适的场地设置工作井并且要满足小净距盾构施工的最小净距要求比较困难,盾构洞内解体技术可以解决线间距过小导致盾构起终点工作井设置困难的问题。盾构洞内解体技术指的是盾构机完成区间隧道掘进到达指定接收位置后,当地面不具备设置工作井吊出条件时,在隧道洞内进行拆机解体的设计施工技术。合理掌握并运用盾构机洞内解体技术,有助于应对解决复杂城市环境的轨道交通隧道建设的线路设计、盾构工作井设置等问题,可有效减小地面施工占地,减少管线迁改、交通疏解及拆迁工程。当面对长大区间隧道时,可加快工期,缩短矿山法隧道场地,降低施工风险。本节通过实际工程案例介绍在复杂建设条件下应用盾构洞内解体技术解决小净距盾构吊出问题的技术方案。

7.7.1 应用场景分析

盾构洞内解体是一种非常规的盾构接收技术,须要提前考虑盾构机在密闭小空间的拆卸问题。根据城市轨道交通工程的特点,盾构洞内解体可应用于以下两种需求场景(图7-13)。

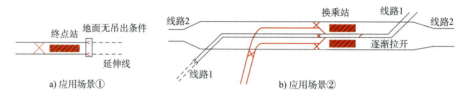

图7-13 盾构洞内解体应用场景示意图

应用场景①[图7-13a)]:盾构区间隧道接收端由于外部原因无法设置盾构工作井或盾构吊装孔无法使用时。

应用场景②[图7-13b)]:在侧式站台或分离岛式车站端部线路线间距较小,采用小净距矿山法隧道施工,在线间距拉开后转为盾构隧道施工。

以广州市轨道交通18号线和22号线番禺广场站北端区间为例进一步论述小净距盾构隧道洞内拆解应用技术。番禺广场站是一座双岛四线的地下明挖车站,18号线的左、右线分别位于车站两侧,22号线左、右线位于车站中部,实现18和22号线的台台换乘功能,如图7-14所示。这是一种常见的双线并行换乘车站形式,22号线位于两个站台中部,按满足列车限界的最小线间距布设,线间距为6m。22号线番禺广场站—祈福站区间在番禺广场站北端采用矿山法隧道,这是将线路线间距逐步拉开的展线段隧道。如按常规做法,展线段矿山法隧道将线间距拉开至符合盾构隧道接收要求时(线间距通常为 $1.5D \sim 2.0D$)设置盾构工作井与小净距盾构隧道连接。

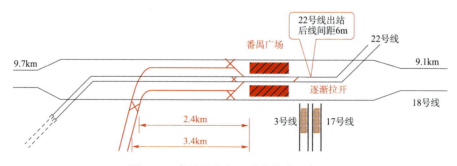

图7-14 车站及小净距隧道线路示意图

番禺广场站北端矿山法展线段小净距隧道,双线长约565.4m,矿山法隧道起于番禺广场站北端,终于平康路北侧及东平路东侧空地处1号盾构井。区间隧道线路出番禺广场站后垂直清河东路往北下穿地铁 3 号线市桥站—番禺广场站矿山法区间,在清河东路北侧设置 1 号施工竖井,矿山法区间隧道往北后下穿番禺区政府番禺大厦,然后下穿平康路,在路北侧及东平路东侧空地到达 1 号盾构井。22 号线线路出番禺广场站后,线间距由 6m 逐渐拉大到 15m,到达 1 号盾构井,采用单洞双线大断面和单洞单线小净距矿山法隧道方案,其中单洞双线大断面长 152m,之后左右线分别采用单洞单线标准断面,长 348m,如图 7-15 和图 7-16 所示。根据工程地质资料,工程场地的地层从上至下依次为〈1〉填土层、〈3-3〉砾砂(局部)、〈4N-2〉粉质黏土、〈4-2B〉淤泥质土(局部)、〈3-1〉粉细砂层(局部)、〈3-2〉中粗砂层(局部)、〈5H-2〉砂质黏性土、〈6H〉全风化花岗岩、〈7H〉强风化花岗岩、〈8H〉中风化花岗岩、〈9H〉微风化花岗岩,其中〈6H〉全风化花岗岩、〈7H〉强风化花岗岩遇水易软化崩解,隧道地质纵断面如图 7-17 所示。

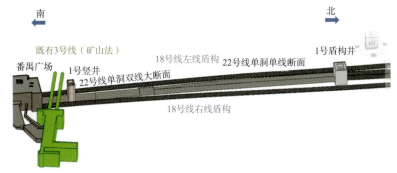

图 7-15 矿山法展线段三维模型示意图

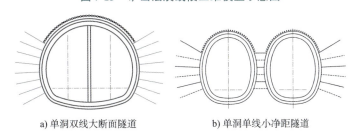

a) 单洞双线大断面隧道   b) 单洞单线小净距隧道

图 7-16 隧道断面图

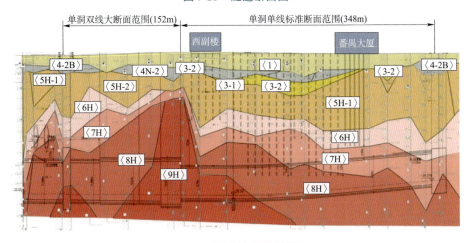

图 7-17 隧道地质纵断面图

如按常规设计思路,番祈区间从单洞双线大断面矿山法隧道转为单洞单线隧道时,由于线间距太小无法采用盾构法施工,只能继续采用单洞单线的小净距矿山法隧道,左线矿山法隧道长度达到325.1m,施工工期较长,施工风险大。为了满足工期目标,降低施工风险,应用小净距洞内解体技术将左线矿山法隧道调整为盾构隧道,设置矿山法扩大洞室用于盾构机洞内解体。小净距隧道洞内解体工程设计平面图和隧道断面图如图7-18和图7-19所示。小净距隧道扩挖洞室矿山法支护如图7-20所示。整体技术方案如下:

(1)原方案左线长度307.4m的标准单洞单线断面的矿山法隧道下穿番禺区政府办公区,地质和周边环境复杂,将其调整为盾构隧道,提高施工工效以满足工期。

(2)在扩大洞室内解体盾构机,具有较大的施工难度。经过反复研究,细化模拟施工工序与细节。为满足盾构洞内解体施工要求,将左线长度17.7m的标准单洞单线断面的矿山法隧道改为毛洞宽度12.5m、高度为14.4m的扩大洞室,断面面积达到139m^2,同时通过定制专用龙门架并利用仰拱作为其基础后,可以满足盾构解体要求。在该洞室内解体盾构机,盾构机解体后从1号竖井和1号盾构井井口吊出。

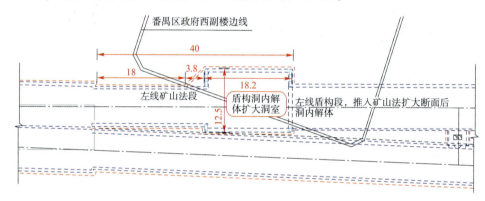

图7-18 小净距隧道洞内解体工程设计平面图(尺寸单位:m)

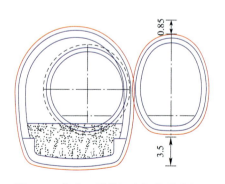

图7-19 小净距隧道洞内解体隧道断面
(尺寸单位:m)

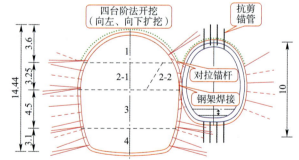

图7-20 小净距隧道扩挖洞室矿山法支护
(尺寸单位:m)
1、2-1、2-2、3、4-分块开挖序号

7.7.2 盾构洞内解体施工工艺

盾构洞内解体技术的有效应用对于设计和施工都是一种考验,需要进行精细化设

计,预留洞内解体的工程条件,主要要求有:

①装备厂家在盾构机设计和研制时,需提前考虑解体工况,并配套机械法设备,提出盾构机的拆机工艺流程和各分块尺寸、重量等关键参数。

②施工单位需对盾构机的拆机工艺流程和各分块尺寸、重量等关键参数充分掌握后结合工程条件,确定施工工序,明确最小施工空间、工作荷载等需求条件。

③设计单位需在掌握盾构机关键参数、施工需求条件的前提下,开展线路和土建工程设计,其中线路设计应预留好盾构区间掘进条件,土建工程应结合工程具体环境研究建筑限界和解体施工限界,隧道结构设计需要同时满足永久和施工工况。

本工程盾构隧道采用外径8.5m、内径7.7m的盾构管片,盾构机刀盘外径为8.9m,经研究,洞内拆机施工技术如下:

①扩大洞室长宽高不小于19500mm×11500mm×12500mm。

②单个吊点承载力不小于500kN,吊装采用30t手拉葫芦,根据尺寸,吊点距离盾体高度不小于2.5m。

③盾体大件最宽6500mm,拆解空间土建宽度不小于6800mm。在扩大洞室进行平移后,盾体两侧各预留1m作业空间。

④需要铺设4根吊装轨道,吊点中心距为:顶块吊耳中心距2557mm,边块吊耳中心距为6925mm。

⑤盾构机拆机后分块及尺寸质量见表7-5。

盾构机部体尺寸及质量表 表7-5

序号	名称	质量(t)	长(mm)×宽(mm)×高(mm)
1	刀盘总装	150	8700×8700×3900
2	主驱动	110	5080×5080×3121
3	前中盾(含设备)	358	8800×8800×6370
4	盾尾	87	8770×8770×4830
5	螺旋输送机	55	16200×2600×1700
6	管片拼装机	100	8685×7190×6100

(1)小净距隧道盾构洞内解体流程

小净距隧道盾构洞内解体流程如图7-21所示,主要步骤为:

①扩挖洞室内先施工完成二次衬砌仰拱,盾构机进洞。

②盾构机在扩挖洞室内推进下降至仰拱底部。

③将盾构机向左平移至扩挖洞室中心线位置,在其他剩余空间内拼装吊装钢架,在钢架牛腿上安装钢轨。

④将吊装钢架推入盾构机上方,拆解盾构机。

⑤盾构机拆解后分块从两端吊出,施工扩挖洞室剩余二次衬砌。

⑥施工扩挖洞室与盾构隧道接口的永久环梁,回填道床混凝土。

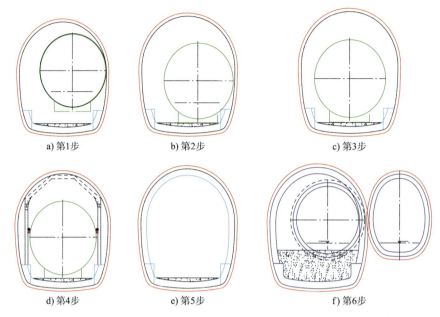

图 7-21 小净距隧道盾构洞内解体流程图

(2)盾构机拆解流程

盾构机拆解流程如图 7-22 所示。

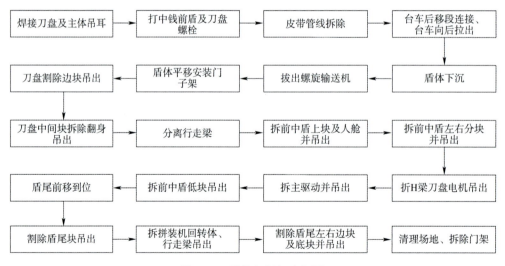

图 7-22 盾构机拆解流程图

(3)管线、防撞梁及皮带拆除

管线、防撞梁及皮带拆除的步骤如下:

①盾构机到达停机位置后,对整机进行文明施工。

②拆解台车与盾体之间连接管线,台车与台车之间连接管线。

③台车后退 20m。

④拆解皮带机并运出。
⑤拆除1号台车防撞梁并运出。
⑥拆除管片吊机吸盘并运出。
⑦断电前配合拼装机和管片吊机将推进液压缸拆除。

(4)盾体下沉

将主体与机座焊接成一体,在主体前中盾主驱动、铰接及盾尾位置分别焊接千斤顶顶码,利用6根300t千斤顶将主体顶起,并将机座下方的支撑逐层撤掉,使机座落至钢板上。

(5)螺旋输送机拆解吊出

①准备工作:拆机前,把螺旋轴缩回,关闭前盾防涌门,拆除管片拼装机托梁后支撑,将隧道内电瓶车轨道延伸至管片拼装机托梁下方,在盾尾顶部焊接吊耳。

②拆除螺旋输送机上的油管、泡沫管以及电缆等,并将各管路端部用胶带密封住,将各管线从螺旋输送机下方移出。

③拆除管片拼装机后支撑横梁、拖拉液压缸、螺旋输送机集渣斗,如图7-23所示。

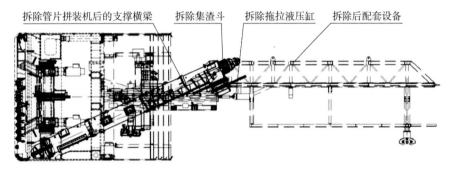

图7-23 拆除管片拼装机示意图

④在平板车上用H350型钢现场焊接组装门字架并焊接吊耳,挂30t手拉葫芦拉住螺旋机后方主吊点。

⑤通过盾尾顶部吊点的20t手拉葫芦调节螺旋输送机的角度,用4个5t手拉葫芦将螺旋机往外拔出。

⑥用液压扭矩扳手和套筒取下螺旋输送机与防涌门连接螺栓,拆下螺旋输送机与钢架连接板的下销轴。

⑦电瓶车往后缓慢开动将螺旋输送机拔出防涌门,往后拖出盾体,此时应注意后30t葫芦的动作配合。

⑧将吊带绑到螺旋输送机固定节位置,通过吊带和电瓶车的前后移动配合,将螺旋输送机缓慢往外拉,并放平螺旋输送机。

⑨用平板车和配套工装接住螺旋输送机,加固后运输至洞口并吊出。

(6)延长门式起重机轨道

在机座与墙体之间前后各架一根200t液压顶,将盾体平移1000mm后,留出轨道位置,铺设轨道至洞门位置。

(7)刀盘分块并拆解吊出

主体平移到位后,用割枪将刀盘按照 1+4 分块开始切割,每个边块与扭腿位置辐条板不切割,焊接好各边块拆解所需吊耳,如图 7-24 所示。每个边块使用 2 台 30t 手拉葫芦进行拆解,然后运至井口吊出,中心块与主驱动拆分时使用 4 台 30t 手拉葫芦进行拆解,拆分开后,再用两个 30t 手拉葫芦配合刀盘中心块翻身。翻身后装车吊出,如图 7-25 所示。

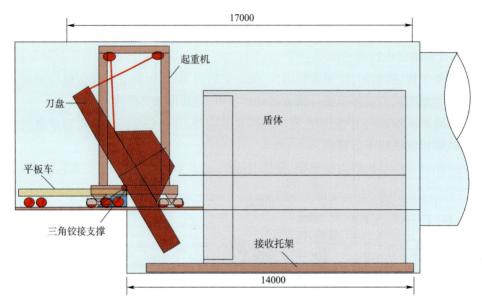

图 7-24 刀盘拆解(尺寸单位:mm)

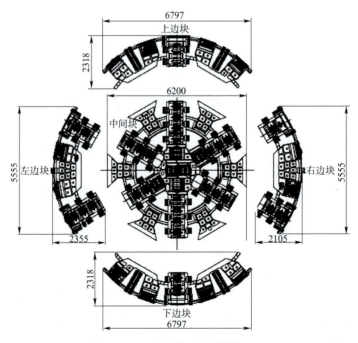

图 7-25 刀盘分块(尺寸单位:mm)

(8)分离拼装机行走梁

在行走梁前后两端用 H350 型钢焊接四个支腿将其架起,并将两侧焊接支撑与盾尾固定成一体,加强稳定性。拆解行走梁法兰盘螺栓,将行走梁与 H 型钢梁分离。

(9)前中盾前移

拆除铰接液压缸连接销子,将主体向前平移,与盾尾分离。

(10)前中盾上分块拆解吊出

将前中盾上分块与前中盾左右分块之间的定位销、连接螺栓拆除。盾体内做好工装固定好人舱,将人舱与前中盾上分块之间的连接螺栓拆除。用 4 台 30t 手拉葫芦将前中盾上分块吊起,滑行至平板车上部,装车吊出。将人舱用 1 台 30t 手拉葫芦吊起,放至平板车上运至井口吊出,如图 7-26 所示。

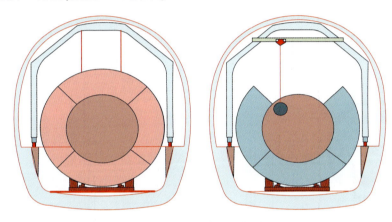

图 7-26　前中盾上分块拆解

(11)前中盾左右分块拆解吊出

在前中盾底块与机座间焊接钢板,将其连接固定。将前中盾左右分块在合适位置焊接 2 个吊耳。用 2 台 30t 手拉葫芦将前中盾分块吊起,滑行至合适位置,与盾体下分块安装法兰面处安装两个栓接吊耳,再用 2 台 30t 手拉葫芦配合盾体分块翻身。翻身完成后,装车运至井口吊出,如图 7-27 所示。

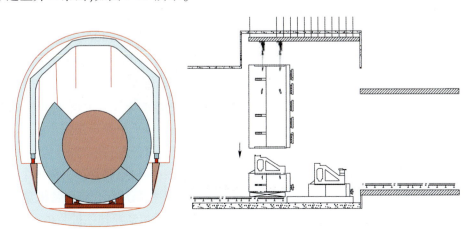

图 7-27　前中盾左右分块拆解吊出

(12)H 型钢梁拆解

用 2 个 30t 葫芦将 H 型钢梁吊起,翻身放平后,用平板车运出。

(13)主驱动电机、减速机拆解吊出

将主驱动齿轮油、减速机齿轮油、减速机冷却水、电机冷却水排放干净,管路及接口用堵头密封。提前拆除主驱动电缆、油脂润滑管路、冷却水管路等各连接管线。挂好吊点受力后,拆除减速机与主驱动之间的螺栓,用葫芦将电机减速机拉出并装车运出。在拆除电机、减速机的时候注意各连接端口清洁。驱动孔用盖板封好,防止杂物进入。

(14)主驱动拆解吊出

拆除的管接口用堵头封堵。用 4 台 30t 手拉葫芦将主驱动(拆解刀盘电机减速机后质量约 90t)吊起,滑至合适位置,安装主驱动翻身工装。翻身后用 4 台 30t 手拉葫芦将主驱动吊至平板车上运出吊至地面,如图 7-28 所示。

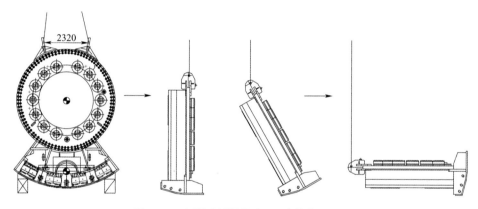

图 7-28　主驱动拆解吊出(尺寸单位:mm)

(15)前中盾下分块拆解

将前中盾下分块用 4 台 30t 手拉葫芦吊起。滑至平板车处,装车运至井口吊出。

(16)盾尾上、左、右分块拆解

将盾尾向前平移,至后部有足够空间滑出拼装机,拆除铰接密封和气囊。将盾尾下分块与机座焊接固定成一体。焊接盾尾上分块吊耳,并使用 2 台 30t 手拉葫芦预拉紧。使用割枪将盾尾上分块与左右分块连接处割除。将盾尾上分块起吊至中盾顶部并焊接固定。焊接盾尾左右分块吊耳,并使用 4 台 30t 手拉葫芦预拉紧。使用割枪将盾尾左右分块与下分块连接处割除。将盾尾左右分块、上分块分别吊装至平板车上运至井口吊出。

(17)管片拼装机拆解吊出

安装拼装机的栓接吊耳,用 2 台 30t 手拉葫芦将栓接吊耳挂住后受力,用两个 30t 葫芦配合将拼装机盘体滑出拼装机行走梁。再用 2 台 30t 手拉葫芦配合将拼装机盘体翻身后放在配套的工装上,固定后用平板车运出。用 4 台 30t 手拉葫芦挂住拼装机行走梁,割除与盾尾的固定支腿,将其吊出运至平板车上运至井口吊出。

(18) 盾尾下分块拆解吊出

用割枪割除盾尾下分块与机座的固定钢板,用 2 台 30t 手拉葫芦将其吊运至板车上运出。

(19) 主机部分大件洞内运输

①刀盘、盾体、主驱动部分、螺旋机从前方运输出洞,需用一个车头、4 个托卡设两列编组,电瓶车机车头与 4 个托卡车用 H 钢进行连接。隧道内铺设 4 条 43kg/m 轨至 1 号竖井吊车井口,相邻轨道间距均为 91cm。

②由于刀盘、盾体、主驱动等大件,单件质量均接近 100t,需用 4 台拖卡车来共同运输,并在拖卡车上铺设工字钢来调节工件的高度,保证工件受力点作用在拖卡车转向架受力点上。

③前中盾左右分块的宽度尺寸为 6.5m,质量为 80t 左右,运输过程中需与拖卡车固定好以防止滑出。

④螺旋输送机运输:将螺旋输送机放置在 1 台拖卡车上,加支撑固定后拉出至井口。

⑤拼装机回转体运输:拼装机盘体质量约 35t,放置在配套工装上固定,由拖卡车运出至井口。拼装机盘体最大尺寸约 5.2m,用 H300 型钢将拼装机垫高放至于 4 台拖卡车上。

⑥拼装机行走梁运输:拼装机行走梁拆解后质量约 45t,尺寸 8685mm × 3360mm × 3150mm,平放至拖卡车上运出至井口。

⑦盾尾运输:盾尾拆分后最大尺寸为 4840mm × 6470mm × 1430mm,质量约 20t,用电动葫芦拉起,采用 H 型钢垫高,运输至井口。

(20) 后配套后拉吊出

①风筒储存架提前拆除

②台车工装(挑梁)制作

用两根长 4700mm 的 I400 工字钢左右拼接成一根扁担。共需 2 根扁担分别于台车前后进行承重,挑梁的位置需根据台车的重心调整前后位置。

③台车挑空过程

准备两节渣斗运输车,运到台车后部,用千斤顶将台车略微顶起,将扁担放在靠近台车轮子且筋板受力良好的位置。若扁担与台车间有间隙,需用型材或者钢板垫实,保证台车轮子腾空。同时扁担在渣斗车上,需前后各焊两块钢板卡住,防止在运输途中扁担滑动。在扁担上也需要焊接挡块卡住台车,防止台车运输时左右晃动。

④台车外拉

台车外拉如图 7-29 所示,在台车外拉运输途中电瓶车以 1 ~ 2 挡速度往外运,运输途中前后均需安排人员看护,是否有和隧道管片干涉、台车有无偏重晃动、渣斗车轮子有无脱轨等情况。如有异常情况,应及时停车处理。

(21) 实施效果

小净距盾构隧道洞内解体实施情况如图 7-30 和图 7-31 所示。采用小净距盾构洞内拆解技术后,洞通关键线路工期满足预期目标,隧道已顺利建成并贯通运营,累计节省工期大于 3 个月。

图 7-29　台车外拉

图 7-30　盾构机洞内解体施工现场　　图 7-31　小净距盾构隧道建成运营隧道

7.8　本章小结

本章主要介绍了小净距盾构隧道施工关键技术。复合式盾构机掘进模式有敞开式、半敞开式以及土压平衡模式等，针对不同的地质条件，需要选择合适的掘进模式。本章通过实际工程案例介绍小净距盾构隧道掘进流程、始发技术、接收技术、掘进方向控制技术、盾构机纠偏技术等关键技术、施工工艺和参数，为后续同类型工程提供参考。

小净距盾构隧道应根据隧道设计要求和盾构机掘进情况选择合适的管片类型；对曲线段和坡度变化段，应选择适应相应曲线段和坡度变化段的管片类型；在选择管片类型时，还应考虑管片拼装顺序和拼装精度等因素；衬砌背后注浆也是盾构施工的重要环节，尤其是对于小净距盾构隧道，及时地充填管片与地层间的环形间隙，有利于控制地层变形，确保先行洞隧道管片结构的稳定性。

本章同时介绍了盾构隧道与矿山法隧道并行的城市轨道交通小净距隧道施工技术，矿山法与盾构法组合小净距隧道施工一般优先实施矿山法隧道，再实施盾构隧道。施工重点是加强矿山法隧道的初期支护、二次衬砌，有条件时应在盾构隧道施工前完成矿山法隧道二次衬砌，并在矿山法隧道洞内对中夹岩墙进行预加固。本章还介绍了小净距盾构隧道洞内解体的施工技术，在城市轨道交通工程复杂的建设条件下，盾构洞内解体技术可以解决复杂城市环境的轨道交通隧道建设的线路设计、盾构工作井设置等问题。

第 8 章

小净距顶管隧道设计关键技术

顶管法是一种非开挖技术，能减少施工对周边环境影响，因此在城市轨道交通工程中使用日益增多，特别是车站出入口通道等。一些车站、区间隧道由于受到线路、地质条件、周边建构筑等诸多因素的限制，会采用小净距顶管隧道方案。本章针对城市轨道交通不同应用场景下的小净距顶管隧道的设计关键技术进行介绍。

8.1 小净距顶管隧道设计总体介绍

8.1.1 小净距顶管隧道设计措施

随着顶管施工技术发展，小净距顶管隧道在城市轨道交通工程中应用逐渐增多，近年来国内应用小净距顶管技术的隧道案例见表 8-1。与明挖法施工相比，顶管法施工占地面积少，施工面移入地下，不影响交通、不污染环境，穿越铁路、公路、河流、建筑物等障碍物时可减少拆迁，施工中不破坏现有的管线及构筑物，不影响正常使用，大量减少土方的挖填量，节省施工工期，降低工程造价。小净距顶管隧道除了具备常规顶管法的优点外，还有以下优点：

（1）其造价和施工工艺与普通分离式双洞隧道相比差别很小。

（2）造价比连拱隧道低得多，同时施工工艺也简单。

（3）有利于城市轨道交通线路整体规划和线形优化。

国内小净距顶管隧道案例　　　　　　　　　表 8-1

工程名称	宽(mm)×高(mm)	长度(m)	顶管净距(mm)	穿越地层	顶管开洞情况
广州地铁 3 号线机场南站—机场北站顶管区间(双顶管)	7000×6430	101	100	粉细砂层、砾砂层、粉质黏土层	无开洞
佛山市桂城地下空间项目(四顶管)	6900×4900	60.5	500	粉质黏土、粉土、粉细砂	开洞处管节加长，预制洞口
郑州中铁装备厂区顶管地下车库(7 条并列顶管)	5700×5000	61.9	0	粉砂、粉土、粉质黏土	顶管内侧壁全打开
广州地铁 3 号线东延海傍站站厅顶管(双顶管)	11100×8100	52.5	1500	粉质黏土	左、右线之间有一条横通道
深圳地铁 12 号线北延沙三站顶管车站(双顶管)	11400×13630	70	50	淤泥质粉质黏土、粉质黏土、全风化混合花岗岩	顶管内侧壁全打开形成完整站厅、站台
上海地铁 14 号线静安寺站	8850×7650	82	2000	饱和黏性土、粉性土以及砂土	左右线之间有三处横通道

在顶管施工过程中,顶进管在管轴纵向和横跨管轴向同时受到荷载作用,主要有管节自重、土压力、水压力、注浆压力、地面交通荷载、顶推力、管壁摩阻力、掘进机的迎面阻力等。对于小净距顶管施工,后行洞顶管隧道施工时还应考虑先行洞顶管隧道施工时对土体产生的扰动以及对先行洞顶管隧道的影响。由于顶管隧道施工之间的相互影响,特别是在复杂地质条件下,当隧道净距较小时会对周围环境造成较大危害。小净距顶管施工时,中间区域受到双重扰动,产生的地表沉降较大。由于先行洞顶管隧道施工对周围土体产生的扰动会使后行洞隧道顶管施工时对周围土体产生的扰动加剧,在同样条件下,后行洞顶管引起的最大地表沉降值与沉降槽宽度都要大于先行洞顶管。小净距顶管施工产生的地表沉降主要由土体损失、受扰动土体再固结和次固结引起。土体受扰动后产生的超孔隙水压力是导致工后沉降的原因。在欠固结土中,工后沉降与时间基本成对数关系。

小净距顶管施工对相邻隧道内力及变形的扰动是一个复杂的动态变化过程。后行洞顶管施工通过扰动周围土体所产生的附加应力间接施加到先行洞隧道管片上的。后行洞隧道顶管在顶进时首先因为顶推力和注浆压力使先行洞隧道的侧向荷载出现增大,使先行洞隧道管片处于更加有利的受力状态,环向弯矩绝对值减小,分布趋于均匀。当顶管推过后,由于土体产生卸载,先行洞隧道的侧向压力减小,使先行洞隧道管片处于不利的受力状态,环向弯矩绝对值增大,分布趋于不均匀。后行洞顶管施工过程中,先行洞隧道拱顶、拱底的土压力一般变化很小。小净距顶管施工引起的横向地表沉降曲线形状与两顶管净距有关。当净距较大时,可忽略先行洞顶管对后行洞顶管的影响。当净距较小时,先行洞顶管对周围土体产生的扰动会使后行洞顶管施工时对周围土体产生的扰动加剧,后行洞顶管由土体损失引起的最大地表沉降值和沉降槽宽度都变大,且地表沉降曲线是不对称的,其最大沉降点向先行洞顶管方向偏移。中夹岩墙区域由于受到双重扰动,会产生较大的地表沉降。因此,应尽可能地减小先行洞顶管引起的土体扰动。

对于小净距顶管隧道,完成先行洞顶管隧道的顶进相对容易,但在后行洞隧道顶进过程中,两侧土体的受力不均,容易导致顶管机偏移和翻转。同时在纠偏过程中,顶管机头容易接触到先行洞顶管隧道的管片,导致顶管机及管片损坏。为了确保先行洞顶管隧道的安全,对小净距顶管隧道通常采取的设计措施如下:

(1)利用预应力锚索,把先行洞顶管隧道管片整体连接,降低后行洞隧道顶进对先行洞顶管隧道的影响,如图 8-1 所示。

(2)在先行洞顶管隧道管片上预埋钢板,将相邻 2 个管节通过拉杆连接,加强管节的整体性,如图 8-2 所示。

(3)在后行洞顶管隧道的顶进影响范围内,先行洞顶管隧道增加移动配重,避免后行洞顶管顶进时引起先行洞顶管管节偏移。配重设计方案如图 8-3 所示,每块配重混凝土块质量约 4t。

8.1.2 衬砌计算

顶管隧道结构上的荷载,按其性质可分为永久荷载、可变荷载和偶然荷载。

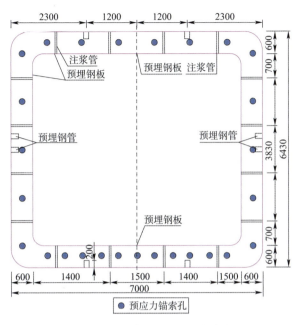

图 8-1 预应力锚索示意图(尺寸单位:mm)

图 8-2 顶管管节焊接连接拉杆

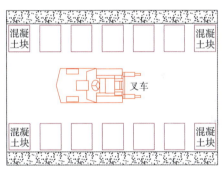

图 8-3 先行洞增加移动配重示意图

(1)永久荷载:包括结构自重、土压力(竖向和侧向)、预应力等。

(2)可变荷载:包括地面人群荷载、地面堆积荷载、地面车辆荷载、温度变化、地表水或地下水的作用。

(3)偶然荷载:包括爆炸力、撞击力、地震荷载等,地震荷载按现行国家标准《地下结构抗震设计标准》(GB/T 51336)的规定计算。

衬砌结构设计时,应按下列规定对不同荷载采用不同的代表值,对永久荷载应采用标准值作为代表值,对可变荷载应根据设计要求采用标准值、组合值、频遇值或准永久值作为代表值,对偶然荷载应按建筑结构使用的特点确定其代表值。

顶管隧道衬砌分别按照承载能力极限状态和正常使用极限状态设计。按承载能力极限状态设计或正常使用极限状态按标准组合设计时,对可变荷载应规定的荷载组合采用荷载的组合值或标准值作为其荷载代表值。可变荷载的组合值,应为可变荷载的标准值乘荷载组合值系数。正常使用极限状态按频遇组合设计时,应采用可变荷载的频遇值或准永久值作其荷载代表值,按准永久组合设计时,应采用可变荷载的准永久值作为其荷载代表值。可变荷载的频遇值,应为可变荷载标准值乘以频遇值系数。可变荷载准永久值,应为可变荷载标准值乘以准永久值系数。

衬砌结构自重计算可按结构构件的设计尺寸与相应的材料单位体积的自重计算确定。对常用材料及其制作件,其自重可按现行国家标准《建筑结构荷载规范》(GB 50009)的规定采用。矩形管节的自重标准值可以采用下列公式计算:

$$G_k = \frac{\gamma_c A_p}{B_1} \tag{8-1}$$

式中：G_k——矩形管道的自重标准值(kN/m);

A_p——混凝土管节混凝土横断面面积(m^2);

γ_c——钢筋混凝土管的重度(kN/m^3),宜取$26kN/m^3$;

B_1——矩形管节外边宽(m)。

可变荷载标准值、准永久值系数的确定应符合下列规定。

作用在顶管衬砌上的侧向压力的计算方法为:

(1)当顶管衬砌处于地下水位以上且不考虑土的黏聚力时,则侧向土压力标准值可按下式计算。

A点处侧向土压力值:

$$F_A = F_0 K_a \tag{8-2}$$

B点处侧向土压力值:

$$F_B = (F_0 + H_1 \gamma) K_a \tag{8-3}$$

(2)矩形管节的侧压力呈梯形分布,则侧面平均侧压力值大小为:

$$F_{平均} = \left(F_0 + \frac{H_1 \gamma}{2}\right) K_a \tag{8-4}$$

(3)当计入土的黏聚力,则矩形管侧面平均侧压力值大小为:

$$F_{平均} = \left(F_0 + \frac{H_1 \gamma}{2}\right) K_a - 2c\sqrt{K_a} \tag{8-5}$$

式中：F_A、F_B——矩形管节在点A、B处所受侧向土压力标准值(kN/m^2);

$F_{平均}$——矩形管节平均侧向土压力标准值(kN/m^2);

F_0——管顶竖向土压力标准值(kN/m^2);

γ——土的重度(kN/m^3);

H_1——矩形管节外边高(m);

K_a——主动土压力系数;

c——土的黏聚力(kN/m^2),砂性土宜取0,黏性土按土工试验确定。

(4)当顶管衬砌处于地下水位以下时,侧向水土压力标准值宜采用水土分算,土的侧向压力可按式(8-5)计算,重度采用有效重度;地下水压力按静水压力计算。

8.2 区间小净距顶管隧道设计

在城市轨道交通区间隧道工程中,可采用小净距顶管隧道下穿重要的道路、铁路、河流或其他重要建(构)筑物。区间顶管隧道的断面尺寸应根据车辆限界拟合确定,不同车型要求的顶管隧道尺寸不同。本节以广州地铁3号线机场南站—机场北站区间为例说明小净距顶管区间隧道的设计关键技术。

广州市轨道交通3号线机场南站—机场北站区间线路从隧道已建成段开始,经过机场P4停车场、横穿东西走向的机场大道东,沿南北走向的机场大道绿化带,向北延伸至地铁机场北站,如图8-4所示。区间采用顶管法下穿机场大道东,采用7020mm×6450mm矩形顶管机进行施工,顶进直线段101m,左线和右线近距离并行施工形成小净距顶管隧道,隧道净距100mm,断面如图8-5所示。

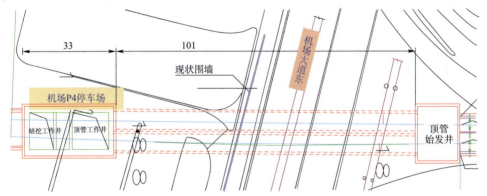

图8-4 机场南站—机场北站区间小净距顶管隧道平面图(尺寸单位:m)

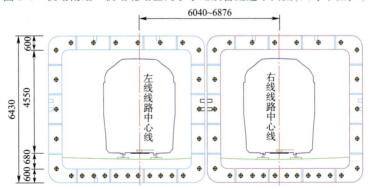

图8-5 机场南站—机场北站区间小净距顶管隧道横断面图(尺寸单位:mm)

本区间顶管隧道施工范围内的主要建(构)筑物有:机场大道东道路、机场P4停车场、新建的高架桥、2m×2.6m排水混凝土暗渠(埋深约5.47m)、ϕ600mm混凝土排水管及ϕ500~800mm给水管(埋深2~3m)。

本区间顶管隧道位于灰岩区,石炭系灰岩溶洞发育,且发育无规律,区间隧道采用浅埋方案避开岩溶发育地层。隧道主要位于〈3-3〉砾砂及〈3-1〉细砂层,在新旧隧道连接位置有部分〈4-1〉粉质黏土。隧道底下3~6m为灰岩微风化层,左线隧道和右线隧道的地质纵断面分别如图8-6和图8-7所示。

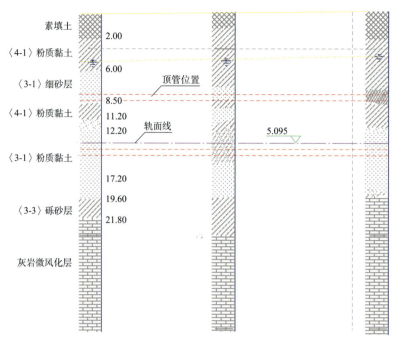

图 8-6 机场南站—机场北站区间小净距顶管隧道左线纵断面图（高程单位：m）

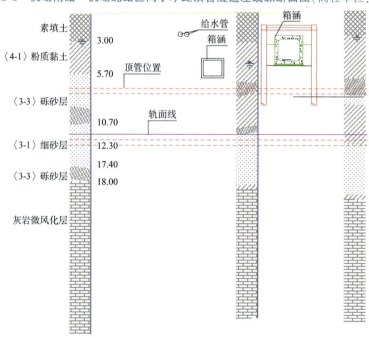

图 8-7 机场南站—机场北站区间小净距顶管隧道右线纵断面图（高程单位：m）

小净距顶管隧道后行洞隧道对先行洞隧道的影响分析较为重要，建立如图 8-8 所示的小净距顶管隧道施工有限元分析模型，计算分析后行洞隧道对先行洞隧道的影响。先顶进左线隧道，分析结果如图 8-9、图 8-10 所示，土体的最大位移发生在隧道底部，最大位移为 12mm，管片的最大位移同样发生在底部，最大位移为 11mm。左线隧道施工完毕后再顶进右线隧道，分析结果如图 8-11、图 8-12 所示，先行洞隧道底部土体的最大位移增加至16mm,管片的最大位移也增加至14mm。根据数值分析计算的结果可以得出结论,在小净距顶管隧道施工过程中,后行洞隧道的顶进会对先行洞隧道产生影响,隧道变形增大,所以小净距顶管隧道施工应对先行洞隧道做好保护措施,以免其因变形过大而产生破坏,可采用预应力锚索或拉杆加强先行洞隧道管节的整体性,并适当增加其配筋设计。

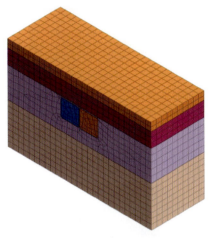

图 8-8　机场南站—机场北站区间小净距顶管隧道计算模型

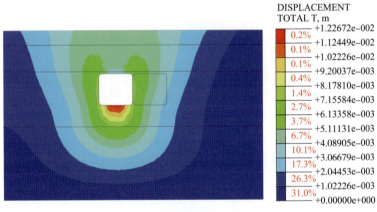

图 8-9　左线隧道顶进后土体位移云图

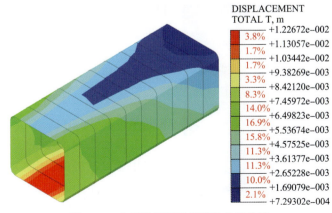

图 8-10　左线隧道顶进后管片位移云图

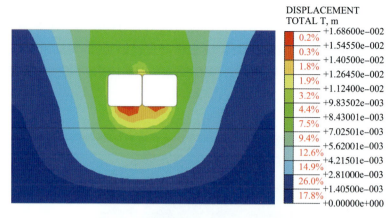

图 8-11 右线隧道顶进后土体位移云图

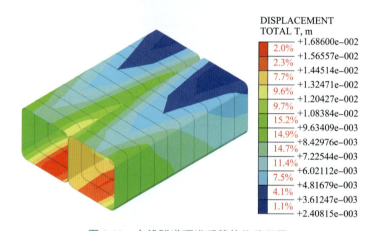

图 8-12 右线隧道顶进后管片位移云图

8.3 车站站台大断面小净距顶管隧道设计

大断面小净距顶管隧道可以作为车站站台隧道,顶管站台隧道的断面尺寸根据车辆限界和站台宽度等要求综合确定,断面宽度可能达到 11m。随着断面尺寸增大,小净距顶管隧道之间的相互影响和对周边环境产生的影响不容忽视。本节介绍两个案例,分别是车站站台小净距顶管隧道下穿高架桥和重大管线。

1) 车站站台大断面小净距顶管隧道下穿高架桥

上海地铁 14 号线静安寺站站厅及站台均采用顶管法施工,如图 8-13 所示,其中站台隧道为小净距顶管隧道。车站为地下三层岛式车站,车站两端 A 区、C 区采用明挖

图 8-13 上海地铁 14 号线静安寺站示意图

法施工,中部 B 区下穿延安路高架桥,若采用明挖法施工对交通、管线和工期影响非常大,故采用顶管法施工。车站顶管隧道断面如图 8-14 所示,其中站台采用两个断面净空尺寸为 8.85m×7.65m 的大断面类矩形顶管隧道,隧道净距 2.0m,站厅采用一个断面净空尺寸为 8.44m×3.78m 的大断面类矩形顶管隧道,顶管隧道单线长度 82m。

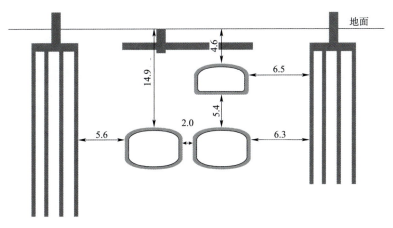

图 8-14　静安寺站小净距顶管站台 + 站厅断面图(尺寸单位:m)

2)车站站台大断面小净距顶管隧道下穿重大管线

广州地铁 3 号线东延段海傍站采用大断面小净距顶管隧道形式施作车站站台,如图 8-15 所示,车站为地下二层岛式车站,呈东西向布置。车站上方存在 3 根重大管线:其一为中石化输油管,国家管网输油管设计压力为 9.5MPa,运行压力为 4.0MPa,管径为 323.9mm(公称直径 DN300),管材采用 X52 无缝钢管,壁厚为 6.4mm;其二为大鹏燃气管,设计压力为 9.2MPa,运行压力为 8.5MPa,管径为 762mm,管材采用 X65M 直缝埋弧焊钢管,壁厚为 20.6mm;其三为广州燃气管,管径为 711mm,设计压力为 5.0MPa,暂未通气。

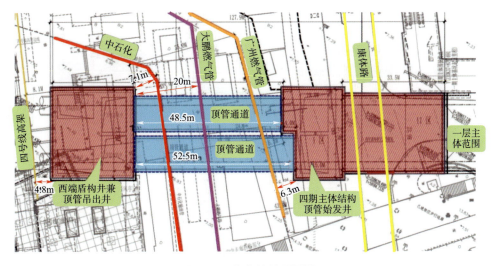

图 8-15　海傍站总平面图

由于受三条重大管线影响,车站采用两条并行大断面小净距顶管下穿管线,顶管隧道外轮廓断面尺寸达到11.1m×8.1m,顶管隧道净距1.5m,左线总长48.5m,右线总长52.5m。采用1台11.1m×8.1m大断面泥水平衡矩形顶管机先后进行左线隧道和右线隧道的施工,隧道横断面如图8-16所示。顶管隧道顶部距离大鹏燃气6.2m,距离国家管网输油管6.5m,距离广州燃气管6.5m。两端顶管始发井和接收井采用明挖法施工。

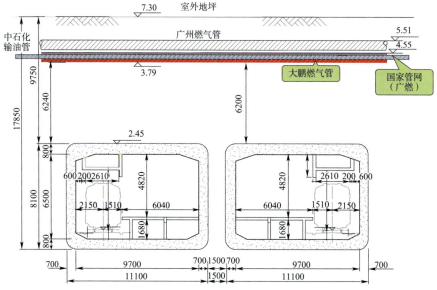

图8-16 海傍站站台小净距顶管隧道横断面图(尺寸单位:mm;高程单位:m)

车站范围地质由上至下分别为〈1-2〉填土、〈2-1B〉淤泥、〈4-2B〉淤泥质土、〈4N-2〉粉质黏土、〈5N〉残积土、〈6〉全风化碎屑岩、〈7-3〉强风化泥质粉砂岩等,其中淤泥及淤泥质土层较厚,稳定水位埋深为0.5~4.0m。小净距顶管隧道施工掘进范围基本位于〈4N-2〉粉质黏土层,地质纵断面图如图8-17所示。

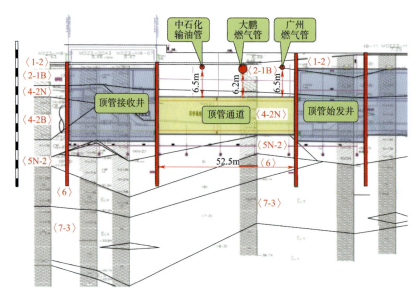

图8-17 海傍站站台小净距顶管隧道地质纵断面图

为了分析海傍站站台大断面小净距顶管隧道施工完成后隧道、周边重大管线以及地层的变形,建立如图 8-18 所示的有限元分析模型进行分析,计算结果如图 8-19～图 8-21 所示。根据分析结果,大断面小净距顶管隧道施工过程引起地表土体最大隆起量为8.6mm,最大沉降量为1.1mm。顶管施工过程引起大鹏燃气管道最大竖向变形为5.45mm,中石化输油管最大竖向变形为 5.43mm,广州燃气管道最大竖向变形为5.02mm。管道材料应力变化方面,大鹏燃气管道最大、最小主应力分别为 7.56MPa、-9.02MPa,中石化输油管最大、最小主应力分别为 10.26MPa、-10.00MPa,广州燃气管道最大、最小主应力分别为 11.68MPa、-14.32MPa。从以上分析可知,由于本工程是 2 条线并行施工,大断面顶管之间净距只有 1.5m,小净距顶管施工导致先行洞顶管周边土体再次扰动,引起地面及管线沉降叠加。在埋深相同的条件下,由于顶管设备和管节顶跨度较大,开挖横断面增大后,可能导致沉降超限,严重影响管线、地面交通等。为此需采取措施减少大断面小净距顶管隧道对地面和地下管线的影响,例如调整压力值及泥浆密度,调整泥水平衡设定值,顶管顶进施工时加强同步注浆和二次注浆,加强监测并及时动态调整顶管机姿态等。

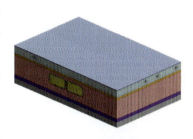

图 8-18 海傍站站台大断面小净距顶管隧道计算模型

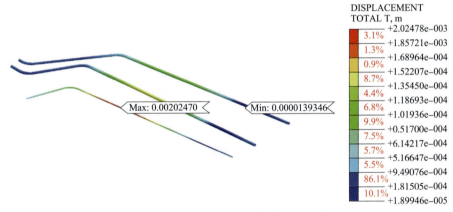

图 8-19 海傍站周边重大管线变形云图

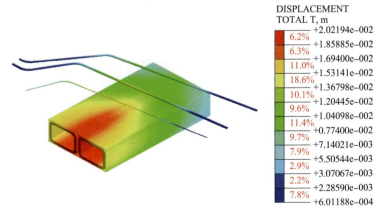

图 8-20 海傍站站台大断面小净距顶管变形云图

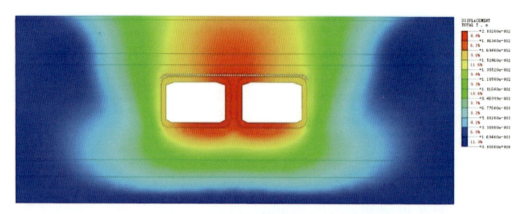

图 8-21　海傍站站台大断面小净距顶管施工引起地层变形云图

海傍站站台大断面小净距顶管施工过程中的隧道结构变形如图 8-22 所示。由计算分析可知，左线隧道顶进完成后，右线隧道顶进使左线隧道侧壁变形由 4.9mm 增大至 5.6mm，左线顶板变形基本稳定在 8mm，整个施工过程最大变形出现在右线隧道顶板，达到 8.5mm，管片变形及后顶进的右线隧道对左线隧道影响均在可控范围。本工程已顺利完成大断面小净距顶管施工，现场效果如图 8-23 所示。

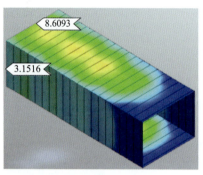

a) 左线顶进至中间位置

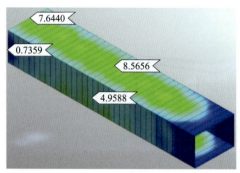

b) 左线顶进完成

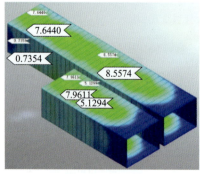

c) 右线顶进至中间位置

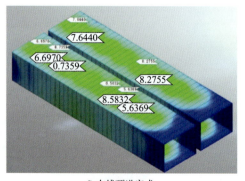

d) 右线顶进完成

图 8-22　海傍站站台大断面小净距顶管施工过程中隧道结构变形云图（单位：mm）

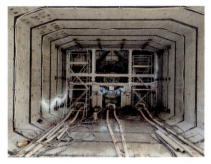

图 8-23　海傍站站台大断面小净距顶管施工效果

8.4　车站站厅零净距顶管组合隧道设计

在城市轨道交通工程中可以采用零净距顶管组合隧道建造车站站厅，这种技术方案适用于站厅与站台分离设置且地面不具备明挖法施工条件的车站。车站两端为明挖工作井兼作车站分离式站厅，两个明挖站厅之间采用零净距顶管组合隧道，站台隧道可以采用大断面盾构隧道，站厅隧道与站台隧道之间再通过矿山法扶梯斜通道连接，形成多工法组合使用的新型车站建造方案，如图 8-24 所示。

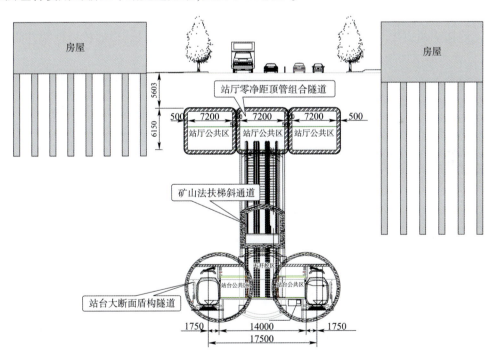

图 8-24　多工法组合使用的新型车站建造方案（尺寸单位：mm）

本节以某多工法组合使用的新型车站为例论述车站站厅零净距顶管组合隧道设计要点。车站南端明挖工作井轮廓尺寸为 45m×40m，北端明挖工作井轮廓尺寸为 40m×42m，中间暗挖段长度 145m，站厅宽度为 26.45m，采用三条断面轮廓尺寸为 8.75m×7.9m 的矩形顶管组合隧道，站台宽度为 34.2m，采用 φ11.6m 大断面盾构隧道，左右线站台通过 3 条矿山法横通道连接,站台和站厅通过 3 条矿山法扶梯斜通道连接。其中站厅零净距顶管组合隧道横断面如图 8-25 所示。顶管隧道洞身主要位于〈2-1A〉淤泥、〈5N-2〉粉质黏土、〈6〉全风化含砾粗砂岩中,顶板局部位于〈7-1〉强风化含砾粗砂岩中。

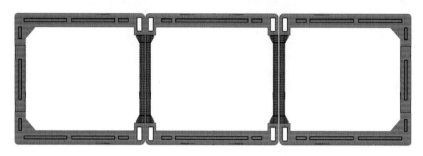

图 8-25 车站站厅零净距顶管组合隧道横断面图

车站站厅零净距顶管组合隧道施工步骤为:

(1)第 1 步:依次顶进 3 条并行零净距顶管组合隧道,如图 8-26a)所示。

(2)第 2 步:架设临时钢支撑,沿顶管顶进方向,支撑范围超过开洞范围不小于 3 个管节,范围内均注入水泥-水玻璃双液浆止水,如图 8-26b)所示。

(3)第 3 步:采用"跳仓法"分块水平切除需开洞范围内的管节侧壁,切除范围应满足后浇环梁及通道净空要求,如图 8-26c)所示。

(4)第 4 步:对开洞范围进行防水处理,施作顶底框梁及框柱,形成传力框架,同时在框柱位置考虑增加腋角以增大框梁截面,如图 8-26d)所示。

(5)第 5 步:完成框架结构体系转换后,拆除临时支撑,最终形成站厅顶管组合隧道,如图 8-26e)所示。

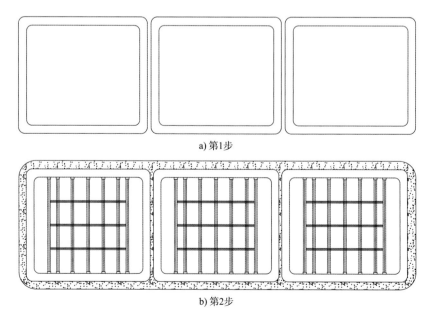

a)第1步

b)第2步

图 8-26

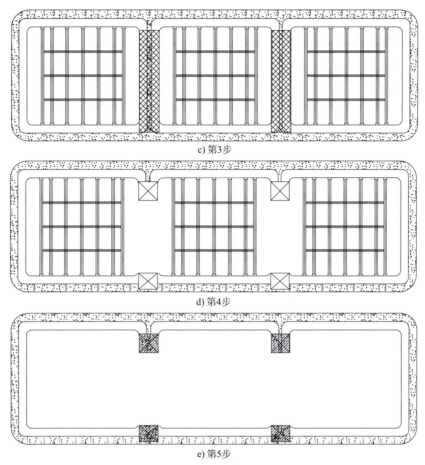

图 8-26 车站站厅零净距顶管组合隧道施工步骤图

采用数值模拟分析车站站厅零净距顶管组合隧道施工过程的力学状态。第一条顶管隧道施工后数值模拟分析结果如图 8-27~图 8-30 所示,竖向最大位移发生在隧道的顶部约 11.7mm,水平向最大位移发生在隧道的右侧靠近第二条顶管隧道位置约为 3.42mm。隧道的轴力最大处在底部和侧面为 688kN,隧道的弯矩呈对称分布,最大正弯矩为 835kN·m,位于隧道四个角周围,最大负弯矩为 429kN·m,位于隧道四边的中部。

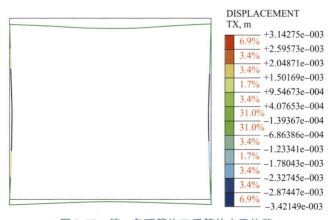

图 8-27 第一条顶管施工后管片水平位移

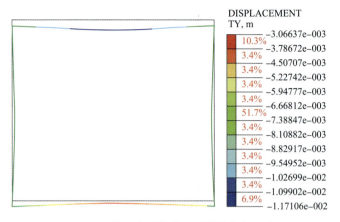

图 8-28 第一条顶管施工后管片竖向位移

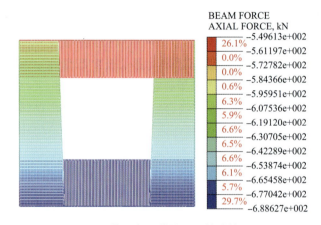

图 8-29 第一条顶管施工后管片轴力图

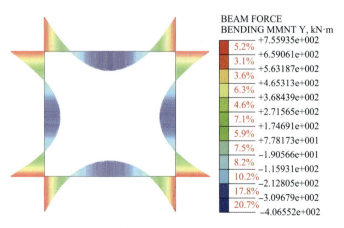

图 8-30 第一条顶管施工后管片弯矩图

第二条顶管隧道施工完成后数值模拟分析结果如图 8-31～图 8-34 所示,此时竖向最大位移同样发生在隧道顶部且与第一条顶管隧道相比有所增加,最大位移达到了 12.4mm;水平向最大位移分布在第二条顶管隧道右侧(即靠近中夹岩墙的位置),最大位移为42.8mm,与第一条顶管隧道相比有显著的增加。管片轴力最大处位于右侧底部,为713kN;弯矩最大处分布于管片四个角,最大为836kN·m。

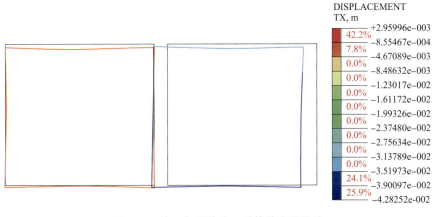

图8-31　第二条顶管施工后管片水平位移

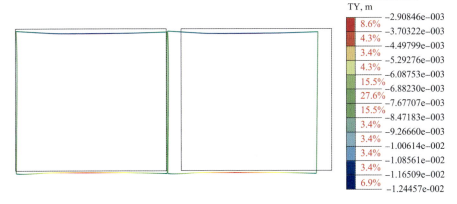

图8-32　第二条顶管施工后管片竖向位移

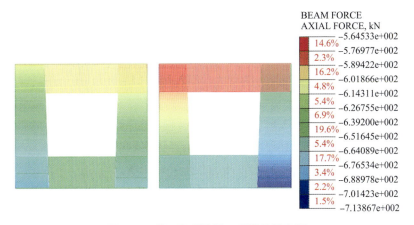

图8-33　第二条顶管施工后管片轴力图

第三条顶管隧道施工完成后数值模拟分析结果如图8-35~图8-38所示,最大竖向位移达到了13.1mm,与前面两条隧道相比又有所增加,但最大水平向位移变化不大。管片轴力最大值无明显变化,弯矩最大值也无明显变化。

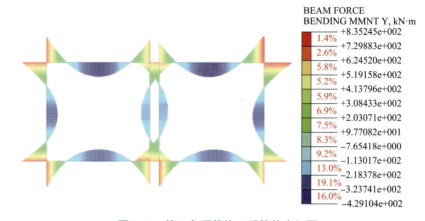

图 8-34　第二条顶管施工后管片弯矩图

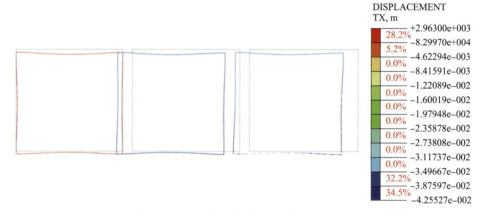

图 8-35　第三条顶管施工后管片水平位移

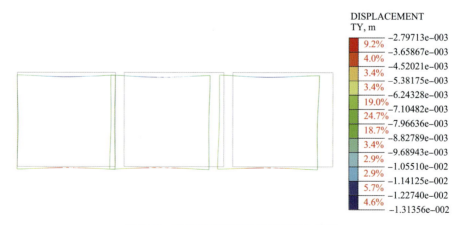

图 8-36　第三条顶管施工后管片竖向位移

由以上分析可知:

(1)小净距顶管隧道施工过程中,拱顶部位会发生较大的沉降,且在隧道左右侧壁的中下部会向隧道内发生较大的水平位移。

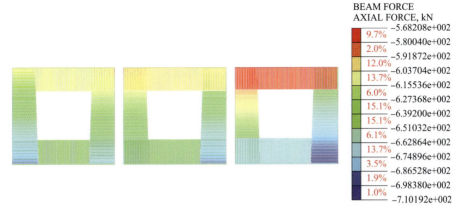

图 8-37　第三条顶管施工后管片轴力图

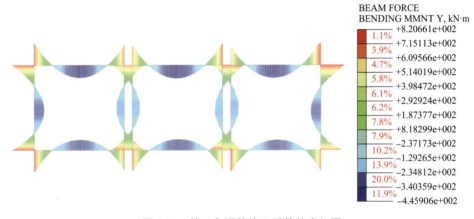

图 8-38　第三条顶管施工后管片弯矩图

(2) 顶管隧道管片轴力在侧壁和底部比较集中,越靠近顶部越小,管片的弯矩呈中间为负四周为正的对称分布且极大值出现在四周的位置。

(3) 后行洞隧道的施工会对先行洞隧道的施工产生影响。具体表现为:后行洞隧道施工会使得先行洞隧道拱顶的沉降增大;后行洞隧道的施工会影响先行洞隧道管片的轴力分布,使得先行隧道的轴力最大值向右侧隧道壁转移;后行洞隧道的施工使得先行洞隧道的水平向位移增大。

8.5　"车站站厅+站台"一体化零净距顶管组合隧道设计

采用零净距顶管组合建造"车站站厅+站台"一体化隧道是一种创新的顶管应用技术,深圳地铁12号线二期工程沙三站采用了这种技术,本节以此为案例介绍"车站站厅+站台"一体化零净距顶管组合隧道设计技术。

深圳地铁12号线二期工程沙三站位于帝堂路与沙井路交叉路口,沿沙井路方向布置,车站为地下二层岛式车站,总长度为213m,有效站台宽度为12.6m,标准段宽度为22.7m,单柱双跨框架结构,两端头采用明挖顺作法施工,中间采用顶管法施工。车站中间段采用大断面矩形顶管下穿11.5m×3.6m衙边涌双孔矩形暗涵,顶管组合隧道总长度为70.0m,宽度为22.85m,高度为13.63m。顶管施工采用1台组合式、盾体微超前、刀盘微台阶、多刀盘矩形顶管机,分左、右二次顶进施工,单次掘进矩形断面尺寸为11.4m×13.63m,二次顶进零净距顶管形成断面尺寸为22.85m×13.63m的地铁车站隧道。待顶管施工完成后,在顶管通道内施工主体结构进行二次转换并形成最终的"车站站厅+站台"一体化隧道结构。零净距顶管组合隧道的断面图和三维示意图分别如图8-39和图8-40所示。

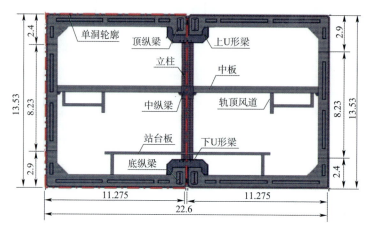

图8-39 沙三站"站厅+站台"一体化零净距顶管组合隧道断面图(尺寸单位:m)

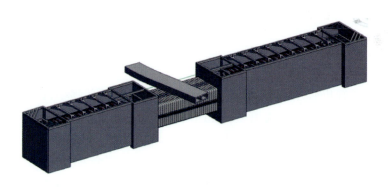

图8-40 沙三站"站厅+站台"一体化零净距顶管组合隧道三维示意图

采用两条零净距顶管隧道建造车站,二次结构体系转换方案是关键内容,可以考虑采用单柱结构和双柱结构两种结构断面形式。零净距顶管隧道施工后,顶管隧道衬砌在承受地层全土柱荷载的情况下进行二次结构体系转换,施工工序复杂,受力在结构体系转换前后会发生变化,设计需要避免对隧道衬砌结构整体受力产生不利影响。根据相关研究,采用单柱结构的转换体系对顶管隧道衬砌结构受力影响小于双柱结构,单柱结构方案纵梁的受力更明确,能充分发挥其抗弯性能,因此本工程选用了单柱结构方案。

本工程零净距顶管组合隧道是超大断面顶管,单环管片整体宽度达到11.4m,高度达到13.63m,管片尺寸非常大,为便于运输和安装须进行分块。经过研究,将单环管片划分为 4 个构件,通过半刚性接头连接。接头位于管片侧墙顶部和底部,在横向和纵向交错布置,从而提高拼装式顶管管片的整体性。

沙三站"站厅 + 站台"一体化零净距顶管组合隧道管片在右线隧道拼装完成后再平移至左线顶进掘进,现场组装和掘进情况如图 8-41 所示。

a) 上半管节

b) 下半管节

c) 管节顶进过程中

d) 管节中部临时支撑

图 8-41　沙三站"站厅 + 站台"一体化零净距顶管组合隧道现场实施情况

8.6　本章小结

本章介绍了小净距顶管隧道设计关键技术。小净距顶管隧道后行洞隧道顶进过程中,两侧土体的受力不均,容易导致顶管机偏移和翻转。同时在纠偏过程中,顶管机头容易接触到先行隧道管片,导致顶管机及管片损坏,因此需采取保护措施。对于小净距顶管隧道一般采用预应力锚索、拉杆连接等方式加强管节的整体性,也可以通过在先行洞顶管隧道内增加移动配重,避免后行洞隧道顶进时引起先行洞管节偏移。

小净距顶管隧道可以应用于城市轨道交通区间隧道、车站站台隧道等工程中,本章对相关工程案例的设计方案、数值模拟和工程实施情况进行了剖析,分析表明后行洞顶进时,先行洞隧道底部土体和管片的位移都会增加,隧道上方的管线也会受到多次扰动导致沉降加剧,因此有必要加强先行洞隧道结构,并加强对后行洞顶管顶进的施工参数控制,加强同步注浆和二次注浆,并采用信息化施工方式。

近年来随着顶管施工技术的发展,超小净距甚至零净距的顶管组合隧道越来越多地应用到城市轨道交通隧道工程中。本章介绍了城市轨道交通车站站厅零净距顶管组合隧道、"车站站厅+站台"一体化零净距顶管组合隧道等创新技术,对零净距顶管组合隧道的施工工序、后行洞隧道顶进施工对先行洞隧道的影响进行分析,为今后同类工程的设计和建造方案提供参考与借鉴。

第 9 章

小净距顶管隧道 施工关键技术

顶管施工与盾构施工既有相似的地方,也有不同的地方,两者的区别主要表现在以下两个方面。一是机械推进反力的提供载体不同。盾构机除在推进的初始阶段(进洞阶段)推进反力主要由工作井背后土层提供外,在隧道的长距离掘进中,盾构推进反力由盾尾后一定范围内的衬砌管片与土层间的摩擦力提供,盾构的推进装置是随盾构的推进而前行的;而顶管机顶进施工的顶进反力是由工作井壁后土层提供或由中继间后的顶管管节与土层间的摩擦力所提供,在顶进过程中顶进装置并不随顶管机的前进而前行。二是盾构隧道衬砌跟随隧道一边开挖一边同步形成,而顶管隧道的管节是一节接一节地被顶入土层中的。可见顶管技术是有别于盾构技术的另外一种非开挖的暗挖隧道施工方法。本章对小净距顶管隧道施工关键技术进行介绍。

9.1 小净距顶管施工控制技术

小净距隧道顶管施工的特点是能在狭小空间或繁忙的城市区域进行施工,占用的空间较小,相对于普通顶管施工更适应于城市建筑物密集区、管线密集区、地下设施复杂等场景。但相比于单洞或分离式顶管隧道,小净距顶管隧道对施工控制的要求更为严格。由于施工技术难度较大,需要精确的施工控制和较高的施工精度要求,小净距顶管施工工程技术难度更高。顶管施工过程中需要克服许多复杂条件下的困难,如地层性质差异、地下设施复杂,更容易出现中夹岩墙失稳和地表沉降等问题,因此小净距顶管的施工控制是关键。小净距顶管施工的控制技术包括顶进速度及出土量、顶管机姿态控制与纠偏、注浆减阻、土体加固及改良、顶管机拆解与吊出等方面。

9.1.1 顶进速度及出土量控制

在矩形顶管机的顶进过程中,必须严格控制出土量,使其与开挖量保持一致。如果出土量大于开挖量,土仓内会出现欠压,这可能会导致地表沉降;相反,如果出土量小于开挖量,土仓内会出现过压,可能导致地表隆起变形。适当的隆起变形对于矩形顶管隧道后期沉降的控制是有益的。保持出土量和开挖量一致的关键在于使顶进速度与螺旋输送机的转速相匹配。施工过程中,根据不同地层,通过控制泥浆黏度、密度,保持开挖仓泥水系统平衡,有利于保证开挖仓的稳定性,进而保证顶管的顺利顶进。

在顶进初期阶段,速度不宜过快,一般应控制在 5~10cm/min;而在正常施工阶段,速度可提升至 20mm/min 左右。在土压平衡矩形顶管的顶进过程中,需要严格控制管节内的出土量,以防止出现超挖或欠挖的现象。通常情况下,出土量应保持在理论计算出土量的 98% 以上。出土方式是利用吊斗将土吊送到地面上预先设置好的土坑里。考虑到加入润滑泥浆的因素,每节矩形顶管管节实际出土量应控制在 55m^2 左右。在施工过程中,应尽量保持顶管管节的出泥量与顶进时的取泥量相等。如果顶进时管节的出泥量超过顶进时的取泥量,地面就可能出现沉降现象。相反,如果顶进时管节的出泥量低于顶进时的收泥量,地面则可能出现隆起现象。由此可见,如果顶进时管节的出泥量与顶进时的取泥量之间不平衡,就会对顶管周边的土体产生扰动。因此,在工程中需要使出泥量与取泥量保持相对平衡,以避免对顶管管节周边的土体和地表产生影响。

控制土体切削量的关键在于保持顶进速度与出土量的平衡,尤其要避免出现超量出土的现象。对于泥水平衡矩形顶管来说,在顶进过程中,观察工作仓的泥水力表,控制顶进速度和出土量以保证仓内、仓外压力平衡是至关重要的。顶管机正面泥水压力应控制在比水土压力高出 0.01~0.03MPa 的范围内。如果仓内压力过大,地面可能会出现隆起;而如果仓内压力过小,地面则可能出现沉陷。因此,控制顶进与出土的速度是相当关键的步骤。

9.1.2 顶管机姿态控制与纠偏

由于小净距顶管掘进过程的复杂性,无论采取何种措施,都要求必须实时精准掌握顶管施工全过程的掘进姿态情况,以便及时了解掘进不利姿态,采取相应的控制措施,保证掘进姿态正常。因此,有必要进行顶管机掘进姿态控制与纠偏的技术研究。

1) 顶管机防栽头控制

顶管机在掘进过程中出现的一种非正常状态称为"栽头",主要表现形式为顶管机向下弯曲或低头。这种现象会导致掘进姿态偏离原设计轴线,引发拼装管节错位,增加工程和安全事故的风险。

(1) 原因分析

顶管机产生"栽头"现象的原因主要有以下几个方面:

①顶管机体重心的偏移。顶管机的质量主要集中在机体前盾的前半部分。在开始进入洞穴后,机身的质量由始发基座和混凝土地梁共同支撑转变为由底部的原状土层来承受。然而,原状土层的承载能力相对较弱,因此在顶管机体重力的作用下,会出现不均匀沉降的情况。

②土压平衡未能及时建立,隧道洞门密封不严。掘进时出现漏浆,虽用棉纱封堵,但仍少量漏浆。泥浆流失导致洞门下方土体变软,土体承载力不足,同时使掌子面未能及时达到土压平衡,导致前盾和土仓受力不均。

③初始姿态预留不够。初始姿态预留主要体现在绝对高度预留和趋势预留两个层面。顶管机启动时,绝对高度预留不仅要充足,趋势预留也要充分考虑。

④后靠不稳定,顶管机姿态失控。后靠墙体围护结构土体加固不牢固或加固区域较小、顶管机后靠背不平整等,均会导致后靠受力不均,进而引发顶管机姿态失控的情况。

(2) 防栽头控制技术

①设备、管节定位处理

施工时,顶管机和管节采用定位块进行固定连接,盾尾定位块。上下管片间除采用管片螺栓连接外,在左右两侧钢侧壁之间进行焊接连接,使顶管隧道与顶管机形成一个整体,防止顶管机栽头。

②洞门密封处理

在后续几条隧道掘进时增设洞门密封。洞门密封采用帘布橡胶板和钢板压板,在周围混凝土端墙上安装膨胀螺栓,一侧钢侧壁上焊接螺栓来进行固定。同时,在始发顶进过程中要随时观察,发生漏浆现象要及时进行密封,防止由于密封失效不能及时形成土压平衡条件而引起栽头。

③调整始发姿态的预留量

顶管始发时根据施工经验,结合隧道的实测高程偏差对顶管机姿态进行相应的微调。

④后靠背安装及稳定性控制

正确的后靠背安装和定位对于顶管掘进始发姿态具有重要影响。在放置后靠背时,应确保其垂直并与后井墙保持至少5cm的间隙。一旦后靠背定位完毕,使用钢筋和膨胀螺栓将其固定,并在其与墙体的间隙内灌注M15水泥砂浆,以确保后靠背受力均衡。在进行后靠台背回填时,由于顶管机后靠周围作业空间的限制,导致后靠混凝土的回填难以捣鼓密实。为解决这一问题,可以采用高流动性速凝混凝土进行填充;如果无法使用速凝混凝土进行回填,还可以采用河砂拌和水泥干灰的方法。这两种不同的后靠回填方式各有优缺点:速凝混凝土的凝固性和稳定性较高,但受外界条件的影响较大;河砂拌和水泥干灰的施工方式不受外界条件的制约,但其混合掺量需要进一步优化,不易保证河砂和水泥干灰的混合质量。根据现场施工经验,这两种方式均能够有效防止顶管机出现栽头现象。

2) 导向系统

顶管施工导向可采用MTG-M顶管自动导向系统,系统地面控制室采用1台计算机监控地下顶管机状态,地下部分由MTL激光靶、激光经纬仪、行程传感器、电台通信设备和控制设备组成。

导向系统的硬件设备安装后,人工测量出激光经纬仪的测站坐标和高程以及激光靶的位置,同时在激光经纬仪可视范围内设置辅助点并测定其坐标,计算激光经纬仪与辅助点的方位角与设计轴线的夹角,调整激光经纬仪的光束与设计轴线平行。激光靶通过接收激光束来采集数据,将数据传送至地面计算机,通过系统内部的计算软件得出计算结果,由显示器呈现,进行数据掌控。

理论上,测量系统需安装在后靠背上,但由于现场作业空间限制,激光经纬仪安装在始发井侧墙上,顶管机推进时,主顶液压缸推力的变化,会对后靠背处的激光经纬仪产生一定的扰动。因此,现场采取与人工辅助测量相结合的方式进行掘进姿态导向。施工时,加强始发井侧墙的监测,根据监测数据及时进行人工复核、调整激光经纬仪的初始数据。

3) 始发、到达姿态控制

顶管在始发、到达阶段,因承受顶管机体自重荷载的载体承载力发生突变以及顶推力作用的变化,易造成顶管机姿态的变化,可能产生栽头问题,需采取控制措施。

4) 掘进阶段姿态控制

(1) 管节姿态

在正常推进过程中,要保证至少每2环复测1次管节姿态,计算管节与设计轴线的偏差值,再与导向姿态进行对比,保证复测姿态与导向姿态基本一致。

(2) 顶管机姿态

由于顶管机设备的原因,导向只能计算出顶管机前盾尾部的姿态,无法及时显示刀盘的姿态,掘进趋势显示相对滞后。因此,在顶管机始发前,在顶管机上布置辅助观测点,并测出辅助点与顶管的相对位置关系,通过测量辅助点,计算出顶管机的姿态;同时,在既有的相邻管节上取孔,通过人工复测顶管机与既有管节之间的间隙,了解顶管机的推进趋势。

(3)控制推进速度

顶管机在掘进过程中,需严格控制其推进速度。这是因为施工时若需进行推进趋势调整,如果此时推进速度过快,则难以在短时间内将顶管机纠正到原设计轴线上。

5)隧道先后施工姿态控制

导向装置设计了防止顶管机贴死的结构,阳榫、阴榫相互作用,可控制管节偏向,以此避免对相邻隧道造成的不利影响。E形导向槽结构可对隧道偏向相邻隧道的情况起到良好的控制作用,但实际施工时也容易发生偏离相邻隧道的情况,导致隧道间存在夹土。故在掘进时;若偏离程度较小,可结合前述措施调整;若偏离较大,夹土量过多,则需采取清理夹土的纠偏措施。

6)顶管机纠偏技术

小净距顶管顶进纠偏控制采用套筒式土砂泵,在矩形管片之间的压力作用下,结合顶管机侧面的注泥孔,达到控制要求,如图9-1所示。顶管机配置套筒式土砂泵,可以纠正矩形顶管的各种偏差,包括侧翻(即左右高低不一样)。套筒式土砂泵也可用于同步注泥以减小地表沉降。当顶管机出现左高右低的现象时,需要向顶管机右侧底部的注泥孔适当地注泥,以使右侧管片立即抬高。由于土砂泵泵出的泥可塑性强,具有良好的支撑效果,不仅能纠正侧翻,而且可用来纠正其他偏差。在小净距顶管顶进过程中,通过顶管机侧面的注浆孔,利用套筒式土砂泵注泥,不断补充先行洞顶管和后行洞顶管之间的空隙,使顶管净距保持在设计值附近。

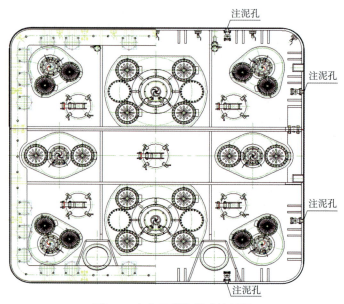

图9-1 小净距顶管顶进控制图

9.1.3 注浆减阻

小净距顶管能否成功地长距离顶进,关键在于能否形成高效可靠的减摩泥浆套。在顶进过程中,通过在矩形管节和地层之间注入减摩泥浆材料,可以减少管节与土体之间的摩擦力,降低对周围地层的扰动。此外,泥浆材料还可以填充管节与地层之间的空隙,起到支撑的作用,减少地层损失。注浆量需要根据土质情况、顶进状况、地表隆沉监测数据进行及时调整。

1) 触变泥浆套的形成与作用

将触变泥浆通过管道上的注浆孔压入管道与土体之间的空隙,泥浆会不断地向周围扩散并横向和纵向相互连通,形成一个环抱钢管的泥浆套。这个泥浆套能够将管壁和土体隔离开来,从而消除土体的摩擦阻力。同时,由于触变泥浆与管壁之间的摩擦系数远小于管壁与土体之间的摩擦系数,因此,在施工过程中,如何形成并保持泥浆套的有效性是减小阻力的关键。

2) 注浆料拌制与发酵

根据地质勘查资料选取合适的膨润土,依据膨润土的性能指标、拌和水的化学指标、施工经验等,按照膨润土与拌和水质量比 $1:50$ 进行配置。但是,随着穿越土层的不同需要调整顶进距离,调整原则为:注浆管道越长浆液越稀,砂性土质要比淤泥质土更浓。搅拌桶内首先注入清水,拌和水必须经过检测合格后使用,以避免浆液失效;开动搅拌设备,不断倒入膨润土,连续搅拌 $20\sim30\mathrm{min}$;再注入发酵池备用,发酵时间不低于 $8\mathrm{h}$,且不超过 $24\mathrm{h}$。

3) 注浆孔制作

注浆孔应沿管节均匀布置,用成孔工具在管节上钻出螺纹孔后,将带有单向阀的 DN25mm 管短节旋入螺纹孔,安装注浆管和阀门,每个注浆孔必须单独设置阀门,以提高注浆效果。注浆孔的布置间距需要根据不同位置进行调整,控制在顶管机尾部 20m 范围内,为提高注浆效率,应加密间距至 3.0m。

4) 注浆施工工艺

(1) 在顶进过程中,注浆整体分为盾尾部分和补浆部分。盾尾 $10\sim20\mathrm{m}$ 长度范围内由于机头的直径略大于管道的直径,管壁与土体产生空隙,因此,必须及时注入浆液,以减少前期沉降,同时起到更好的润滑作用。

(2) 随着机头的前进,前期注入的一部分浆液会被管道带走,一部分会被地下水带走,所以,必须不断补浆,以保证泥浆套的持久性。通常情况下,在顶管过程中注浆量为空隙体积的 $4\sim5$ 倍,但若穿越的土层是淤泥质粉质黏土,补浆量和注浆量都偏少,补浆量和补浆间隔时间需要根据不同部位的地质情况制订补浆方案,补浆间隔时间为 $2\sim3\mathrm{d}$。

(3) 管道顶进完成后,必须注入适量的水泥浆置换泥浆套,由于机头无法取出,需要压注水泥浆,防止后期泄露。

5) 注浆控制要点

(1) 初次注浆。泥浆套形成的关键阶段是管壁与土体之间间隙刚形成的一段时间。

如果浆液不能快速填充空隙,土体会很快膨胀填充空隙包裹管道,增加后期注浆压力,且浆液也会与土体混合,降低泥浆套的润滑效果。因此,当顶进距离超过500m以后,需要在机头位置启用中继注浆泵(俗称"老虎机")和临时储存浆液的储浆池。

(2)及时补浆。本工程由于管道很长,注浆压力在管道内损失较快,虽然可以适当将注浆压力提高到0.4~0.5MPa,但如果控制不当,管道前端压力不足,将无法完成补浆。补浆必须进行精准控制,即设置注浆总阀门、每节的分阀门、每个注浆孔的阀门,每次每个注浆孔补浆2~3min。前期补浆间隔为2~3d,稳定后间隔为3~5d,在穿越含砂量高的部位时(通过每日排土场检查验证土质),必须增加补浆次数。

(3)实时调整。穿越不良地层时提高泥浆套的质量可以降低管周摩擦力,减少钢管的背土效应,但是,过多的注浆又会增加施工完成后的沉降,因此,此部位需严格控制注浆量。靠近工作井的部位应减少注浆,防止浆液沿管壁外流,由止水部位溢出。长时间停工再启动时,必须先进行补浆,防止重启时顶力过大。

6)顶管注浆施工

顶管注浆施工时,触变泥浆由膨润土和水搅拌而成,配合比为1:8。触变泥浆经搅拌后存入储浆箱,通过注浆机经管道输送至混凝土管注浆孔,注入土体形成泥浆套。在注浆时应注意以下几点:

(1)选择优质的触变泥浆材料。对膨润土取样测试,检测的主要指标为造浆率、失水量和动塑比。

(2)在管子上预埋压浆孔,压浆孔的设置要有利于浆套的形成。

(3)膨润土的储存及浆液配制、搅拌、膨胀时间必须按照规范进行试验。

(4)压浆方式以同步注浆为主,补浆为辅。在顶进过程中,要经常检查各推进段的浆液形成情况。

(5)注浆设备和管路要可靠,具有足够的耐压性和良好的密封性。在注浆孔中设置一个单向阀,使浆液管外的土不能倒灌而堵塞注浆孔影响注浆效果。

(6)注浆工艺由专人负责,质量员定期检查。

(7)注浆泵选择脉动小的螺杆泵,流量与顶进速度相适配。

9.1.4 土体加固及改良

对软弱不良地层土体进行加固及改良有利于小净距顶管的顺利施工,可以采用冻结法、全方位高压喷射技术(MJS)加固、微生物成矿技术加固、真空-堆载联合预压法等加固技术。另外对土仓内渣土特别是砂性土进行改良也有助于提高顶管施工的安全性和效率。

1)冻结法

冻结法是一种采用人工制冷技术,将待开挖的地下空间周围土体中的水分冻结成冰,并与土体结合在一起,按照设计轮廓形成一道冻土墙或封闭的冻土体。这道墙可以抵抗土压力、隔绝地下水,并在其保护下进行地下工程施工。这种方法不仅有效隔绝地下水,而且冻结后的土体强度较大,能够承受开挖过程中上方土体的压力。更为重要的是,冻结法是一种环保的施工方法,对周围环境无污染,不会将异物带入土壤中,对管节上方的土质和植被没有任何影响。

2) MJS 水平加固

为了增强土体的稳定性,减少土体开挖引发的地层应力损失和周边环境变形,可以采用 MJS 改良加固方法,这种方法在很大程度上降低了以前土体改良方法特别是旋喷工艺产生的土体沉降和位移的影响程度,从而极大地扩展了城市中心城区地下土体改良施工的应用范围。

3) 微生物成矿技术加固

微生物矿物学最新研究说明某些天然微生物,如产脲酶的微生物,在适宜的人为环境和营养条件下代谢产生的矿物结晶与地基中松散的砂土相结合,并黏结在一起,使其达到加固的效果。这种微生物成矿技术被称为微生物诱导碳酸钙沉淀(MICP)技术,是目前地基处理领域一个崭新的研究课题。目前采用 MICP 技术改良土体的方法包括注射法、浸泡法和浇灌法,其中采用最多的是注射法。微生物灌浆地基处理是真正的绿色技术,对生态环境和可持续发展将产生深远影响。MICP 灌浆研究是基于一种嗜碱菌,新陈代谢产生一种脲酶,促使一系列化学反应。土体经过微生物灌浆得到加固处理以后,伴随着强度也得以增强,如无侧限抗压强度、抗剪强度、抗液化强度,而且耐久性,如抗侵蚀及抗冻性能也会大大改善。某试验研究表明,将一定浓度的微生物菌液倒入到高度为 14cm 的高松散砂柱中,两周后对其力学性能进行检测,通过剪切试验,其波速可达 500m/s,而且砂化柱的不排水抗剪强度也提高了约 40%。国外学者做了 MICP 加固试验,通过加固砂柱研究其剪切波速与方解石含量之间的关系。研究表明:在一定条件下,在保证菌液浓度和灌注方式相同的条件下,固体的剪切波速与方解石沉积量呈现线性增加关系;如果在菌液浓度和灌注方式不同条件下,固体的剪切波速与方解石含量呈现非线性增长关系。有研究人员通过中型振动三轴试验发现,经 MICP 加固后砂样中的碳酸钙结晶量越多,砂样轴向变形越小,其抗液化的能力提高越明显。随后通过小型振动台试验发现,经 MICP 加固的模型地基,场地加速度幅值放大系数可以达到 2.13,很好地提高了液体抗液化性能。

4) 真空-堆载联合预压法

真空预压法是通过设置竖向排水系统及埋设在砂垫层中的滤水管,将不透气薄膜下的软土砂垫层中的水气抽出,形成土体和砂垫层与竖向管道的压力差,产生渗流,使孔隙压力降低,应力增加,达到加固土体的目标。而真空-堆载联合预压法则是在真空预压施工的基础上,利用沙袋、碎石等重物,在压力作用下对软土地基进行加固,以达到加固软土地基的目的。

在真空预压过程中,土颗粒发生重组,土体结构局部破坏。真空压力将水气排出,土体内部结构主动调整,使土体密实度上升。真空-堆载联合预压法的加固效果更好,密实度更高,使承载力得到提高。研究表明,联合预压法比单独试验方法效果好得多,可节省大量人力、物力和财力,特别是对环境保护起到了关键性的作用。

5) 土体改良

土体改良的充分与否直接影响到特殊砂性地层隧道掘进过程中顶管施工的安全性

和效率,土体改良的作用为:

(1)增强土仓内渣土的抗渗透性能,避免因排水固结导致地表沉降或坍塌等重大事故的发生。

(2)降低土仓内渣土以及开挖面土体的内摩擦角,减少对刀盘刀具的磨损,降低刀盘受到的扭矩。

(3)提高土仓内渣土的可塑性,防止渣土黏附在刀盘上形成泥饼。

目前,土体改良措施常用的改良添加剂主要有两种,一种是泡沫剂,另一种是膨润土浆液,针对不同地层均有一定的土体改良效果。有关研究通过对两种改良添加剂进行比较分析,得到以下结论:

(1)不同改良工艺比较。采取分别向刀盘面和土仓内注入泡沫剂或膨润土浆液的方法进行渣土改良。其中刀盘正面以泡沫剂为主,若正面地下水过于丰富,则可增加对土仓内及螺旋输送机内注入膨润土浆液,以利于开挖面稳定及螺旋输送机出土。

(2)使用泡沫剂改良土体。泡沫剂选取3%~5%的浓度,发泡倍率为15倍,常压下泡沫稳定时间(半衰)需超过4min,使用注入率为30%~50%。

(3)使用膨润土浆液改良土体。膨润土浆液指标:水土(膨润土)比为14:1,密度为$1.05\sim1.08\text{g/cm}^3$,黏度应大于40s,注入率视地下水情况控制在0~30%。

9.1.5 顶管机拆解与吊出

1)拆解过程

(1)拆除进排浆管和泥水旁通阀,用手拉葫芦将顶管机的进排浆管和泥水旁通阀分别拆下,并放置在管节内的平板车上运至接收井井口,用汽车起重机吊至地面。

(2)用手拉葫芦将顶管机的纠偏油泵站和纠偏千斤顶、油管分别拆下,并逐一放置在管节内的平板车上运至井口,用汽车起重机吊至地面。

(3)拆除驱动电机及减速机,用2t手拉葫芦固定在顶管机壳体加劲板吊装孔上,将顶管机驱动6个刀盘电机及6个减速机从上到下依次拆解下来,并逐一放置在管节内的平板车上拉至井口,用汽车起重机吊至地面。运输至电机厂进行维修保养。

(4)拆除主驱动齿轮箱,在工作井用2个10t手拉葫芦将顶管机主驱动齿轮箱拆下,并放置在管节内的平板车上拉至井口,用汽车起重机吊至地面,并运输至电机厂进行维修保养。主驱动齿轮箱箱体正上方加劲板上对称设置两个吊耳,吊耳焊接合格后,采用2个10t的手拉葫芦挂在顶管机壳体加劲板吊耳上,用手拉葫芦吊紧齿轮箱后,拆除齿轮箱与顶管机胸板连接的高强螺栓,待全部连接螺栓拆除完成后,将齿轮箱慢慢吊放至平板车上,用平板车洞内水平运输至吊装井再吊至地面。单个手拉葫芦起吊能力为10t,拉链与齿轮箱受力夹角按最大60°取值,安全系数取1.5。在考虑安全系数的情况下,起吊能力大于最大部件的质量8t($2\times10\text{t}\times\sin60°\div1.5=11.55\text{t}>8\text{t}$),可见2个10t手拉葫芦满足齿轮箱吊装要求。

(5)拆除配电箱,用手拉葫芦将顶管机左边的配电箱拆下,用平板车运至井口,用汽车起重机吊至地面。

(6) 切割刀尖、刀盘及刀盘座，作业人员在已贯通的主线隧道内进行刀尖、刀盘及刀盘座拆除作业，用手拉葫芦将顶管机的刀尖、刀盘及刀盘座割除，割下的刀盘等部件暂时放置在主线隧道内，待机壳内部拆除完成后通过平板车运至工作井井口，用汽车起重机吊至地面。

(7) 切割胸板，待刀尖、刀盘、刀盘座先后切割作业完成后进行胸板切割。切割前，胸板前后两面均用钢构件作斜撑予以固定，然后作业人员在主线隧道内进行胸板的分块切割。切割作业完成后用手拉葫芦将刀盘、胸板等逐一放置在管节内的平板车上运至井口，用汽车起重机吊至地面。

(8) 割除机壳内剩余的部件，如肋板及其他部件，并放置在平板车上运至工作井井口，用汽车起重机吊至地面。

2) 顶管机吊装

(1) 吊装场地强度

为满足顶管机吊装场地的地基承载力要求，将吊装场地地基进行混凝土硬化处理，路面 C30 混凝土厚度不少于 300mm，配置 $\phi 20mm@200mm$ 钢筋混凝土。在吊装施工过程中铺设枕木作为垫板，以增加受力面积，防止地表沉降引起安全事故。

(2) 吊装能力

采用汽车起重机吊装顶管机拆除的主要部件时，应验算汽车起重机的吊装能力是否满足要求。以 JQZ70K 型汽车起重机为例，汽车起重机额定起重工作幅度为 12m，臂长为 26.35m，额定起重量为 9t。

吊装计算荷载 Q_j 为：

$$Q_j = k_1 Q \tag{9-1}$$

式中：k_1——动荷载系数，为 1.1；

Q——起吊物体质量(t)。

顶管机刀盘分割成 4 部分，每部分质量约 2t，9t > 2t × 1.1 = 2.2t；主驱动齿轮箱 8t，9t > 8t × 1.1 = 8.8t；额定起重量均大于吊装计算荷载，故 JQZ70K 型汽车起重机满足起吊要求。

(3) 吊装操作

吊装前，在吊装区域设立警戒区和警戒人员维持吊装秩序，并对吊装人员进行工序交底，统一吊装信号，通过信号以保证各操作岗位动作协调一致，达到安全施工。指挥手势应执行《起重机　手势信号》(GB/T 5082—2019) 的规定。起重吊装时，起重工用吹哨子加手势进行吊装作业指挥。指挥信号传递程序为总指挥→岗位指挥→操作者。

试吊前应对起重机各部件进行详细检查，包括各传动部分，如发动机、变速器、轴承等部位有无发热、噪声、振动与漏油等不正常现象，如发现问题应及时处理。同时，检查各传动部位的润滑情况，注意油温及油量；检查各仪表的灵敏度及可靠性、准确性；检查钢丝绳状况、安全防护状况等，确信满足使用要求后可进行下一步工作。

动载试车时，将试吊物体吊离地面 100cm，在起重机允许工作半径范围内进行回转、臂杆变幅、大钩升降等动作，并观察情况，当符合要求后进行吊装作业。

9.2 顶管始发和接收技术

在顶管施工过程中,管节与洞口之间会留有间隙。当地层条件较差(如砂层、淤泥质层或粉质黏土层等软弱地层)管道埋深达30m时,地下水压力会达到0.3MPa。如果不及时有效地封堵这些间隙,可能会导致地下水和泥沙涌入井中。同时,施工时使用的减阻润滑泥浆对洞口密封的要求很高,一旦出现漏浆问题,可能会影响工作井的正常作业,严重时甚至可能引发洞口上方地表塌陷,增加施工风险。因此,需要采取措施,以避免在顶管始发和接收时发生漏水等问题。

9.2.1 顶管始发与接收工艺

1)始发基座及顶管机就位

图9-2 顶管机安装就位

如图9-2所示,始发基座作为顶管机的起始位置。在顶管机就位时,其定位装置的接入位置需要通过精确计算和测设来确定。顶管机就位后必须要重新对顶管机的初始姿态进行测量和计算,以确保其定位满足要求。

2)后靠就位及安装

采用2个钢构件作为后靠,并在其背后填充混凝土。这些构件的安装位置必须满足主顶液压缸的安装要求,同时后靠平面必须与设计轴线保持垂直。在安装过程中要确保后靠平面上下垂直,以防止在推进过程中对顶管机的俯仰角产生影响。

3)导轨定位安装

导轨是始发基座与洞门之间的重要连接部分。在顶管机初始进洞阶段,刀盘的质量大于盾尾的质量,因此导轨必须要确保与始发基座轨道平齐,并且稳固可靠,以确保顶管机按照预定的精确姿态进洞。

4)洞门预留及破除

采取预隔离施工的方式进行隧道洞门施工。在始发井施工过程中,将每个洞门两侧用模板隔开,隔开部位的钢筋全部断开。在洞门破除过程中,必须满足进洞要求,同时考虑到洞门的防水尺寸。

5)顶管机始发趋势

在顶管机开始顶进时,应调整好顶管机的液压缸行程,以防止与相邻管节之间出现夹土的情况,增加顶管机的推进难度。

6)顶管始发工艺

(1)始发端止水装置

①孔口管

始发孔口管采用16mm厚的钢板卷制而成。在安装完始发孔口管后,须对其与工作井围护结构之间的缝隙进行回填注浆,以确保其与工作井围护结构之间的密封性良好,防止顶管始发时泥浆从孔口管与围护结构的缝隙处流出。

②始发密封圈

始发密封圈是保证顶管始发过程中密封的主要装置，由两道密封圈、法兰和压片组成。这些密封圈的主要功能是防止在始发过程中泥浆从孔口管与顶管管节之间的缝隙流出。压片均匀布置成环状，与顶管管节之间留有 2cm 的缝隙，以防止因压力导致橡胶板反向挤压，从而使顶管管节失去压力并导致泥浆泄漏。始发密封圈的法兰与孔口管的法兰相连接，中间采用橡胶密封圈，并通过螺栓进行牢固的连接。

③管节制动装置

管节制动装置（简称"管刹"）采用液压控制，管刹通过边角 4 个螺杆固定在始发密封圈法兰上，在顶管施工中可以有效防止管节连接过程中因自然水土压力引起已完成管节后退，避免开挖面失稳。

在顶管始发阶段，管节与周围地层的摩擦阻力较小，随着管节埋深的增加，水压力逐渐增大。在高压水环境下，顶管始发过程中自然水土压力大于地层摩擦阻力。在连接管节的过程中，已完成的管节可能发生后退，导致始发密封圈的橡胶板外翻，这会引起地层水土流失和地表沉降。为了避免这种情况发生，采用管节制动装置，保证顶管顺利施工。

（2）始发精准控制措施

①设备安装就位

为了确保始发过程的精确性，顶进平台、始发轨道、孔口管、始发密封圈和管刹等设备的安装精度必须准确可靠。同时，必须控制顶管机的机头、孔口管及始发密封圈的轴线与设计轴线保持一致。

②辅助控制措施

在顶管机始发阶段如遇到障碍物必须要破除，破除过程中机头和后续管节可能会受到顶进液压缸推力和刀盘旋转扭矩的影响，容易导致机身和后续管节翘起。为了避免这种情况，除了控制推进液压缸的推力外，还要通过在始发轨道和顶推环上设置防偏转和翘起钢板，从而确保了顶管始发的顺利进行。

③曲线直顶控制技术

由于在始发阶段设备不能进行大幅度的纠偏处理，因此曲线顶管始发阶段的精度难以控制，容易产生较大的偏差。为了解决曲线始发轨迹偏差较大的问题，在曲线顶管始发时预先设定 1 条直线来替代曲线始发轴线，这条直线的选择必须综合考虑始发点与设备允许纠偏距离的相对位置，以及在设计偏差允许的范围内找到 1 条最接近设计轨迹并且能够顺利过渡到原设计轨迹的轴线。通过这种方法，可以有效提高曲线段顶管始发的精度。

7）顶管接收工艺

（1）接收端止水装置

①孔口管

为防止因水压过大导致泥浆流失，在接收孔口管内设置 2 道凹槽，内部用扁铁覆盖，并与孔口管连接处满焊。在凹槽部位沿孔口管环向均匀分布着 φ2mm 的小孔，同时在孔口管外侧上下各预埋了一个注浆管,为开仓前注浆做好准备。

②接收仓

为了确保顶管的顺利接收,在接收端安装一个接收仓。接收仓由稳压管、前仓、中仓、尾仓(密封仓)及附属闸阀(注浆阀、排浆阀、稳压管阀等)等部分组成。在孔口管和接收仓法兰之间设置2道3cm厚的橡胶板,以防止机头破墙后大量泥沙流入接收仓。

③仓内铺设滑板

为了实现机头的姿态进行调控,需在孔口管、密封仓、中仓、前仓内铺设滑板。当机头进入孔口管后,就可以平滑地过渡到接收仓内,以实现姿态的稳定与控制。

④灌浆保压

当接收仓关闭后,通过注浆阀把接收仓填满泥浆,然后关闭注浆阀,打开稳压管闸阀。

(2)接收精准控制措施

在顶管推进至接收段时,应对顶管机的位置进行精确测量,以确定掘进机中心轴线与隧道设计中心轴线的相对位置。同时,还应复核测量接收孔中心,以确定顶管机的贯通姿态。在此基础上,应制订掘进纠偏计划,以确保顶管机的正确姿态。在考虑顶管机的贯通姿态时要注意两点:一是顶管机贯通时的中心轴线与隧道设计轴线的偏差;二是接收孔中心位置的偏差。综合这些因素,在顶管设计中心轴线的基础上对机头的姿态进行适当调整,纠偏要本着"勤纠、少纠、适度"原则逐步完成。

9.2.2 顶管始发与接收加固技术

在顶管施工过程中,由于地层条件的限制,特别是在软弱地层、深埋或高水压的环境下,无论顶管机从始发井还是接收井出发,管节与洞口之间都会存在一定的间隙。如果这些间隙未能及时封闭,可能会引发地下水和泥沙涌入工作井,轻则影响工作的正常进行,重则导致洞口上部地表塌陷,进而可能引发重大事故,危及周围建筑和道路管线,给施工带来较大的风险。因此,顶管始发和接收时需要采用地层加固结合洞口止水技术,以确保施工安全。由于端头加固区域的土体较硬,如果在始发与接收的端头加固区掘进趋势发生变化,调整起来将非常困难。因此必须严格控制掘进速度,保证顶管机推进趋势的稳定。

1)洞口端头加固

为了确保顶管的安全始发和接收,通常会采取一些化学或物理加固方法。化学加固方式包括高压喷射注浆法、深层搅拌法、喷射注浆法、素混凝土灌注桩法等,物理加固法包括冻结法和降水法等,它们能够增强工作井周围土体的强度并形成止水帷幕,从而隔离地下水,防止顶管机头进出洞过程中地下水涌入接收工作井,降低因周围土体流失导致的地表沉降。端头加固可以提高土体的强度和自稳性,确保顶管机能够顺利地完成始发和接收。同时,加固后的土体应具有一定的承载力,以防止顶管机头因自重较大而发生栽头现象。

洞口土体加固应符合下列规定:

(1)加固的范围应根据工程地质及水文条件、顶管机型、管道尺寸、顶管推进方向、坡度、埋深和周围环境因素等情况确定。

(2)应对加固土体整体滑移失稳进行验算,安全系数不小于1.4,图9-3所示为洞口土体加固整体滑移稳定性的验算示意图。

(3)加固效果应采用钻芯取样的方式进行检验,加固体的无侧限抗压强度不宜小于1MPa,渗透系数不宜大于1×10^{-6}cm/s,并应检查加固体的整体性和均匀性。始发、接收前应在洞门上打设探测孔。后靠背加固应满足顶进总顶力的要求。

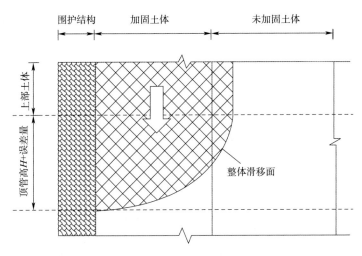

图9-3 洞口土体加固整体滑移稳定性验算示意图

2)高水压条件下顶管始发洞门止水技术

在高水压环境下,为确保顶管施工的安全性,需在顶管始发前采用洞门密封装置进行止水。为确保顶管机洞门密封装置的密封效果,密封装置采用两道止水密封橡胶环,同时安装了多片折页式压板。通过调整折页式压板的位置,可以凭借顶管机与环板的间距来保证折页式压板内圈尽量贴近顶管机的外轮廓,从而有效控制顶管机洞口的偏移,降低密封橡胶环外翻的风险。洞门密封装置的安装过程如下:

(1)在埋设孔口管之前,需要对孔口管的位置进行准确的测量以确保其安装的精度。同时,利用锚杆将孔口管与进洞口墙体进行固定,并使用注浆充填孔口管与墙体之间的空隙。

(2)使用螺栓将扩大钢环和帘布密封橡胶圈分别固定在孔口管上,接着再用螺栓将扩大钢环的另一端与连接钢环、帘布密封橡胶圈连接起来。

(3)使用螺栓将多片折页式压板固定于环板上,并调节各压板至适当的位路,以保证压板内圈直径比顶管机的直径多出50~100mm。这样既能防止顶管机洞口处产生过大的偏移,也能防止橡胶圈外翻。

(4)当顶管机行至洞口处时,需对顶管机的外壁进行润滑,以防止其与两道帘布密封橡胶圈之间由于摩擦过大而影响推进。

(5)在顶管机顶进过程中,需先后穿过两道帘布密封橡胶圈。橡胶圈会随着顶进方向翻转,起到密封止水的作用。此时,如果折页式压板内圈与顶管机之间的间隙过大,就要暂停顶管顶进,并对折页式压板进行重新调节,确保其内圈直径贴近顶管机身,以防密封橡胶环外翻。

此洞门密封装置的优点在于其结构简单,由几个部件组成,方便安装。两道橡胶环的密封效果出色,有效防水。该装置本身及施工成本较低,适用于各种地层,特别是高水压复杂地层,具有广泛的应用前景。根据现场安装效果,采用这种密封装置密封洞口的效果较好,没有发生洞口和管道之间的漏水漏浆等问题。

3)高水压条件下顶管接收洞门止水技术

在高水压条件下,顶管接收洞门可以采用钢套管接收技术。与洞口止水密封接收技术和水下接收技术相比,钢套管接收技术不需要止水密封装置,工作量小且经济性较好,但目前缺乏直接用于顶管施工的套管接收装置与工艺,因此需通过现场试验检测其密封性能。盾构机钢套筒接收技术对顶管机接收具有参考价值,钢套筒接收技术是一种可有效防止涌水、涌砂的新工艺,主体为一端开口、另一端封闭的钢套筒,开口端与洞门预埋环板相连,形成整体密闭容器,在接收过程中套筒内充满清水、黏土或泥浆等回填料,来平衡洞外土体和地下水压力,从而使接收过程仍处于保压封闭状态,避免了漏水、涌砂的风险。

(1)现场试验装置

某顶管接收钢套管装置采用两节接收筒拼接而成,接收筒长分别为3.03m和2.03m,壁厚均为1.5cm,每节接收筒由两块半圆钢护筒拼装而成,每个拼装面通过橡胶板封堵,密封橡胶板采用修整弯折而成的直橡胶板。接收仓T形区域贴上小片橡胶垫,两端端盖利用L型钢加固。L型钢厚度为1cm,宽度为10cm,呈"井"字形焊接,各型钢间距为72cm。此外,还对环形接合面上的橡胶垫修整加工,增加橡胶垫数量,将一道橡胶垫改为两道,接合面打磨修整,涂抹密封胶,以加强密封效果。

(2)密封试验过程

在试验过程中,利用空压机向接收仓内施加气压,气压表显示仓内的压力迅速增长并稳定在0.7MPa。随后,对装置的各个部位的密封状况进行检查,发现环向接合面和螺栓孔处有轻微的漏气现象,但并不明显。这些结果表明,经过现场试验的接收装置可以在实际工况下进行套管接收。钢套管接收装置使用时,基于泥土与水的平衡原理,通过调控接收仓内的泥水压力,保持其与地层的土壤和水压力的平衡,同时对出洞口进行密封处理,以确保顶管机接收过程的安全性和可靠性。这种装置的使用可有效防止接收端出现漏水或漏浆等问题,从而降低接收的风险并控制接收成本。顶管机钢套筒接收的整个过程包括以下步骤:

①在顶管机进入工作井钢套筒之前,向钢套筒内注入泥浆,并加压检查套筒的密封性能。

②顶管机进入套筒后,需要降低顶进速度,停止刀盘旋转,直到机头全部进入套筒,同时要确保刀盘顶部与套筒端盖之间保持至少300mm的安全距离。

③当顶管机进入钢套筒指定位置后,需要开启接收处的抱箍,紧紧抱住管节,同时通过快速凝固的双液浆置换进出洞8m范围内的减阻浆,进行进出洞的堵水。在注浆过程中,需要保证接收套筒内的泥浆压力,以避免管外注浆时水泥浆进入掘进机。

④当进出洞处的水泥浆液终凝后,可以拆除钢套筒和顶管机。

4）反力墙设计

反力墙是顶进管节时为千斤顶提供反作用力的结构,也称为"后座""后背"或"反力墙"。在施工期间,必须确保反力墙的稳定性,一旦反力墙遭受破坏,顶管施工就会受到影响而停顿。因此,反力墙的设计需要进行详细的计算,其重要性不亚于对顶进力的预测计算。反力墙在设计时应保证其最低强度足以承受在设计顶进力作用下的破坏风险,并留有较大的安全系数。为了充分发挥主顶工作站的顶进效率,应尽量减小反力墙本身的压缩回弹量。在设计和安装反力墙时,应满足以下要求:

(1)强度充分。顶管施工时,反力墙应该能够承受主顶工作站千斤顶的最大反作用力而不会出现破坏。

(2)刚度足够。当受到主顶工作站的反作用力时,反力墙材料会产生压缩变形,但卸荷后应能恢复原状。

(3)表面平直。反力墙表面应该是平直的,并与顶进管道的轴线垂直,以避免产生偏心受压,导致顶力损失或造成质量、安全事故。

(4)材质均匀。反力墙材料的材质应均匀一致,以免在承受较大后坐力时导致反力墙材料压缩不均,出现倾斜现象。

(5)结构简单、装拆方便。无论是装配式还是临时性反力墙,都要求采用普通材料且易于装拆。

5）顶管工作井要求

(1)始发井

始发井的长度,应根据顶管机长度、千斤顶长度、下井管节长度和井内工艺接管要求综合确定。当按顶管机长度确定时,始发井的内净长度可按下式计算:

$$L > l_1 + l_3 + k \tag{9-2}$$

式中：L——始发井的内净长度(m);

l_1——顶管机下井时最小长度(m);

l_3——千斤顶长度(m),一般取 2.5m;

k——后座和顶铁的厚度及安装富余量(m),可取 $k = 1.60$m。

当按下井管节长度确定时,始发井的内净长度可按下式计算:

$$L = l_2 + l_3 + l_4 + k \tag{9-3}$$

式中：l_2——下井管节长度,钢筋混凝土矩形管片可取 1.5~3m;

l_4——留在井内的管道最小长度,可取 $l_4 = 0.5$m;

其余符号含义同前。

工作井内的最小内净空长度应按照上述两种方法计算结果取大值。

始发井的宽度应根据顶管管节宽度和两侧工作面的宽度综合确定,单侧工作面宽度一般不小于 1.2m。

$$B = D_1 + 2.4 \tag{9-4}$$

式中：B——始发井的内净宽度(m);

D_1——管片的宽度(m)。

始发井的深度应根据管顶覆土厚度、管片高度和管底工作面的高度综合确定,应按下式计算:

$$H = H_3 + D_2 + h \tag{9-5}$$

式中:H——始发井底板面最小深度(m);

D_2——管片的高度(m);

h——管底操作空间(m),矩形箱涵可取 $h = 0.7 \sim 1$m。

(2)接收井

接收井最小内净宽应按下式计算:

$$B = D_1 + 2.0 \tag{9-6}$$

式中:B——接收井的内净宽度(m);

D_1——管片的宽度(m)。

接收井的最小内净长度应满足顶管机在井内拆除和吊出的需要。

9.3 小净距顶管机装备

1)常规矩形顶管机选型及分类

(1)矩形顶管机性能要求

①矩形顶管机大小应与施工工况相匹配,断面大小应与隧道管节相适应,设备长度应综合考虑工作井尺寸大小,在满足功能需求的情况下尽量缩短设备长度,同时应根据现场组装及运输条件对大断面矩形顶管机进行分块设计。

②矩形顶管机应能在工作环境温度为 $5 \sim 50$℃、相对湿度小于90%的条件下正常使用。

③矩形顶管机设计应为循环利用、智能化制造、绿色环保、再制造提供条件。

④矩形顶管机零部件的设计应满足强度、刚度、疲劳可靠性要求。

⑤矩形顶管机各系统结构的布局应充分考虑便于使用操作、物料输送、设备维修保养和紧急情况下的人员疏散。

(2)矩形顶管机选型应考虑的问题

①矩形顶管机选型应重点考虑所施工地质的地层粒径、渗透系数、地下水压情况,同时兼顾开挖尺寸、开挖面稳定性、埋深、成本、工期、场地大小、地层是否采取降水处理等工程实际情况综合考虑而定。

②矩形顶管机依据地层粒径选型时,土压平衡顶管机在不进行渣土改良及泥水平衡顶管机在不使用添加剂时,根据地层粒径大小选用不同类型的顶管机。粉土、粉质黏土、淤泥质粉土和粉砂等黏稠土壤地层施工(地层粒径范围为1.5mm以下)选用土压平衡顶管机较优。砂、砾石、卵石等地层施工(地层粒径范围为0.0140mm)选用泥水平衡顶管机较优。岩土中粉粒和黏粒的总量达到40%以上时,可选用土压平衡顶管机,反之可选用泥水平衡顶管机较好。

③矩形顶管机依据渗透系数选型原则:当地层的渗透系数小于 1×10^{-7}m/s 时采用

土压平衡顶管机较优；当地层的渗透系数大于 1×10^{-4} m/s 时，采用泥水平衡顶管机较优；当渗透系数在 $1\times10^{-7}\sim1\times10^{-4}$ m/s 之间时，两者皆可。

④矩形顶管机依据地下水压选型，当地下水压不大于 0.3MPa 时，采用土压平衡顶管机较优；当地下水压大于 0.3MPa 时，采用泥水平衡顶管机较优。

(3) 各系统性能要求

①开挖系统性能要求为：矩形顶管机的开挖面稳定形式应根据工程地质和水文地质选择。开挖系统应具有切削矩形断面土体、支撑开挖掌子面、渣土改良和搅拌的功能。矩形顶管机开挖系统宜采用多个刀盘单元组成，也可由单个仿形刀盘构成，应具备矩形断面切削能力。矩形顶管机开挖系统设计应尽量减少开挖盲区，开挖盲区可采用高压水射流钻等主动切削形式，也可采用盾体切刀等被动切削形式；未采用盲区处理措施的地层挖盲区不应影响矩形顶管的正常掘进。

②排渣系统性能要求为：排渣系统选型应与土仓压力平衡形式相匹配，并具有辅助调节土仓压力的功能。矩形土压平衡顶管机的螺旋输送机根据地质工况不同，可选用有轴式或带式，一般而言软土地层宜选用有轴式，砾石层视砾石粒径大小选用有轴式或带式。施工地质富含水，选用螺旋输送机出渣时，螺旋输送机出渣口宜配置双闸门。

③矩形土压平衡顶管机应配置渣土改良系统。黏土、粉土地层应至少配置泡沫改良系统，砂土地层应至少配置膨润土改良系统，砾石层矩形顶管机应配备泡沫、膨润土、黏土综合改良系统。

(4) 矩形顶管机分类及组成

矩形顶管机主要分为矩形土压平衡顶管机和矩形泥水平衡顶管机两种类型，具体选型可根据实际工程情况比选确定。矩形土压平衡顶管主要由切削搅拌系统、出渣系统、纠偏系统、顶推系统和变泥浆减阻系统等组成，如图9-4所示。土压平衡为整个矩形顶管系统施工的工作原理，当矩形顶管机施工时，矩形顶管机前方的刀盘不断切削土体，被切削后的土体挤入并充满土仓，与为了改善其渗透性和流塑等性能而注入的浆液进行搅拌，最后从螺旋输送机中排出，以此来使土仓中的压力随着顶管机的顶进减小，前方土体被切削从土仓中排出。当从螺旋输送机排出的土量等于刀切削进入土仓中的土量时，前方工作面土压力与土仓前部土压力保持平衡，即为土压平衡状态。该施工方法主要适用于长度不大的小口径隧道，顶管法施工工作井占地面积小，以确保地面建筑物不受损害。

矩形泥水平衡顶管机的结构主要由切削系统、泥水循环系统、纠偏系统、推进系统和触变泥浆减阻系统等组成，其中切削系统、纠偏系统、顶推系统和触变泥浆减阻系统与矩形土压平衡顶管机相同。矩形泥水平衡顶管机结构如图9-5所示。矩形泥水平衡顶管机通过刀具切削下来的泥土在泥土仓内形成塑性体，以平衡土压力；而在泥水仓内建立高于地下水压力 $10\sim20$ kPa 的泥水、泥浆，以平衡地下水压力。

顶管机刀盘前面的切割面安装固定刮刀，刀座和刀盘焊接采用耐磨焊条。刀盘刮刀对前面土体是全断面的刮动。刮刀对破裂的土体进行切割，掏空前方土体，顶管机向前推进。顶管机的刀盘和泥土仓是个多棱体，且刀盘围绕主轴做偏心转动，经过刀盘对前方土体切割，当有大块土体或块石进入顶管机泥土仓，经刀盘转动时就会被轧碎，当碎块泥土小于顶管机的隔栅孔时就进入泥水仓,被泥水循环管输送走。

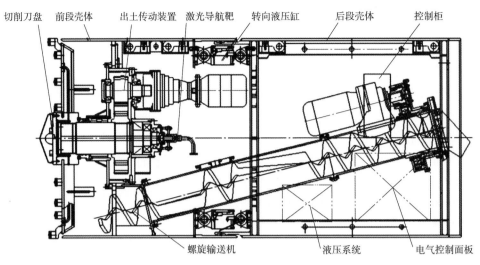

图 9-4 矩形土压平衡顶管机结构示意图

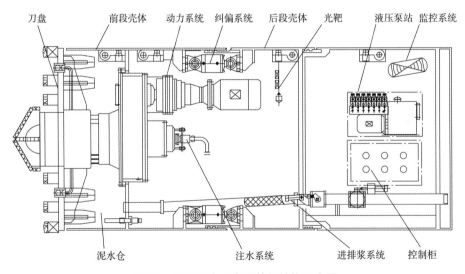

图 9-5 矩形泥水平衡顶管机结构示意图

2) 大断面矩形顶管装备

大断面矩形顶管应用范围广泛,其中大断面小净距顶管隧道可以应用于城市轨道交通的车站、区间等工程中。广州地铁 3 号线东延段海傍站采用大断面小净距顶管隧道施作车站站台,本节对该工程使用的大断面矩形顶管装备进行介绍。大断面矩形顶管装备由中心刀盘系统、角刀盘系统、刀盘驱动系统、壳体系统、铰接系统、顶进系统、穿墙止水装置、注浆系统、泥水循环及排渣系统、测量纠偏系统及导向系统等组成。

(1) 中心刀盘系统:刀盘通过法兰与主轴承齿圈连接,电机提供的扭矩通过减速机、小齿轮、主轴承外齿轮传递给刀盘,刀盘速度双向无级调节,如图 9-6 所示。

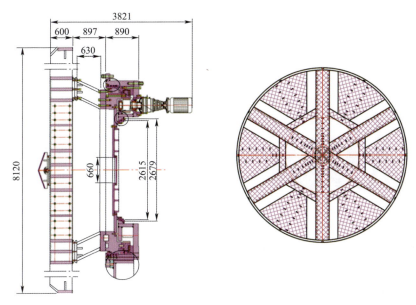

图 9-6　中心刀盘(尺寸单位:mm)

(2)角刀盘系统:刀盘通过法兰与曲轴轴承座连接,刀盘座将刀盘动力部分固定在前壳体的中隔板上。电机提供的扭矩通过减速机、曲轴传递给刀盘。刀盘速度双向无级调节。刀盘采用4组曲轴动力驱动,如图9-7所示。

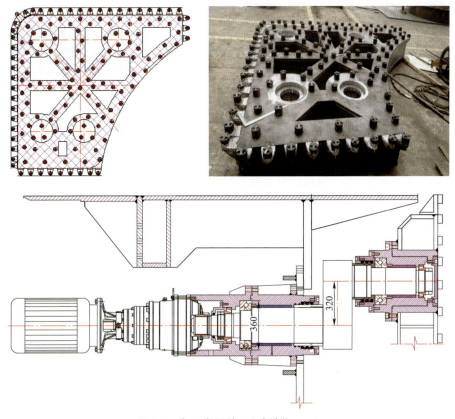

图 9-7　角刀盘系统(尺寸单位:mm)

(3) 刀盘驱动系统：中心刀盘驱动形式为电机驱动形式，配置的主轴承为三排圆柱滚子轴承，主推滚子采用双列滚子设计，可承受较大偏载，主轴承直径为4458mm，主轴承有效使用寿命不小于10000h，如图9-8所示。

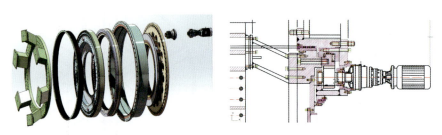

图9-8 刀盘驱动系统

(4) 壳体系统：壳体系统对挖掘出的、还未衬砌的隧道段起到临时支护的作用，承受周围土层的土压、地下水的水压，并将地下水挡在壳体外面。壳体系统由壳体前段、壳体后段组成，如图9-9所示。

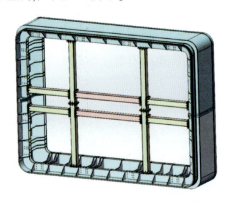 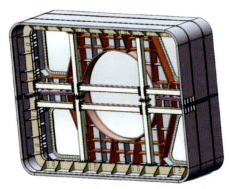

图9-9 壳体系统

(5) 铰接系统：前壳体与后壳体之间采用多组液压缸被动铰接形式，设置两道常规密封，如图9-10所示。正常情况下，橡胶压缩12mm，密封起作用，这种形式的铰接形式有保持密封状态的优越性，可以满足任意方向的铰接运动，使施工和方向调整更加便利，完全可以满足施工需要。

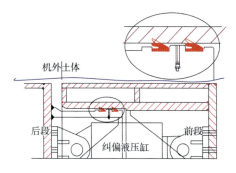 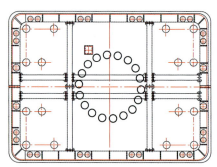

图9-10 铰接系统

(6) 顶进系统：后座主推系统选用32个200t级千斤顶，各液压缸有其独立的油路控制系统,可根据施工需要通过调整主顶装置的合力中心来进行辅助纠偏。每只液压缸顶力控制在 1800kN 以下,这可以通过液压泵压力来控制。导轨选用钢质材料制作,顶铁采用铸钢整体浇铸或采用型钢焊接成型。

(7)穿墙止水装置:穿墙止水环安装在始发井预留洞口,防止地下水、泥沙和触变泥浆从管节与止水环之间的间隙流入始发井。穿墙止水圈的组成部分有预埋钢板环、橡胶圈、钢压板、钢压环、螺栓、盾尾刷。

(8)注浆系统:本工程每节管节布置注浆孔直径为 50mm,数量是每节管节 16 支,压浆孔的直径是 25mm,数量是每节管节 18 支。注浆孔和压浆孔定位后和钢筋笼焊接固定。注浆孔在管节制作时预留,每个注浆孔设置 1 个球阀及 1 个单向阀,每组注浆孔设置 1 个总阀门。施工顺序是:地面拌浆→储浆池浸泡水发→启动压浆泵→打开送浆阀→送浆(顶进开始)→管节阀门关闭(顶进停止)→总管阀门关闭→井内快速接头拆开→下管节→接长总管→循环复始。

(9)泥水循环及排渣系统:泥水循环系统包含接力泵、排砾装置、旁通管、送排泥管路。通常采用的泥浆相对密度是 1.05~1.3,黏度不小于 25s。

(10)测量纠偏系统:施工管道轴向测量采用高精度激光经纬仪,测量主要用导线测量法,测量平台设在顶管后座处,测量光靶安装在掘进机尾部。测量时激光经纬仪直接测量机头尾部测量光靶的位置,并根据机头内的倾斜仪计算机头实际状态。在始发井处设置激光经纬仪,在矩形顶管机内设置导向靶。通过激光在导向靶上的投射斑点的位置来判断矩形顶管机的当前姿态。

(11)导向系统包括:显示器、测量靶、激光经纬仪、全站仪。

3)超大断面零净距组合顶管装备

超大断面零净距组合顶管装备可以建造城市轨道交通站厅、站台或者站厅与站台一体化的隧道。深圳地铁 12 号线沙三站采用了采用零净距顶管组合建造"车站站厅+站台"一体化隧道,本节以该工程为例介绍超大断面零净距组合顶管装备。

顶管机主机断面尺寸为 11420mm×13650mm,由上下两台顶管机组合而成,采用多刀盘结构、前后布置形式,刀盘数量为 14,最大刀盘直径为 5000mm。盾体主要包括前盾、尾盾,均分为上下两块设计,上下各 4 块,共 8 块。布置有 4 台螺旋输送机,上下各 2 台,如图 9-11 所示。顶推系统设计最大推力为 103200kN,最大推进速度为 40mm/min,推进液压缸行程为 3m,顶推液压泵站功率为 105kW。

(1)组合顶管盾体:盾体采用组合式、盾体微超前设计,刀盘采用三层,采用 2 前、6 中、6 后形式的多刀盘微台阶矩形顶管机,如图 9-12 所示。

(2)推进系统:采用 26 根 ϕ380mm 的液压缸,行程为 3000mm,最大推进速度为 40mm/min,最大工作压力为 35MPa,最大顶推力为 103200kN,顶推液压泵站功率为 105kW。

(3)出渣系统:设计 4 台螺旋输送机,上部 2 台,下部 2 台,下部螺旋输送机长度比上部的长约 1m,并采取加设弧形闸门,增加土塞效果,防止压差和喷涌发生。

(4)纠偏系统:采用 45 根行程 300mm 的液压缸;顶推液压泵站功率为 37kW,工作压力为35MPa，最大推力为160310kN。

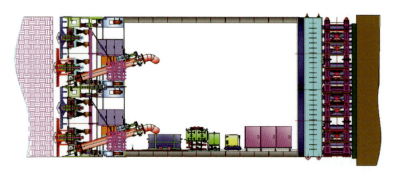

图9-11 零净距组合顶管主机整体构造

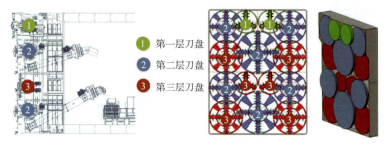

图9-12 零净距组合顶管盾体设计

（5）高精度导向系统：可视化直线型导向系统通过激光经纬仪、导向靶精确控制姿态，同时在机内设置双轴倾角传感器，可以精确监控矩形顶管机的俯仰和滚动变化。

9.4 本章小结

本章介绍了小净距顶管隧道施工关键技术，包括小净距顶管施工控制技术、顶管始发与接收技术以及小净距顶管机装备等。

小净距顶管隧道施工相比于单洞或分离式顶管隧道，对施工控制更为严格，施工面临地层性质差异、地下设施复杂，更容易出现中夹岩墙失稳和地表沉降等问题。本章从顶进速度及出土量、顶管机姿态控制与纠偏、注浆减阻、土体改良、顶管机拆解与吊出等方面阐明了小净距顶管的施工控制技术。

本章还介绍了始发基座及顶管机就位、后靠就位及安装、导轨定位安装、洞门预留及破除、顶管始发、顶管接收等施工工艺。顶管始发与接收需采用土体加固结合洞口止水技术，以确保施工安全，在高水压条件下，顶管始发前采用洞门密封装置进行洞口止水，顶管接收洞门可以采用钢套管接收技术。

小净距顶管隧道使用的顶管机选型应考虑地层粒径、渗透系数、地下水压情况，同时兼顾开挖尺寸、开挖面稳定性、埋深、成本、工期、场地大小、地层是否采取降水处理等因素。本章介绍了应用于建造车站站台隧道的大断面矩形顶管装备和应用于建造"车站站厅+站台"一体化隧道的超大断面零净距组合顶管装备。

第 10 章

小净距隧道监控量测与风险管控

监控量测、动态设计及信息化施工、施工风险管理及控制是小净距隧道工程建设的重要环节,监控量测有助于工程人员及时了解小净距隧道围岩与支护体系的状态,根据监测数据动态调整设计参数,达到信息化施工的要求。在小净距隧道施工前对项目的风险进行分析,并提出风险控制措施和应急预案,是控制施工风险的有效手段。

10.1 小净距隧道监控量测技术

10.1.1 监控量测的目的

监控量测是小净距隧道施工的重要组成部分,也是信息化施工的重要组成内容之一,通过监控了解围岩与结构的稳定性,了解围岩的变形动态,确保隧道的安全施工。小净距隧道两洞间距较近,中夹岩墙较薄弱,易失稳,且在隧道施工过程中,由于地质条件的复杂性以及围岩与支护体系相互作用的复杂性,理论分析存在较大困难。在施工过程中进行监控量测,及时获取围岩变化和支护受力的动态信息,用以修正支护参数、完善施工措施,这是极有必要的。监控量测的主要目的是:

(1)通过监控量测,把现场实测结果反馈到设计和施工过程中,弥补理论分析的不足,并通过比较监测数据与理论预测指标,判断设计是否合理、施工是否实现了设计意图。

(2)通过监控量测,了解施工各阶段围岩与支护结构的力学行为动态变化,明确隧道工程施工对围岩的影响程度以及可能产生失稳的薄弱环节,把握施工过程中结构是否安全,是否需采取相应的施工技术措施,如改变施工方法、选择适合的辅助工法、修正支护参数、确定二次衬砌施作时机等。

(3)通过监控量测,对工程施工可能产生的环境影响进行全面监控,判断隧道施工对周围建(构)筑物、地下管线等的影响程度,避免出现环境安全事故。

由于小净距隧道的围岩稳定性和支护结构的受力情况比普通隧道更为复杂,因此必须将现场监控量测体系和项目纳入施工组织设计中,并在施工过程中严格执行。由于小净距隧道中夹岩墙的厚度比普通分离式隧道小,围岩受到多次开挖的扰动,结构受力也更为复杂,因此其薄弱环节和薄弱部位、现场监控量测的重点以及量测项目的基准值与一般的分离式隧道有所不同。

小净距隧道的中夹岩墙是设计、施工中的重要关注点,应加强对中夹岩墙的变形、受力以及爆破振动影响的监控量测。因此,需要根据影响程度,增加对中夹岩墙压力、加固效果的测试项目。小净距隧道开挖对相邻洞室开挖掌子面前后 $1B$(B 为隧道开挖宽度)范围内有明显影响,因此应对该范围进行重点监控量测,并增加量测频率。对开挖掌子面前后 $2B$ 范围内也应加强量测。小净距隧道相互影响程度不同,其监控量测的侧重点也应有所区别,因此,宜根据围岩级别、小净距类别选取相应监控对策。对于小净距隧道监控量测项目,分为必测项目和选测项目,必测项目为先行洞、后行洞隧道均须进行的常规监控量测项目,包括地质与支护状态现场观测、洞周收敛量测和拱顶下沉监控量测。选测项目则根据地质情况、影响程度、开挖方式以及量测目的等因素进行选择。

10.1.2 监控量测项目及方法

隧道监控量测内容主要分为沉降位移变形、围岩及结构内力、爆破振动、周边环境影响等几个方面,小净距隧道还应包含中夹岩墙专项监控量测。具体监控量测项目包括洞内外观测、洞周位移、拱顶下沉、围岩内部位移、地表沉降、围岩压力、钢拱架轴力、支护及衬砌内力、锚杆轴力、爆破振速等。

不同种类的围岩在隧道挖掘后的应力释放过程中表现出不同的形式。在大部分种类的围岩中,应力的释放主要通过位移和变形来体现。因此,通过对隧道沉降位移变形的测量可以准确地把握围岩和结构的稳定性。然而,对于某些硬脆性围岩,应力的释放主要是通过岩体吸收弹性应变能的方式完成的,并不会表现出明显的位移变形。对于这类围岩和隧道结构,监控和测量其内部应力状态的变化能更准确、可靠地评估和判断其稳定性。因此,针对不同的围岩性质、环境条件和结构形式,隧道的监控和测量内容和项目应有不同的针对性和侧重点。

对于小净距隧道而言,由于中夹岩墙厚度较小,围岩受到多次开挖和反复扰动,使得结构受力更为复杂。因此,其薄弱部位、监控量测的重点以及基准值与普通隧道有所不同。根据已有的工程经验,中夹岩墙是设计施工中的薄弱环节,应加强对中夹岩墙变形、受力以及爆破振动影响的监控量测。

1)隧道及围岩沉降位移变形监测

隧道挖掘引发的围岩变形最直接的表现是隧道的沉降和收敛变形。这些变化是判断围岩状况和结构稳定性的重要测量信息,也是目前技术成熟、应用广泛的主要监控测量方法。大部分围岩的坍塌和支护体系的破坏都是变形达到一定程度后未采取有效的防治措施而导致的必然结果。隧道结构沉降位移变形的监测项目包括对洞内外状况的观察、拱顶的下沉、洞周的收敛以及围岩内部的位移等。

(1)洞内外观察

隧道开挖后,对开挖工作面的地质情况进行观察,采用数码摄像、地质罗盘、锤击等预测围岩级别,为判断开挖后围岩和隧道是否稳定提供地质依据。同时,根据喷射混凝土表层状态及锚杆的工作状态,分析支护结构的可靠性。

①开挖后未支护围岩的洞内观察内容包括:地层时代归属及产状;岩石颜色、成分、结构及构造等特征;岩性和分布,接近地质分界面位置的状态;节理性质、组数、间距,节理裂隙的发育程度和走向,断面特征及充填物类型等;断层的性状、产状、破碎带宽度及特征;开挖工作面的稳定状态,拱顶有无剥落现象。

②开挖后已支护洞段的洞内观察内容包括:喷射混凝土表层有无裂缝或剥离,裂缝状况描述和记录;有无锚杆变形或垫板陷入围岩内等现象;钢拱架有无被压屈、仰拱及底板是否有底鼓现象等。

洞外地表观测,重点沿隧道轴线方向观察是否存在地表植被异常倾斜、地表局部垮塌、滑坡、开裂、沉陷等现象。通过洞内外观测,可获取地质信息,修正、变更隧道围岩级别,并据以变更隧道支护结构参数和隧道施工方法。

(2)洞内位移

隧道洞内位移量测是判断围岩和初期支护是否稳定、调整初期支护参数、确定二次衬砌施作时间的重要依据,包括拱顶沉降和净空收敛。

①测线布置

在洞周位移测点布置上,全断面设置 1 条测线,台阶法每个台阶设置 1 条测线,分部开挖法每部设置 1 条水平测线。几种典型断面测线布置如图 10-1 ~ 图 10-4 所示。

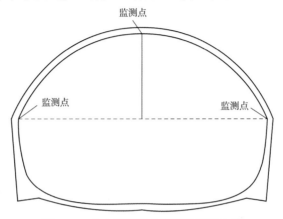

图 10-1　小净距隧道全断面法测线布置

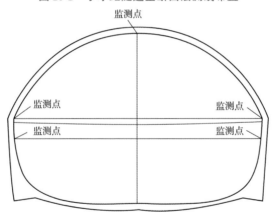

图 10-2　小净距隧道台阶法测线布置

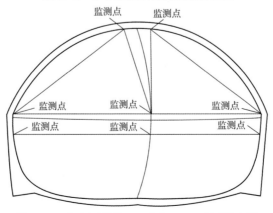

图 10-3　小净距隧道 CD 法和 CRD 法测线布置

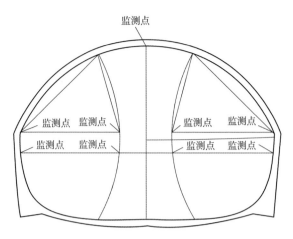

图 10-4　小净距隧道双侧壁导坑法测线布置

②测点埋设

现场施工沉降位移测点埋设时,常发生两个错误:一是埋设时间滞后,二是埋设方式错误。隧道开挖初期,围岩应力释放明显,沉降位移变形速率大,此时的测量数据对于指导施工意义极其重大,测点一定要尽早设置。而在实际施工中,或为操作方便,或因重视不够,测点埋设往往滞后于开挖工作面较长距离。测点埋设时间过晚,围岩大部分沉降变形已完成,此时测读初始读数,对指导施工的价值已减弱,甚至会起到误导作用。采用钻爆法开挖的隧道,应在距开挖工作面4m范围(或2个循环)内尽快安设测点,并应在爆破后24h内或下一次爆破前测读初始值。采用非钻爆法开挖的隧道,应在距开挖工作面2m范围内尽快安设测点,并尽早测读初始值。

在测点埋设方式方面,部分隧道施工监测,为方便计,把测点直接焊在钢拱架上,反映的是钢拱架而非围岩的变形位移。测点不能焊于钢拱架上,应单独打孔直接安置于岩体中。埋设测点采用冲击电锤或风钻钻孔,埋入钢筋采用直径不小于16mm的螺纹钢,前端外露钢筋(外露部分不得小于6mm)与正方形钢板焊接(60mm×60mm),贴上反射膜片(50mm×50mm)。测点用快凝水泥或锚固剂与围岩锚固稳定,埋入围岩深度不小于20cm,若围岩松软破碎,应适当增大测点埋入深度,不小于50cm。

测点设立后要加强保护,若被毁坏,应尽快恢复设置,保证数据不中断。

③监控量测方法

监控量测方法包括接触式和非接触式两种。

a. 接触式监控量测方法:拱顶沉降量测一般采用挂尺配合电子水准仪或精密全站仪施测;洞周收敛一般采用收敛计、手持式激光测距仪等接触式方法进行数据采集。

b. 非接触式监控量测方法:采用精密全站仪与洞内等级控制网设站,埋设反光标志,以板坐标法进行非接触数据采集。非接触式监控量测方法具有自动化程度高、观测方便、数据可靠等优点,在隧道施工监测中应用较广泛。该方法现场只需要一台精密全站仪和依测线安装反射膜片的测点,基准点采用施工坐标系。全站仪应选用测角精度为 $\pm(0.5''\sim 1.0'')$、最小读数为 $0.1''$、测距精度为 $\pm(1.0+1.5\times10^{-6}\times D)$ mm 的精密测量仪器,反射测点由膜片、觇板和埋设杆组成。

非接触式监控量测需注意以下监测要点：

(a)基准点坐标、高程应定期复核。

(b)用全站仪进行收敛变形监测时,只施测坐标数据,左、右测点高差不宜过大,应尽量埋设在同一平面上。

(c)反射膜片应尽量与洞轴线方向垂直。

(d)观测时采用正倒镜一测回观测。

(e)精密全站仪、电子水准仪使用前应经过鉴定、校准,以确保数据采集的可靠性。

(f)采用全站仪自动观测时,应避免望远镜视场内同时出现两个及以上反射测点。

(3)围岩内部位移

通过对围岩内部位移进行量测,可得出围岩表面测点与内部各测点之间的相对位移值,据以分析围岩位移随深度变化的关系,判断围岩开挖引起的围岩松动、松弛范围,为围岩加固设计与施工提供依据。

围岩内部位移量测包括从地表设点量测和从洞内设点量测两种方式。

从地表设点量测时,在地表钻孔,采用多点位移计及千分表测量。在洞口、偏压、浅埋段每10~20m布设一个监控量测断面,每个断面设3~5个测桩。从内测1点量测时,在洞内钻孔,采用多点位移计及千分表测量。每10~50m布置一个断面,每个断面设5~8个测桩。围岩内部位移监控量测频率见表10-1。

围岩内部位移监控量测频率　　　　　表10-1

开挖后时间(d)	1~15	16~30	31~90	>90
监测频率	1~2次/d	1次/d	1~2次/周	1~3次/月

2)围岩及隧道应力监控量测

如前所述,不同类型围岩在应力释放过程中体现的形式不同。在位移变形监测的基础上,进一步监控量测围岩接触压力及结构受力,掌握作用在支护体系上的荷载动态变化是很有必要的,是评价围岩及结构是否稳定安全的有效补充方式。尤其对不以变形方式体现应力释放的硬脆性围岩,围岩及结构的应力监测更为重要。围岩及隧道应力监控量测主要包括围岩接触压力、钢拱架内力、锚杆轴力和衬砌内力等几项,其监测宜与位移变形监控量测布置在同一断面,通常在拱顶、拱脚、边墙、墙角、仰拱中部等关键部位设置测点,如图10-5所示。

普通围岩及隧道应力监测频率见表10-2。针对小净距隧道施工,应力监控量测的重点部位及频率还应考虑先行洞和后行洞隧道施工相互影响。先行洞隧道监控量测频率不仅应满足规范、标准要求,还应重点监控后行洞开挖至先行洞监测断面同里程位置前后段距离范围内,围岩及隧道结构应力的变化,监测频率还需结合以下要求进行:当后行洞开挖面距监测断面大于$2B$(B为隧道开挖宽度)时,1~3次/月;当后行洞开挖面距监测断面$(1~2)B$时,1~2次/周;当后行洞开挖面距监测断面小于$1B$时,1次/d。

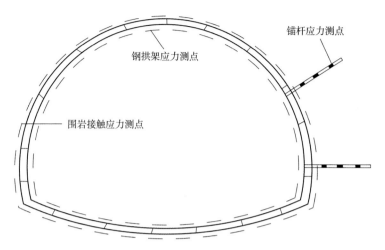

图 10-5 隧道压力及应力监控量测测点布置

应力监测频率　　　　　　　　　　表 10-2

开挖后时间(d)	1~15	16~30	31~90	>90
Ⅲ、Ⅳ级围岩监测频率	1次/d	1次/2d	1次/周	1~2次/月
Ⅴ、Ⅵ级围岩监测频率	2次/d	1次/2d	2次/周	1~3次/月

(1) 围岩压力监测

围岩接触应力常用压力仪进行监控量测。压力仪包括土压力盒和接收仪器两部分，土压力盒有振弦式和电阻应变式两种，工程中常用振弦式土压力盒。压力盒埋设在初期支护与围岩之间，压力盒的受压面朝向围岩，用水泥砂浆或石膏把压力盒固定在岩面上，再谨慎施作喷射混凝土层，确保围岩与压力盒受压面贴紧，喷射混凝土层与压力盒之间无间隙。有钢拱架时，将压力盒牢固固定在钢拱架和围岩之间。喷射混凝土后，采集 12h 内三次读数的平均值作为围岩压力测试初始值。目前，压力盒在工程应用中还存在以下问题需要注意。

①压力盒刚度和围岩刚度不一致。压力盒刚度与量程的选择很难匹配，带来了较大误差，当压力盒的刚度大于围岩的刚度时，所测压力偏大，反之则偏小。

②压力盒埋设位置不同，测量结果也会不同。如压力盒一般沿钢拱架的外侧布设，当钢拱架受力后，会产生整体下移或拱部变形，局部向下、向外变形时，会引起压力盘压力卸载或增大，往往在拱顶处所测压力较小，甚至测不到，而拱腰处则很大。压力盒埋设位置不同，必然导致量测数值离散性大、量测不准等不规律现象。

③压力变化过程与施工方法、围岩特征有密切关系。围岩应力调整是一个缓慢、长期的过程，由于时空效应，在开挖面处荷载只释放一部分，在开挖工作面之后不同距离处荷载皆不同，此外，压力释放过程又随着开挖方法的不同而有明显差异，监控量测必须与施工方法和围岩特征紧密结合才具备指导性。

④隧道施工环境相对较为恶劣，粉尘和地下水对仪器设备的质量和寿命提出了较高要求。目前市场上常用的压力盒在安装以后普遍存活率和寿命不高，甚至达不到 40%，

进口压力盒质量较好,但价格极为昂贵。

(2)钢拱架内力量测

在松软破碎围岩中,钢拱架作为初期支护的主要部分,其受力状况直接影响结构的稳定性。有条件时,可监控量测钢拱架内力状态,比使用土压力盒监测围岩接触压力更直接、更精确。通过钢拱架内力量测,可了解钢拱架受力状态,评价钢拱架和锚喷体系对围岩的组合支护效果,判断初期支护的安全性和可靠性。钢拱架内力量测应与围岩压力量测布设在同一断面上。当采用型钢拱架时,一般选用电阻应变片和电阻应变仪进行量测;当采用格栅钢拱架时,多选用钢筋应力计进行量测。在隧道工程施工中,后者应用更普遍、广泛。埋设钢筋应力测点时,将钢筋计串联焊接在被测主筋上,安装时尽可能使钢筋计处于不受力状态,特别不应处于受弯状态,将钢筋计的导线逐段引入测试匣中;施作喷射混凝土后,检查钢筋计的电阻值和绝缘情况,做好引出线和测试匣的保护措施。

(3)锚杆轴力量测

锚杆测试项目主要包括锚杆轴力量测、抗拔力测试和预应力测试。其中锚杆轴力量测主要应用于支护体系受力评价,而抗拔力测试和预应力测试主要是为了了解锚杆施作效果和质量。通过锚杆轴力量测,可以了解锚杆轴力大小、受力状况和分布规律,为锚杆参数设计优化提供依据。

锚杆轴力量测宜在每个代表性洞段设置 1~2 个监测断面,每一监测断面布置 3~8 根量测锚杆,通常布置在拱顶、拱腰及边墙处,每一量测锚杆根据其长度及测量需要设 3~4 个测点。锚杆轴力可采用钢筋计、锚杆测力计进行测试,测试仪器精度不低于 0.01MPa。将锚杆按设计进行安装和注浆。安装前,在锚杆待测部位并联钢弦式钢筋计,将带有螺纹的钢筋计旋紧而成锚杆测力计,通过测试锚杆应力确定锚杆的受力状态。各孔内的传感器数据采用频率计进行采集,根据钢筋计的频率-轴力标定曲线,将量测数据直接换算成相应的锚杆轴力。钢弦应力与振动频率关系见式(10-1)。

$$f = \frac{1}{2L}\sqrt{\frac{\sigma}{\rho}} \quad (10\text{-}1)$$

式中:f——钢弦振动频率;

L——钢弦长度;

σ——钢弦应力;

ρ——钢弦密度。

(4)衬砌内力

二次衬砌对隧道结构的长期稳定、使用功能的正常发挥有很大影响,可对二次衬砌进行内力量测,以了解其受力情况,检验其设计合理性,判断长期使用的可靠性和安全性。衬砌内力可采用应力计量测,所选量测元器件应与衬砌结构弹性模量相近,精度不低于 0.01MPa。衬砌内力监测元器件应在混凝土浇筑前埋设,并宜在混凝土降至常温状态后测取读数。

3)周边环境监测

在城市繁华区域施工浅埋轨道交通隧道,地层的稳定性问题比一般浅埋隧道更复杂,不仅要保证隧道结构本身的强度和稳定,还要保证地面建(构)筑物和地下管线的安全稳定。一旦造成建(构)筑物失稳或地下管线破坏等环境安全事故,其灾难性后果甚至远大于隧道自身结构安全事故。

图 10-6 所示为小净距隧道施工时,两隧道相互干扰、影响产生的附加沉降曲线。图 10-7 所示为地面估算沉降(不考虑附加沉降)和实测沉降曲线的比较。与单洞隧道原始应力状态下开挖时相比,小净距隧道开挖会引起地表附加沉降值,不同开挖方法和开挖顺序引发的地表沉降值差异较大。

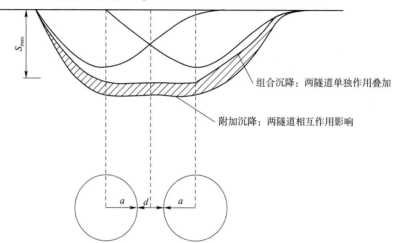

图 10-6 两隧道相互影响产生的附加沉降曲线

d-隧道净间距;a-隧道半径;S_{max}-最大沉降(单洞)

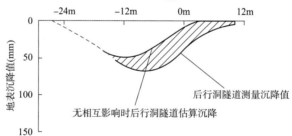

图 10-7 地表估算沉降(不考虑附加沉降)与实测地表沉降比较

城市轨道交通浅埋小净距隧道的监控量测项目必须考虑对周边环境进行加强监测,确保环境风险可控。周边环境监测项目包括地表沉降监测、隧道开挖影响区域内建(构)筑物及地下管线沉降监测等。结合两洞施工相互影响、干扰,建议小净距隧道环境监测频率见表 10-3。

小净距隧道浅埋洞段环境监测建议频率　　　　表 10-3

地表沉降重点监测部位	地表沉降监测频率(次/d)
先行洞和后行洞开挖工作面距离测量断面前后小于 $1B$	2
先行洞和后行洞开挖工作面距离测量断面前后 $(1\sim2)B$	$1\sim2$
先行洞和后行洞开挖工作面距离测量断面前后大于 $2B$	1

注:B 为隧道开挖宽度。

(1)地表沉降

地表沉降量测的主要目的是了解地表下沉范围、量值、倾斜度及稳定时间,地表下沉随开挖工作面推进的规律,据此判断隧道施工是否危及周边环境安全,是否需采取相应的施工措施。地表沉降测点布置见表10-4和图10-8。埋深特别浅或地表有特别重要建(构)筑物时,可加密测点布设。

地表沉降测点布置　　表10-4

覆土厚度 H 与隧道宽度 B 的关系	$2B \leqslant H \leqslant 3B$	$B \leqslant H \leqslant 2B$	$H \leqslant B$
纵向点间距(m)	15~25	10~15	5~10
横断面间距(m)	30~50	20~30	15~20

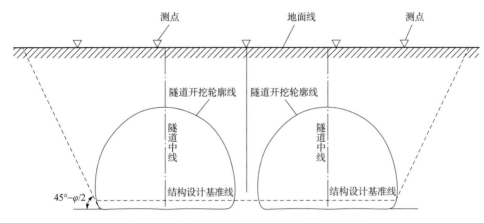

图10-8　小净距隧道地表沉降测点布置示意图

地表沉降采用精密水准仪或全站仪量测。测点埋设时,在地面开孔,打入顶部磨成椭圆形的螺纹钢筋(六角头全螺纹螺杆也可),在标志钢筋周围填入细砂夯实,做好测点的保护工作。

(2)建筑物沉降监测

隧道开挖影响范围内的重要建(构)筑物,其沉降变形是隧道施工环境安全的重点关注对象,必须进行施工期监测,避免出现危害既有建(构)筑物的不均匀沉降。测量项目包括裂缝监测、沉降监测、倾斜监测等。

①裂缝监测

进行裂缝监测首先要详细调查建筑物裂缝情况,包括:确定并记录裂缝分布位置、趋向、为监测对象;分析裂缝产生的原因、裂缝变化及发展趋势。简易观测是在裂缝部位粘贴骑缝石膏条,石膏条长10cm、宽1.5~2.0cm、厚0.5cm。通过观察骑缝石膏条开裂、发展情况,监测裂缝的发展情况。准确观测的做法是将裂缝编号并画出测读位置,用裂缝宽度仪或小钢尺进行测读。对于需精密测量的建筑物裂缝,采用应变计或百分表测读。

②沉降监测

对于隧道开挖影响范围内的重要建(构)筑物,应根据其结构特征、基础形式、结构类型和地质条件等,在建筑物的转角、高低悬殊或新旧建筑物连接处、伸缩缝、沉降缝等部位设置沉降监测点。埋设测点时,在建筑物的基础或墙上钻孔,将预埋件放入,孔与测点四周空隙用水泥砂浆填实,如图10-9所示。

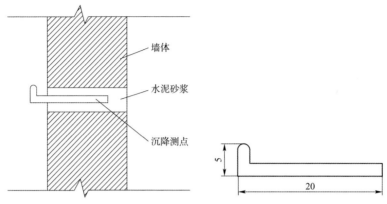

图10-9 建筑物沉降测点示意图(尺寸单位:cm)

测点也可采用六角头全螺纹螺杆,埋设时应注意使六角螺杆其中一角朝向正上方。测点宜布设在建筑物角点上,埋设高度应方便观测,做好明显标志,同时采取保护措施,避免受到破坏。每幢建筑物至少在四个角部布置观测点,特别重要的建筑物布置6个或更多测点。建筑物的沉降监测采用精密水准仪。

③倾斜监测

对于重要的高层、高耸建(构)筑物和桥墩,需进行倾斜监测。倾斜测点通过在建筑物外表面粘贴刻有十字刻度的贴片进行布设。可采用经纬仪进行监测。

(3)地下管线变形监测

针对隧道开挖影响范围内的重要地下管线,如输油、燃气、给水等有压管线以及抗变形能力差、易于渗漏的雨污水管等,应重点监测,监测项目包括管线沉降、水平位移及接头渗漏等。测点布设在管线接头处,或者对位移变化敏感的部位,沿管线延伸方向每10~15m布设一测点。有条件时可将测点直接埋设在管线上并引出地面,也可在管线上方设地面桩,进行间接量测。监测仪器主要采用精密水准仪、全站仪。

关于周边环境的监测控制标准应根据建筑物特点及产权单位要求综合确定,如无相关控制要求,可参考执行以下控制指标,见表10-5~表10-7。

建筑物的地基变形允许值　　　　表10-5

变形特征		地基土类别	
		中、低压缩性土	高压缩性土
砌体承重结构基础的局部倾斜率		0.002	0.003
工业与民用建筑相邻柱基的沉降差	框架结构	0.002L	0.003L
	砌体墙填充的边排柱	0.0007L	0.001L
	当基础不均匀沉降时不产生附加应力的结构	0.005L	0.005L

续上表

变形特征		地基土类别	
		中、低压缩性土	高压缩性土
单层排架结构(柱距为6m)桩基的沉降量(mm)		120	200
桥式吊车轨面的倾斜率 （按不调整轨道考虑）	纵向	0.004	
	横向	0.003	
多层和高层建筑的 整体倾斜率	$H_g \leqslant 24\text{m}$	0.004	
	$24\text{m} < H_g \leqslant 60\text{m}$	0.003	
	$60\text{m} < H_g \leqslant 100\text{m}$	0.0025	
	$H_g > 100\text{m}$	0.002	
体型简单的高层建筑基础的平均沉降量(mm)		200	
高耸结构基础的倾斜率	$H_g \leqslant 20\text{m}$	0.008	
	$20\text{m} < H_g \leqslant 50\text{m}$	0.006	
	$50\text{m} < H_g \leqslant 100\text{m}$	0.005	
	$100\text{m} < H_g \leqslant 150\text{m}$	0.004	
高耸结构基础的 沉降量(mm)	$H_g \leqslant 100\text{m}$	400	
	$100\text{m} < H_g \leqslant 200\text{m}$	300	
	$200\text{m} < H_g \leqslant 250\text{m}$	200	

注:1. 本表数值为建筑物地基实际最终变形允许值,控制标准应考虑其先期变形值。
2. L 为相邻桩基中心距离(mm), H_g 为自室外地面算起的建筑物高度(m)。
3. 倾斜率指基础倾斜方向两端点的沉降差与其距离的比值。
4. 局部倾斜率指砌体承重结构沿纵向6~10m内基础两点的沉降差与其距离的比值。

地下管线变形控制指标参考值　　　表10-6

重要性等级	允许位移控制值(mm)	倾斜率控制值
Ⅰ（有压管线）	≤10	≤0.002
Ⅱ（无压雨水、污水管线）	≤20	≤0.005
Ⅲ（无压其他管线）	≤30	≤0.004

注:根据《输油管道工程设计规范》(GB 50253—2014)第5.6.2条的规定,对穿越公路的无套管管段、穿越用的套管及埋深较大的管段,均应按无内压状态验算在外力作用下管子的变形,其水平直径方向的变形量不得大于管外径的3%。

结构变形控制指标参考值　　　表10-7

重要性等级	桥梁墩台允许沉降值（mm）	纵向相邻桥梁墩台差异沉降（mm）	横向相邻桥梁墩台差异沉降（mm）	承台水平位移控制值（mm）
Ⅰ（铁路桥梁、城市高架桥、立交桥主桥连续箱梁）	≤15	2	3	3
Ⅱ（立交桥主桥简支梁、立交匝道桥）	≤25	2	3	3
Ⅲ（人行天桥及其他一般桥梁）	≤30	3	4	4

4）中夹岩墙监测

（1）形态监测

对于中夹岩墙外形和变形进行监测，以评估其稳定状态。通常采用测量仪器（如全站仪）对中夹岩墙进行实时测量，同时结合相邻中夹岩墙的变形情况和周围地质环境特征，进行数据分析和预警。

（2）裂缝监测

中夹岩墙表面及内部裂缝状态对其稳定性有很大影响。监测通常采用视觉观察、借助于无损测试、地质雷达等仪器判断，可以做到准确测定裂缝的长度、宽度和方向等。

（3）地表位移监测

当中夹岩墙发生位移时，往往会导致地表出现变形。因此在中夹岩墙周围地表上设置监测点，进行地表位移监测，可以对中夹岩墙的稳定性进行间接评估。

（4）应力监测

中夹岩墙中存在着内部应力，在一些条件下这些应力会透过裂缝形成，进而危及中夹岩墙的稳定，可以采用拓扑应力计等力学仪器监测中夹岩墙的应力分布情况。

（5）水分监测

中夹岩墙中长期积聚的水分可能会对中夹岩墙的稳定造成影响，因此需要对中夹岩墙内部水分含量进行监测。可以采用取样分析的方式或无损检测技术（如超声波检测）进行测量。

针对小净距隧道施工特点，在确定监控量测项目时，应当将先行洞、后行洞、中夹岩墙综合考虑，除前述常规监测外，还应考虑以下事项：

（1）后行洞隧道开挖对先行洞隧道拱顶沉降、净空收敛的影响。

（2）增加中夹岩墙的相关监测，包括中夹岩墙位移、围岩压力及爆破振动等的监测。

（3）因中夹岩墙较薄弱，靠近该部位的地表沉降、围岩应力和钢拱架应力受开挖的影响较大，相应测点应尽量靠近中夹岩墙部位埋设。

（4）当中夹岩墙特别薄时，可增加该部位水平对拉锚杆轴力监测，进一步了解中夹岩墙的受力状态。

10.2 动态设计及信息化施工

动态设计,是指将设计划分为两个阶段:预设计和修正设计。其中,预设计用于对工程施工进行指导,通常参照工程类比,其决策具有较强的模糊性。修正设计是在具体施工过程中,基于暴露的相关地质状况和各类实际情况变化,对预设计实施科学修正和有效完善。信息化施工是指施工单位遵循工程设计各项要求制订工程施工和监测的具体方案并予以实施,以监测结果为依据,对施工方案和相关工艺进行及时调整和科学优化,并根据信息反馈对设计进行科学修正和合理变更。动态设计与信息化施工二者具有相辅相成的紧密关系,其具体流程如下:对工程进行预设计→对工程开展施工检验→对工程地质进行判别→获取工程监测信息→实施修正设计→开展施工检验。

10.2.1 隧道工程的动态设计

1) 隧道支护结构调整

隧道支护结构的调整是隧道工程动态设计中的重要环节,需遵循经济性和安全性原则。在施工过程中,必须综合考虑地质和围岩等多方面因素,对隧道支护结构进行适时调整。如果地质和围岩条件发生变化,如原本工程勘查和设计文件描述的地质围岩为Ⅳ级,但现场判断为Ⅴ级,那么需对支护结构进行相应调整。即使地质和围岩条件未发生改变,也应根据实时监测信息对支护结构做出相应调整。若支护结构出现较大变形,需增加支护;若支护结构未发生变形或变形较小,可适当减少支护。如果因施工原因未能按照原定图纸进行施工,也需对支护结构进行调整。调整隧道支护结构通常包括改变支护结构的厚度和强度,调整格栅钢架的尺寸、间距等,或调整锚杆的设置。此外,还可以通过增减钢筋来调整支护结构的厚度和强度。

2) 隧道长度及断面尺寸

预设计通常根据地形和地质条件来确定隧道长度,并综合考虑结构受力等因素来确定隧道断面尺寸。如果地形和地质等相关条件不符合设计要求,可以调整隧道长度,甚至调整洞门形式。通常不需要调整隧道断面内轮廓尺寸,而是主要对开挖和初期支护的尺寸进行调整,例如预留变形量和施工预留量的调整。

3) 施工方法选择

隧道施工的主要方法包括全断面法、台阶法、CD法、CRD法、双侧壁导坑法、中洞法等。选择施工方法时,应综合考虑地质围岩和隧道断面等因素。在选择施工方法时,要注重施工安全和便捷性。一些施工单位为了降低施工成本或提高施工便捷性,会要求改变施工方法。但工法改变应基于隧道工程的实际状况,避免出现安全隐患,增加施工风险。例如,为了加快隧道施工速度,台阶法被广泛应用于大跨度隧道施工,并且提倡Ⅴ级围岩施工法。台阶法便于机械化施工,可大幅提高施工效率。但在实际应用中还需考虑其适用性。台阶法不适用于浅埋、断面较大、地质状况较差的隧道。为避免隧道变形甚至坍塌的风险,必须根据隧道实际情况选择合适的施工方法,不能盲目采用台阶法。例如,不能直接从眼镜法转变为台阶法,可基于 CD 法验证,确保可行后再逐步过渡到台阶法。若围岩稳定性差且变形较大,宜将台阶法改为 CD 法,或将 CD 法改为 CRD 法、双侧壁导坑法等。

4) 辅助工程措施

辅助工程措施主要包括两类:①地层稳定措施,包括地表加固以及各类超前支护,如管棚、锚杆、小导管注浆等;②涌水处理措施,包括降水、超前排水以及注浆止水等。在实际施工中,要根据隧道工程的地质状况来选择辅助工程措施,例如:对于破碎围岩,应适当增加锚杆支护;对于破碎岩体或者松散地层,应设置超前小导管支护。

10.2.2 隧道工程的信息化施工

为了有效掌握地层和洞室在施工过程中的力学状况,必须实施现场监控量测,以便对设计和施工参数进行合理修正,并确保隧道围岩的稳定以及周边建筑物的安全。通过分析和判断观察及量测所得的数据,可以对围岩与支护体系的稳定状态以及周边建筑物的安全程度进行预测。在此基础上,可以确定相应的工程措施,合理安排施工工序,以确保施工安全和隧道稳定。需要强调的是,现场监控量测必须贯穿整个施工过程。对于暗挖隧道施工的监测项目、频率、监测控制值和报警值等方面,也有相应的要求。

施工监测的项目包括对地质、地物和支护状况的观察,地表下沉量的测量,隧道拱顶和拱底下沉量的测量,隧道水平收敛位移的监测,地下重要管线沉降和倾斜状况的观察,建筑物和桥梁的沉降、倾斜、水平位移及裂缝状况的观察,以及初期支护格栅钢架应力和围岩压力的监测。监测数据必须准确可靠,并及时绘制位移-时间曲线。当位移-时间曲线逐渐趋于稳定时,应进行数据回归分析,并推算出最终的数值。

1) 地质状况

在进行隧道工程的信息化施工时,应加强对地质状况的监测,将地质状况的变化作为依据,采取具有较强针对性的施工措施。例如,在隧道工程掌子面发生塌方前,会有一些预兆,包括超前探孔发现隧道拱顶以上或前方围岩变得软弱破碎,掌子面大量出水,掌子面出水逐渐浑浊等。地质信息对于隧道工程的动态设计和信息化施工非常重要,为修正设计提供了必要的参考依据,有助于保障隧道工程施工安全。地质信息主要分为两类:一类是超前预报信息,另一类是实时记录信息。前者主要通过地质调查法、超前导坑预报法、物探法以及超前钻探法等方法获取;后者主要是在隧道开挖过程中对掌子面地质状况进行实时观察和详细记录。

2) 变形监测

隧道工程信息化施工必须加强对变形的监测,以确保施工安全。常见的变形监测项目包括地表沉降、支护沉降以及建筑物沉降等。地下工程坍塌前往往会出现围岩开裂、围岩错动、沉降加剧和收敛变形加剧等预兆。通过变形监测可以及时发现这些预兆并发出报警。变形监测不仅要依靠仪器进行,还要充分发挥人员的作用,例如对隧道开挖支护进行仔细观察和记录。仪器能够清晰显示微小的变化,而肉眼目测则更具直观性。一且发现异常情况,必须及时采取有针对性的避险措施。此外,施工单位还需要科学分析沉降变形和收敛变形等相关数据,把握变形的发展趋势,并采取有效的应对措施。

围岩和初期支护结构基本稳定应具备以下条件:

(1)隧道周边收敛速度有明显减缓趋势。

(2)收敛量已达总收敛量的80%以上。

(3)收敛速度小于0.2mm/d或拱顶位移速度小于0.1mm/d。

隧道施工中出现下列情况之一时,应立即停工,采取措施进行处理:

(1)周边及开挖面塌方、滑坡及破裂。

(2)量测数据有不断增大的趋势。

(3)支护结构变形过大或出现明显的受力裂缝且不断发展。

(4)时态曲线长时间没有变缓的趋势。

3)考虑施工需求

隧道工程设计方通常会考虑建设方的各项要求,但在建设体制以及合同管理等因素影响下,施工需求通常难以写入隧道工程合同中,设计方通常不予认可,这往往导致隧道工程的设计与施工容易出现脱节。因此,需要深入分析隧道工程的具体特点,采取更合适的施工技术,同时将信息反馈纳入隧道工程设计中,推动隧道设计与施工的深度融合,有效保障隧道工程施工安全。例如:因前期误工的影响,施工方增设了施工通道、斜井等;基于施工误差,更改预留量;基于施工组织的需要,更改了施工顺序等,这些临时工程的信息应被纳入反馈中,为隧道工程设计方提供完整准确的信息。

10.3 施工风险管理及控制

随着城市轨道交通工程建设增多,近10年来工程事故率逐步上升,小净距隧道工程的施工风险比常规单洞分离式隧道的施工风险更高,更有必要对其进行风险管理及控制。工程风险研究的第一个任务要认清造成风险的原因,即风险机理的研究分析。根据相关研究结果划分为风险产生、风险发展及风险演化三部分,在研究过程中还需要技术人员采用耗散结构理论对整个过程进行有效分析,进而为城市轨道交通小净距隧道工程的建设提供保障。本节对风险的种类和等级进行划分,提出了几种风险分析的有效方法,给出了主要风险的控制措施,同时还列举了一些重大风险工程的应急预案。

10.3.1 风险分类及等级划分

小净距隧道建设安全风险管控必须遵循"安全第一、预防为主、综合治理"的基本方针。根据风险发生的可能性和风险损失,将工程建设安全风险分为Ⅰ、Ⅱ、Ⅲ、Ⅳ共四个等级,Ⅰ级风险最高,Ⅳ级风险最低。

小净距隧道建设安全风险应按风险因素分为五大类:

(1)工程自身风险。工程自身风险应根据施工方法划分为明(盖)挖法工程、盾构法工程、矿山法工程、顶管法工程等子类。

(2)周边环境风险。周边环境风险应根据环境设施类别划分为轨道交通、文物、军事设施、市政桥梁、市政管线、市政道路、其他地面建(构)筑物、其他地下构筑物、水体(河道、湖泊)、绿化和植物等子类。

(3)施工作业风险。施工作业风险应根据施工作业类型划分为工程勘察,盾构开仓,模板工程及支撑体系、脚手架工程、起重吊装及起重机械安装拆卸工程、爆破作业、拆除工程、洞内水平运输、钢结构安装、网架和索膜结构安装、建筑幕墙安装、水下作业、大型结构整体顶升、平移、转体等、桩基托换、"四新"工程、机电设备系统安装与调试、铺轨、装饰装修、其他施工作业等子类。

(4)自然灾害风险。自然灾害风险应根据自然灾害特点划分为地震、台风、暴雨、地质灾害、雷电、高温及其他子类。

(5)组织管理风险。组织管理风险应根据组织管理特点划分为安全管理机构与人员、安全管理制度等子类。

针对小净距隧道的特点,存在以下风险。

1)中夹岩墙失稳

(1)中夹岩墙位移增大:中夹岩墙内部受到外力作用时,会产生位移拉伸,如果中夹岩墙发生失稳,会导致其位移增大,位移速度加快。

(2)中夹岩墙变形加剧:中夹岩墙的形变程度是反映其稳定性的重要指标。一旦中夹岩墙出现失稳,其变形会加剧,同时变形速度也变得更快。

(3)中夹岩墙纵向裂缝加剧或扩大:中夹岩墙纵向裂缝是他们失稳的一个重要表征。当中夹岩墙受到外力压迫或位移时,纵向裂缝会加剧或扩大,特别是在裂缝处的应力集中区,裂缝的数量和宽度会明显增加。

(4)附近采空区或洞室内开裂:当中夹岩墙重心发生位移,周围固体体积偏移,这会导致一些地下空间,例如采矿空间或洞室内部的内部裂缝数量增加甚至扩大。

(5)中夹岩墙表面开裂或剥落:在中夹岩墙失稳过程中,其表面会开裂并表现出剥落现象。通常开始时是一些小型裂缝,会逐渐发展成为更大的裂缝和撕裂区,最终导致中夹岩墙表面元素完全脱落或附着的岩层开始新的运动或变形过程。

2)先行洞隧道受到后行洞隧道施工影响

(1)先行洞与后行洞之间的距离变化:后行洞挖掘完成后,先行洞所受到的围压会发生变化,进而引发岩体变形和支撑结构失效,危及隧道运输和通行的安全。

(2)土压力增大:后行洞施工需要开挖先行洞的旁侧岩体,使得先行洞的挡土墙支撑压力增大,超出原设计指标,对先行洞稳定性产生不利影响。

(3)先行洞支护材料损坏或失效:后行洞施工对先行洞的施工振动会使得先行洞内的支撑结构产生变形和损坏,以致其支护作用失效,危及现场人员和设备的安全。

(4)地下水位上升:后行洞的挖掘会破坏待施工的先行洞周围的围岩结构,导致地下水位上升,影响隧道施工和运营安全。

3)地下管线及建(构)筑物受小净距隧道施工多次扰动

小净距隧道施工必然会对周边的地下管线和建(构)筑物造成多次扰动影响。如果在小净距隧道施工中没有正确预估地层的变形,则会对周边环境造成影响。城市轨道交通隧道施工环境为地下环境,而在城市地下分布着城市的水、电及通信等管道,各类地下管网分布复杂,一些较为陈旧的管网在施工过程中极易受到影响,导致管道破裂,进而影响城市居民正常的生产生活。小净距隧道可能引起地层发生变形、地表下沉加剧,严重时甚至导致地下管线变形过大、破裂和建(构)筑物倾斜、开裂甚至倒塌。

10.3.2 风险分析方法

风险分析方法根据工程特点、评估要求和工程建设风险类型,可按《城市轨道交通地下工程建设风险管理规范》(GB 50625—2011)附录 C 选取。风险分析方法包括定性分析方法、定量分析方法、综合分析方法三类。

(1)定性分析方法:包括专家评议法、专家调查法[包括头脑风暴法(Brainstorming)、德尔菲法(Delphi)等]、"如果……怎么办"法(if... then)、失效模式及后果分析法(FMEA)等。

(2)定量分析方法:包括模糊数字综合评判法、层次分析(AHP)法、蒙特卡罗数值模拟法(Monte Carlo)、控制区间记忆模型(CIM)法、神经网络法(Neutral Network)等风险图法等。

(3)定性定量分析方法:包括事故树法(或称故障树法,FTA)、事件树法(ETA)、影响图法、"原因-结果"分析法、风险评价矩阵法,以及专家信心指数法、模糊层次综合评估方法、模糊事故树分析法、模糊影响图法等综合评估方法。

在进行风险分析时,可根据工程建设的具体内容、不同建设阶段、风险发生的特点来选取。

1)定性分析方法

定性方法往往是最常见、简单易行的一类评价方法需要发挥参与评价人员的经验、知识和智慧来进行预测。适合于隧道风险分析的定性分析方法有以下几种:

(1)专家评议法

专家评议法是一种借助专家经验,综合考虑事物的过去、现在及未来发展趋势,通过积极的创造性思维活动,对事物未来进行预测和分析的方法。其步骤如下:

①明确需要分析预测的具体问题。

②组建一个专家评议小组,该小组应由预测专家、专业领域的专家、推论能力强的高级分析专家等组成。

③召开专家会议,对所提出的具体问题进行分析和预测。

④归纳总结专家会议的结果,进行分析预测。

专家评议法适用于任何领域的难以借助精确的分析技术而可以依靠集体的直观判断进行预测的问题。但只适用于对已有方案进行决策和判断或从已有的几种方案中选择一种,而不能形成方案。

(2)专家调查法(德尔菲法)

专家调查法亦称为德尔菲法,德尔菲是古希腊传说中的神谕之地,城中的阿波罗圣殿可以预测未来,因而借其名作为一种预测方法。

该方法最早由美国兰德公司在20世纪50年代发明使用。此种方法是利用专家的经验、知识和智慧等,来解决不能量化、带有较大模糊性的信息所涉及的复杂问题,通过多次的信息交换,集结专家的集体智慧。其具体步骤如下:

①明确研究的主题或题目。

②建立一个具备专业知识、统计学基础、数据处理技能等要求的管理小组,以便了解参与的专家学者情况。

③组织一个响应小组,参与预测活动。

④设计预测程序,并以此为基础向专家发送邀请信件。

⑤发布第一轮咨询表,整理汇总第一轮收到的专家意见。

⑥发布第二轮咨询表,汇总答复并对意见的变化和收敛进行考察。

⑦发布第三轮咨询表,进一步收敛汇总,整理出预测结果。

⑧撰写预测报告,总结预测结果。

该方法的特点是:

①采用专家函询法的专家需要以匿名方式进行回复。

②回复专家的意见只被视为全体专家意见的倾向,而不被视为具体个人的意见。

③此方法是在对统计数据进行分析和评估的基础上形成集体的判断。

④需要多次重复发送回复反馈。

⑤可以修改自己的意见。

该方法的适用范围为:

①难以借助精确的分析技术而可以依靠集体的直观判断进行预测的问题。

②问题庞大复杂,专家代表不同的专业且没有交流的历史。

③受时间、经费限制,或因专家间有分歧、隔阂,不宜当面交换意见。

④只适用于对已有方案进行决策和判断或从已有的几种方案中选择一种,而不能形成方案。

(3)"如果……怎么办"法

该方法是要先对所分析的系统进行全面、彻底的检查,对凡是具有危险性的目标,通过提出一系列"如果……怎么办"的问题,发现存在的危险、危害性及其程度。其步骤如下:

①组成分析小组。

②确定分析目标。

③编写"如果……怎么办"问题表。

④准备资料。

⑤检查、分析。

该方法的具体分析对象涵盖了环境、建筑及场地布局、设备和管线系统、动力系统、工艺流程、操作和监控、物料中间体和产品储存、物料装卸、道路运输、安全和卫生设施、防火防爆系统以及安全管理系统等多个方面。这意味着该方法既适用于整个系统,也可以应用于系统中的某个特定环节。其应用范围较为广泛,但并不适用于对庞大系统的全面分析,主要适用于系统中某个环节或小规模系统的深入探究。

(4)失效模式及后果分析法

失效模式及后果分析法(Failure Modes and Effects Analysis)在风险评价中占重要地位,是一种非常有用的方法,主要用于预防失效。但在试验、测试和使用中又是一种有效的诊断工具。这种分析方法的特点是从元件的故障开始逐次分析其原因、影响及应采取的对策措施。FMEA可用在整个系统的任何一级,常用于分析某些复杂的关键设备。

2)定量分析方法

定量评估是通过收集统计数据、检测数据以及借鉴同类系统和类似系统的资料,按照相关准则,运用科学方法构建数学模型,对目标进行定量化评估的一类方法。它主要包括三种类型:

①以可靠性、安全性为核心的评估:首先,需要查明系统中的潜在风险并计算其可能导致的损失程度以及有害因素的类型及其影响程度。然后,将这些数据与国家或行业规定的标准进行比较和量化。

②基于模糊及矩阵理论的定量分析法:这种方法主要包括使用模糊数学方法和综合评价方法、层次分析法等常用工具进行评估。

③借助计算机程序进行的评估方法:例如蒙特卡罗方法和神经网络方法等利用计算机程序实现的评估方法。

(1)模糊数学综合评判法

模糊数学是最近30多年发展起来的一门崭新的数学学科。他是研究和处理模糊性现象的数学理论和方法。1965年美国自动控制论教授扎德(Zadeh L A)发表了开创性的论文《模糊集合》,标志着这门新学科的诞生。

我国学者汪培庄最早提出了模糊综合评判法,作为模糊数学的一种具体应用方法,这是一个在多因素场合对事物进行综合评定的方法。模糊综合评判法是应用模糊变换原理和模糊数学的基本理论——隶属度或隶属函数来描述中介过渡的模糊信息量,考虑与评价事物相关的各个因素,浮动的选择因素阈值,做比较合理的划分,再利用传统的数学方法进行处理,从而科学地得出评价结论。

模糊综合评判法的步骤:

①建立模糊综合评价集合。

②确定被评价事物相关各因素的隶属度或隶属函数。

③确定综合评判的模型。

④确定各评价因素对评价对象的权重。

⑤进行综合评价。

(2)层次分析法(AHP)

美国著名运筹学家、匹兹堡大学教授Saaty T L于20世纪70年代中期提出了层次分析法(AHP),层次分析法是建立在系统工程理论基础上的一种解决实际问题的方法。

用层次分析法做系统分析首先要把问题层次化。根据问题的性质和达到的总目标,将问题分解为不同的组成因素,并按照因素间的相互关联、影响以及隶属关系,将因素按不同层次聚集组合,形成一个多层次的分析结构模型,并最终把系统分析归结为最低层(供决策的方案措施等)相对于最高层(总目标)的相对重要性权值的确定或相对优劣次序的排序问题。

AHP 的基本方法和步骤:

①分析系统中各因素之间的关系,建立系统的递阶层次结构。

②对同一层次的各元素关于上一层次中某一准则的重要性进行两两比较,构造两两比较判断矩阵。

③由判断矩阵计算被比较元素对于该准则的相对权重。

④计算各层元素对系统目标的合成权重,并进行排序。

层次分析法应用领域比较广阔,可以分析社会、经济以及科学管理领域中的问题。适用于任何领域的任何环节。但不适用于层次复杂的系统。

(3)蒙特卡罗数值模拟法

1946 年,物理学家 Von Neumann 等在电子计算机上用随机抽样方法模拟了中子连锁反应,并把这种方法称为 Monte Carlo 法。1955 年以后,我国开展了 Monte Carlo 法的研究工作,并逐渐应用于核科学、真空技术、地质科学、医学统计、随机服务系统、系统模拟核可靠性等领域,并取得了一批理论和应用的成果。

蒙特卡罗数值模拟法亦称为随机模拟(Random Simulation)法,有时也称为随机抽样(Random Sampling)技术或统计试验(Statistical Testing)法。它的基本思想是,为了求解数学、物理、工程技术以及生产管理等方面的问题,首先建立一个概率模型或随机过程,使它的参数等于问题的解,然后通过对模型或过程的观察或抽样试验来计算所求参数的统计特征,最后给出所求解的近似值。而解的精确度可用估计值的标准误差来表示。

蒙特卡罗数值模拟法是为解决计算困难而设计的。这种方法可看成是实际可能发生情况的模拟,是一种试验。我们对未来的情况不能确定,只知道各输入变量按一定概率分布取值,就可以用一个随机数发生器来产生具有相同概率的数值,赋值给各输入变量,计算出各输出变量,这就对应于实际上可能发生的一种情况,是一种试验,或者是一个幕景。如此反复试验,例如试验 k 次,便可得出 k 个幕景,由这 k 组数据便可求出输出量的概率分布。其基本假定是风险因素相互独立,随机发生,在此前提下,进行统计试验,从而得出目标函数的概率分布及其统计特征值。

蒙特卡罗数值模拟法是风险评估中常用的一种方法。它是对未来情况的幕景分析和模拟。由于对大型工程项目不能进行物理试验,蒙特卡罗方法也可看作是一种试验研究的方法。这种方法的精度和有效性如何,决定于仿真计算模型的精度和各输入量概率分布估计的准确度。应用 Monte Carlo 法的前提条件是确定工作持续时间所遵循的规律。

应用 Monte Carlo 法的步骤为:

①确定随机变量及其分布规律。

②建立问题的数学模型。

③确定随机数产生的方法和模拟次数。

④抽样模拟。

⑤统计分析。

这种方法不仅涉及对项目结构的剖析,还包含对风险元素的定量评价,因此,它主要适用于大中型项目。蒙特卡罗数值模拟法的突出优势在于,它能够处理许多复杂的概率运算问题,并适用于无法进行真实试验的情况。这一特性使得人们可以在不考虑实际环境条件的情况下,构建模型进行模拟试验,而无须参与实际过程。对于那些成本高昂或耗时较长的项目或试验,蒙特卡罗数值模拟法的实用性更加突出。

(4)等风险图法

等风险图法包括两个因素:失败的概率和失败的后果。这种方法把已识别的风险分为低,中,高三类。低风险指对项目目标仅有轻微不利影响,发生概率也小(小于0.3)的风险。中等风险指发生概率大(0.3~0.7),且影响项目目标实现的风险。高风险指发生概率很大(0.7以上),对项目目标的实现有非常不利影响的风险。

用p_f和p_s分别表示项目失败成功的概率,于是有$p_s = 1 - p_f$。再由C_f和C_s分别表示项目失败的后果效用值和成功的后果效用值。根据效用理论,C_f和C_s满足关系:$C_s + C_f = 1$,$0 < C_f < 1, 0 < C_s < 1$。等风险图法用风险系数评价项目风险水平,项目风险系数用R表示,其定义为:

$$R = 1 - p_s C_s = 1 - (1 - p_f)(1 - C_f) = p_f + C_f - p_f C_f \tag{10-2}$$

显然有$0 < R < 1$。

等风险图可按以下方法给出:先让R取一个0~1之间的数,比如0.1,接着让p_f和C_f在0~1之间取多种不同组合,然后把不同的组合点画在以C_f为横轴、以p_f为竖轴的平面坐标图上,把各点连起来就可得到一条曲线。曲线连出后,更换R值,再让p_f和C_f在0~1之间取多种不同组合,然后再把不同的组合点画在同一个平面坐标图上,把各点连起来又可得到一条曲线,如此下去,就可以得到等风险图。

有了等风险图,就可以把具体项目的风险系数拿来与之对照。项目的风险系数按式(10-1)计算,其中p_f和C_f的计算方法为:首先把项目各个风险的发生概率计算出来,然后让p_f取其平均值;对于C_f也同样处理,首先把项目的各风险后果的效用值算出来,然后让C_f取其平均值。

此方法适用于对结果精度要求不高的粗略分析项目。同时,如果仅对一个项目的单一方案进行分析,该方法相对烦琐,因此更适合于同时分析多个类似项目或对一个项目的多个方案进行比较分析。

(5)控制区间和记忆(CIM)模型法

该方法是在1983年由Chapman和Cooper两人提出的。前者做了大量的系统分析和研究工作;后者在CIM模型的推广和实际应用上,特别是在软件研制过程中做出了很大的贡献。

CIM模型法的特点是进行概率分布叠加的有效方法之一。这种方法用直方图替代变量的概率分布,用和代替概率函数的积分。它是一种较成熟的概率分布处理技术。

所谓"控制区间",是指为了减小叠加误差,在计算中对叠加变量的直方图加以处理,即缩小其概率区间,将原叠加变量的相应概率区间分解得再小些,可以得出更加精确的结果。

所谓"记忆",是指当有两个以上的变量需要进行概率分布叠加时,计算就需要"记忆",即把前两个概率分布叠加的结果记忆下来,再用控制区间即 CIM 方法与下一个变量的概率分布叠加,如此下去,至叠加完最后一个变量为止。

CIM 模型法适用于结果精度要求不高的项目,且只适用于变量间相互独立或相关性可以忽略的项目。

(6) 神经网络法

人工神经网络(Artificial Neural Network,ANN)是一种通过模仿人中枢纽系统神经元之间互相联系的方式来进行计算的信息处理技术。人工神经网络是一种模拟人脑神经元相互连接的拓扑结构的信息处理系统,它采用大规模并行分布式处理器架构,具备存储和利用经验知识的能力。其与人脑的相似之处体现在以下几个方面:

①网络具有学习能力:人工神经网络可以通过学习获取知识,这一特点与生物神经网络类似。

②知识存储于神经元连接权重中:在人工神经网络中,知识被存储在描述神经元之间连接强度的权重中,这与生物神经网络中神经元之间的连接强度对信息处理的影响相吻合。

③基于生物神经网络设计:人工神经网络是根据对生物神经网络的研究成果设计的,由一系列神经元及其相应的连接构成,具有良好的数学描述,可以借助适当的电子线路或计算机程序进行实现和模拟。

神经网络的崛起始于 20 世纪 80 年代后期。当时,一种名为感知器的层次型神经网络引起了人们的关注。然而,在人工智能领域,M. Minsky 等人的研究表明感知器存在局限性,这使得刚刚崭露头角的神经网络陷入了低谷。进入 20 世纪 80 年代,人们发现了一种名为反向传播的优秀学习算法,它对于神经网络的应用具有重要意义。自此,一些具有实际意义的神经网络应用相继问世,神经网络再次成为关注的焦点。此外,与物理学相关的网络的提出以及优化问题解法的成功应用,还有计算机处理信息和数据能力的提升,都为神经网络赢得了重要地位。这些因素共同推动了神经网络的迅速发展。

人工神经网络是在研究生物系统的启示下、基于生物结构和现象形成发展起来的一种信息处理方法,它不需要设计任何数学模型,只靠过去的经验来学习,可以处理模糊的、非线性的、含有噪声的数据。可以用于预测、分类、模式识别、非线性回归、过程控制等各种数据处理场合。主要包括以下场合:

①预测问题,原因和结果的关系模糊的场合。

②模式识别,涉及模糊信息的场合。

③不一定非要得到最优解主要是快速求得与之相近的次优解的场合。

④组合数量非常多实际求解几乎不可能的场合。

⑤对非线性很高的系统进行控制的场合。

3）定性定量分析方法

定性定量分析方法是指既可以应用于定性分析，也可以应用于定量分析的方法。这种方法的选用主要取决于分析决策者的需求和现有资料的情况。对于要求不是很高的分析项目或资料较为缺乏的项目，通常采用定性分析方法。然而，如果要求较高，那么就需要进行定量分析。以下是定性定量分析的一些主要方法：

（1）故事树法

事故树（Fault Tree Analysis，FTA）也称故障树，是一种描述事故因果关系的有向逻辑树，是安全系统工程中重要的分析方法之一，它能对各种系统的危险性进行识别评价，既适用于定性分析，又能进行定量分析。具有简明、形象化的特点，体现了以系统工程方法研究安全问题的系统性、准确性和预测性。FTA 作为风险分析评价、事故预测的一种先进的科学方法，已得到国内外的公认和广泛采用。

1962 年美国贝尔电话实验室的维森（watson）提出此法，该法最早应用于民兵式导弹发射控制系统的可靠性研究，后又在航空航天工业领域得到应用。20 世纪 60 年代，FTA 由航空航天工业发展到以原子能工业为中心的其他产业部门。

事故树分析是一种对既定生产系统或作业过程中可能出现的事故条件及可能导致的灾害后果进行分析的方法。它以工艺流程、先后次序和因果关系为基础，绘制成程序方框图，表达导致灾害、伤害事故的各种因素之间的逻辑关系。事故树分析由输入符号或关系符号组成，主要用于分析系统的安全问题或系统的运行功能问题，明确灾害、伤害的发生途径及其与灾害、伤害之间的关系，提供一种最形象、最简洁的表达形式。

方法步骤：

①了解系统。全面掌握系统的当前状态、工艺流程和各项参数，以及作业和环境的具体情况，绘制工艺流程图和布置图以详细描述系统布局。

②收集事故信息。收集与同类系统相关的所有事故安全信息，对这些事故进行详细统计（包括未遂事故），设想我们所研究的系统可能发生的各种事故。

③确定顶上事件。需要分析的对象事件即为顶上事件。对收集到的事故进行全面评估，分析其造成的损失以及可能发生的频率，从中找出后果严重且易发生的事故作为主要问题来处理。

④设定目标值。根据过去的经验教训和事故案例分析，可以得出事故发生的概率，将其作为要控制的事故目标值；同时，需要计算事故可能带来的损失，采取必要的措施使其达到可以接受的安全指标范围内。

⑤调查原因。全面分析和调查导致事故发生的所有相关原因和因素，包括设备、设施、人为失误、安全管理和环境等方面。

⑥绘制事故树。从顶上事件开始，通过逐步演绎分析的方法，找出直接相关的原因事件，一直分析到所需深度。然后根据其逻辑关系，使用逻辑门将上下层级连接起来，绘制出事故树图表。

⑦定性分析。按照事故树的结构，运用布尔代数进行简化，以找出最小割集（也称

"径集"),确定各个基本事件的结构重要性。

⑧计算顶上事件发生概率。根据事故树中确定的所有原因事件发生概率,进一步计算顶上事件(也就是事故)的发生概率。

⑨进行比较。将计算出的概率与预期结果进行比较。如果两个值不符,那么需要返回第⑤步,重新检查原因事件是否有误或遗漏,检查逻辑关系是否正确,以及基本原因事件的概率是否合适等。

⑩定量分析。分析研究事故发生概率,如何才能降低事故概率,并选出最优方案。通过重要度分析,确定突破口,可控性强的加强控制,防止事故的发生。

FTA 的应用比较广,非常适合于重复性较大的系统。FTA 不仅能分析出事故的直接原因,而且能深入提示事故的潜在原因,因此在工程或设备的设计阶段、在事故查询或编制新操作方法时,都可以使用 FTA 对它们的安全性做出评价。事故树法经常用于直接经验较少的风险辨识。

(2)事件树法(决策树法)

事件树分析(Event Tree Analysis,ETA)是安全系统工程的重要分析方法之一。ETA 的理论基础是决策论。它与 FTA 正好相反,是一种从原因到结果地自下而上的分析方法。从一个初因事件开始,交替考虑成功与失败的两种可能性,然后再以这两种可能性分别作为新的初因事件,如此继续分析下去,直至找到最后的结果为止。因此,它是一种归纳逻辑树图,事故发生的动态发展过程形象、清晰地贯穿在整个树图中。

分析步骤:

①确定初始事件。

②编制 ETA 图,将初始事件写在左边各种设定的安全措施按先后顺序填在顶端横栏内。

③阐明事故结果,通过 ETA 可得出由初始事件导出的各种事故结。

④定量计算、分级。

ETA 可以用来分析系统故障、设备失效、工艺异常、人的失误等,应用比较广泛。ETA 法不能分析平行产生的后果,不适用于详细分析。

(3)影响图方法

影响图方法是一种适用于决策者的方法,能够帮助决策者做出最终决策,现多用于金融投资领域。该方法是从事件树法发展而来。

关于影响图理论的最早论文是 Wright 在回归模型中用有向图证明"影响"和"原因"的关系。现代影响图理论的发展主要归于 Milleretal、Olmsted、Howard 与 Matheson 的工作,他们在讨论、建立与计算委托人的决策问题的实践中发展了新的方法——影响图。Howard 和 Matheson 在证明影响图与决策树的联系及弧向翻转提法上迈出了关键的一步,他们的另一个贡献是引入信息弧,可以明确地识别由观察获取新信息的时间和影响。

影响图是由一个有向图形成的网络,可以直观、紧凑地展示问题中的主要变量及其相互关系。通过独立性解释和信息流分析,可以明确变量之间的相互依赖和决策所需的信息。影响图既可以作为定性的直观分析工具,也可以研究成为由计算机实现的正规数量化分析工具。在过去的决策分析中,风险因素对项目的影响分析是相互独立的,但实际上各风险因素之间存在一定的联系和相互作用。这种影响在以往的评价中并没有得到充分的考虑和处理,而影响图技术的提出正好弥补了这一不足。在构造出的影响图中,结点和弧用于表示因素之间的相互影响,更加简洁和直观。

(4)原因-结果分析法

原因-结果分析法一般有以下三种形式。

①单一连锁型:前一事件是后一事件的原因,后一事件是前一事件的结果。

②联合作用型:若干个各自独立的原因共同作用,产生后面的结果。

③复合型:由单一连锁与联合作用复合的因果关系。

原因-结果分析法既可以定性分析,也可以进行定量分析。其分析步骤如下:

①对某一物因事件做出事件树图。

②将事件树的物因事件作为顶上事件,分别绘制出事故树图。

③进行定性、定量分析评价。

原因-结果分析法适用性也与事故树法和事件树法类似,适用于在设计、操作时用来辨识事故的可能结果及其原因。同样地,它也不适用于大型系统。

4)风险分析方法的选择

对于隧道工程项目而言,由于风险分析领域尚处于初步发展阶段,因此许多必要的数据资料仍很匮乏。这就意味着某些风险分析方法并不适用于当前的情况。此外,某些分析方法可能只适用于特定的工艺过程或单一领域,而无法应用于隧道工程项目的整体,或者只能应用于项目的某一特定工艺。

在选择具体的风险分析方法时,主要取决于研究者的最终目的、现有的资料状况以及研究对象的性质。例如,如果研究者只希望了解一个项目的风险概况,可以采用定性分析方法;如果现有资料相当匮乏,则可以利用专家调查法来获取所需数据。具体方法的选取方式如下所示。

(1)如果要对一个系统整体进行综合分析,例如对一条隧道的工期进行分析,我们可以选择的方法包括层次分析法、事故树法、模糊综合评判法、神经网络法以及蒙特卡罗数值模拟法等。具体选择哪种方法,需要研究者根据最终目的和现有资料的情况进行决定。例如,如果研究者只希望了解各风险因素对工期风险的重要程度,并且现有数据资料十分匮乏,那么可以选择层次分析法。如果研究者希望得知工程的工期分析具体有多大,并且现有数据资料比较充足,那么可以选择蒙特卡罗数值模拟法或神经网络方法。如果介于以上两种情况之间,可以选择事故树法和模糊综合评判法。

(2)如果要对系统内的某个具体环节进行风险分析,例如隧道施工过程中的渗漏水风险,可以采用多种方法,如"如果……怎么办"法、失效模式和后果分析法、"原因-结果"分析法、事故树法、事件树法、影响图法等。如果研究者不仅想了解风险后果,还想获得控制措施,可以选择"如果……怎么办"法、失效模式和后果分析法、"原因-结果"分析法。反之,可以选择其他方法。同时,方法的选择还与现有资料的充足程度密切相关。

（3）如果研究者只希望了解各风险因素对于风险事故的重要程度排序，以便在具体施工过程中有针对性地进行控制，可以采用层次分析法、事故树法、主成分分析法等方法。而如果想要得到一个具体的风险值，则可以采用事故树法、事件树法、模糊综合评判法、神经网络法、蒙特卡罗数值模拟法等方法。

（4）如果需要在几个方案中挑选出最适合的方案，可以考虑使用蒙特卡罗法、层次分析法等方法。对于复杂系统来说，由于计算过程可能较为烦琐，如果有足够的数据积累，可以采用蒙特卡罗方法和神经网络法等进行研究。如果数据相对较少，则可以借助专家调查法或者将模糊数学方法与其他方法相结合来进行研究。

10.3.3 风险控制措施

由于城市轨道交通地下工程本身所具有的地层条件及施工环境的复杂性、不确定性和特殊性，在其建设的整个过程中，经济、安全、工期、环境等各方面都存在巨大的风险，近年来连续出现的城市轨道交通工程大型事故已经为我们敲响了警钟，不但造成了大量的人员伤亡与经济损失，甚至引起严重的环境影响与社会影响。因此，城市轨道交通地下工程建设风险控制必须坚持"安全第一、保护环境、预防为主"的原则，积极采取经济、可行、主动的处置措施来减少或降低风险，保障生命财产安全，将对周边的环境影响与社会影响降低到合理、可接受的水平。

城市轨道交通地下工程小净距隧道建设风险管理的目标是保障工程建设安全，降低工程建设风险损失，因此，工程建设各方的总体目标应该是一致的。风险管理实施前应由建设单位说明工程建设风险管理要求，建立风险管理组织实施制度，明确工程建设各方职责，均衡工程建设各方的风险效益，协调工程建设各方的风险管理目标。工程建设风险控制方案应由建设单位负责组织，工程建设各方共同参加，按照风险处置对策编制风险控制方案。

从城市轨道交通地下工程小净距隧道建设风险因素入手，完成风险辨识与评估后，根据项目建设的总体目标，以有利于提高对工程建设风险的控制能力、减少风险发生可能性和降低风险损失为原则，选择合理的风险处置对策，编制风险控制方案。城市轨道交通工程施工阶段的风险控制措施主要包括两方面：技术措施和管理措施。在施工阶段，技术措施是当前施工技术水平决定的，具体的技术措施结合工程自身情况和工程所处的环境而决定。管理措施由工程参与单位的管理水平决定的，科学的管理是风险控制的有效方法。

1）技术措施

通过制订合理的施工方案、采用科学合理的施工技术、使用先进的施工设备等，消除风险源或者降低风险发生的概率，具体的技术措施应根据工程实际情况确定。

2）管理措施

（1）加强相关人员培训。轨道交通工程建设人员可分为两类：技术型人员和管理型人员。对技术型人员进行涉及技术等专业知识的培训，对管理型人员进行涉及安全、质量、组织等管理知识的培训。

（2）做好监控量测工作。地铁在施工过程中，隧道自身与其周围环境相互作用，实时地掌握施工环境的变化情况，及时反馈分析检测数据并作出正确决定，可有效地防范风险。依照施工现场管线的分布、建筑布局等，针对风险源位置设置合理的监测点，重点加强监测，检测内容主要涉及工程主体结构、围护结构、周边建筑、管线等变形和安全状态监测。实施监测时应该注意：监测的时间范围应该涉及施工的整个过程；监测频率、精度等要按相关规范进行，并及时分析数据，反馈数据。

（3）设置应急预案。在隧道施工阶段，风险是客观存在的，为了预防和减少风险发生造成损失，应该提前设置稳妥的应急方案。建立突发事故的处理小组，小组成员由项目负责人、总工程师、设计人员、施工负责人等构成。当监测点出现异常，及时反馈并讨论分析，并提出有效的解决方案，通知现场人员做出相应的处理。

（4）规范施工现场组织管理。做好现场施工组织计划，对施工现场的管理进规范化，安排专口人员进行现场施工监督管理，建立相应的奖励惩罚条例，确保现场施工有条理、有秩序地进行。

3）下穿既有建（构）筑物施工风险控制措施

（1）建立合理的施工参数。根据穿越地段的埋深、地质水文、既有建（构）筑物与地铁结构分布情况，选取合理的注浆形式和超前加固措施，确定准确的掘进参数。

（2）建立严密的监控量测体系。

①根据工程地质和水文地质条件、建（构）筑物的基础形式、结构种类、建（构）筑物的重要程度及其与地铁结构的距离等因素，布置沉降观测点的位置和数量。

②地面允许沉降值为 $-30 \sim +10\text{mm}$，房屋不均匀沉降允许值为 $0.002L$（L 为框架梁长度），房屋倾斜值不允许大于 $0.004L$。

③盾构通过时监测频率为每天两次。盾构通过两星期后，监测数值已趋于稳定，可每 $1 \sim 2\text{d}$ 监测一次，如果监测数值异常，应加大监测频率。

4）防止中夹岩墙失稳的处理措施

小净距隧道中夹岩墙失稳是施工过程中非常危险的安全问题。应在施工前加强预测和评估，及时采取措施加强中夹岩墙的支护稳定性和安全性。如果发生中夹岩墙失稳的情况，需要立即启动应急处理程序来控制风险，以确保现场人员和设备安全。

（1）制订应急措施。在发现中夹岩墙变形或裂缝快速扩大时，应立即启动应急处理措施，制订应对方案，以避免发生不必要的灾难事故。

（2）加强支护。通过加强中夹岩墙的支护，如采用对拉锚杆和注浆加固等，增加中夹岩墙的稳定性，以减缓中夹岩墙的变形和裂缝扩大的趋势。

（3）强制止水。中夹岩墙失稳后，必须对崩落裂缝的位置加强防水和止水，以避免水流入中夹岩墙，破坏中夹岩墙和支护结构。

（4）限制地应力变化。中夹岩墙失稳会导致周围地体承受一定的力的变化，会引起地体变形。因此，需要通过限制地应力的变化来减少中夹岩墙的变形和裂缝的扩大。

（5）定期监测。在中夹岩墙失稳后，需要定期监测中夹岩墙变形、裂缝扩大、支撑结构和排水工程等安全指标，以及任何可能影响地下工程安全的现象。

5)减小先行洞隧道受后行洞隧道施工影响的措施

(1)调整施工进度和方法。在施工过程中,可以通过调整后行洞隧道开挖时间和方法,以减小对先行洞的影响。可以优先选择机械开挖等无振动干扰影响的开挖方法。

(2)增加隧道先行洞隧道的支护措施,如加强爆破隔离带、增强网壳防护等,从而提高先行洞的稳定性,减少其受后行洞施工影响的风险。

(3)加强监测和预警。在施工过程中,需要定期对先行洞隧道的变形变化进行监测,并及时预警,以避免或减少受后行洞施工影响的风险。如监测隧道先行洞隧道的地质情况、地表沉降和支护结构变形等数据,及时更新预警监测数据。

(4)加强质量控制。施工团队应按照规范、标准和设计要求进行先行洞和后行洞隧道的施工,保证工程质量。若发现施工质量不合格,需立即停工整改直至符合要求。

6)减小隧道施工对既有地下管线和建(构)筑物扰动的措施

(1)制订合理的施工方案。在施工前,应制订完善的施工方案,包括针对既有建筑物的扰动控制措施,采用低噪声、低振动、低冲击的施工方法,根据不同施工条件科学地选用爆破、钻孔、挖掘和支护等工艺。

(2)预测和评估。在施工前,应对施工周边环境进行预测和评估,分析建筑物特殊的地质、土壤和基础状况,以及周边的地下管线、河流、交通道路等结构,评估后选择合适的施工技术方案和安全保障措施。

(3)加强监测和预警。在施工过程中,需要加强对建筑物周边的地下管廊、电器等设施变化的实时监测,及时预警并采取适当的措施,确保既有建筑物不受到损害和影响。

(4)加强现场协调。现场相关人员应加强协调与配合,通过信息共享,及时处理环境和设备等相关问题,减少对周围环境无意义影响,充分保护周围建筑物和地质环境。

10.3.4 重大风险工程应急预案

(1)隧道开挖前,应预计事故发生的可能性,做好隧道抢险加固的准备工作。包括:
①隧道及周边环境监测信息反馈系统的建立。
②隧道回填料及施工机具的来源及运输。
③储备止水堵漏的必要器材。
④加固用的钢材、水泥、草袋等。
⑤取得地方政府、交警、城管、警察、消防、水务、管线、桥梁及房屋业主等的联系方式。

(2)当隧道内漏水、流土使地面或道路下沉、桥面滑移、建筑物和桥梁倾斜开裂、管道爆裂时,应立即停止隧道开挖,并立即用水泥浆液或其他化学浆液处理渗漏处,必要时在地面注浆加固地层补做止水帷幕。

(3)当隧道变形超过允许值或有失稳前兆时,应按下列规定立即采取加固措施,包括:
①当隧道变形过大,可在洞内增加水平和竖向支撑,并提前施作二次衬砌。
②当掌子面岩土体严重变形,且变形持续增加有滑动趋势时,应视为隧道前方土体

滑动失稳前兆,应立即采用沙包或其他材料回填,反压掌子面,待隧道稳定后再作妥善处理。

(4)当隧道开挖引起流沙、涌土或预测隧道马上失稳时,应立即停止隧道开挖,组织紧急疏散,并立即支撑加固,同时上报上级主管部门,必要时回填隧道。

(5)当隧道周围建筑物、桥梁等发生严重开裂、倾斜时,应立即停止隧道开挖,组织紧急疏散,并立即支撑加固,同时上报上级主管部门,必要时回填隧道。

1) 隧道坍塌事故应急预案

(1)预防坍塌事故发生,项目部应成立救援小组,由项目经理担任组长,施工员及安全员,各班组长为组员,主要负责紧急事故发生时有条有理地进行抢救或处理,其他人员做协助工作。

(2)发生坍塌事故后,由项目经理负责现场总指挥。发现事故发生施工人员首先高声呼喊,通知现场安全员,由安全员组织施工人员紧急撤离至安全区域,如有人员受伤,立即拨打事故抢救电话"120",向上级有关部门或医院打电话求救,班组长组织有关人员进行清理土方或杂物;如有人员被埋,应首先按部位进行抢救人员,其他组员采取有效防护措施,防止事故发展扩大。在向有关部门上报的同时,对轻伤人员在现场采取可行的应急抢救,如现场包扎止血等,防止受伤人员流血过多造成死亡事故发生。预先成立的应急小组人员分工,各负其责,重伤人员送外抢救,值勤门卫在大门口迎接来救护的车辆。

2) 隧道爆炸事故应急预案

隧道内发生爆炸事故,应疏散人群,全部撤离至安全区域,查明爆炸类型(火工物品、化学物品、瓦斯等)并发出警报,召集人员持抢险救护装备,迅速赶到现场救护,进行针对性的处理,尽可能控制事故在最小限度、减小危害性、减少伤亡人员,紧急上报施工负责人、高监办、工作站、省指挥部,同时向当地公安机关、派出所报警,清楚说明发生爆炸的标段、时间、地点、方位、爆炸类型及爆炸威力大小等情况。启动项目部爆炸应急救援预案。

3) 隧道机械伤害事故应急预案

发生机械伤害事故后,由项目经理负责现场总指挥,发现事故发生人员首先高声呼喊,通知现场安全员,由安全员打事故抢救电话"120",向上级有关部门或医院打电话抢救,同时通知生产负责人组织紧急应变小组进行可行的应急抢救,如现场包扎、止血等措施。防止受伤人员流血过多造成死亡事故发生。值勤门卫在大门口迎接来救护的车辆,有程序地处理事故、事件,最大限度地减少人员和财产损失。如事故严重,应立即报告省指挥部及有关部门,并启动项目部应急救援预案。

4) 隧道电、水、火、气事故应急预案

如遇到电、水、火、瓦斯及不明气体发生危害,现场人员应按以下方法避灾抢救:

(1)隧道内发生触电事故,应立即切断或用干燥的木棒或绝缘物挑开身上的电源,关闭开关。触电人脱离电源后,应立即将其抬到新鲜风流处,平放,并解开衣裤,进行人工呼吸和心脏挤压法急救。急救时需要耐心,防止"假死"现象,并且不要打强心针。

(2) 隧道内施工中发现大量涌水时,就即令工人停止工作,撤至安全地点,利用电力抽水设备,加大抽水量,如水势急,冲力大,有人员被冲走,应尽快把溺水者捞救出水,利用各种救护方法施救。同时上报情况。

(3) 隧道内发生火灾,正确确定火源位置,火势大小,并迅速向外发出信号,及时利用现场消防器材灭火,控制火势大小,组织人员撤退出火区。如火势不能扑灭,应及时向所在地公安消防机关报警,寻求帮助。

(4) 如隧道内发现瓦斯或不明气体,应及时加强通风,采取防范措施。

①如发生瓦斯爆炸及发现不明气体,就做好自救工作,迅速协助伤员一起撤出到通风安全地区。

②如有人受到有毒气体伤害,应将其运至有新鲜风流的安全地区,并立即检查受伤害者的心跳、脉搏、呼吸及瞳孔,并注意保暖,同时保持伤者呼吸通畅。

③如受伤害者是一氧化碳中毒,还没有停止呼吸或呼吸停止但心脏仍跳动,要立即搓摩他的身体,当身体温暖后应立即进行人工呼吸;如心脏停止,应迅速进行体外心脏按压,同时进行人工呼吸。

④如有人吸入瓦斯或二氧化碳等导致窒息,情况不严重时,应抬至新鲜风流中稍做休息,即会苏醒;如窒息时间较长,就要在搓摩身体后进行人工呼吸;情况严重时应立即拨打事故抢救电话"120",向上级有关部门或医院打电话抢救。

10.4 本章小结

小净距隧道监控量测、信息化设计与施工技术以及施工风险管理及控制是小净距隧道工程建设的重要环节,将三者有机结合是控制小净距隧道施工风险的有效手段。

小净距隧道的监控量测应重点关注中夹岩墙的变形、受力以及爆破振动影响。另外,小净距隧道施工时,两洞相互干扰、影响容易造成地面建(构)筑物及管线的沉降叠加,故城市轨道交通小净距浅埋隧道的监控量测项目必须考虑对周边环境进行加强监测,确保环境风险可控。

小净距隧道的动态设计要求设计人员根据施工过程揭示的围岩地质状况和监测数据修正隧道支护、开挖断面尺寸、施工方法和辅助措施等参数。信息化施工则要求施工人员根据地质状况观察、地表下沉、隧道拱顶及拱底下沉、隧道水平收敛位移、地下重要管线沉降、建(构)筑物沉降等监控量测的结果及时调整施工方案及施工参数。

小净距隧道的施工风险除了常规隧道施工的风险,还有中夹岩墙失稳、先行洞隧道受到后行洞隧道施工影响、地下管线及建(筑)物受小净距隧道施工多次扰动等风险,应采取技术措施、管理措施、下穿既有建(构)筑物施工风险控制措施、防止中夹岩墙失稳的处理措施、减小先行洞受后行洞施工影响的措施、减小隧道施工对既有地下管线和建(构)筑物扰动的措施等风险管控措施。

参考文献

[1] 王康.超大断面小净距隧道施工围岩空间变形与荷载释放机制及工程应用[D].济南:山东大学,2017.

[2] 王英帆.深埋软岩隧道围岩压力特征及支护优化研究[D].西安:长安大学,2020.

[3] 曹祥渊.浅埋隧道围岩压力计算方法研究[D].成都:西南石油大学,2017.

[4] 丁睿.小净距隧道建设关键技术[M].成都:西南交通大学出版社,2020.

[5] 中国铁路总公司.铁路隧道监控量测技术规程:Q/CR 9218—2015[S].北京:中国铁道出版社,2015.

[6] 王梦恕.中国隧道及地下工程修建技术[M].北京:人民交通出版社,2010.

[7] 杜菊红.小间距隧道动态力学行为研究[D].上海:同济大学,2008.

[8] 李文华.大断面超小横净距双线地铁隧道施工控制技术研究[D].长春:吉林大学,2013.

[9] 李宁.大跨度小净距地铁隧道施工中围岩的稳定性研究[D].西安:西安科技大学,2017.

[10] 中华人民共和国住房和城乡建设部.地铁设计规范:GB 50157—2013[S].北京:中国建筑工业出版社,2014.

[11] 中华人民共和国交通运输部.公路隧道设计规范 第一册 土建工程:JTG 3370.1—2018[S].北京:人民交通出版社股份有限公司,2019.

[12] 中华人民共和国国家铁路局.铁路隧道设计规范:TB 10003—2016[S].北京:中国铁道出版社,2017.

[13] 何川,李玉文,姚勇,等.公路小净距隧道[M].北京:人民交通出版社股份有限公司,2015.

[14] 叶霞飞,顾保南.轨道交通线路设计[M].上海:同济大学出版社,2010.

[15] 龚建伍.扁平大断面小净距公路隧道施工力学研究[D].上海:同济大学,2008.

[16] 张君宝.城市超大断面隧道软弱围岩大变形控制措施研究[D].唐山:华北理工大学,2022.

[17] 刘夏冰.下北山浅埋超大跨四线高铁隧道围岩压力和施工期支护衬砌结构受力特征研究[D].北京:北京交通大学,2022.

[18] 周飞.土质小净距隧道空间效应力学特性研究及适用性优化[D].西安:长安大学,2017.

[19] 俞蔡城.长距离大直径曲线管幕理论及施工工艺研究[D].苏州:苏州大学,2017.

[20] 胡景军,豆小天,李志军,等.浅埋小间距矩形顶管掘进姿态控制技术探讨[J].隧道建设(中英文),2019,39(3):465-472.

[21] 孙宽,傅金海,刘帅.浅析矩形顶管施工技术在城市地铁过街通道中的应用[J].居业,2020,149(6):108-110.

[22] 耿世豪.敞开式顶管机在超浅埋大直径管幕中的应用[J].城市建筑,2020,17(11):102-103,119.

[23] 成志辉.注浆减阻在顶管施工中的应用[J].广东建材,2005(6):39-40.

[24] 何彪.浅谈触变泥浆减阻法顶管施工工艺流程[J].城市建设理论研究(电子版),2023,430(4):61-63.

[25] 潘婷婷.地基处理新方法前景概述[J].江西建材,2019,245(6):4-5.

[26] 李薇.特殊砂层条件下土压平衡盾构掘进施工技术的研究[J].上海建设科技,2016,218(6):26-28.

[27] 姚勇,何川,谢卓雄.双线小净距隧道中岩墙力学特征及加固措施研究[J].岩土力学,2007(9):1883-1888.

[28] 章慧健,仇文革,冯冀蒙.小净距隧道夹岩力学特征分析[J].岩土工程学报,2010,32(3):434-439.

[29] 刘波,曹波,刘芳,等.北京地铁暗挖隧道变形监测与稳定性数值分析[J].地下空间与工程学报,2011,7(3):518-525,540.

[30] 陈雪华,陈湘生,周丽红,等.阵列式矩形隧道结构及形成地下空间互联互通的施工方法:CN116427936A[P].2023-07-14.

[31] 陈湘生,王雷,苏栋,等.一种矩形顶管一体化成型地铁车站下穿箱涵的施工方法:CN113668604B[P].2022-10-25.

[32] 王雷,刘树亚,陈湘生,等.基于超大断面矩形顶管法的地铁车站建造方案[J].中国铁道科学,2023,44(2):42-55.

[33] 苏栋,吴炯,王雷,等.浅埋超大断面矩形顶管顶进对既有箱涵的影响[J].广西大学学报(自然科学版),2023,48(1):1-9.

[34] 高浩,吴炯,阳文胜,等.隔离墙对顶管顶进背土效应的抑制作用研究[J].现代隧道技术,2022,59(增刊1):1120-1126.

[35] 张中杰,陈锦剑,吕培林.软土地区矩形顶管法建设地铁车站设计关键技术[M].北京:机械工业出版社,2022.

[36] 吴列成,黄德中,邱龑.大断面矩形顶管法地铁车站施工沉降控制技术实践:以上海轨道交通14号线静安寺站工程为例[J].隧道建设(中英文),2021,41(9):1585-1593.

[37] 卢康明,王金一,黄德中,等.城市密集区超大断面矩形顶管设计与施工关键技术[J].施工技术(中英文),2022,51(7):69-73.

[38] 张中杰,黄爱军,王春凯.类矩形顶管法建设软土地区地铁车站的方案研究[J].现代隧道技术,2018,55(增刊2):397-403.

[39] 张中杰,黄爱军,王春凯.软土地区地铁车站矩形顶管法施工方案研究[J].城市轨道交通研究,2018(7):163-171.

[40] 安关峰.矩形顶管工程技术指南[M].北京:中国建筑工业出版社,2021.

[41] 张少夏.隧道工程风险分析方法及工期损失风险研究[D].上海:同济大学,2006.

[42] 杨元军.隔离桩技术在小净距盾构隧道中的应用[J].建材世界,2013,34(1):74-76.

[43] 陈湘生,王雷,阳文胜,等.双洞密贴顶管法装配式地铁车站建造方案及其力学性能研究[J].隧道建设(中英文),2023(7):1089-1098.